W0087711

Julia von Grünberg

DEUTSCHE GESCHICHTE in LEBENSBILDERN

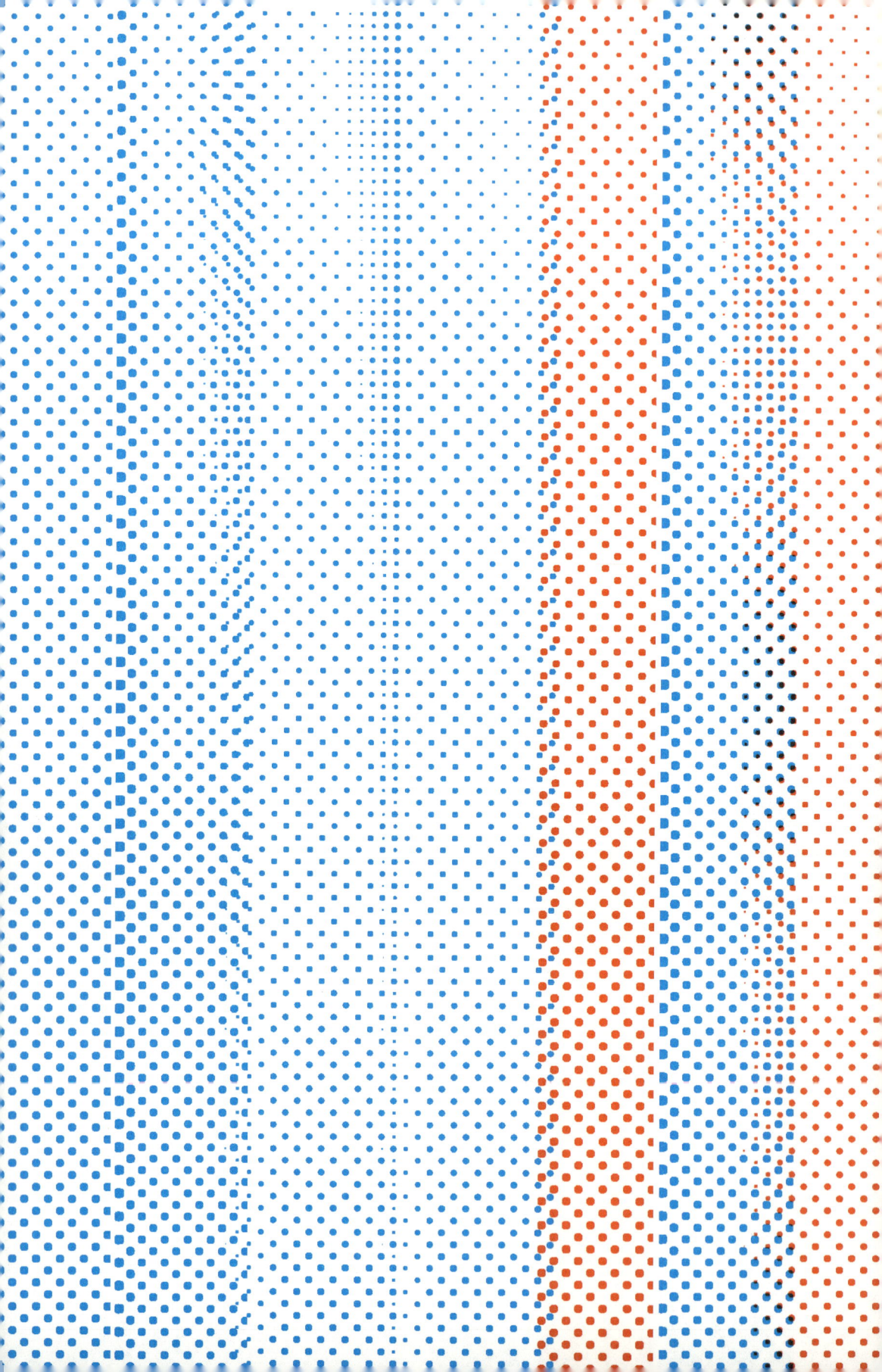

Julia von Grünberg

DEUTSCHE GESCHICHTE in LEBENSBILDERN

Carl Hanser Verlag

Unseren Vorfahren
und unseren Nachkommen.

Die Schreibweise in diesem Buch entspricht den Regeln
der neuen Rechtschreibung.

Unser gesamtes lieferbares Programm und viele andere
Informationen finden Sie unter www.hanser-literatur-
verlage.de

1 2 3 4 5   16 15 14 13 12
ISBN 978-3-446-23899-2
© Carl Hanser Verlag München 2012
Alle Rechte vorbehalten
Umschlag, Grafik, Gestaltung und Satz: Manja Hellpap
Druck und Bindung: Kösel, Krugzell
Printed in Germany

INHALT

EINLEITUNG

Ich bin Historikerin und Mutter von fünf Kindern, und natürlich möchte ich meine Kinder gern mit meiner Begeisterung für die Geschichte anstecken. Aber so manches Mal bin ich mit meinen gut gemeinten Versuchen gescheitert, und am sichersten dann, wenn ich mit abstrakten Begriffen große historische Zusammenhänge erklären wollte. Mit höflichem Weghören war ich da noch gut bedient. Erfolg hatte ich erst, als ich mir angewöhnte, immer zuerst von konkreten Menschen zu erzählen, von ihrer Kindheit, ihren ganz persönlichen Lebensumständen, ihren Hoffnungen und Plänen, ihrem Glauben und ihren Ideen. Dieser Erfahrung verdanke ich den Anstoß, aus vielen Lebensgeschichten eine kleine deutsche Geschichte von ihren Anfängen bis zur Gegenwart zusammenzusetzen. Ich wollte meinen Kindern bewusst machen, dass sie ein Teil dieser Geschichte sind, dass alles, was sie heute erleben, eingebunden ist in den breiten Strom des Lebens, der weit in die Jahrhunderte zurückreicht. Wie Glieder einer Kette folgen die in diesem Buch versammelten Lebensbilder einander über die 2000 Jahre deutscher Geschichte, die wir in etwa zurückverfolgen können. Dabei waren, vor allem in den ersten 1000 Jahren, nicht alle hier behandelten Personen Deutsche. Aber alle waren sie für den späteren Verlauf der deutschen Geschichte wichtig.

Die Menschen, von denen hier erzählt wird, stehen für eine Epoche oder zumindest ein bedeutendes Ereignis, das sie miterlebt und mitgestaltet haben. Sie gewannen an Einfluss, weil sie den Geist ihrer Zeit auf besondere Weise verkörperten, ihm ein Gesicht gaben, ihn manchmal in Worte fassten. Im Laufe ihres Lebens griffen sie dann unmittelbar in die Geschichte ein, formten sie. Allen gemeinsam ist, dass sie tatsächlich etwas verändert haben – einige zum Guten, andere zum Schlechten, manche hin zur Katastrophe. In kurzen Schlussbetrachtungen unter dem Titel »Was bleibt?« ist ihr Beitrag zur deutschen Geschichte festgehalten. Auffällig ist dabei, dass es sich fast nur um Männer handelt – Frauen hatten bis vor wenigen Jahrzehnten keinen großen Einfluss auf die politische

Gestaltung Deutschlands. Darin liegt eine Ungeheuerlichkeit, die ich im letzten Kapitel wenigstens kurz beleuchten möchte.

Ein Prinzip dieses Buches ist die Auslassung. Es kann schlechterdings nicht die ganze deutsche Geschichte erzählen, und manchem Kenner wird die eine oder andere wichtige historische Gestalt fehlen. Wenn ich dennoch oft bei scheinbar nebensächlich Menschlichem verweile, ist das kein Widerspruch, sondern die Konsequenz meiner eingangs geschilderten Erfahrungen. Ich bin aber auch als Historikerin der Überzeugung, dass wir Geschichte besser verstehen, wenn wir das ganz Persönliche, Menschliche der geschichtlich handelnden Personen mit in Betracht ziehen. Auch die beigefügten Kurzbiografien der »Zeitgenossen« tragen dem Rechnung.

Wem all das Lust auf mehr gemacht hat, für den gibt es am Ende eines jeden Kapitels wie auch am Ende des Buches Hinweise auf weiterführende, dabei möglichst lesbare Literatur. Und wer lieber schaut, als zu lesen, für den gibt es Hinweise auf Museen und Orte der Erinnerung zum jeweiligen Thema.

Dieses Buch kann und will herkömmliche Geschichtsbücher oder gar einen guten Geschichtsunterricht nicht ersetzen. Es will zeigen, wie spannend Geschichte ist und wie nah sie uns auch nach Jahrtausenden und Jahrhunderten noch sein kann. Darum präsentiert es Geschichte in Geschichten, darum auch verzichtet es auf alles nicht-erzählerische Beiwerk. Listen von Kaisern, Königen und Kanzlern, Karten zu jeder Epoche der deutschen Geschichte, Zeittafeln, Lexikonartikel und Tabellen – all das findet sich (findet zumal die »Zielgruppe« dieses Buches!) leicht im Internet. Nur: Erzählen kann das Internet nicht, und Überschaubarkeit, wie ich sie wenigstens angestrebt habe, wird man ihm beim besten Willen nicht bescheinigen.

In meiner Idealvorstellung erwächst aus dem Interesse an Lebensgeschichten am Ende auch das Interesse an den Epochen und den großen Linien der Geschichte, der Zusammenschau und der Geschichte überhaupt. Wenn es bei den Leserinnen und Lesern dieses Buches so wäre, hätte es seinen Zweck erfüllt.

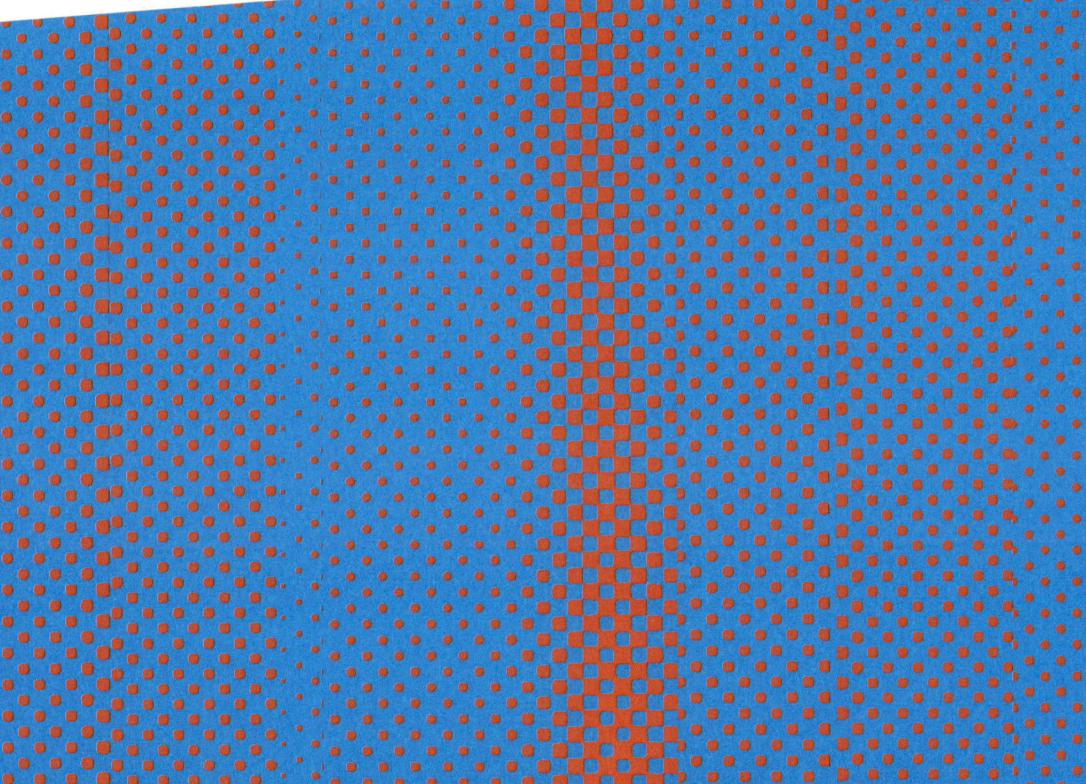

I. DIE GERMANEN und das RÖMISCHE REICH

KURZE GESCHICHTE
DER PROVINZ GERMANIA

Im Nordosten Europas gab es am Anfang unserer Zeitrechnung keine Städte. In dem Gebiet, von dem hier die Rede ist und wo man heute Deutsch spricht – in der Schweiz, in Österreich und in Deutschland –, lebten die wenigen Menschen in frei stehenden Höfen oder kleinen Dörfern mit vielleicht zehn, höchstens dreißig Häusern. Seit vier Jahrtausenden hatten sie nördlich der Alpen nun schon Wald gerodet und Felder angelegt, ihre Rinder, Pferde und Schweine geweidet. Sie waren Bauern und versorgten sich selbst. Sie bestellten ihre Felder mit primitiven hölzernen Hakenpflügen, und wenn der Boden nach einigen Jahren ausgelaugt war, mussten sie umsiedeln. Sie bauten Getreide an, webten, schmiedeten, töpferten. Selten, dass sich einmal Händler zu ihnen verirrten, um Waren zu tauschen. Sie prägten keine Münzen. Einfach, ärmlich und anstrengend muss ihr Leben gewesen sein und wenig abwechslungsreich ihre Nahrung. Nur zu fünf Prozent bestand sie aus Wildfleisch, meist aus geschrotetem Getreidebrei mit Mohrrüben oder Bohnen. Sie aßen geröstete Eicheln, aber keine Früchte. Sie kannten kaum Obst, keine Olivenbäume, schon gar keinen Wein. Selbst die führenden Familien lebten in einfachen Lehm-Holz-Häusern mit offenen Feuerstellen; es gab keine Burgen, keine Steinhäuser, keine Tempel, allein religiöse Plätze und Versammlungsorte.

Sie lebten in Sippen zusammen, die über 50 Stämme bildeten. Ihre Anführer entstammten einer Führungsschicht, aus der sie nach ihrer persönlichen Ausstrahlung für besondere Aufgaben ausgewählt wurden. Aber heute sind sie alle vergessen, denn diese Menschen kannten keine Schrift. Sie haben nie über sich geschrieben, sich nie ihrer Taten gerühmt, von ihrem Glauben, ihrer Geschichte erzählt. Zwar ritzten sie Zeichen und Runen in Steine, aber sie benutzten sie nicht, um Bücher zu verfassen. Es war wie bei den Indianern Nordamerikas: Erst durch ihre Eroberer wurden sie bekannt.

Gaius Julius Caesar, der diese Nordeuropäer in seinem Buch über den Gallischen Krieg zum ersten Mal ausführlicher erwähnt, nannte sie die »Germanen«. Nach Caesars Vorstellung waren die Germanen die, die rechts vom Rhein lebten, und die Gallier waren die, die links vom Rhein lebten. Doch Caesars Einteilung war eher willkürlich. Die Archäologen können heute anhand ihrer Funde auf beiden Rheinseiten gar keine Unterschiede zwischen den Siedlungen ausmachen. Rechts wie links des Rheins lebten verschiedene Stämme mit ähnlichen Bräuchen.

Erst nach Caesars Eroberung scheinen sie sich unterschiedlich entwickelt zu haben. Caesar hatte mit seinen Legionen 58 bis 51 v. Chr. einen Krieg um Gallien geführt, das war ungefähr das heutige Frankreich. Er tat es mit der Begründung, er müsse Gallien vor den Germanen schützen. Doch die Gallier wollten gar nicht von ihm beschützt werden und wehrten sich. Erst als er die Hälfte der Einwohner getötet oder in die Sklaverei geschickt hatte, konnte er sagen, dass das Römische Reich nun bis zum Atlantik reiche.

In Gallien blieben die Römer jahrhundertelang. Auf der rechten Rheinseite blieb Caesar zwei Wochen, dann stellte er fest, das lohne wohl nicht, und ließ die Holzbrücke, die er über den Rhein geschlagen hatte, wieder abbauen.

Die rechtsrheinischen Germanen hatten zugesehen, wie die Gallier römisch wurden. Sie wussten, was sie erwartete, als Caesars Adoptivsohn Augustus drei Jahrzehnte später auf die Idee kam, nun auch die »Germania« zu erobern. Augustus musste sich wie Caesar als Mehrer des Reichs profilieren, um seine Stellung als alleiniger Herrscher in Rom zu rechtfertigen. Das war die Logik dieses antiken Staates mit seinen vielen Legionen, in denen Tausende von Legionären täglich darauf vorbereitet und eingeschworen wurden, für Rom zu kämpfen. Eroberungen waren für Augustus also überlebenswichtig. Er musste ahnen, dass es schwierig werden würde in Germanien. Denn die römischen Zenturionen, die Offiziere, die schon damit beauftragt waren, von den rechtsrheinischen Stämmen, den Sugambrern, Usipetern und Tenkterern Tribute einzuziehen, waren von diesen umgehend gekreuzigt worden. Die Sugambrer hatten dann auch noch über den Rhein gesetzt, den römischen Statthalter in Gallien angegriffen und – was für Augustus besonders peinlich war – einen goldenen Legionsadler gestohlen.

Augustus beauftragte mit der Eroberung Germaniens zwei ihm besonders nahestehende Verwandte, auf die er sich verlassen konnte: seine Stiefsöhne Drusus und Tiberius, die gerade erst die widerspenstigen Alpenstämme besiegt hatten. Das Ganze würde kein einmaliger Akt werden, sondern ein Kampf, bei dem Stamm für Stamm niedergerungen werden musste. Während Tiberius, der ältere von beiden, dann weiter östlich in Pannonien, dem heutigen Ungarn, eingesetzt wurde, schickte Augustus den 26-jährigen Drusus an den Rhein. Im Jahr 12 v. Chr. kam Drusus dort an.

In das Land jenseits des Rheins einzudringen war mit den Legionen nicht ganz einfach. Gewohnt waren sie, auf breiten gepflasterten Straßen immer sechs Mann nebeneinander zu marschieren. Aber Straßen und Brücken mussten hier erst gebaut werden, und das Land erzeugte gar nicht genug Lebensmittel, als dass auch nur die Pferde und Maultiere versorgt werden konnten. Ein riesiger Tross schleppte alles Lebensnotwendige hinter den Legionen her, oft von Überfällen bedroht, auf schmalen Wegen durch sumpfiges oder bergiges Land.

Trotzdem sah es so aus, als schreite die Unterwerfung Germaniens schnell voran. Schon nach einem guten Jahr zeichnete Augustus 11 v. Chr. die jungen Feldherren Drusus und Tiberius in Rom aus. Ihre Bronzestatuen wurden auf dem Forum Romanum aufgestellt, und sie erhielten das Recht, mit einem Myrthenkranz auf dem Kopf als Sieger in Rom einzuziehen.

In diesem einen Jahr hatten Tiberius Pannonien und Drusus das Gebiet der übergriffigen Sugambrer nördlich vom heutigen Köln verwüstet, andere Stämme hatten sich fast wider Erwarten freiwillig unterworfen. Drusus hatte Germanien per Schiff erkundet bis zur Nordsee und festgestellt, dass es weitere schiffbare Flüsse parallel zum Rhein gab. Und statt sich mit seinen Legionen wieder an den Rhein zurückzuziehen, hatte er demonstrativ die größten Ansiedlungen bauen lassen, die es auf der rechten Rheinseite bis dahin überhaupt gegeben hatte: zwei Lager für jeweils etwa 15 000 Soldaten und für sich selbst eine riesige römische Villa, in der er die Abordnungen der Stämme empfangen und ihnen nie gekannten römischen Reichtum demonstrieren konnte. Noch bis zur Elbe stieß Drusus vor und verwüstete das Land aller Stämme, die sich wehrten. Doch dann stürzte Drusus im Herbst 9 v. Chr. vom Pferd, brach sich den Unterschenkel, die Wunde wurde brandig, und 30 Tage später war er tot. Tiberius, der sehr an seinem Bruder hing, ritt in nur 24 Stunden 300 Kilometer, um ihn noch lebend anzutreffen. Schließlich begleitete er den einbalsamierten Leichnam zu Fuß nach Rom. Der Senat beschloss die Errichtung eines Triumphbogens und verlieh Drusus und seinen Nachkommen für seine militärischen Leistungen den Ehrennamen »Germanicus«, denn nach den Feldzügen des Drusus sah es so aus, als sei der germanische Widerstand gebrochen.

Es war Tiberius, der dann die Unterwerfung der Stämme zelebrierte. Flankiert von schwer bewaffneten Legionären mussten die Krieger jedes Stammes ohne Waffen und gesenkten Hauptes zu Tiberius ziehen und vor ihm in die Knie gehen, Tribut zahlen und Geiseln stellen. Von nun an gehörte ihnen nichts mehr, nicht einmal ihr eigenes Leben. Die aufständischen Sugambrer, immerhin 40 000 Menschen, siedelte Tiberius einfach um auf die linke Rheinseite, bei einem anderen Volk wurden die wehrfähigen Männer in die Sklaverei verkauft.

Doch wer mit den Römern gut zusammenarbeitete, erhielt im Moment der Unterwerfung seine Freiheit zurück, auch seine Ländereien und Höfe. Um das riesige Reich verwalten zu können, musste der römische Staat mit den örtlichen Autoritäten zusammenarbeiten, man konnte den heimischen Adel nicht vertreiben, sondern brauchte ihn. Mehr noch: Rom zeichnete die Oberschicht für ihre Treue zum Reich aus mit dem römischen Bürgerrecht, mit lukrativen militärischen Karrieren, Ämtern und Würden. Aber es war klar, dass alle Germanen von nun an von der Gnade Roms abhingen und ihre Freiheit eingebüßt hatten. Sie waren Untertanen des Kaisers Augustus.

Der Cherusker

ARMINIUS

um 18 v. Chr.–20 n. Chr.

ARMINIUS

Der Anführer der Cheruskerdelegation Segimer trug wohl am Tag der Unterwerfung bereits die römische Toga, das endlos lange Tuch,

8 v. Chr.
Die Cherusker unterwerfen sich den Römern.

das in eleganten Falten seinen Körper umspielte. Zum Zeichen seiner Zusammenarbeit mit dem Römischen Reich hatte er seine ledernen Beinhosen abgelegt. Tiberius verlieh ihm und seiner Familie im Namen seines Stiefvaters, des Kaisers Augustus, das römische Bürgerrecht. Segimers 10-jähriger Sohn, der ihn begleitete, erhielt auch einen römischen Namen: Gaius Julius Arminius hieß er nun – Gaius Julius nach dem Eroberer Galliens Gaius Julius Caesar. Segimer schickte daraufhin seine Söhne Arminius und Flavus ins römische Militärlager, wo sie den Drill der Armee lernten und in den nächsten zehn Jahren römische Legionäre wurden.

Germanien wurde in dieser Zeit als Provinz ausgebaut. Sogar Städte, in denen hauptsächlich Zivilisten lebten, legten die Römer an. Sie wollten bleiben und kamen mit ihren Verwaltungsbeamten, Händlern und Handwerkern. In Haltern, etwa drei Marschtage vom Rhein entfernt, lag das 19 Hektar große Hauptlager, im hessischen Waldgirmes im Lahntal gab es sogar eine rein römische Zivilsiedlung, Köln wurde Provinzhauptstadt mit Landtag und Tempelanlagen.

Aber der Widerstand in den Stämmen wuchs eher, als dass er schwächer wurde. Die Städte galten als Teil der römischen Besatzung. Denn zunächst einmal, ehe die Romanisierung die Lebensbedingungen verbessern konnte, ehe sie in einigen Generationen Obst und Wein, Thermen, Theater und Steingebäude mit Fußbodenheizung bringen würde, war diese Besatzung eine Demütigung für die Germanen und bedeutete eine Verschlechterung ihres alltäglichen Lebens, gegen die einige sich wehrten. Deswegen wurde auch bald der romfreundliche Cheruskerfürst Segimer, der Vater von Arminius, mit seiner Familie vom romfeindlichen Teil seines Stammes verjagt. Erst als Tiberius im Jahr 4 n. Chr. an den Rhein

4 n. Chr.
Rückkehr des Tiberius an den Rhein

zurückkehrte, um erneut für Ruhe in Germanien zu sorgen, setzte er durch, dass Fürst Segimer von den Cheruskern wieder als Anführer anerkannt wurde. Sein Sohn Arminius, der inzwischen das

Kommando der germanischen Hilfstruppen führte, galt deshalb als besonders romfreundlich.

Der junge Arminius half Tiberius sogar, germanische Aufständische in Pannonien und an der Elbe zu bekämpfen. Es waren ehemalige Anführer von Hilfstruppen, die sich gegen Rom auflehnten, Männer wie Arminius selbst, die das militärische Wissen, das sie bei den Römern erworben hatten, nun gegen die Besatzer anwandten und sie mit ihren eigenen Waffen schlugen. Der Markomannenfürst Marbod war nicht der Einzige, aber der Erfolgreichste von ihnen: Er hatte ein Königreich nach dem Muster des römischen Staates aufgebaut und seinen Einflussbereich schon von der Donau bis an die Elbe ausgedehnt. Marbod hatte bewiesen, dass es sich lohnte, sich den römischen Legionen in den Weg zu stellen, wenn man es nur geschickt anfing. Arminius kannte die Menge an Menschen, Material und Geld, über die das Römische Reich verfügte, und wusste um die Ausdauer und den Ehrbegriff seiner Eliten, die nicht zuließen, dass Rom einen Krieg verloren gab. Durch Marbod muss Arminius aber auch erkannt haben, dass die Kampfkraft der Legionen eingeschränkt war, sobald sie in schwieriges Gelände kamen. So wird in ihm der Gedanke gewachsen sein, die Römer in ihrer schwächsten Position zu überrumpeln.

Den Beschluss, diesen Gedanken in die Tat umzusetzen, fasste Arminius auf dem Höhepunkt seiner Karriere in der römischen Armee. Mit seinem Rang als Präfekt und seiner Erhebung in den Ritterstand hatte Arminius alles erreicht, was ein Germane erreichen konnte. Doch Arminius wollte mehr, er litt wohl auch unter dem Hochmut und der Herablassung seiner römischen Kollegen.

Auch sein Bruder Flavus hatte sich im treuen Dienst für die Römer hochgedient vom einfachen Legionär bis zum Zenturio, dabei allerdings ein Auge verloren. Als Flavus sich stolz seiner Orden und Ehrenzeichen rühmte, nannte Arminius das verächtlich einen armseligen Sold für Sklavendienste. Er selbst erstrebte etwas anderes, womöglich eben ein eigenes cheruskisches Königreich ganz ohne Römer. Dabei war Arminius damals keineswegs der unangefochtene Anführer der Cherusker. Erst sein Kampf gegen die Römer sollte ihn vermutlich dazu machen. Die Vorbereitungen zu seinem Überraschungsangriff müssen Monate gedauert haben. Eingeweiht waren wohl nur die eigenen Hilfstruppen.

Arminius wird die Lage genau bedacht haben, denn er wählte einen Moment, in dem Tiberius wieder einmal in Pannonien beschäftigt war. Die kaiserlichen Kassen waren recht leer, die Legionen von den jahrelangen Kämpfen erschöpft. Sie hatten energisch gegen Tiberius gemeutert. Tiberius war abgelenkt, und am Rhein vertrat ihn ein zwar fähiger, aber in Germanien nicht so erfahrener Kollege, der sich außerdem vom persönlichen Charme des Arminius einwickeln ließ: Publius Quinctilius Varus. Die Wahl von Varus war gut überlegt; er hatte sich vielfach bewährt und war keineswegs der Schwachkopf, als der er oft dargestellt wurde, um die spätere Niederlage der Römer zu erklären.

Varus trat sein Amt als Vertreter Roms in Germanien wahrscheinlich im Frühjahr 7 n. Chr. an. Damals war er schon 54 Jahre alt und hatte bereits vor 22 Jahren mit Tiberius und Drusus gegen die Alpenvölker gekämpft. Er war mit Tiberius in Rom gemeinsam Konsul gewesen und mit ihm und Augustus verschwägert. Er war weit in der Welt herumgekommen als Statthalter des heutigen Tunesien und Libyen, dann von Syrien. Er war diplomatisch geschickt, aber auch militärisch erbarmungslos. In Palästina hatte er einen Aufstand niedergeworfen und 2000 Rebellen gekreuzigt.

So verfügte Varus genau über die Eigenschaften an Geschick und Härte, die nun in Germanien gebraucht wurden. Vom Alpenfeldzug kannte er das Land von den Alpen bis zur Donau, und im Heer erwarteten ihn alte Bekannte; denn damals hatte er die 19. Legion geführt, die nun am Niederrhein stationiert war. Varus erhielt den Oberbefehl über fünf Legionen, die größte Heeresmacht, die er je befehligt hatte. Und er war dort stationiert, um den Status quo zu erhalten. Er war die Drohkulisse, die verhindern sollte, dass Marbod den Pannoniern gegen die Römer zu Hilfe kam und sein Reich nach

7 n. Chr.
Varus wird Statthalter der Provinz Germania.

Süden erweiterte. Drei Jahre lang, während der gesamten Zeit des pannonisch-dalmatischen Aufstands, hielt Varus mit seiner Politik Tiberius erfolgreich den Rücken frei. Deswegen kann es auch nur einen Grund dafür gegeben haben, dass Varus im Sommer 9 n. Chr. mit drei niederrheinischen Legionen in das Land der Cherusker marschierte: Arminius muss ihn dorthin gelockt haben mit dem Hinweis, dass ein Angriff von Marbod drohe.

Die Cherusker, das war ja Freundesland, seitdem Tiberius den Fürsten Segimer wieder eingesetzt hatte. Hier konnte Varus allein schon mit seiner Anwesenheit Marbod in Schach halten, bis Tiberius mit Verstärkung kam. Es wurde ein unbeschwerter Sommer für Varus und seine Legionäre. Der geistreiche Arminius war täglich Gast an seiner Tafel.

Mitte September entschloss sich Varus dann, zurückzukehren zum Rhein; die Hilfstruppen waren schon in die Winterquartiere abgezogen. Marbod war offensichtlich eingeschüchtert: Er hatte sich den ganzen Sommer über nicht gerührt, die Abschreckung schien gewirkt zu haben.

Kurz vor dem Abmarsch kam Arminius zu Varus, um ihn erneut um Hilfe zu bitten. Er berichtete von einem Aufstand, der bei entfernter wohnenden Stämmen ausgebrochen sei. Er bat Varus sozusagen auf dem Weg ins Winterlager, kurz noch einmal die Ordnung wiederherzustellen. Varus willigte ein; der Vorschlag von Arminius muss plausibel gewesen sein. Varus hätte sich mit seinen 12 000 Legionären und mit dem 500 Menschen umfassenden Begleittross mit schweren Wagen – sogar Frauen waren wohl dabei – sicher nicht auf einen unsicheren Weg über Trampelpfade eingelassen. Arminius wählte eine viel begangene Handelsroute, den später so genannten Hellweg, der das Wesertal mit dem Niederrhein verband. Über zehn Kilometer zog sich die Marschkolonne hin, die nun von Minden bis nach Kalkriese kam. Als am Rande des Wiehengebirges plötzlich Reiter heransprengten, waren die Römer nicht beunruhigt, denn sie erwarteten cheruskische Hilfstruppen, die Arminius aus dem Winterlager zurückholen wollte.

Ist für die Römer ein größerer Schock vorstellbar, als von den Cheruskern, mit denen sie gerade noch freundschaftlich den Sommer verbracht hatten, auf einmal angegriffen zu werden? Die Legionäre waren nicht gefechtsbereit, die schweren Schilde lagen womöglich auf dem Trosswagen. Trugen sie ihre Helme? Die Cherusker beschränkten sich zunächst darauf, ihre Kameraden aus der Ferne zu beschießen. Es gab viele Tote und Verwundete, aber irgendwie gelang es dem Heer, sich notdürftig zu formieren und den Marsch fortzusetzen, denn Varus errichtete vorschriftsmäßig am Ende des ersten Tages ein Marschlager.

9 n. Chr.
Varusschlacht (auch »Schlacht im Teutoburger Wald« und »Hermanns- schlacht«)

Den ganzen nächsten Tag beschossen die Cherusker die weitermarschierenden Römer quälend aus der Ferne. Der Feind kam nicht heran, ließ sich nicht fassen, die Kampfmoral litt erheblich. Ein offener, frontaler Angriff hätte unweigerlich zu einer Niederlage der Germanen geführt. Arminius musste andere Waffen einsetzen: zunächst die Kriegslist, den Verrat und die Überrumpelung, dann Wälder und Sümpfe.

Am dritten Tag soll selbst das Wetter schlecht gewesen sein. Bei dem heutigen Kalkriese öffnete sich die Landschaft hin zum unpassierbaren Großen Moor. Zwischen dem Moor und dem Wiehengebirge verlief der Weg in einer Senke. In der Mitte dieser Senke blieb nur noch ein schmaler trockener Streifen, der begehbar war, an seiner schmalsten Stelle gerade einmal hundert Meter breit. Keiner konnte ausweichen oder das Moor umgehen. Genau in diesem Gebiet haben später die Archäologen die meisten Funde ausgegraben: Auf 5000 Quadratmetern barg man die Reste einer ganzen römischen Armee. Tausende von Kleinteilen belegen, dass alle Truppengattungen diese Stelle passierten und in Kämpfe verwickelt waren. Hier waren die Römer nicht einmal mehr in der Lage, ihre Toten zu bergen; die Schlacht war verloren.

An der Stelle fand sich auch ein 400 Meter langer Wall. Hinter ihm hatten sich die Germanen verschanzt. Arminius hatte die Römer bewusst in diese Falle getrieben. Der Engpass von Kalkriese war das Ende des römischen Heeres. Varus stürzte sich in sein

Schwert wie schon sein Vater fünfzig Jahre zuvor, als er sich bei einer Schlacht auf der Seite der Verlierer wiederfand. Arminius ließ seinen Kopf abschlagen und schickte ihn nach Böhmen zu Marbod. Es sollte ein Angebot sein, sich miteinander zu verbünden, doch Marbod schlug es aus; er versprach sich mehr von einem Bündnis mit den Römern. Noch am Ort der Schlacht opferten die Germanen die höheren römischen Offiziere ihren Göttern und ermordeten alle, die den Kampf überlebt hatten.

»Varus, gib mir meine Legionen wieder!«, soll Augustus gestöhnt haben, als er es erfuhr. Ein Trauma, das tief saß. Nie wieder wurden die Nummern der drei unglücklichen Legionen, der 17., 18. und 19., vergeben.

So schnell als möglich rückten nun alle aus der Germania aus, die dort auf eine römische Zukunft gehofft hatten. Ganze Städte wurden unter den Angriffen der Germanen möglichst rasch evakuiert. Die Römer konnten nichts tun, als das linke Rheinufer zu befestigen und zu verhindern, dass die Gallier sich dem Aufstand anschlossen. Innerhalb kurzer Zeit waren vermutlich alle rechtsrheinischen römischen Kastelle von Germanen erobert. Arminius war der Held der Stunde und nutzte die Gelegenheit, die von ihm seit Langem begehrte Thusnelda mit ihrem Einverständnis zu entführen und gegen den Willen ihre Vaters Segestes zu heiraten. Wann genau das war, weiß man nicht.

Rom konnte natürlich eine solche Niederlage nicht unbeantwortet lassen. Tiberius rückte an, und die Legionen marschierten in Sechserreihen auf den Rhein zu. Zeitig im Frühjahr des Jahres 10 verfügte er dort über acht neue Legionen. Die Germanen hüteten sich, den großen Feldherrn anzugreifen.

Tiberius ging gründlich vor. Er ließ große Schneisen in den Wald rechts des Rheins schlagen, damit seine Legionen nie wieder so gefährdet wurden wie in der Enge vor Kalkriese. An seiner Seite hatte er stets seinen Neffen Germanicus. Er stand im gleichen Alter wie damals sein Vater Drusus, als Augustus ihm im Jahr 13 die Befehlsgewalt über 8 von 25 Legionen, also fast ein Drittel der gesam-

Arminius entführt und heiratet Thusnelda.

10 n. Chr.
Tiberius rückt mit acht Legionen an.

ten römischen Streitmacht gab, um Germanien zurückzuerobern. Wie sein Vater, der bei den Legionen am Rhein unvergessen war, schwor sich sein Sohn, bis an die Elbe vorzudringen.

Doch bevor Germanicus seine Offensive beginnen konnte, starb Augustus, und die Legionäre am Rhein meuterten, denn sie kämpften teilweise seit dreißig Jahren gegen die Germanen. Viele mussten entlassen werden. Aber Germanicus hielt verbissen an seinem Plan fest.

14 n. Chr.
*Tod des
Kaisers Augustus*

Bei den Cheruskern löste das nicht nachlassende Engagement der Römer einen Aufstand aus, den Segestes anführte. Segestes, der unfreiwillige Schwiegervater des Arminius, hatte eigentlich außer in der Varusschlacht immer mit den Römern kooperiert. Das tat er nun wieder und raubte sich außerdem seine Tochter zurück, die auch noch schwanger war. Als Arminius ihn deswegen belagerte, holte sich Segestes Hilfe bei den Römern – so fielen die Frau und der Sohn des Arminius, der bald in der Gefangenschaft geboren wurde, in die Hände der Römer. Im Triumphzug wurden sie durch Rom geführt und von den Römern bestaunt, bevor man sie nach Ravenna verbannte.

15 n. Chr.
*Raub der Thusnelda
durch ihren Vater*

Arminius' Stellung als Anführer der germanischen Rebellen war dennoch gefestigter denn je. Er befehligte 40 000 bis 50 000 Männer. Ihm entgegen zog Germanicus im Sommer 15 mit 60 000 Legionären. Er wählte fast dieselbe Route, die sein Vater 30 Jahre zuvor gezogen war, und verwüstete das Gebiet der Marser, Brukterer und Cherusker. Germanicus fand auch das Schlachtfeld des Varus und bestattete sechs Jahre nach der Schlacht die grauenvollen Reste der geschlagenen Legionen. Erst auf dem Rückweg kam es zu einem Kampf zwischen Arminius und Germanicus und einem Teilsieg der Römer.

Doch der aufwendige Marsch von acht Legionen brachte auf die Dauer nur Verluste, und so wollte Tiberius seinen jungen Neffen bremsen und damals schon Germanien aufgeben. Doch noch ein weiteres Jahr lang kämpften Arminius und Germanicus verbissen gegeneinander. Die Römer siegten zwar bei Idistaviso an der Weser,

16 n. Chr.
*Sieg der Römer
bei Idistaviso*

mussten am Ende das Land aber doch wieder ergebnislos verlassen, weil der Winter kam.

Nun setzte sich Tiberius durch. Er, der seit dreißig Jahren immer und immer wieder gegen die germanischen Stämme gekämpft oder zähe Verhandlungen mit ihnen geführt hatte, er zog endlich eine Bilanz und fand, dieses ärmliche Land lohne eigentlich nicht der Mühe.

Tiberius war jetzt Kaiser, er hatte das Sagen, und er entschied, dass die Römer sich zurückzogen auf eine Linie nahe am Rhein. Man wollte einige vorgeschobene Postenstädte wie Köln oder Mainz erhalten und ansonsten die Germanen sich und ihren Fehden überlassen.

Und tatsächlich fiel ohne den gemeinsamen Feind Germanien in den Zustand der ewigen Streits und der Konkurrenzkämpfe der Adligen untereinander zurück. Noch einmal besiegte Arminius den Markomannen Marbod, doch trotz seiner Taten erlangte er weder die Königswürde, noch konnte er auf die Dauer den Zerfall seiner Stammeskoalition verhindern. Im Jahr 20 wurde er von seiner eigenen Familie umgebracht; seinen Anspruch und seine führende Stellung empfand man wohl als Anmaßung.

Am Ende erhielt die Geschichte des Arminius noch eine Pointe: Nicht er, der aufständische, erfolgreiche Kriegsherr, nicht sein Sohn Thumelicus, der in der römischen Gefangenschaft starb, sondern der Sohn seines von ihm so verachteten romfreundlichen Bruders Flavus war es, dem die Cherusker das anboten, wonach Arminius immer gestrebt hatte. Italicus hieß er, lebte in Rom und war nach jahrzehntelangen Fehden der einzig Überlebende der Familie.

Im Jahr 35 kehrte Italicus an die Weser zurück und wurde König – 15 Jahre, nachdem Arminius dafür hatte sterben müssen, dass er König hatte werden wollen.

17 n. Chr.
Die Cherusker unter
Arminius besiegen
die Markomannen.

20 n. Chr.
Arminius wird von
der eigenen Familie
ermordet.

Was bleibt?

Es war Arminius, der Cherusker, der die Römer daran gehindert hat, Germanien auf der rechten Rheinseite bis hinauf zur Elbe zu besetzen. Er tat es wohl auch, um sich innerhalb seines eigenen Stammes als Anführer zu profilieren, und sein Ziel scheint ein größeres eigenes Reich gewesen zu sein. Das deutet zumindest sein Kampf gegen den markomannischen Konkurrenten Marbod an.

Die Varusschlacht wäre Episode geblieben, wenn die Römer mithilfe der nachfolgenden Feldzüge des Germanicus das Ergebnis korrigiert hätten. So besteht Arminius' Leistung vor allem darin, sieben weitere Jahre gegen Germanicus gekämpft zu haben.

Die Legende und die Sehnsucht der Deutschen nach heldenhaften Vorfahren, von denen ja außer über Arminius kaum etwas bekannt ist, stilisierte Arminius später zu einem germanischen Recken namens Hermann, dem man Denkmale setzte, der aber mit der wirklichen Figur so gut wie gar nichts zu tun hat.

Literatur   So sollte Geschichte immer erzählt werden: meisterhaft spannend und bis ins letzte Detail durchdacht und informiert: Ralf-Peter Märtin, DIE VARUSSCHLACHT. ROM UND DIE GERMANEN. Frankfurt am Main 2008. Aus diesem Buch stammen auch die Anregungen für den einleitenden Text über die kurze Geschichte der Provinz Germania.

Museen/Erinnerungsorte   Ein eigenes Museum erinnert an die Varusschlacht: Museum und Park Kalkriese; an Arminius das Hermannsdenkmal im Teutoburger Wald.
An die Römer und Germanen erinnern das Römisch-Germanische Museum in Köln und das Germanische Nationalmuseum in Nürnberg; Römermuseen gibt es z.B. in Xanten und Haltern.

Zeitgenossen

Augustus   Erster römischer Kaiser (63 v. Chr.–14 n. Chr.)

Nach der Ermordung Caesars, der sein Großonkel war und ihn zum Haupterben einsetzte, war Augustus lange in Kämpfe um die Macht in Rom verstrickt. Am Ende überlebte er mit seiner Skrupellosigkeit alle Konkurrenten; ab 31 v. Chr. herrschte er allein. Es begann eine Zeit des inneren Friedens und des Ausgleichs, die Pax Augusta. Nach der Eroberung Ägyptens bemühte er sich um die Ausdehnung des Reichs über den Rhein, die eben an Arminius scheitern sollte. In dieser Phase seiner Regierung förderte er auch Schriftsteller, Künstler und Architekten. Seine Regierung galt bis in die Neuzeit als Idealbild des europäischen Kaisertums, das als friedvolle, gerechte Staatsordnung für Europa geradezu mystisch herbeigesehnt wurde.

Tiberius   Zweiter römischer Kaiser (42 v. Chr.–37 n. Chr.)

Tiberius wuchs im Haus seines Stiefvaters Augustus auf, stand aber zunächst im Schatten seines mit einem charmanten Wesen begabten jüngeren Bruders Drusus, dem er selbst sehr verbunden war. Nach Drusus' Tod im Jahr 9 v. Chr. übernimmt er allein die undankbare Aufgabe, die Germanen zu unterwerfen. 14 n. Chr. wird er Kaiser. Tiberius war menschenscheu und von sperrigem Charakter; lange hatte Augustus gehofft, einen anderen Nachfolger zu finden. Doch Tiberius bemühte sich später geschickt, das Reich des Augustus zu bewahren, und kümmerte sich vor allem um eine sparsame und gerechte Verwaltung der Provinzen.

Marbod   König der Markomannen (30 v. Chr.–37 n. Chr.)

Marbod kannte Rom aus eigener Anschauung und wohl auch Augustus persönlich. 8 v. Chr. begann er, seinen Stamm aus dem römisch besetzten Maingebiet nach Böhmen zu übersiedeln, um dort einen eigenständigen germanischen Staat nach römischem Vorbild aufzubauen. Sein Einflussbereich reichte von der Donau bis an die Ostsee, grenzte im Osten an die Weichsel und im Westen an die Elbe. Nach der Niederlage gegen die Cherusker beschränkten sich die Markomannen auf das Gebiet an der mittleren Donau.

DER UNTERGANG
DES WESTRÖMISCHEN REICHS

Natürlich versuchten sich die Nachfolger des Tiberius immer wieder an der Eroberung Germaniens, allen voran der sich noch persönlich an die Kämpfe seiner Vorfahren erinnernde Caligula, der Sohn des Germanicus, der Mutter und Vater als kleiner Junge an den Rhein begleitet hatte. Er war der Enkel des Drusus und erfüllte mit seinem Vorstoß ins Chattenland so etwas wie eine familiäre Pflicht. Sie blieb Episode. Sein Onkel Claudius (41–54) zog es dann vor, Britannien zu erobern. Erst Kaiser Domitian (81–96) gelangen wirkliche Gebietsgewinne. Bis an die Elbe kamen die Römer zwar nicht mehr, doch die oberrheinische Tiefebene, das Main- und Neckartal, das Nördlinger Ries sowie der Schwarzwald und der Odenwald wurden Teil des Imperiums. Der schon von Domitian begonnene Grenzzaun, der Limes, entwickelte sich im Lauf der nächsten 70 Jahre zu einer Grenzkontrollzone: 550 Kilometer mit Gräben und Palisaden oder Mauern, 900 Wachtürmen und 60 Kastellen. Davor, an Rhein, Main, Donau und Neckar, entfaltete sich ein dynamischer Wirtschaftsaufschwung, über den die Stämme der unbesetzten Gebiete nur staunen konnten.

Das Rheinland, der größte Teil Süddeutschlands, Österreichs und die Schweiz gehörten über fast 400 Jahre zum römischen Imperium. Aus den Legionslagern entwickelten sich blühende Städte mit allen Vorzügen der Zivilisation: gepflasterten Straßen, Wasserleitungen, Kanalisation, Heizung, Thermen, Theatern, Markt- und Forumsanlagen. Gutshöfe, die bis ins 7. Jahrhundert nachgewiesen sind, produzierten Weizen und Wein, bauten Obst und Gemüse an, züchteten größere Vieh- und Pferderassen und hielten Hühner; Geldwirtschaft und Arbeitsteilung steigerten die Produktivität.

Der Limes bildete tatsächlich eine Zivilisationsgrenze, wie Ausgrabungen zeigen. Die jenseits lebenden Stämme ignorierten offensichtlich bewusst die landwirtschaftlichen Fortschritte, auch ihre Kleidung und ihre Art, Häuser zu bauen, blieben gleich. Nachdem die Römer die peinliche Niederlage gegen Arminius erfolg-

reich vergessen hatten, ließ das Interesse an dem ärmlichen Groß-
germanien dann auch deutlich nach – wohingegen das Interesse der
Völker, die nicht im Römischen Reich lebten, an dem Reichtum der
Römer mit den Jahrhunderten stieg. Sie bedrängten nun ihrerseits
die Grenzen Roms, und es wurden immer mehr. 400 Jahre nach der
Varusschlacht kehrten sich die Verhältnisse um – nun waren es die
Germanen, die die Römer bedrohten.

Das Römische Reich war schon lange zu groß geworden. Es
war nicht mehr zu verwalten, und die Macht war seit 395 aufgeteilt
auf zwei Kaiser: auf einen in Westrom, der in Rom residierte, und
einen in Ostrom, der in Byzanz regierte, das seit Kaiser Konstantin,
der 330 seine Hauptresidenz dorthin verlegte, Konstantinopel hieß.
Und nun schwankte vor allem das Weströmische Reich unter den
Angriffen der Barbaren von allen Seiten: Im Süden wüteten die Vandalen, im Norden die Franken, im Westen die Westgoten, im Osten
die Ostgoten, und aus der russischen Steppe trieben die Hunnen
alle germanischen Völker vor sich her und lösten die letzte Ordnung
an der Grenze zum Römischen Reich auf.

Ganz Europa scheint in Bewegung gewesen zu sein. Verschiedene Völker streiften mit Pferd und Wagen durch die Lande und
suchten ein Auskommen, sie raubten und mordeten und brand-
schatzten. Manchmal ließ sich ein Teil von ihnen nieder und bildete
Gemeinschaften, die von einem charismatischen Anführer geleitet
wurden. Wilde, versprengte Völkerhaufen, durcheinandergewür-
felt und durch Zufälle zusammen- und wieder auseinandergeführt.
Welche Entwicklung Europa in dieser Zeit nahm, war von der Stärke,
dem Wagemut und der Skrupellosigkeit solcher Männer abhängig.

Da die Römer sich an allen Grenzen des Ansturms fremder
Völker erwehren mussten, verfielen sie auf den Gedanken, dass sie
einige von ihnen in ihr Reich aufnehmen konnten, unter der Bedingung, dass sie im Gegenzug den Grenzschutz sicherten. Dieses
sogenannte *ius hospitalitatis*, das der Kaiser Theodosius I. (379–395)

zuerst mit den Goten abschloss, war der folgenschwerste Bündnisvertrag der römischen Geschichte. Es sah vor, dass die Goten als ganzes Volk auf römischem Boden siedelten, aber autonom blieben. Sie erhielten einen Teil des Bodens.

Doch natürlich blieben die Goten nicht brav in den ihnen zugewiesenen, etwas unwirtlichen Landesteilen, in Dakien, Niedermösien und Kleinskythien. Sie waren es irgendwann leid, diese Gebiete gegen die anstürmenden Hunnen zu verteidigen, und zogen in die entgegengesetzte Richtung ins Landesinnere. Sie plünderten unter ihrem Anführer Alarich die Balkanhalbinsel bis zum Peloponnes. Schließlich fielen sie unter ihrem Anführer Alarich sogar in Italien ein, überfielen – ungeheuerlich und unvorstellbar für die Römer – 410 die römische Hauptstadt und plünderten sie.

451 zog der Hunne Attila mit angeblich einer halben Million Kriegern über den Rhein und fiel in Gallien ein. Da ritten Vandalen neben Kelten, neben Rugiern und Goten. Mitglieder aller Stämme trafen sich. Es gab erulische, skirische, turkilingische, suavische, sarmatische Kämpfer. Der römische Feldherr Aetius besiegte zwar Attilas Heer, und Attila selbst starb wenige Jahre später; aber in seiner Gefolgschaft lernten diejenigen von ihm, die dem Weströmischen Reich schon bald ein Ende machen sollten.

Dann überfiel auch noch nur fünf Jahre später der Vandale Geiserich die Hauptstadt erneut. Der Mythos Rom hatte keine Kraft mehr, das Weströmische Reich konnte sich nicht erholen. Von 455 bis 471 wechselten sich neun schwache Kaiser ab, und die eigentliche Gewalt im Land lag bei den verschiedenen Heermeistern, denn im Vordergrund stand nur noch der Kampf gegen die sogenannten Barbaren.

Auch der Vater und der Onkel des Goten Theoderich hatten schon unter Attila gegen das Römische Reich gekämpft, obwohl sie eigentlich in Pannonien angesiedelt waren, um dort die Grenze gegen die Skiren zu schützen.

Der Skire ODOAKER 433–493

der Gote THEODERICH 451–526

und der Franke CHLODWIG 466–511

ODOAKER, THEODERICH, CHLODWIG

Die Sage will, dass der Ostgote Theoderich in die führende Familie der Amaler just an dem Tag hineingeboren wurde, an dem sein Onkel Walamer sich von der hunnischen Herrschaft in einer großen Schlacht befreite. Das kommt zwar zeitlich nicht hin, zeigt aber, dass die Goten Wert darauf legten, die Seite gewechselt zu haben. Denn nur wenige Jahre zuvor, 451, hatte Walamer noch als einer der engsten Vertrauten des Hunnenkönigs Attila in der Schlacht auf den Katalaunischen Feldern in Gallien gegen das weströmische Heer gekämpft. Die Schlacht hatten sie alle zusammen gegen die Römer verloren: die Hunnen unter der Führung von Attila, die Goten unter Walamer, die Skiren unter Edeko und mit ihnen zig andere germanische Völker. Es war eine große Niederlage gewesen, wenig später war Attila gestorben, und nun hatte Walamer sich erfolgreich gegen Attilas Söhne behauptet.

451
Schlacht auf den Katalaunischen Feldern

Statt mit den Hunnen paktierten die Amalergoten nun mit dem Römischen Reich und siedelten in Pannonien, dem heutigen Ungarn. Dort lebten sie mehr als bescheiden, weswegen sie immer wieder auf Raubzügen weit ins Römische Reich einfielen. Damit sie nun endlich einmal Ruhe gaben, zahlte ihnen der oströmische Kaiser Leo I. einen geringen Sold, nahm den 8-jährigen Theoderich als Geisel an seinen Hof nach Konstantinopel und befahl den Ostgoten, die römische Grenze gegen andere nachrückende Germanen zu verteidigen.

um 459
8-jährig kommt Theoderich als Geisel nach Konstantinopel.

Theoderich lernte nicht nur das Hofleben, die Etikette am Hof in Konstantinopel, sondern auch die byzantinische Kultur und Baukunst kennen. Als Theoderichs Vater Theodemer zehn Jahre später die Skiren an der Grenze besiegt hatte, ehe sie ins Römische Reich einfallen konnten, erhielt er 469 als Anerkennung seinen nun 18-jährigen Sohn Theoderich zurück. In den Kämpfen mit den Skiren war der beliebte Onkel Walamer gefallen, Theodemer war König geworden und hatte in einer der nächsten Schlachten mit den Skiren deren Anführer Edeko umgebracht, seinen alten Weggefährten aus den Tagen mit Attila.

469
Heimkehr zum Vater

474
*Theoderich
wird König.*

Eigentlich kannte sich das ganze Personal, das die europäische Geschichte in den nächsten Jahrzehnten verändern sollte, aus der Zeit, als sie unter Attila hatten dienen oder auch auf römischer Seite gegen Attila hatten kämpfen müssen. Zwar hatte die römische Seite in der Schlacht auf den Katalaunischen Feldern noch gesiegt. Aber nur ein sehr kleiner Teil der Sieger waren wirklich römische Soldaten gewesen; die meisten waren Westgoten oder Franken und Burgunder, die im Dienst der Römer kämpften. Das westliche Rom war so geschwächt, dass sich alle Germanenstämme, ob sie nun für oder gegen Attila gekämpft hatten, nur noch darum bemühten, ihre Macht auf römischem Boden auszudehnen.

Der Römer Orestes hatte für Attila gearbeitet, als sein enger Sekretär. Wie die Goten hatte er nach Attilas Niederlage die Seite gewechselt und arbeitete nun als Heerführer für die Römer. Beliebt wie er war, wollten seine Soldaten ihn zum Kaiser ausrufen. Das lehnte er ab, aber er bot dafür seinen minderjährigen Sohn an. So wurde dieser als Romulus Augustulus der letzte Kaiser des Weströmischen Reichs.

Auch Odoaker, der Sohn des Skiren Edeko, war an Attilas Hof groß geworden und hatte dort offensichtlich jegliche Skrupel abgelegt. Jedenfalls brachte Odoaker im Jahr 576 Orestes um, setzte den letzten Kaiser Romulus Augustulus ab und versah selbst dessen Geschäfte. Das war das Ende des Weströmischen Reichs.

576
*Ende des
Weströmischen
Reichs*

Odoaker wurde natürlich vom oströmischen Kaiser Zeno in Konstantinopel misstrauisch beäugt. Zwölf Jahre lang regierte er durchaus mit seinem Einverständnis, doch dann schien Odoaker Zeno zu mächtig zu werden. Gleichzeitig waren Zeno die Ostgoten, die inzwischen allein Theoderich unterstanden, lästig geworden. Er hatte ihnen erlaubt, sich in Makedonien niederzulassen, und sie rückten immer näher. Nun schlug er den einen Germanen mithilfe des anderen: Er sandte Theoderich nach Italien, um Odoakers Macht zu brechen.

Theoderich kam das freilich gelegen, denn so wurde er seinerseits unabhängig vom oströmischen Kaiser, außerdem musste ihn Italien als wohlhabendes Land anlocken, und militärische Herausforderungen konnten seine eigene Stellung als Führer der Ostgoten nur stabilisieren.

Von vorneherein ging Theoderich davon aus, dass er in Italien bleiben werde. Deswegen machte er sich auch mit seinem gesamten Volk auf den Weg, der immerhin etwa 1500 Kilometer betrug. An die 100 000 Menschen, auch Frauen und Kinder, zogen meist zu Fuß an der Donau entlang Richtung Westen. Ihr Hab und Gut hatten sie auf Ochsenkarren verteilt. 85 Tonnen Getreide mussten sie sich täglich zusammenrauben oder zumindest Tiere erjagen, um nicht Hunger zu leiden.

488
Theoderich
bricht auf
nach Italien.

Den ersten Winter verloren sie dadurch, dass die Gepiden, auch Bundesgenossen unter Attila, die sich an der Donau niedergelassen hatten, sie nicht durchlassen wollten. In einer tollkühnen Schlacht machte sich Theoderich einen Namen, der dafür sorgte, dass von da an jeder zögerte, sich ihm in den Weg zu stellen. Die Getreidespeicher der Gepiden retteten die Goten vor dem Hunger.

Odoaker zog derweil seine Truppen in Oberitalien zusammen. Ende August 489 besiegte Theoderich ihn zum ersten Mal.

489
Schlacht
am Isonzo
bei Verona

Odoaker zog sich zurück nach Verona. Schwester und Mutter schmückten Theoderich, als er in die Schlacht um Verona ritt. Es wurde ein triumphaler Sieg, doch Odoaker überlebte und bewegte sich Ende September 489 zurück nach Ravenna. Theoderich zog nach Mailand und suchte dort Unterstützung im Volk. Weitere zweieinhalb Jahre bekämpften sie sich, versuchten sich gegenseitig zu überlisten. Schließlich belagerte Theoderich vom August 492 bis zum Februar 493 Ravenna, wo Odoaker sich verschanzt hatte. Der Bischof von Ravenna bat Theoderich um Frieden und brachte einen Vertrag zustande, nach dem beide, Odoaker und Theoderich, gleichermaßen über Italien herrschen sollten.

Am 15. März 493 sollte es zu einem Friedensschluss kommen. Doch als Odoaker den Raum betrat, ergriff Theoderich sein Schwert und spaltete ihm den Oberkörper bis zur Hüfte mit den Worten:

493
Ermordung
Odoakers

»Das ist, was du den Meinen tatest.« Diese Worte sind umso erstaunlicher, als Theoderichs Vater Edeko umgebracht hatte und nicht umgekehrt. Nun jedenfalls ließ Theoderich in einem Blutbad auch Odoakers Familie und seine Anhänger umbringen und das Land an seine eigenen Leute verteilen. Die Ostgoten hatten gesiegt und richteten sich in Nord- und Mittelitalien für Jahrzehnte ein. Zu ihrem Herrschaftsgebiet gehörte auch Rom, das ewige Rom.

Allerdings war Theoderich nicht der einzige germanische Herrscher auf ehemals römischem Boden. Neben dem Ostgotenreich des Theoderich gab es das der Westgoten im heutigen Spanien, es gab das der Burgunder an der Rhone, es gab das Reich der Vandalen im nördlichen Afrika, und dann gab es das Reich der Franken in Gallien unter Chlodwig. Theoderichs Reich war nach außen keineswegs gesichert und die Solidarität unter den Germanen nicht so groß, als dass von ihnen keine Gefahr gedroht hätte. Die Burgunder waren gerade erst plündernd in Ligurien eingefallen und hatten 6000 Gefangene mitgenommen. Die Vandalen, die mit ihren Schiffen die Vorherrschaft über das westliche Mittelmeer erlangt hatten, bedrohten Italien von Süden her und überfielen, noch während Theoderich gegen Odoaker kämpfte, Sizilien.

Um die Macht zu halten, musste Theoderich die Vandalen besiegen und dann gegen die Burgunder kämpfen. Er versuchte, alle Germanenkönige in Bündnisse hineinzuziehen, und nutzte wie die meisten Herrscher auch die Heiratspolitik, um Verbindungen zu knüpfen, Frieden zu stiften und Abhängigkeiten zu schaffen. Theoderich selbst, der ein Gespür für aufstrebende Mächte hatte, beeilte sich, kaum dass er Odoaker umgebracht hatte, Audofleda zu heiraten, die Schwester des Franken Chlodwig. Seine Tochter Theodegotho verheiratete er vor 496 mit dem Westgotenkönig, wodurch West- und Ostgoten miteinander verbunden waren. Die andere Tochter Ostrogotho bekam den burgundischen Thronfolger zum Gatten, um einen Ausgleich mit dem alten burgundischen Gegner zu schaffen. Und seine verwitwete Schwester Amalafrida verband Theoderich im Jahr 500 in Rom mit dem Vandalenkönig. Seine Enkelin Amalabirga schließlich heiratete den Thüringerkönig.

493
Theoderich heiratet die Schwester des Franken Chlodwig.

So hatte Theoderich in den ersten sieben Jahren seiner Alleinherrschaft die bedeutendsten germanischen Könige an sich gebunden. Er hatte so etwas wie eine Familie der Könige geschaffen, denen er sich verwandt fühlte. Er bezeichnete sie in seinen Briefen sogar als Söhne, wenn sie, so wie Chlodwig, erheblich jünger waren. Und er bemühte sich um einen Ausgleich, wenn in dieser europaweiten Familie Fehden drohten. Theoderich, der so skrupellos und brutal die Macht in Italien an sich gerissen hatte, ging in den folgenden 30 Jahren sehr behutsam mit ihr um.

Natürlich war es nicht einfach, zwischen der Tradition und den Riten seines eigenen Volkes und den Erwartungen der alteingesessenen römischen Bevölkerung zu vermitteln. Doch ein Zusammenleben ließ sich nun einmal nicht in ewiger Fremdheit und Feindschaft aufbauen. Es gab scheinbar nur zwei Möglichkeiten: Entweder blieben die Goten und Römer in ihren Lebenswelten weiterhin säuberlich getrennt, oder sie vermischten sich. Theoderich wählte einen Kompromiss, der dem Land einen 30-jährigen Frieden bescherte: Recht sprach er nach dem leicht angepassten, für alle geltenden römischen Recht mithilfe der Römer und alteingesessenen Senatoren, die er auch ernannte. Ansonsten aber achtete er auf eine Trennung in den Aufgaben, in der Religion, in der Sprache, im Zusammenleben. Er wies, wie es schon seit Jahrzehnten gewesen war, seinen Goten die militärischen Aufgaben zu, und er verhinderte zumindest in der folgenden Generation, dass sich gotische Nachkommen mit den Römern mischten.

Vor allem aber trennte beide Völker die Religion. Zwar hatten, als Theoderich lebte, die Goten wie die meisten Germanen bereits seit etwa 100 Jahren den christlichen Glauben angenommen; sie besaßen eine eigene Bibel in gotischer Sprache, auch eine eigene Kirchenliturgie und eigene Bischöfe, die in ihrer Sprache predigten. Doch hielten sie an der Ausrichtung fest, die ihnen um 350 Bischof Wulfila beigebracht hatte: Er hatte das arianische Bekenntnis gepredigt, das besagte, Jesus Christus sei nur gleichnishaft Gottes Sohn, in Wahrheit aber Gottes Geschöpf, also eher ein Sterblicher. Schon wenig später hatten die Römer im Gegensatz dazu die Lehre von der katholischen göttlichen Dreifaltigkeit, also der Einheit von Vater, Sohn und Heiligem Geist angenommen und die Arianer zu Ketzern erklärt. Alle eben erst dem christlichen Glauben beigetretenen Germanen weigerten sich, diese Wendung mitzumachen; sie hielten zäh und jahrhundertelang an Wulfilas Lehre fest. Alle blieben sie arianisch, nur die Franken unter Chlodwig nicht.

Chlodwig hatte, während Theoderich gegen Odoaker kämpfte, im nördlichen Gallien viele germanische Stämme unter seiner Herrschaft vereint und die Grenze seines Frankenreichs bis zu den Pyrenäen vorgeschoben. Innerhalb von rund 25 Jahren war Chlodwig so vom Kleinkönig zum mächtigsten Herrscher Galliens aufgestiegen. Im Wesentlichen umfasste das Reich von Chlodwig und später das seiner Söhne die Gebiete des heutigen südwestlichen Deutschlands, der Beneluxstaaten und Frankreichs. Die dortigen Germanen nannten sich nun alle Franken, die Freien, waren selbst aber natürlich ein Gemisch von Stämmen. Trotzdem konnte sich ein Gemeinschaftsgefühl unter ihnen entwickeln. Der größte Unterschied zu Theoderichs Reich war, dass im Land zwischen Rhein und Loire die römischen, senatorischen Familien im 5. Jahrhundert größtenteils abgewandert waren und nun die neuen fränkischen Herren ganz allein sowohl Recht sprachen als auch das Land verwalteten, während Theoderich diese Aufgaben hauptsächlich den Römern überlassen musste.

Es gab im Frankenreich nicht wie bei Theoderich eine Aufgabenverteilung zwischen Römern und Barbaren. Schon Chlodwigs Großvater Merowing war gallischer Heerführer gewesen. Es hatte also eine Familientradition, dass Chlodwig sich durch seine Siege die Befehlsgewalt über den gesamten Verwaltungsapparat und das gallische Heer gesichert hatte. Und noch etwas war eben ganz anders im Frankenreich als bei den anderen germanischen Reichen: Die Franken waren zur katholischen Religion übergetreten, und das kam so:

Als Zeichen seines Aufstiegs in den Kreis der germanischen Großkönige durfte Chlodwig Chrodechilde, eine Nichte des burgundischen Königs, heiraten. Damals war Chlodwig, wie die meisten Germanen, noch arianischer Religion, aber seine Frau Chrodechilde war katholisch und ließ auch ihre Söhne katholisch taufen. Chlodwig rang fünf Jahre mit sich, ob er zum Katholizismus übertreten sollte. In einer schweren Schlacht gegen die Alemannen 496 rief er in der Bedrängnis den Gott Chrodechildes an und betete, wie seine Frau es ihn gelehrt hatte. Als er dann siegte, ließ er sich im katholischen Glauben vom Bischof von Reims unterrichten. Dann aber brauchte er noch die Zustimmung seines gesamten Volkes, das er in einer öffentlichen Versammlung erfolgreich beschwor, mit ihm gemeinsam zum katholischen Glauben überzutreten. Die Entscheidung Chlodwigs für die christliche Orthodoxie stabilisierte sein Reich so sehr, dass es das Einzige sein sollte von allen germanischen Großreichen, das auf die Dauer erhalten blieb.

498
*Taufe
Chlodwigs*

Damit stellte sich Chlodwig zwar außerhalb der Gemeinschaft der germanischen Könige, die weiterhin Arianer blieben und deren Zusammenhalt Theoderich nicht müde wurde, in seinen Briefen zu beschwören. Aber anders als sein Schwager saß Clodwig nicht in der Mitte Italiens auf einem Pulverfass, sondern lebte eher am Rande in Gallien und hatte seine Herrschaft gefestigt. Er wollte sich nun nur noch weiter ausdehnen mit aller Skrupellosigkeit. Im Jahr 500 griff Chlodwig den Onkel seiner Frau und dessen Volk, die Burgunder, an. Erst als Theoderich zugunsten der Burgunder intervenierte, ließ er 506 von ihnen ab, wandte nun aber seine Kraft gegen die Westgoten im heutigen Spanien und zog ein Jahr später gegen sie ausgerechnet mit der Begründung eines heiligen Kampfes gegen die arianischen Ketzer. Er besiegte und tötete den Westgotenkönig Alarich II.

507
*Chlodwig besiegt
und tötet den
Westgotenkönig
Alarich II.*

Theoderich konnte und wollte Chlodwigs Machtstreben wieder nicht untätig zusehen und befahl allen gotischen Kriegern, sich am 24. Juni 508 mit Waffen und Pferden bei ihm zu versammeln. Aufgeteilt auf mehrere Verbände schickte er sie nach Gallien. Die Goten plünderten es, und unter Theoderichs Führung eroberten sie das westgotische Carcassonne zurück, was besonders wichtig war, weil dort der Gotenschatz lagerte, den Theoderich nun nach Ravenna schaffen ließ. Da das Heer der Westgoten besiegt war, teilten sich am Ende Chlodwig und Theoderich ihr Land, und Theoderich vereinte in seiner Person die beiden gotischen Reiche für fast 20 Jahre.

Was Chlodwig nicht schaffte, wohl auch, weil er 511 früh verstarb, das konnte Theoderich in seinen letzten Lebensjahren verwirklichen. Er hat seine Vorstellung von Kultur, von Religion in Form seines Palastes und des großen Kirchenbaus von San Vitale in Ravenna verewigt. Obwohl nicht ganz sicher ist, ob er lesen und schreiben konnte, legte er, wie er es in den zehn Jahren seiner Kindheit in Konstantinopel gelernt hatte, wert auf Kultur und Bildung, und sein Hof wurde der erste germanische Musenhof.

Da Theoderich keinen Sohn hatte, führte nach seinem Tod 526 seine Tochter Amalasuintha die Regierungsgeschäfte für ihren Sohn Athalarich. Doch Athalarich starb schon mit 18 Jahren, und der Neffe Theoderichs erwies sich als unfähig und brachte Amalasuintha um. Nun rächte sich, dass es in Norditalien außer der gemeinsamen Herrschaft wenig Gemeinsamkeit gab zwischen den Goten und der Mehrheit der Römer. Und so fiel das Reich des Theoderich schon bald auseinander, das Gotenheer wurde in vielen großen Schlachten aufgerieben, die Goten im Ganzen vernichtet. Italien war ein einziges Schlachtfeld, in das jetzt die Langobarden ungehindert einziehen konnten, das nächste germanische Volk, das von der Elbe kam und sich nun in Italien niederließ.

Das Frankenreich aber, das Chlodwig nach seinem Tod 511 an seine vier Söhne weitergab, blieb im Großen und Ganzen erhalten. Erst Karl der Große sollte die Gebiete Theoderichs und Chlodwigs 200 Jahre später vereinen. Als Franke und Katholik folgte er Chlodwig, geistig aber stellte er sich in die Nachfolge Theoderichs.

511
Tod Chlodwigs

522
Beginn des Baus von San Vitale in Ravenna

526
Tod Theoderichs. Sein (heute leeres) Grabmal in Ravenna gilt als eines der originellsten Bauwerke der Spätantike.

Was bleibt?

Theoderichs Lebensgeschichte gehört zur größeren europäischen Geschichte. Man kann die Ostgoten sicher nicht als Deutsche bezeichnen; ihr Volk ist eingegangen in den großen Völkermischmasch der italischen Halbinsel.

Theoderich ist aber insofern für Deutschlands weitere Entwicklung wichtig, als er in seinem Staat musterhaft eine Verknüpfung von römischer und germanischer Kultur aufbaute. Er sah sich durchaus in der Nachfolge der römischen Kaiser, auch wenn er diesen Titel nicht offiziell trug. Und was noch wichtiger ist: Er wurde von seinem Nachfolger Karl dem Großen auch in dieser Tradition gesehen, als Germane, der ein eigenständiges Reich aufgebaut hat. Karl ehrte Theoderich, indem er sein Standbild in seine Lieblingspfalz nach Aachen bringen ließ.

Literatur   Einen gründlichen Überblick über die gesamte Geschichte der West- und Ostgoten gibt: Wolfgang Giese, DIE GOTEN. Stuttgart 2004. Umfassend und gut zu lesen: Frank M. Ausbüttel, THEODERICH DER GROSSE. Darmstadt 2003.   Über die Entwicklung bei den Franken unter den Merowingern scheint es wenig Aktuelles zu geben. Zu verweisen ist auf ein Buch der bei Siedler erschienen Reihe DAS REICH UND DIE DEUTSCHEN: Hans K. Schulze, VOM REICH DER FRANKEN ZUM LAND DER DEUTSCHEN: MEROWINGER UND KAROLINGER. Berlin 1987.

Museen / Erinnerungsorte   Die Kirchen San Vitale und San Appolinare Nuovo in Ravenna; dort auch Theoderichs Palast und sein Grabmal.   In der französischen Stadt Carcassonne stammt ein Großteil des inneren Mauerrings noch aus der Zeit der West- und Ostgoten.

Zeitgenossen

Attila   Hunnenkönig (gest. 453 n.Chr.)

Attila regierte seit 434 mit seinem Bruder Bleda über die hunnischen Stämme, die sich vom Kaukasus bis zum Rhein niedergelassen hatten. Die Hunnen waren von Asien aus etwa 350 in Osteuropa eingedrungen, nachdem sie die Ostgoten besiegt hatten. Attila und sein Vater Mundzuk drangen 425 weiter bis in die Donauebene vor und unterwarfen die dort siedelnden germanischen Stämme.

Nachdem Attila 445 Bleda umgebracht hatte, regierte er allein. 451 fiel er mit germanischen Verbündeten in Gallien ein und wurde auf den Katalaunischen Feldern von einem Heer unter der Leitung des römischen Feldherrn Aetius geschlagen. Im Jahr darauf fiel er in Italien ein, kam sogar bis kurz vor Rom, starb aber wenig später in Pannonien.

Leo I.   Kaiser des Oströmischen Reichs von 457–474

Er kam durch die Unterstützung des gotischen Heeres an die Macht und regierte in einer Zeit der Unruhe unter den germanischen Stämmen in Konstantinopel. Dabei stützte er sich auf die Isaurier, einen Volksstamm in Kleinasien, der von seinem Schwiegersohn und Nachfolger Zenon geführt wurde.

Zenon   Kaiser des Oströmischen Reichs von 474–491

Auch seine Herrschaft war durch den Einfall verschiedener Germanenstämme bedroht. Er schaffte es geschickt, Theoderich nach Italien zu schicken gegen Odoaker. 497 erkannte er Theoderich als Herrscher Italiens an.

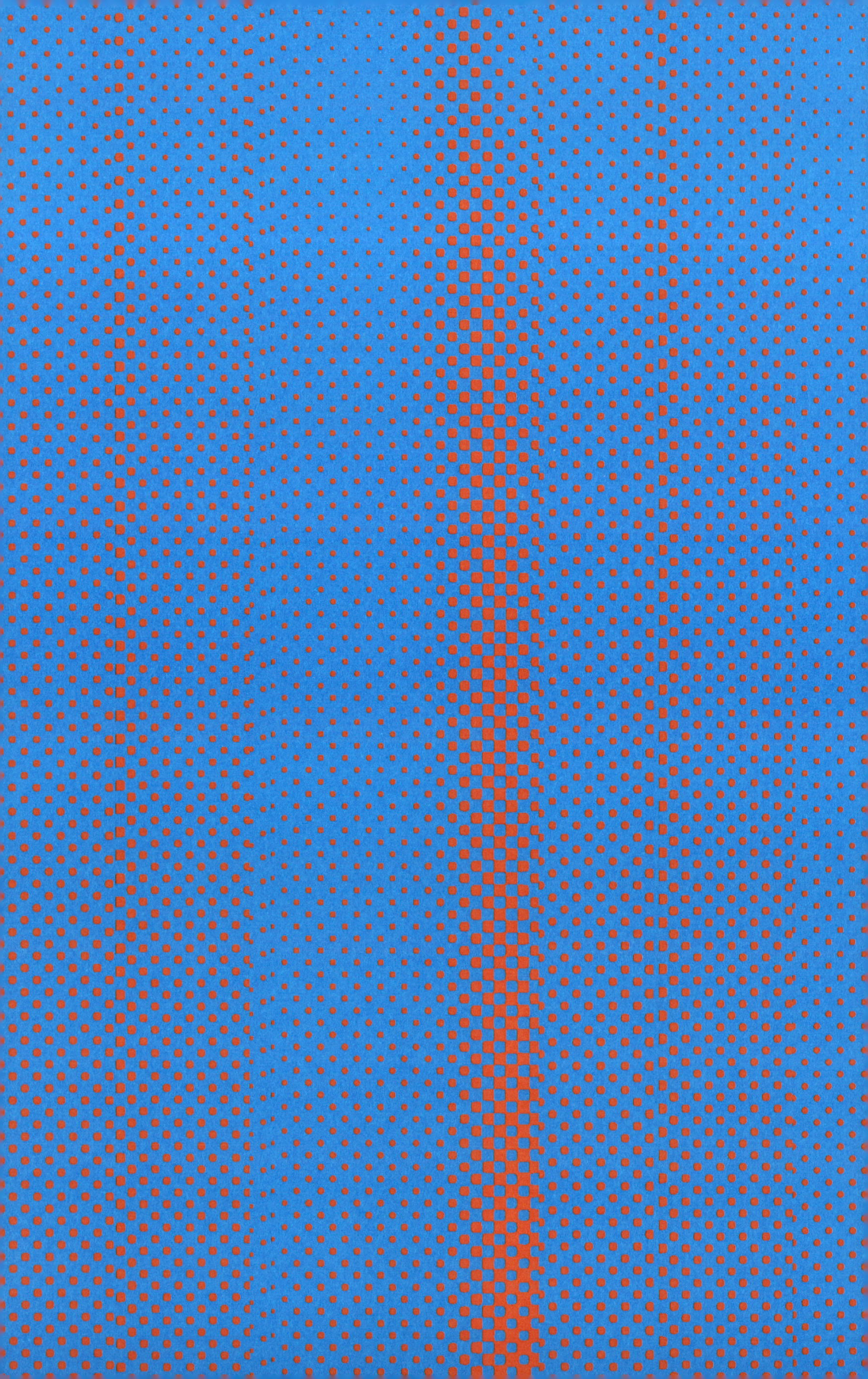

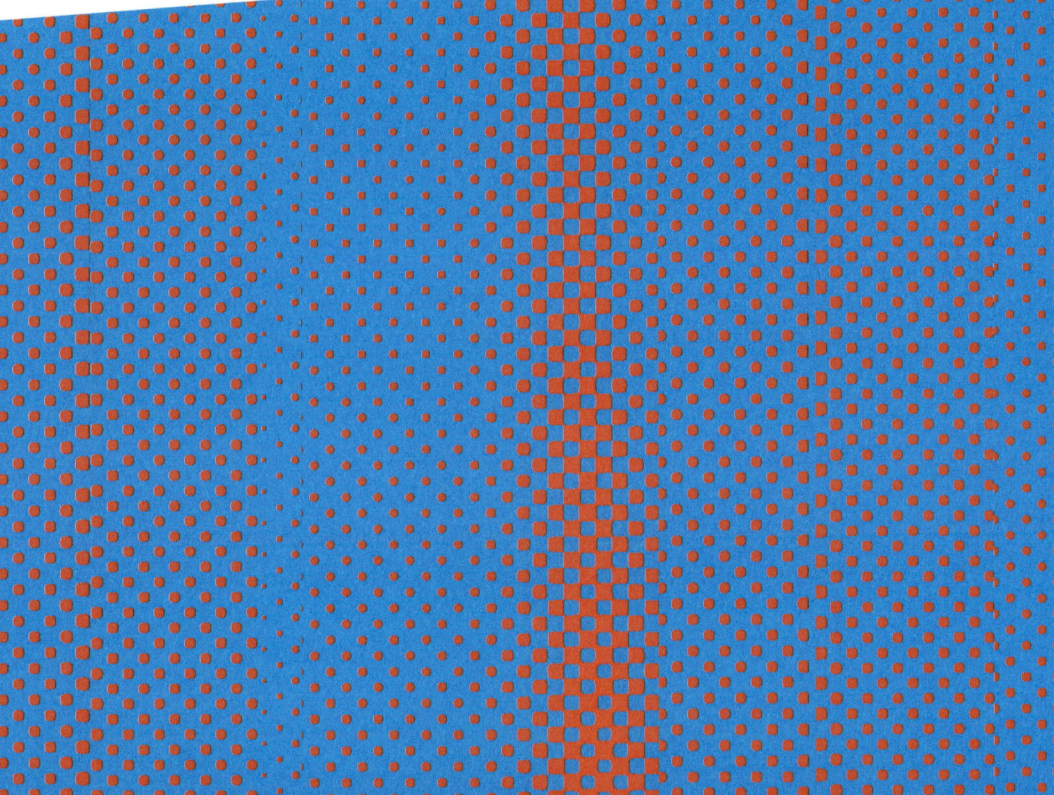

II. ACHT EUROPÄISCHE
KAISER
des
MITTELALTERS

DAS HEILIGE RÖMISCHE REICH DEUTSCHER NATION (800–1806)

Seit die Germanen mit dem Römischen Reich in Kontakt gekommen waren, standen sie mehr oder weniger unter dem Einfluss von dessen Kultur. Ob sie diese ablehnten oder ihr nachstrebten, jedenfalls nahmen sie auf das Römische Reich Bezug. Und als dann im Jahr 800 in Rom nach 324 Jahren wieder einmal ein Kaiser gekrönt wurde, da fiel niemandem ein, seinem neuen Reich auch einen neuen Namen zu geben. Obwohl der Kaiser ein Germane war und der Bischof von Rom die Krönung vornahm, was beides mit der Antike wenig zu tun hatte, nannte sich das Reich wieder Römisches Reich. Nach weiteren 400 Jahren kam das Wort Heilig hinzu und schließlich, als wieder 200 Jahre vergangen waren, der Zusatz Deutscher Nation. Von 800 bis 1806 existierte das in Europa, was man gerne lang und großartig Heiliges Römisches Reich Deutscher Nation – oder lateinisch: *Sacrum Romanum Imperium Nationis Germanicae* – betitelte.

Dieses Reich war weder heilig noch römisch noch deutsch. Es deutet sich aber an, was hier für 1000 Jahre eine Verbindung einging: die antike Idee des römischen Kaisertums, das Christentum und die Germanen. Daran, wie der lange Name entstand, lässt sich das Werden und Vergehen dieses Reichs erläutern:

ROMANUM IMPERIUM
(9.–13. Jahrhundert)

Alles fing damit an, dass der Bischof von Rom, der Papst, sich bedroht fühlte und um seine Stellung bangte. Bedroht fühlte er sich zum einen von den Langobarden, die Italien eroberten, zum anderen vom oströmischen Kaiser, der einfach italienische Bistümer dem Patriarchen von Konstantinopel unterstellt hatte.

Papst Stephan warf sich 754 im Büßergewand dem frisch gewählten fränkischen König Pippin zu Füßen, um ihn zu bewegen, Rom gegen die Langobarden zu verteidigen und die Kirchengebiete zu sichern. Dafür wollte der Papst persönlich ihn und seine Familie salben und ihnen den Titel *Patricius Romanorum*, Schutzherr der Römer, verleihen. Pippin ging auf diesen Handel ein, denn er hatte seine Königswürde nicht ganz rechtmäßig erworben. Ihm und seinen Söhnen konnte die Salbung durch den Papst als weitere Legitimation ihrer neuen Würde nur nutzen. Beides, der Titel und die Salbung, waren Prestigegewinne.

Pippins Sohn Karl der Große wurde der erfolgreichste fränkische König, der das Frankenreich von den Pyrenäen bis zum Plattensee, von den Nordmeeren bis ans Mittelmeer erweiterte. In einem Moment der Schwäche, als nämlich der Kaiserthron in Konstantinopel von einer Frau besetzt war, die als Kaiserin nicht anerkannt wurde, krönte Papst Leo III. Karl im Petersdom zum Kaiser. Diese Kaiseridee ging vom Papst aus. Da er selber nicht die Macht hatte, das Reich zu regieren, sollte das wenigstens sein erfolgreicher Schutzherr Karl, der *Patricius Romanorum*, tun.

Karl nannte sich nun *Augustus* und weiter *imperator Romanum gubernans imperium*: der Kaiser, der das Römische Reich regiert. Das war allerdings eine freche Anmaßung, denn bisher verstand sich der oströmische Kaiser in der Nachfolge des Römischen Reichs. Doch hier kamen zwei, der Papst und der Franke, die sich von der byzantinischen Oberhoheit befreien wollten, was ihnen mit diesem Streich auch gelang.

So haben Leo und Karl mit ihrem Tun viel festgelegt: dass die Franken sich in der Tradition des Römischen Reichs sahen; dass die Fürsten des Reichs nach germanischer Sitte einen König wählten und möglichst in Aachen krönten, den der Papst in Rom danach noch zum Kaiser krönen sollte; dass der Kaiser der Schirmherr der katholischen Kirche wurde; dass der Kaiser nicht nur die Ländereien der Kirche in Italien schützen musste, sondern auch Klöster und Bistümer im übrigen Reich; dass er diese außerdem dazu einsetzte, seine ungebildeten Völker zu organisieren, zu belehren und zu einer christlichen Einheit zusammenzuführen; und dass es Aufgabe eines Kaisers war, als Schutzherr der Christenheit Andersgläubige zur Taufe zu bringen, oft mit Gewalt. Damit dehnte der Kaiser gleich auch das Imperium aus. So sah Karl seine Pflichten, und darin folgten ihm später viele Kaiser.

Doch schon von Anfang an zeichnete sich ein Konflikt ab, der das Reich für immer schwächen sollte: Es gab zwei gewählte Monarchen an seiner Spitze, die sich die Leitung teilten und deren Aufgaben lange nicht klar getrennt waren. Es gab eben die Päpste und die Kaiser.

Karl der Große hatte vermutlich vor, aus eigener Macht Kaiser zu werden, sich selbst zu krönen wie sein Sohn 13 Jahre später; aber der Papst setzte ihm wohl unabgesprochen während des Weihnachtsgottesdienstes im Jahr 800 im Petersdom in Rom die Krone aufs Haupt. So begann ein Jahrhunderte dauerndes Ringen zwischen den beiden Spitzen des Reichs.

Karls Nachfolger hätten ja auch die Idee des universalen Kaisertums aufgeben können, aber im Gegenteil eiferten sie Karl nach, weil der Kaisertitel ihnen viele Vorteile brachte.

Zum König wurde man gewählt unter anderen, es konnten auch Gegenkönige aufgestellt werden. Der Stärkere setzte sich durch. Aber als Kaiser war man unangreifbar, denn man war quasi von Gott ausgesucht zu herrschen. Und der Kaiser konnte seine Anhänger großzügig belohnen, konnte europaweit Ämter vergeben. Zumal in den ersten Jahrhunderten konnte er Grafschaften, Herzogtümer und Bistümer belehnen. Das Kaisertum förderte und schuf eine europäische Machtelite, die, um sich selbst zu erhalten, ihrerseits das Kaisertum stützte. Sie wählte die Könige in der Regel aus Fürsten- und Grafenfamilien der Gebiete zwischen Nordsee und Alpen. Gleich nach der Wahl nannten sie sich in froher Erwartung, Kaiser zu werden, König der Römer. Nicht immer gelang es ihnen, auch wirklich Kaiser zu werden, oft blieb es beim »Römischen König«. Zwischen 800 und 1519, in immerhin 700 Jahren, hat es nur 30 Kaiser gegeben, die insgesamt 413 Jahre regierten. Sie wurden fast alle von Päpsten gekrönt.

Otto I. brauchte 962 die ganz besondere Unterstützung eines Papstes, weil er als Allererster etwas durchsetzte, was es bis dahin bei den Galliern und Germanen nicht gegeben hatte: die Primogenitur. Das heißt, er teilte weder mit seinen Brüdern noch anderen Verwandten seine Macht, sondern beanspruchte allein das gesamte ostfränkische Reich seines Vaters. Von denen, die sich übergangen fühlten, wurde Otto deswegen heftig angegriffen. Er brauchte die Stärkung durch den Papst, und die Päpste in seiner Zeit unterstützten ihn und seine Söhne. Seine Nachfolger, Sohn und Enkel, Otto II. und III. konnten sich auf dem Höhepunkt der kaiserlichen Macht fühlen. Otto III. setzte sogar Freunde als Päpste ein, wie es ihm gefiel. Doch der Zusammenbruch der kaiserlichen Macht lauerte schon im System.

Um sein Reich besser verwalten zu können, war Otto I. auch in diesem Punkt seinem Vorbild Karl gefolgt und hatte sein Reich nicht nur mithilfe weltlicher, sondern auch geistlicher Fürstentümer verwaltet. Für seine Verwandten und Parteigänger schuf er großzügig Bistümer. Die geistlichen Fürstentümer hatten den Vorteil, dass sie keine Erben produzierten und nach dem Tod jedes Mal wieder neu mit Parteigängern besetzt werden konnten. Aber natürlich beanspruchte der Papst als geistliches Oberhaupt der Kirche schon bald die Macht über diese kirchlichen Fürstentümer – und so war der Konflikt zwischen Kaiser und Papst auch bei Otto nicht aufgehoben, sondern strebte vielmehr durch die Einsetzung einer Reichskirche direkt auf seinen Höhepunkt zu.

Ottos Reichskirchensystem stärkte die Kirche, und je stärker Kirche und Päpste wurden, desto mehr drangsalierten sie im 11. Jahrhundert auch als oberste moralische Instanz die Kaiser. Ihre Macht ging so weit, dass sie selbst als Lehnsherren auftraten und die Kaiser dazu drängten, ihnen nun das alleinige Recht zu überlassen, alle Bistümer zu besetzen. Das war der sogenannte Investiturstreit, der die quasi geistliche Stellung, die sakrale Ausstrahlung des Kaisers infrage stellte, was die Kaiser natürlich nicht hinnehmen wollten. Deswegen betonte stattdessen Friedrich I. 1157 die sakrale Seite

seines Reichs und die Unabhängigkeit des Imperiums vom Papsttum, indem er den Begriff *Sacrum*, Heilig, zum Wort *Imperium* hinzu-
fügen ließ. Daraus wurde bald das:

SACRUM ROMANUM IMPERIUM
(13.–15. Jahrhundert)

Auf eine Prophezeiung aus dem Alten Testament der Bibel verwiesen die Kaiser nun gerne. Dort hatte Daniel vorhergesagt, dass das
Römerreich das letzte der vier irdischen Weltreiche sei, bevor die
Welt unterginge. So gesehen verhinderte der Kaiser, indem er das
Römische Reich am Leben erhielt, dass der Antichrist auf die Welt
kam, er hatte also quasi heilsgeschichtliche Bedeutung. Freilich war
das kein Grund für die Päpste, nicht immer wieder darauf hinzu-
weisen, dass eigentlich sie das Haupt der Welt waren.

Ein kleines Detail aus der Krönungszeremonie zeigt, wie
sich die Gewichte verschoben hatten: Bei Karl und Otto salbten die
Päpste im Petersdom dem Kaiser noch die Hände oder das Haupt;
damit weihten sie den Kaiser praktisch wie einen Bischof. Doch ab
dem 12. Jahrhundert salbte der Papst dem Kaiser nur noch den rechten Arm und die Schultern. Das sollte heißen, nicht die religiöse
Funktion sollte der Kaiser ausüben, sondern sein rechter Arm, sein
Schwert sollte regieren, und auf seinen Schultern sollte das Reich
ruhen. Kopf und Hände aber, die eigentliche Leitung, blieben der
Kirche vorbehalten.

Heinrich IV. wurde von den Päpsten in seiner Zeit so lange erniedrigt, als erster Kaiser exkommuniziert und förmlich abgesetzt,
bis sein Sohn das Investiturrecht als das Einsetzungsrecht der Kaiser
1122 aufgab. Die Staufer nahmen das Ringen über 150 Jahre hinweg
mit dem Papsttum noch einmal auf. Und das ausgerechnet in einer
Zeit, in der die Päpste reich und mächtig und so stark waren, dass
sie Friedrich II. als Kaiser auf dem Höhepunkt der Krise abzuset-
zen drohten. Die Auseinandersetzung endete damit, dass die Päpste

mithilfe des französischen Königs die ganze Sippe der Staufer nach und nach umbringen ließen. Der letzte männliche Staufer in direkter Linie endete 1268 in Neapel unter dem Henkerbeil.

Vier Jahrzehnte blieb Europa ohne Kaiser, so lange dauerte das *Interregnum*, die »schreckliche« kaiserlose Zeit voll blutiger Rivalitätskämpfe. Ausgerechnet in dieser Zeit im Jahr 1254 findet sich in den Quellen zum ersten Mal der so weit von der Realität entfernt liegende Begriff Heiliges Römisches Reich.

Kaiser und Papst waren in den letzten Jahrhunderten ein sich gegenseitig stabilisierendes System geworden. Mit der Macht der Kaiser schwand nun auch die der Päpste, sie mussten selber aus Rom fliehen. Sie hatten keinen Schutzherren mehr, und da sie kein eigenes Heer besaßen, mussten sie sich ab 1309 in französische Obhut nach Avignon begeben. Dort blieben sie im 14. Jahrhundert recht einflusslos, dann gab es zwei Päpste, einen in Rom, einen in Avignon, zeitweilig sogar drei – alle waren schwach, Einfluss auf die Reichspolitik hatten sie immer weniger. Selbst als ab 1417 wieder ein einziger Papst in Rom residierte, blieb er verstrickt in die italienischen und römischen Auseinandersetzungen. Die Päpste wurden italienische Renaissancefürsten, die sich ihren ausschweifenden Lebensstil durch das so schwer erstrittene Investiturrecht der Reichsbistümer finanzierten.

Die Kaiser hielten sich nun gänzlich aus der Italienpolitik heraus. Heinrich VII. war der letzte, der sich 1310 noch einmal in Italien engagierte und die alte sakrale Reichsidee wieder aufleben lassen wollte. Doch als Friedensfürst erwartet, starb er auf seinem Zug nach Italien. Und sein Enkel Karl IV. hütete sich, auch nur einen Tag länger als nötig in Italien zu bleiben, nachdem er zum Kaiser gekrönt worden war.

Viel wichtiger für die Kaiser waren die Reichsfürsten geworden. Sie waren es schon immer gewesen, die die römischen Könige gewählt hatten, ehe sie Kaiser werden konnten. Aus dem alten Recht der Vorwähler hatten sich die wichtigsten Reichsfürsten herauskristallisiert, die immer wieder zusammenkamen nach dem Tod eines römischen Königs und einen neuen wählten. Mit der »Goldenen Bulle« 1356 legte Karl IV. gesetzlich fest, dass diese sieben Wahlfürsten, die Kurfürsten, allein den römischen König wählten und dazu nicht mehr die Bestätigung des Papstes notwendig sei. Besonders die Päpste des 13. und 14. Jahrhunderts hatten noch darauf gepocht, den neu gewählten römischen König in seinem Amt zu bestätigen, zu approbieren. Erst danach wäre er im Besitz seiner vollen Amtsgewalt. Das war seit 1356 mit der Goldenen Bulle vorbei. Kaiser und Papst hatten ihre Machtsphären nach über 500 Jahren endlich auseinanderdividiert.

Maximilian I. verkündete 1508 schlicht, er werde sich nun übrigens auch ohne päpstliche Bestätigung nicht nur König, sondern sogar Kaiser nennen. Sein Urahn Rudolf I. hatte die materielle Grundlage dafür geschaffen. Seit 1278 urkundeten die Habsburger in Wien. Und Maximilians Vater Friedrich III. hatte programmatisch verkündet, dass das Amt des Kaisers von nun an nur noch von Deutschen besetzt werde. Er meinte damit eigentlich seine eigene Familie, die Habsburger. Er gab dem Reich daher auch den Zusatz *Nationis Germanicae*. Und Maximilian übersetzte das nun so: *Sacrum Romanum Imperium Nationis Germanicae* – »heiliges reiche deutscher nacion gemeiner christenheit« oder: Heiliges Römisches Reich Deutscher Nation.

SACRUM ROMANUM IMPERIUM NATIONIS GERMANICAE (15. Jahrhundert bis 1806)

Da der Kaisertitel erblich wurde, fielen im 16. Jahrhundert auch die lästigen Italienzüge für die römischen Könige weg. Auch einer anderen kaiserlichen Pflicht, die Kaiser- und Papsttum auf ungute Weise verknüpft hatte, brauchten sie nicht mehr nachzukommen: der Pflicht zur Missionierung der Heiden und zum Schutz der Christenheit. Es gab einfach keine Heiden mehr in Europa, die man missionieren konnte.

Noch unter Karl IV. war es ein Adelssport gewesen, im Sommer nach Litauen zu reiten und dort Jagd auf Heiden zu machen. Karl der Große hatte die Sachsen gewalttätig gezwungen, sich christlich taufen zu lassen, Otto I. die germanischen und slawischen Stämme an der Elbe.

Die Kaiser verstanden sich als Schutzherrn der Christenheit. die Staufer waren auf sechs Kreuzzügen nach Jerusalem gezogen, um die heiligen Stätten zu retten und langfristig das byzantinische Reich zurückzuerobern. Inzwischen war ganz Europa christlich und Jerusalem wieder sich selbst überlassen.

Die Ritter waren arbeitslos geworden, weil die Fürsten Söldnerheere anwarben und neue Waffen einsetzten. Damit hatte sich auch das Ideal der christlichen Ritter überlebt. »Der letzte Ritter« wurde Maximilian genannt. Und die traurigen Überreste dieser glanzvollen Seite waren marodierende Banden, die die Straßen unsicher machten: die Raubritter.

1495 initiierte Maximilian eine umfassende Reichsreform, die einen Ewigen Landfrieden anstrebte und endlich Ruhe ins Land bringen sollte. Tatsächlich erlebte das Kaisertum kurze Zeit noch einmal einen Höhepunkt als die Kraft, die nach einer Einigung und Bündelung der europäischen Kräfte strebte.

Maximilian schuf etwas in Europa Einmaliges. Er schuf in einem Land, das kaum Gesetze kannte und kaum Juristen hatte, ein überregionales Gericht als Berufungsinstanz. Jeder Bürger konnte, wenn er mit der Rechtsprechung des für ihn zuständigen örtlichen Gerichts nicht zufrieden war, sich an das Reichskammergericht wenden. Sein Streitfall wurde dann noch einmal von den Reichsrichtern aufgerollt und behandelt. Es war ein Gericht auf Reichsebene und wurde vom Kaiser und den Ständen, das waren die Fürsten und Freien Städte, gemeinsam finanziert. Das 16. Jahrhundert, als die Landesherren noch nicht besonders durchsetzungsfähig waren, war die einflussreichste Zeit dieses Gerichts.

Nehmen wir das Beispiel des berühmten Raubritters Götz von Berlichingen (1480–1562). In den ersten Jahrzehnten seines Lebens war er in einen Privatkrieg mit der Stadt Nürnberg verstrickt. Er nahm Kaufleute zu Geiseln, ließ sie sich teuer bezahlen, raubte und mordete ohne Mitleid. Dann aber wandte er sich mit seiner Fehde mit der Stadt Nürnberg an das Reichskammergericht. Von da an verlor er sich in endlosen Klagen und Rechtsstreitigkeiten, die später auch sein Sohn weiterführen sollte; aber er nahm Recht und Gesetz nicht mehr selbst in die Hand, sondern ordnete sein Handeln den Rechtssprüchen dieses Gesetzes unter. Tatsächlich hat die Arbeit des Reichskammergerichtes die Straßen in Deutschland sicherer gemacht. Mit dieser Entwicklung weg von der Fehde hin zur Gerichtsbarkeit kam auch ein völlig neuer Berufsstand auf: der des Juristen, des Schreibers, des Notars.

Aber nicht nur durch das Reichskammergericht wurden das Reich und der Kaiser für die einfachen Bürger im Land präsent, sondern auch durch die Reichskreise, eine weitere Reform Maximilians. Damit das Reichskammergericht auch von Beisitzern aus allen Landesteilen beschickt werden konnte, ließ er das Reich in zehn Kreise einteilen. Sie erstreckten sich sogar über die Grenzen der Fürstentümer hinweg. Die heutigen deutschen Bundesländer erinnern an die alte Kreiseinteilung Maximilians. Es gab zum Beispiel den bayrischen, niederrhein-westfälischen oder den niedersächsischen Kreis, aber natürlich auch andere wie den burgundischen, kurrheinischen oder österreichischen Kreis. Sie waren für die Vollstreckung der Urteile des Reichskammergerichts zuständig und erhielten mit der

Zeit auch eine Art Polizeiordnung und Selbstverwaltung, zumal jeder Kreis auch für das Reich zur Erhaltung eines Reichsheers beitragen sollte. Es fanden Kreistage statt, und es wurden Korrespondenzen mit anderen Kreisen geführt. Geleitet wurden die Kreise meist vom ranghöchsten Fürsten der Region. Und natürlich fanden auch Reichstage statt, wo die Kreise mit ihren Abgeordneten, die Fürsten und Patrizier der Städte und der Kaiser aufeinandertrafen. Das sollte in den folgenden 300 Jahren bis zur Auflösung des Reichs so bleiben.

Das Reich war also im Begriff, sich eine Ordnung zu geben, die überregional war und die Position des Kaisers hätte stärken können. Es waren bescheidene Anfänge, aber es waren immerhin gemeinsame Institutionen, die auch Gemeinsamkeiten schufen bei aller Verschiedenartigkeit der Kreise und ihrer Interessen. Und genau in diesem Moment trat plötzlich eine neue christliche Religion auf, die weitere Einigungsversuche verhinderte. Auf demselben Reichstag, auf dem Martin Luther sich weigerte, seine Thesen zu widerrufen, wurden auch das Reichsregiment erneut bestätigt, die Territorien der Kurfürsten als Reichskreise benannt und die Landfriedensordnung, also die Reform des Reichs, verabschiedet. Vergeblich. Mit der geteilten Religion war auch das Kaisertum entmachtet; der Kaiser wurde mehr und mehr ein Landesfürst unter anderen, vor allem als die Hohenzollern in Preußen den Habsburgern den Rang als erste Vormacht in Europa streitig machten. Seit 1519 gab es noch einmal 16 Kaiser, von denen nur einer kein Habsburger war. Als Napoleon das Heilige Römische Reich Deutscher Nation 1806 auflöste, hat es kaum noch jemand bemerkt, es hatte sich überlebt. Da hieß es dann das »Alte Reich«.

Der Franke

KARL DER GROSSE

747–814

KARL DER GROSSE

In Karl bündelten sich die Kraft und der Aufstiegswille seiner Vorfahren. Sein Großvater war der kühne Karl Martell, genannt »der Hammer«, weil er als Heerführer der Franken alle Schlachten gewonnen hatte, vor allem die bei Tours und Poitiers 732 gegen die Araber, die verhinderte, dass die Muslime in Europa Fuß fassen konnten. Das war ein so glänzender Sieg, dass Karl Martell damit auch seine Stellung als Hausmeier, einer Art Kanzler der fränkischen Merowingerkönige, festigen konnte. Karl Martell und sein Sohn Pippin, der Vater Karls des Großen, übernahmen nach und nach die Macht im Frankenland; sie wurden Herren über die Gerichte, die Gutsverwaltungen, die Finanzabteilung, Kommandeure und Erzieher. Denn die Merowinger, die seit 200 Jahren herrschten, waren nur noch mit Intrigen beschäftigt und damit, sich gegenseitig zu bekämpfen und umzubringen. In den offiziellen Reichsannalen wird erzählt, Pippin habe schließlich in Rom bei Papst Zacharias 751 direkt nachgefragt, ob es in Ordnung sei, den regierenden Merowinger ins Kloster zu stecken und sich selbst zum König zu machen. Pippin brauchte die Autorität des römischen Bischofs zur Abwehr anderer adliger Bewerber. Dafür versprach er dem Papst, er werde ihm das Land um Rom, Ravenna, Venetien und andere italienische Gebiete schenken, wenn er sie erst von den Langobarden erobert habe. Der Papst, der auf Schutz angewiesen war, weil die Langobarden ihn bedrängten, hatte gegen diesen Handel nichts einzuwenden.

Statt ihre Rivalen kurzerhand zu ermorden, wie es allgemein üblich war, wählten Pippin und seine Nachfolger oft die elegantere Methode, sie in Klosterhaft zu stecken. Der letzte Merowinger Childerich III. soll sich nicht gewehrt haben, als das Zeichen seines königlichen Wesens, seine langen Haare, abgeschnitten wurden und er ins Kloster Sithiu eintreten musste. Und Pippin hielt Wort und unterwarf die Langobarden. Die »Pippinische Schenkung« wurde die Grundlage für den römischen Kirchenstaat, den es bis ins 19. Jahrhundert gab, aber es war auch der Beginn einer schwierigen Verknüpfung von römischer Kirche und fränkischer Macht.

732
Schlacht
bei Tours
und Poitiers

Karl
wird am
2. 4. 747
geboren.

751
Pippin (III.)
wird König.

Karl der Große war sieben Jahre alt, sein Bruder Karlmann drei, als ihnen am 28. Juli 754 in der Kirche St. Denis von Papst Stephan II. der Kopf mit Chrisamöl gesalbt wurde. St. Denis war nicht irgend-eine Kirche: Es war die Grabstätte ihres Großvaters Karl Martell und vor allem die der Merowingerkönige. Im Chor der Abteikirche krön-te Stephan II. ihren Vater Pippin zum König. Und dort salbte er die Söhne zum Zeichen, dass von nun an ein geistiges Verwandtschafts-verhältnis zwischen dem Papst und der königlichen Familie bestehe. Weltliche und geistliche Macht sollten die Welt einmütig regieren. Karl der Große hat dann Zeit seines Lebens immer den Kontakt zu den Päpsten gehalten. Das wertete ihn auf als Sohn eines Königs, der sein Amt nicht ganz rechtmäßig erworben hatte. Als Pippin starb, wurde sein Reich aufgeteilt zwischen Karl und Karlmann, eine gro-ße kriegerische Auseinandersetzung bahnte sich zwischen den bei-den Brüdern an, doch Karlmann starb urplötzlich mit gerade einmal zwanzig Jahren – wie, konnte nie ganz geklärt werden.

Karl war selbst sehr gläubig, was ihn aber nicht daran hin-derte, seine Konkurrenten, wenn es denn nicht anders ging, zu be-seitigen. Er fand auch nichts dabei, zu rauben und zu morden und neben seinen vier Frauen zahlreiche Freundinnen zu schwängern. Die Auffassungen davon, was christliches Leben beinhaltete, gingen noch weit auseinander. 18 seiner ehelichen und unehelichen Kinder sind namentlich bekannt, die meisten lebten mit an seinem Hof.

Das Christentum hatte mitunter einen rein praktischen Aspekt in dem vormodernen Land, das kaum Normen kannte: Es vereinheitlichte die Herrschaft. Karl schuf Kirchen und Klöster im ganzen Frankenreich und besetzte sie mit gebildeten Menschen, mit deren Hilfe er die Anfänge einer Verwaltung organisierte. Er be-lehnte auch weltliche Grafschaften und teilte das Land in Gaue ein. Überhaupt war das Prinzip des Lehnswesens, also die Überlassung von Land gegen Dienste, etwas, das sich über das ganze Reich aus-dehnte. Die Grafen hatten als königliche Amtsträger Karls Anord-nungen umzusetzen. Besonders wichtig waren die Markgrafen, die

754
Karl und sein Bruder Karlmann werden gesalbt.

768
Tod Pippins

771
Tod Karlmanns. Karl übergeht dessen Söhne und herrscht von nun an allein.

die Grenzgebiete verteidigten. Doch die geistlichen Bistümer und Reichsabteien hatten gegenüber den gräflichen Gebieten für Karl den Vorteil, dass sie verpflichtet waren, ihn und seinen Hofstaat zu beherbergen. Schließlich war er permanent in Europa unterwegs; am Ende seines Lebens hatte er eine Strecke zurückgelegt, als hätte er zweimal den Erdball umrundet.

Karl regierte mithilfe königlicher Sendboten. Immer ein weltlicher und ein geistlicher Sendbote trugen seine lateinisch abgefassten Anordnungen bis in den hintersten Winkel des Reichs. Mit diesen sogenannten »Kapitularien« griff er selbst ins alltägliche Leben ein, bestimmte, dass Feigenbäume gepflanzt werden, Wölfe gejagt und Richter nicht bestochen werden sollten – wobei er nie sicher sein konnte, wie viele seiner Anordnungen umgesetzt wurden. So heißt es resignierend in einem Brief an seine Untertanen, er wolle jetzt endlich durch seine Königsboten wissen, was aus all den Befehlen geworden sei, die er seit vielen Jahren durch sein Reich sende. Diese Kapitularien mussten ja zunächst einmal gelesen und verstanden werden, und so bekamen die Klöster und Bischöfe von Karl auch den Auftrag, Schulen einzurichten. Er selbst bemühte sich Zeit seines Lebens allerdings vergeblich, noch schreiben zu lernen.

An seinen Hof holte Karl Gelehrte aus ganz Europa. Hier diskutierte er mit Goten, Bayern, Langobarden, Sachsen und Angelsachsen, wie man das Imperium organisieren könnte, wie eine gerechte Regierung aussehen sollte, nach welchen Leitfäden Mönche leben sollten oder wie man die Schrift vereinfachen könne. Er gab den Auftrag, Sagen und Märchen zu sammeln, man verfasste Gedichte und gab sich antike Spitznamen. Es wurde musiziert. Karl ließ antike lateinische Bücher auf dauerhaftes Pergament abschreiben, um sie zu erhalten. Er sammelte Bücher und Wissen in seiner Hofbibliothek. Doch jenseits des Hofes herrschte weitgehend geistiges Ödland.

Selbst die Geistlichen waren in dieser Zeit meist miserabel ausgebildet. Karl ordnete an, dass jeder Priester wenigstens das Vaterunser können müsse und andere Geistliche nicht zum Saufen zwingen dürfe. Auch sollten keine Tiere wie nach heidnischer

Sitte geopfert werden. Außer dem Fehdewesen, das auf das Recht des Stärkeren setzte, war wenig geregelt im Frankenland. Selbst bei Mord machten die Betroffenen alles unter sich aus; es gab kaum übergeordnete Instanzen.

Die Franken waren ein kriegerisches Volk, das unter Karl nun im Namen der Christenheit das Reich erweiterte, wie es schon seine Vorfahren getan hatten. Schon sein Vater Pippin hatte gegen die heidnischen Sachsen gekämpft und sie zu missionieren versucht. Karl tat es nun mit enormer Härte und Brutalität. Diese Sachsen waren ein freies Völkergemisch, das ein riesiges unwegsames Gebiet von der Weser bis zu Nord- und Ostsee bewohnte und sich grob in vier Stämme aufteilen ließ.

772
Beginn der
30 Jahre
dauernden Kriege
gegen die Sachsen

Karl fiel in das sächsische Gebiet ein und demonstrierte seinen Machtanspruch, indem er 772 erst einmal das Heiligste zerstörte, das die Sachsen besaßen: die sagenumwobene Irminsul, den heiligen Hain, dessen Mittelpunkt eine riesige Eiche bildete, die nach sächsischen Vorstellungen das Himmelreich trug, in dem Tyr, Donar, Odin und all die anderen heidnischen Götter lebten. Statt dieser heidnischen heiligen Stätten wollte Karl überall christliche Klöster gründen. Das ließen sich die Sachsen verständlicherweise nicht gefallen, und nun kam ihnen zugute, dass sie aus mehreren Stämmen bestanden: Über 30 Jahre hinweg hielten die verschiedenen Sachsenstämme den mächtigen Karl in Atem.

Von 46 Schlachten, die Karl in seinem Leben geschlagen hat, hat er nur zwei verloren, davon eine gegen die Sachsen. Daraufhin tat er etwas Ungeheuerliches: Er führte im Winter Krieg. Eigentlich war es so, dass alle, die kämpfen konnten, sich in der Regel im Mai zum Feldzug sammelten und im Herbst wieder nach Hause ritten. Nun zog Karl mit seinem ganzen Hofstaat samt Frauen und Kindern an die Weser in die zugige sächsische Eresburg und mordete, brandschatzte, vergewaltigte, verheerte mit seinen Männern monatelang die umliegenden Gebiete, in der Hoffnung, dass die Sachsen endlich aufgeben würden. Doch sie taten es nicht, sie schlugen zurück. Der Kampf wurde immer verbissener geführt.

Daraus haben sich wilde Gerüchte entwickelt. So habe Karl einmal an einem Tag in Verden 4500 sächsische Edelleute abgeschlachtet, die sich in seine Gewalt begeben hatten. Aus den schriftlichen Quellen der Zeitgenossen bestätigt sich diese furchtbare Tat nicht; sie taucht erst in späteren Dokumenten auf. Was man aber in den Quellen liest, ist schlimm genug: In großen Gruppen hat Karl die Sachsen, die seine grausamen Feldzüge überlebt hatten, umgesiedelt. Er hat sie aus ihrer alten Heimat entfernt und irgendwo in seinem Reich wieder angesiedelt, um ihren Widerstand gegen das Christentum zu brechen. Und alle hat er zu Massentaufen gezwungen und strengste Gesetze erlassen gegen die heidnischen Riten; auf unchristliches Verhalten stand die Todesstrafe.

Wäre Karl nur grausam gewesen, hätte er die Sachsen wohl dennoch nicht besiegen können, aber er war bei alledem auch taktisch geschickt: Den Führern des sächsischen Widerstandes winkte er mit einer großen Stellung in seinem Reich. Einer der bekanntesten von ihnen war Widukind. Man weiß nicht viel von ihm, nur dass er die westfälischen Sachsen bei ihren kühnsten Gegenschlägen führte und sich selbst immer zu den Nordmännern nach Dänemark rettete, wenn es brenzlig wurde. Widukind ließ sich dann tatsächlich 785 taufen. Karl selbst wurde sein Taufpate und

785
Unterwerfung und Taufe Widukinds

beschenkte ihn reich. Widukind wurde so etwas wie ein Graf und regierte einen Teil von Karls Reich, am Ende offensichtlich in bestem Einvernehmen.

In der Mischung aus Brutalität und geschicktem diplomatischen Verhalten bestand Karls Erfolgsrezept. Vom Papst zu Hilfe gerufen, besiegte er wie schon sein Vater die Langobarden und be-

774
Sieg über die Langobarden

schenkte den Papst erneut mit dem Kirchengebiet. Dann aber zerstörte er nicht etwa das Langobardenreich, sondern gliederte es in seines mit ein, indem er sich seit 774 gleichberechtigt *Rex Frankorum et Langobadorum* nannte. So machte er es 788 auch mit den Bayern.

788
Eingliederung Bayerns

Die herzögliche Familie musste zwar mit allen Angehörigen im Kloster verschwinden, doch Bayern als Herzogtum blieb erhalten und wurde Teil von Karls Reich, dem sich bald auch Böhmen und

791–799
*Kriegerische
Missionierung
der Awaren*

die Awaren unterwarfen, ein zentralasiatisches Reitervolk, das Pannonien beherrschte.

Ende des 8. Jahrhunderts hatte Karl das Christentum tatsächlich nach Osten und Norden ausgebreitet, er hatte die unangefochtene Vormacht im Abendland, fast das gesamte westlich-lateinische Europa war im Frankenreich vereint. Karl hatte damit eine kaiserähnliche Position inne. Natürlich wird er sich mit dem eigentlichen Kaiser verglichen haben, der ja in Konstantinopel residierte. Das sogenannte Oströmische Reich nahm für sich in Anspruch, das Römische Reich fortzusetzen. Nur im Weströmischen Reich hatte es seit über 300 Jahren keinen Kaiser mehr gegeben. Die Germanen hatten bisher alle den oströmischen Kaiser als ihr höchstes Oberhaupt anerkannt. Karl brach nun mit dieser Tradition, indem er sich selbst zum Kaiser krönen ließ. Er nutzte dazu einen günstigen Moment der Schwäche in Konstantinopel.

Dort regierte seit 797 die Kaiserin Irene, eine Frau also, für ihren Sohn, den sie hatte blenden lassen. Nach römischem Recht konnte keine Frau das Oberkommando des Heeres innehaben. Da der Kaiser diese Position von Amts wegen vertrat, konnte keine Frau legal das kaiserliche Amt ausüben. Man konnte also den Kaiserthron als unbesetzt betrachten. Karl konnte für sich behaupten, er schließe eine Lücke. Sollte die Krönung Karls Idee gewesen sein, dann hatte er sich deren Ausführung aber sicher anders vorgestellt:

Am Weihnachtstag des Jahres 800, während des Gottesdienstes, setzte ihm Papst Leo III. im Petersdom in Rom spontan und unabgesprochen die Krone auf den Kopf, wie Karl hinterher seinem

800
*Kaiserkrönung
durch Leo III.
in Rom*

Vertrauten und Biografen Einhard gegenüber beteuerte, und die Römer bestätigten Karls Krönung zum Kaiser. Karl war empört darüber, aber warum? – Weil es so aussah, als sei Karl nicht durch seine eigene Kraft, sondern durch den römischen Bischof in sein Kaiseramt gekommen, ausgerechnet durch Leo, der selbst gerade erst wegen seines unsittlichen Lebenswandels sich vor einem Konzil hatte verantworten müssen und von Karl gerettet worden war.

Dieser kurze Moment im Petersdom hatte jahrhundertelange

Auswirkungen: Er erneuerte das weströmische Kaisertum, und er gab dem römischen Bischof eine bis dahin unerreichte Wichtigkeit. Niemals zuvor hatte ein römischer Bischof einen Kaiser geweiht, niemals war ein Barbarenkönig dieser Würde auch für würdig befunden worden. Die Akzentuierung seiner eigenen herrscherlichen Gewalt als Nachfolger des Apostel Petrus war Leo offensichtlich ein besonderes Anliegen. Im Lateranpalast hatte er kostbare Mosaike anbringen lassen, die zeigten, wie der Frankenherrscher von Petrus mit der Lanze bedacht wurde und Leo III. selbst mit dem Pallium, der Schulterbinde als dem Zeichen der bischöflichen Macht. Dem König wird so die Rolle des Beschützers, nicht des Beherrschers der römischen Kirche zugeteilt. Leo hatte mit einem untrüglichen Gefühl für Symbolik die Krönung genutzt, um sein Selbstverständnis zu demonstrieren. Obwohl er selbst formal dem Patriarchen von Konstantinopel unterstellt war, hatte der Bischof von Rom damit erstmalig seine Eigenständigkeit bewiesen.

Wahrscheinlich war es tatsächlich so, wie Karl selbst später berichtete: Er ist von Leo mit der Krönung überrumpelt worden. Dafür spricht auch, dass Karl 813 seinen Sohn Ludwig ohne Mitwirkung des Papstes und eigenhändig zu seinem Nachfolger und Kaiser krönte. Und dafür spricht eine interessante Vorliebe Karls für seinen Vorgänger Theoderich. Theoderich nahm zwar den Titel des Augustus, der einem Kaiser zustand, nicht an; aber er nannte sich offiziell *Flavius Theodericus Rex*, und Flavius war der Name, den seit Konstantin alle rechtmäßigen Kaiser trugen. Seine Stellung wurde von einigen Zeitgenossen denn auch als durchaus kaiserähnlich empfunden.

An Theoderich erinnerte Karl nun in seiner Lieblingspfalz in Aachen, wo er sich neben unscheinbaren Lehmbauten eine ansehnliche Steinresidenz mit einem eigenen gewaltigen Dom bauen ließ. Und obwohl er so viel Wert auf sein Christentum legte und der arianische Theoderich als Ketzer galt, ließ Karl dessen Reiterstandbild nach Aachen bringen. Die Aachener Kapelle war nicht den römischen Kirchenbauten nachempfunden, sondern stark angelehnt an

813
Krönung
des Sohnes Ludwig
durch Karl selbst

San Vitale, die Kirche des Theoderich in Ravenna; aus Ravenna auch stammten die Aachener Pophyrsäulen. So betonte Karl seine Stellung als eigenständiger germanischer Herrscher, wie Theoderich es gewesen war. Er starb in Aachen am 28. Januar des Jahres 814.

28. 1. 814
Tod in Aachen

Was bleibt?

Karl belebte das Weströmische Reich nach über 300 Jahren wieder. Das Neue war, dass neben dem Kaiser der Bischof von Rom als zweite Macht erschien – wobei keiner so recht wusste, wer von beiden mächtiger war.

Karl begann, Ordnung und gleiches Recht im Frankenreich zu schaffen. Eine schriftliche Gesetzgebung wird erst wieder im 13. Jahrhundert versucht werden; er stand in seiner Zeit mit diesem Bemühen recht einsam da. Doch ist es ihm gelungen, einigende Elemente einzuführen für die unterschiedlichsten germanischen Stämme. Das war die Grundlage seines Kaisertums, und da der Gedanke eines einheitlichen europäischen Gebietes immer etwas Verlockendes hat, ist Karl als der Erste in die Geschichte eingegangen, der diesen Anspruch umsetzen wollte.

Sein Reich ist eigentlich nicht richtig untergegangen. Es bestand als Ganzes in Teilen weiter, es bröckelte nicht an den Rändern, sondern seine Auflösung war eher eine Umformung. Selbst Sachsen blieb fränkisch; zusammen mit Bayern, Schwaben und den Provinzen Ostfranken und Lothringen bildete es ein Reich, das Ostfrankenreich, aus dem später Deutschland hervorging.

Schon 817 teilte Karls Sohn Ludwig der Fromme das Reich zwischen seinen drei Söhnen auf. Er war überfordert von dem Anspruch, ein guter Christ zu sein und gleichzeitig zu herrschen. Lothar I. wurde sein Mitregent, Pippin erhielt Aquitanien, und Ludwig der Deutsche erhielt Bayern. Langfristig teilte sich Karls Reich dadurch in die zwei Herrschaftsräume Frankreich und Deutschland, die bis zum Ausgang des Mittelalters abwechselnd Italien beherrschten.

Karl galt als Idealbild des Herrschers, der das Christenvolk vereinigte. Nicht die territoriale Herrschaft, sondern die Einigkeit des Christenvolkes unterstellte man ihm als Ziel. Dennoch hat auch die territoriale Einigkeit einmal bestanden, und wenn von einem Kerneuropa die Rede ist, so meint man damit eigentlich heute noch das Gebiet in den Grenzen Karls des Großen.

Literatur   Wissenschaftlich fundiert, sehr anschaulich, gut zu lesen und mit den Abbildungen vieler Zeugnisse versehen: Johannes Laudage, Lars Hageneier, Yvonne Leiverkus, DIE ZEIT DER KAROLINGER. Darmstadt 2006.   Hervorragend der Abschnitt über Karl den Großen in: Johannes Fried, DAS MITTELALTER, GESCHICHTE UND KULTUR. München 2008.

Museen/Erinnerungsorte   Die Kathedrale von St. Denis, Grablege der französischen Könige seit 564, steht heute noch nördlich von Paris.   In der Kaiserpfalz in Aachen liegt Karl begraben; über einen Zeitraum von 600 Jahren wurden dort mehr als 30 römisch-deutsche Könige gekrönt.

Zeitgenossen

Karl Martell Hausmeier der Merowinger (688/9–741)

Im strengen Sinne kein Zeitgenosse; er starb vor der Geburt des Enkels Karl. Er kämpfte für die Merowinger erfolgreich unter anderem gegen die Sachsen, Bayern, Burgunder und natürlich 732 gegen die Araber. Seit vielen Generationen ist seine Familie einflussreich bei den Franken, es gelingt ihnen aber nicht, sich offiziell zu Königen aufzuschwingen, obwohl Karl Martell ab 737 den merowingischen Thron unbesetzt lässt und als Hausmeier quasi königliche Stellung ausübt.

Pippin III. Erster König der Franken (715–768)

Sohn Karl Martells und Vater Karls des Großen. Nachdem sein Bruder Karlmann sich 747 ins Kloster zurückgezogen hatte, übernahm Pippin als Hausmeier das ganze fränkische Reich. Ab 751 ist er König. 755/6 eroberte Pippin, wie er dem Papst versprochen hatte, das Langobardenreich unter König Aistulf in Pavia. Pippin musste dafür zweimal nach Italien ziehen. Er tat es zögerlich, denn der Langobardenkönig war sein Adoptivvater. Dem Papst hatte er versprochen, den Besitz der römischen Kirche zu sichern. 753 und 757 führte er erfolgreich Kriege gegen die Sachsen, Herzog Tassilo von Bayern konnte er 757 zur Leistung des Vasalleneides zwingen.

Papst Leo III. *Papst von 795–816*

Leo III. war Karl dem Großen eng verbunden: Nach seiner Wahl zum Papst sandte er ihm als Zeichen eines Treueides die Schlüssel zum Grab des heiligen Petrus. Karl wurde das Amt eines **Patricius Romanorum** zugesprochen; er war somit Schutzherr über Rom. Diesen Schutz hatte Leo auch dringend nötig, da er vom römischen Adel wohl nicht ohne Grund wegen seines unmoralischen Lebenswandels stark angefeindet wurde. Am 25. April 799 stürzten ihn seine Gegner vom Pferd und versuchten, ihn zu blenden und ihm die Zunge abzuschneiden. Ihm gelang jedoch die Flucht nach Paderborn zu Karl. Der reiste nach Rom, um die Lage zu klären. In Rom konnte keiner der Papstgegner ausreichende Beweise darlegen, wodurch es nicht zu einer Verurteilung Leos kam. Leo III. musste jedoch seine Unschuld durch einen Reinigungseid am 23. Dezember 800 beweisen. Während der Weihnachtsmesse am 25. Dezember 800 krönte er Karl vermutlich ohne vorherige Absprache zum Kaiser.

Widukind *Sachsenherzog, 777 zum ersten Mal erwähnt*

Lange Gegner Karls des Großen. Er musste zeitweise nach Dänemark fliehen, fügte den Franken aber zu Beginn der 80er-Jahre des 8. Jahrhunderts auch schwere Niederlagen zu. Mit seiner Taufe 785 erreicht er schließlich einen Friedensvertrag mit Karl dem Großen. Zugleich stärkte er die Stellung der sächsischen Oberschicht im Frankenreich: In der Folgezeit wurden sächsische Adlige nach ihrer Taufe in die fränkische Grafschaftsverfassung einbezogen, sodass der Geschichtsschreiber Widukind von Corvey bereits für das 9. Jahrhundert das Zusammenwachsen beider Völker zu einem Volk feststellte.

Die Sachsen

HEINRICH I. um 876–936

und OTTO I. 912–973

HEINRICH I. UND OTTO I.

Heinrich wird um 876 geboren; das genaue Datum ist unbekannt.

Was hat Heinrich für ein Geschick gehabt! Immer und immer wieder wendete sich das Geschehen zu seinen Gunsten. Das Volk hat dieses stete Glück des Herrn Heinrich in einer Legende zusammengefasst: Heinrich sitzt nichtsahnend am sogenannten Vogelherd, »recht froh und wohlgemut«, er fängt und beobachtet Singvögel, da kommt ein Reiter herbei und überbringt ihm die Nachricht, dass der glücklose Konrad I. gestorben sei und nicht etwa dessen Bruder Eberhard von Franken zum Nachfolger auserkoren habe, sondern ihn: Heinrich, den Herzog von Sachsen.

So kann es nicht gewesen sein. Es vergingen Monate zwischen dem Tod Konrads und der Krönung des neuen Königs. Aber es bleibt erstaunlich, dass Konrad sich im Sterben tatsächlich gegen seine eigene Familie entschieden hatte, von der Krone trennte und sie dem Sachsen freiwillig überließ. Die Begründung, die Sachsen seien einfach fähiger als sein eigenes Geschlecht, ist wohl auch eher Legende. Später wird Konrads Bruder Eberhard dagegen rebellieren, als Heinrich schon gestorben ist und die Krone wieder weitergereicht hat an seinen Sohn Otto. Aber für den Augenblick folgte Eberhard dem Wunsch von Konrad, und Heinrich wurde als Heinrich I. 919 König des Ostfrankenreichs.

*919
König des Ostfrankenreichs*

Und nun zeigte sich, dass dieser Heinrich sein Glück auch verdiente, denn er tat etwas sehr Kluges: Er ließ sich nicht krönen und auch nicht salben vom Erzbischof von Mainz; es reichte ihm, dass er unter den anderen Fürsten als König benannt wurde. Er ging mit der neuen Würde umsichtig und bescheiden um. Anders hätte er sie sofort wieder verspielt, denn die Wahl war nicht so eindeutig, wie sie in der schönen Legende wirkt. Der Herzog Giselbert von Lothringen schwankte sowieso in seiner Zugehörigkeit zwischen West- und Ostfrankenreich, und zwei weitere Herzöge blieben der Wahl fern: Herzog Arnulf von Bayern lässt sich zu gleicher Zeit auch zum König ausrufen, und Herzog Burkhard von Schwaben erscheint nirgendwo, was in diesen Tagen ein deutliches Zeichen der Ablehnung ist.

Wie gelang es Heinrich nun, diese beiden von sich zu überzeugen? Zunächst kam es noch zu einer kurzen kriegerischen Auseinandersetzung mit Herzog Arnulf, die Heinrich gewann, dann aber begegnete er Arnulf und Burkhard von Gleich zu Gleich. Er betonte ihre Selbstständigkeit: Natürlich könnten sie weiter frei über ihre Landeskirchen verfügen, selbstverständlich ihre Kontakte frei nach außen pflegen, sie sollten ja nur ein Freundschaftsbündnis mit ihm – Heinrich – eingehen, eine Schwurfreundschaft, eine *amicitia*, das täte doch allen gut. Und siehe da, beide gingen darauf ein. Arnulf gab den Gedanken, König zu werden, auf.

Die Idee der Schwurfreundschaft wurde von Heinrich nun auf erfolgreichste Weise variiert – und wo es nicht friedlich ging, half er mit Waffen nach. Am 7. November 921 traf er sich mit Karl III., dem Einfältigen, auf einem Schiff, das in der Mitte des Rheins in der Nähe von Bonn verankert war. Karl der Einfältige war ein direkter Nachfahre Karls des Großen und regierte schon seit 893 das Westfrankenreich. Auch hier schwor man sich gegenseitige Freundschaft, und damit war Heinrich als ebenbürtiger Regent und legitimer Herrscher des Ostfrankenreichs anerkannt.

Danach zog Heinrich nach Lothringen. Lothringen war für das Ostfrankenreich besonders wichtig, weil in diesem Gebiet Aachen lag, der Krönungsort Karls des Großen. Heinrich sicherte sich Lothringen, indem er die Huldigung des wankelmütigen Herzogs Giselbert erreichte: Giselbert bekam Heinrichs Tochter Gerberga zur Frau und gab vorerst Ruhe.

Der Höhepunkt all der vielen Schwurgemeinschaften aber war ein Hoftag in Worms 926. Das eigentliche Thema dieses Hoftages war mit ein Grund für die ganz ungewohnte Einigkeit zwischen den deutschen Herzögen: Die Ungarn fielen immer wieder ins Ostfrankenreich ein. Sie waren eine große Bedrohung, vor der man sich zusammenschloss, und Heinrich sollte die Ungarn bekämpfen. Zu diesem Zweck ging in Worms auch König Rudolf von Burgund mit Heinrich eine Schwurfreundschaft ein, die sich für die deutsche Ge-

926
Hoftag
in Worms

schichte in der Verbindung von Heinrichs Sohn Otto und Rudolfs Tochter Adelheid noch auswirken sollte.

Rudolf überreichte Heinrich gegen einen Teil Schwabens eine der kostbarsten Reliquien des Abendlandes: eine Lanze, in die die Nägel des Kreuzes Christi eingelassen waren, die heilige Lanze, die später zu den Reichsinsignien gehören wird. Otto I. wird mit ihr in die größte Schlacht gegen die Ungarn ziehen, und jeder deutsche König wird sie bei seiner Krönung in der Hand halten. Heinrich wurde sie 926 als Geschenk überreicht.

Doch noch fühlte Heinrich sich nicht kräftig genug, um gegen die Ungarn bestehen zu können. Er erreichte per Geiselnahme und Tributzahlung einen mehrjährigen Waffenstillstand. In dieser Zeit verstärkte er die Burgen im Reich, ließ neue Fluchtburgen bauen und sammelte ein großes Reiterheer um sich.

Die Ungarn pflegten sich, bevor sie ins Frankenreich einfielen, im Gebiet östlich der Elbe zu sammeln, wo viele slawische Stämme siedelten. Ehe es zu der großen Schlacht mit den Ungarn kam, griff Heinrich nun zunächst diese slawischen Stämme an. 928 überfiel er die Heveller und eroberte die Brandenburg. 929 kämpfte er gegen die Daleminzier und errichtete die Burg Meißen. Auch der Herzog von Böhmen huldigte Heinrich. Und dann war es so weit: Heinrich zog gegen die Ungarn und schlug sie an der Unstrut in die Flucht.

933
Sieg über die Ungarn an der Unstrut

934
Sieg über die Dänen

Ein Jahr später siegte er spektakulär über den heidnischen Dänenkönig Knut. Seine Stellung war nun unangefochten. Seine Schwurfreunde Rudolf von Burgund und der König von Westfranken baten ihn in einer Streitfrage um seine Schiedsrichterrolle, was seine unangefochtene Stellung als König der Ostfranken noch herausstrich.

2.7.936
Tod in Memleben

Als Heinrich im Herbst 935 bei der Jagd einen Schlaganfall erlitt und am 2. Juli 936 in Memleben starb, wagte zunächst keiner, seine 929 verfügte Hausordnung anzugreifen, die seinen Sohn Otto zum alleinigen Erben bestimmte.

Mit Heinrichs Tod 936 war es aus mit der sächsischen Bescheidenheit: Heinrichs Sohn Otto wollte nicht mehr als Gleicher unter Gleichen regieren. Er ließ sich in Aachen auf dem Thron Karls des Großen nieder, ließ sich krönen, salben und huldigen. Er tat alles, was sein Vater vermieden hatte. Der 24-jährige König wollte, dass sich die Herzöge ihm bedingungslos unterordneten.

Otto wird am 23. 11. 912 geboren. Am 7. 8. 936 wird er in Aachen gekrönt.

Otto fühlte sich sowohl von seinem Vater als auch von Gott berufen zum Herrscher des christlichen Abendlandes in der Tradition Karls des Großen. Dafür musste er den Zusammenhalt des Reiches sichern, heidnische Angriffe abwehren, die kirchlichen Institutionen stärken und die Heiden missionieren.

Anders als seinem Vater ist Otto I. allerdings nichts zugefallen; vier Jahrzehnte lang hat er um seine Stellung bangen und für sie kämpfen müssen. Zwar hatte der Vater in Otto seinen Nachfolger schon früh ernannt, aber das barg bereits Konfliktstoff, denn eigentlich war es völlig unüblich in der fränkisch-sächsischen Geschichte, dass die Macht vom Vater nur auf einen der Söhne übertragen wurde, und dann nicht einmal auf den ältesten, Thankmar, sondern den jüngeren, Otto. Die größten Probleme machten Otto daher die Ansprüche der eigenen Familie. Gefährliche innerfamiliäre Verschwörungen beschäftigten ihn 937–41, 944 und 952–53,

Von 937 an führt Otto innerfamiliäre Machtkämpfe.

angezettelt vom älteren Bruder Thankmar, der dabei starb, vom jüngeren Bruder Heinrich und von Ottos Sohn Liudolf.

In einer Zeit, in der es keine geschriebenen Gesetze gab, sondern allein das Wort, die Geste, das Gewohnheitsrecht von Umgang und Ehre zählte, erregte Ottos ungewohnt selbstherrliche Art außerdem auch bei den Herzögen und Grafen des Reiches, die nicht zur Familie gehörten, immer wieder Anstoß.

Otto war Zeit seines Lebens viel weniger mit dem Schlagen von Schlachten und Kriegen beschäftigt als Karl der Große – er war vielmehr mit dem Erhalt seiner Macht beschäftigt, mit taktischen Fragen: Wie erhalte und wie zeige ich meine Macht, wer gefährdet sie, und wie schwäche ich meine Gegner? Ottos Maßnahmen zielten alle darauf, seine Entscheidungen auch gegen den Willen der anderen durchzusetzen; meist ging es dabei um Personalfragen. Zog Otto einen Jüngeren dem Älteren vor, weil er ihn für fähiger hielt, so war das gegen das geltende Gewohnheitsrecht und Anlass für Konflikte und Streit.

Bereits kurz nach der Krönung waren weite Teile Sachsens, Frankens, Lothringens und Bayerns im Aufstand gegen den Herrscher, und so ging es weiter. Jahrelang flammten die Unruhen immer wieder auf. Man könnte beinahe von Bürgerkrieg im Reich sprechen, und viele Menschen fielen ihm zum Opfer. Otto aber ging am Ende gestärkt aus allen Konflikten hervor. Er verfolgte mit zäher Härte seine Ideen, vergab immer wieder den prominenten Unruhestiftern, wie es sich für die herrscherliche Milde gehörte, brachte aber deren Parteigänger auch erbarmungslos um.

Um die Unzufriedenheit in der eigenen Familie aufzufangen, verband er die Familienzugehörigkeit möglichst mit einem politischen Amt. Ottos aufmüpfiger Bruder Heinrich wurde mit dem Herzogtum Bayern zufriedengestellt; er heiratete die Tochter Herzog Arnulfs von Bayern. Ottos loyaler Bruder Brun, der als Einziger in der Familie lesen und schreiben konnte, führte die Kanzlei und wurde später Erzbischof von Köln. Ottos Sohn Liudolf wurde Herzog von Schwaben und heiratete wie sein Onkel die Tochter seines Vorgängers. Ottos Tochter Liutgard heiratete Konrad den Roten, der die Nachfolge von Herzog Giselbert in Lothringen angetreten hatte. Und Ottos unehelicher Sohn Wilhelm wurde Erzbischof von Mainz.

Schon aus dieser Aufzählung wird deutlich, dass es Otto nicht nur um die Verteilung von weltlichen Herrscherämtern ging, sondern dass er auch die Reichskirche ausbaute. Es gab bei ihm keine strenge Trennung von weltlicher und kirchlicher Macht. Die bischöflichen Kirchenvögte übernahmen mehr oder weniger die alten Grafenaufgaben: Sie handelten, sie richteten, sie verwalteten, trieben Gelder ein und stellten sogar das Heeresaufgebot im Kriegsfall zusammen. Auf der anderen Seite hatten hohe Adlige und reiche Grundherren gleichfalls Verfügungsrechte über kirchliche Institutionen. Es war die große Zeit der Eigenkirchen, die allein weltlicher Herrschaft unterstanden. Die Päpste des 9. und 10. Jahrhunderts in

Rom waren schwach, hatten kaum Einfluss, und ein verbindliches Kirchenrecht gab es noch nicht.

Die Bischöfe nördlich der Alpen waren für die Glaubenslehre und die kirchliche Verwaltung zuständig – und die Bischöfe wurden vom König eingesetzt. Otto I. hat die Bischöfe bewusst als tragfähige Pfeiler seines Reiches aufgebaut; sie hatten den Vorteil, dass sie lesen und schreiben konnten und keine eigenen Kinder hatten. Im Todesfall konnte der König ihre Stelle neu besetzen.

Die Bischöfe übernahmen auch die Bildung der Laien ganz im Sinne des Königs hin zu Glaubensfestigkeit und Reichstreue. Und sie hatten noch einen Vorteil: Anders als bei den Herzogtümern spielte ihre Landeszugehörigkeit keine Rolle. Es war schwierig, wenn ein Sachse zum Beispiel das bayrische Herzogtum regierte; es war aber unwichtig, dass der Erzbischof von Mainz ein Sachse war. Die Bischöfe wurden damit auch ein starker Faktor der inneren, Stämme übergreifenden Konsolidierung des Reichs. Sie trugen zu dessen Zusammenhalt bei.

Mit dem Geld und dem Land der Kirche konnte Otto nicht nur treue Gefolgsleute belohnen oder sich neue erkaufen. Als weltlicher Herrscher stand er auch über den kirchlichen Fürsten und behielt so weiterhin die Kontrolle über das verschenkte Vermögen. Als Folge vieler Schenkungen nahm Otto sich das Recht heraus, nicht mehr nur von Pfalz zu Pfalz zu reisen, sondern oft auch als Gast der Bischöfe – nicht gerade zu deren Vergnügen. Sie verglichen Ottos Besuche gerne mit der biblischen Heuschreckenplage.

Die von Otto eingesetzten geistlichen Fürstentümer haben sich noch jahrhundertelang gehalten und die Struktur des Reichs mitgeprägt; die letzten wurden erst 1803 aufgelöst. Nirgends sonst in Europa hat es so etwas wie eine Reichskirche gegeben.

In den Vierzigerjahren des 10. Jahrhunderts schien für Otto die Eingliederung der eigenständig gewachsenen Stammesherzogtümer ins Reich zu seinen Gunsten gelöst zu sein: Sachsen und Franken waren ihm unmittelbar unterstellt, der König beherrschte damit sowohl den sächsischen Norden als auch die fränkische Mitte. Lothringen und die beiden süddeutschen Herzogtümer wurden von Angehörigen des ottonischen Königshauses beherrscht. Der König von Böhmen und der des Westfrankenreichs hatten Otto gehuldigt und der von Burgund ihm schon lange den Lehnseid geschworen.

Da ergab sich für Otto plötzlich eine Möglichkeit, in die italienische Politik einzugreifen und damit der letzten Anerkennung seiner göttlichen Berufung zur Herrschaft über Europa durch Rom und den Papst näherzukommen: der Kaiserkrönung.

Eine junge schöne Frau namens Adelheid, die Tochter des burgundischen Königs, war in Italien in schwere Bedrängnis geraten, als sowohl ihr Mann, der Sohn des italienischen Königs, starb wie auch der italienische König selbst. Nun wurde die 19-Jährige in einer Burg am Gardasee gefangen gehalten. Ein italienischer Grande wollte sie zu einer Heirat mit seinem Sohn zwingen, um einen Rechtsanspruch auf das Königreich Italien zu erlangen. Otto war seit Jahren Witwer und außerdem Vormund von Adelheids Bruder, dem burgundischen Königssohn Konrad, der an seinem Hof aufwuchs. Nun zog der 40-Jährige mit einem Reichsheer über die Alpen, um Adelheid um ihre Hand zu bitten. Die Hochzeit wurde 951 mit großem Pomp in Pavia gefeiert.

951
Heirat mit
Adelheid

Damit hatte Otto Anspruch auf die italienische Königswürde, hatte aber wieder einmal seinen Bruder Heinrich gegen sich aufgebracht und seinen Sohn Liudolf, die selbst undurchsichtige Pläne in Italien verfolgten. Liudolf musste nun zu Recht um seine Thronfolge bangen: mit einer Stiefmutter, die jünger war als er selbst und noch einige Erben in die Welt setzen konnte.

Liudolf zettelte, als 953 Adelheid der erste Sohn geboren wurde, eine Verschwörung an, die Otto fast Kopf und Krone gekostet hätte. Erst Gefahr von außen stellte nach zwei Jahren die Einigkeit im Reich wieder her: Die Ungarn fielen wieder einmal mit einem wilden Reiterheer zerstörerisch ins Reich ein.

Sie belagerten Augsburg, als das Reichsheer, geführt von Otto, sich näherte: Sachsen, Bayern, Schwaben, Franken und Böhmen, etwa 10 000 Krieger. Es war das einzige Mal, dass Otto an ihrer Spitze in den Kampf zog, die heilige Lanze als Sieg bringende Reliquie in den Händen. Die Schlacht wurde lange und erbittert geführt, die Ungarn starben fast alle; wer nicht in der Schlacht fiel, ertrank im Lech oder wurde auf der Flucht erschlagen.

955
Schlacht auf dem Lechfeld

Die Schlacht auf dem Lechfeld am 10. August 955 wurde ein Markstein in der deutschen Geschichte. Erstens haben die Ungarn nie wieder gewagt, in kriegerischer Absicht Reichsgebiet zu betreten. Zweitens hat der gemeinsame Sieg die deutschen Stämme zusammenwachsen lassen. Und drittens hatte Otto sich als der Schutzherr des christlichen Abendlandes profiliert und damit die Voraussetzung erfüllt, Kaiser zu werden. Wer sonst sollte sich als das Haupt des *Imperium Christianum* fühlen? Noch vom Schlachtfeld aus ließ er in Rom anfragen, ob er zur Krönung anreisen könne. Fünf Jahre später zog er triumphierend mit Adelheid über die Alpen.

Es traf sich günstig, dass der Papst sich bedroht fühlte von italienischen Granden. Der Papst rief, und Otto nahte, der eine bekam die Sicherheit und der andere die Krone. Doch bevor er sein Reich verließ, sorgte er dafür, dass sein 7-jähriger Sohn Otto II. genauso prunkvoll wie der Vater von seinem Onkel Brun zum König gekrönt wurde. Der ewige Rebell Liudolf hatte recht behalten mit seiner Befürchtung: Adelheid hatte den Thronfolger geboren, er selbst starb in Italien an Malaria.

Im August 961 zog das Reichsheer mit Otto und Adelheid an der Spitze los. Am 2. Februar 962 wurde Otto gemeinsam mit Adelheid im Petersdom vom Papst gekrönt. Otto schenkte dem Papst reiche Gaben von Gold, Silber und Edelsteinen und bekam dafür Reliquien. Die Deutschen waren begierig, sie in ihre Heimat zu bringen und ihnen ehrfurchtsvoll Stätten der Verehrung zu schaffen.

962
Krönung zum Kaiser in Rom

Außerdem erhob der Papst Magdeburg zum Erzbistum, was dem Kaiser freie Hand bei der Slawenmission und dem Aufbau einer weiträumigen Kirchenorganisation im Osten gab. Otto wiederum bestätigte den Besitzstand der römischen Kirche, namentlich die Stadt Rom, das *Patrimonium Petri*. Der gewählte Papst sollte künftig allerdings nicht eher die Weihen empfangen, bis er vor den Abgesandten des Kaisers einen Treueeid geleistet hatte. Otto behielt sich letztlich die Bestätigung der Papstwahl vor. Auch hier war, wie sich später zeigen sollte, sein Misstrauen berechtigt.

Von den letzten zwölf Jahren seines Lebens verbrachte Otto fast neun in Italien, auch um seine Kaiserwürde musste er lange kämpfen. Er musste Rom noch einmal erobern, seine Würde erneut bestätigen lassen; er setzte einen Papst ab und wählte einen neuen. Fünf Jahre später zog er noch einmal mit seinem Sohn in Rom ein, und auch der wurde dort zum Kaiser gekrönt und mit Theophanu, der Nichte des byzantinischen Kaisers, vermählt.

967
Krönung des
Sohnes Otto II.
zum Mitkaiser

Am Ende hatte Otto es geschafft: Er war Kaiser, sein Sohn war Kaiser und mit einer würdigen Kaiserin verheiratet, überall in Europa huldigte man ihm, die Stammesherzöge gaben ausnahmsweise einmal Ruhe. Gestorben ist er 973 am gleichen Ort wie sein Vater: in Memleben. Beerdigt aber ist er neben seiner ersten Frau Edgitha im Magdeburger Dom.

7. 5. 973
Tod in
Memleben

Heute nennen wir ihn Otto den Großen und würdigen damit seine jahrzehntelange verbissene Hartnäckigkeit.

Was bleibt?

Otto I. hat im Gegensatz zu seinem Vater die Autorität des Herrschers, des Königs, gestärkt und gestrafft. Er hat insofern an sein Vorbild Karl den Großen angeknüpft, als er auch die Kaiserkrone erstrebt hat und die Italienpolitik der römischen Könige hat neu aufleben lassen. Dass er als der erste deutsche Kaiser dargestellt wird, entspringt wohl nur dem Bedürfnis, irgendwo einen Anfang zu setzen, und der Tatsache, dass er mit dem Bistum Magdeburg das Heilige Römische Reich nach Nordosten ausgedehnt hat und selbst ein Sachse war. Es gab in dieser Zeit keine deutschen Kaiser oder Könige, es gab auch kein Nationalempfinden. Das Ziel der Herrscher war ein vereintes christliches Reich.

Literatur   Ein Werk über alle Ottonen: Gerd Althoff, DIE OTTONEN. KÖNIGS-HERRSCHAFT OHNE STAAT. Stuttgart 2005.   Eine allgemeinverständliche, geradezu spannende, trotzdem wissenschaftlich und quellenkritische Biografie: Johannes Laudage, OTTO DER GROSSE (912–973). Regensburg 2001.

Museen/Erinnerungsorte   Stiftskirche St. Servatius mit Domschatz und Schlossmuseum in Quedlinburg, das Heinrich I. und Otto I. zur Kaiserpfalz ausbauten; Ottos und Edgithas Grab im Magdeburger Dom. In Memleben, wo Heinrich und Otto gestorben sind, stehen Reste des ehemaligen Klosters.

Zeitgenossen

Konrad I. *Herzog, dann König der Ostfranken (881–918)*

Er führte die Regierung faktisch schon unter dem letzten ostfränkischen Herrscher Ludwig dem Kind. Das Ostfrankenreich war durch innere Fehden geschwächt, weil fünf Könige in schneller Folge von 876–911 sich abwechselten. Es war bedroht von den Einfällen der Normannen, den Arabern und vor allem verheerenden Einfällen der Ungarn. Nachdem Ludwig 911 gestorben war, wurde Konrad zum König gewählt. Er regierte ohne Glück. Am Ende überging er bewusst seinen Bruder Eberhard als Nachfolger und wählte stattdessen Heinrich aus.

Karl III. der Einfältige *König der Westfranken (879–929)*

König war er von 898–923. Nach dem Tod des letzten ostfränkischen Karolingers Ludwig IV. des Kindes im Jahr 911 lud der lothringische Adel Karl, den nunmehr einzigen überlebenden Karolinger, zur Machtübernahme ein. Karl, der schon 898 im alten Stammland seiner Familie militärisch eingegriffen und Aachen besetzt hatte, drang nun erneut dort ein und eroberte das Gebiet. Gestützt auf den lothringischen Adel konsolidierte er dort seine Herrschaft und verständigte sich darüber mit dem Ostfrankenkönig Heinrich I., mit dem er 921 den Vertrag von Bonn zur gegenseitigen Anerkennung der Besitzstände schloss. Bei Kämpfen um seine Macht in Westfranken wurde er gefangen genommen und starb in Kerkerhaft.

Rudolf von Burgund *Herzog von Burgund und König des Westfrankenreichs von 923–936*

Nach Karl dem Einfältigen König des Westfrankenreichs. Da er keinen Sohn hatte, wurde ein Nachfahre Karls III. nach Rudolfs Tod Westfrankenkönig. Seine Tochter Adelheid heiratete in zweiter Ehe Otto I.

Thankmar *Sohn König Heinrichs I. (900–938)*

Erhob sich, als sein jüngerer Halbbruder Otto in der Thronfolge vorgezogen wurde. Er verbündete sich mit Eberhard von Franken, dem Bruder des verstorbenen Königs Konrad I. Als der Aufstand gescheitert schien, ergab Thankmar sich am 28. Juli 938 auf der Eresburg dem Markgrafen Hermann Billung und wurde von dessen Männern erschlagen.

Heinrich Herzog von Bayern (919–955)

Zweiter Sohn Heinrichs I., der 938 eine Verschwörung gegen seinen Bruder Otto anzettelte, da er selbst Ansprüche auf den Thron anmeldete. 939 war er gezwungen zu fliehen, unterwarf sich Otto und versuchte 941 dennoch, ihn umzubringen. Nach reuevoller Buße wurde er von Otto am Ende begnadigt. 948 belehnte ihn Otto mit dem Herzogtum Bayern, da seine Frau Judith eine bayerische Fürstin war. Von da an unterstützte er Otto in seiner Politik und half, den Aufstand Liudolfs zu unterdrücken.

Liudolf Ältester Sohn Ottos I. (930–957)

Nach Ottos Heirat mit Adelheid musste Liudolf um seine Stellung als Thronfolger bangen. 952 zettelte er einen Aufstand an, dem sich die Bayern anschlossen. Von fünf Herzogtümern stand nur noch Franken geschlossen hinter Otto. Der Einfall der Ungarn lenkte den Aufstand ab. Liudolf bat seinen Vater 954 nach langen Kämpfen und gegenseitigen Belagerungen um Verzeihung und wurde wieder in den Kreis der Familie aufgenommen. Er starb in Italien, wo er die Interessen Ottos wahren sollte.

Adelheid Zweite Frau Ottos I. (931–999)

Tochter des Königs Rudolf von Burgund, als 16-Jährige mit dem italienischen König Lothar von Italien vermählt, doch 950 wurde ihr Mann vergiftet und sie von einem italienischen Granden gefangen gesetzt, der über sie an die Königskrone herankommen wollte. Aus dieser Situation hat Otto I. sie befreit. Sie hatten vier gemeinsame Kinder, von denen Mathilde, Äbtissin von Quedlinburg, und Otto II. überlebten. Adelheid sprach vier Sprachen, konnte lesen und galt als sehr gebildet. 962 wurde sie mit Otto in Rom zur Kaiserin gekrönt. Als Otto 973 starb, verhinderte sie Erbstreitigkeiten unter Ottos Söhnen.

Otto II. und Theophanu Kaiser von 955–983 und Kaiserin von 972–991

Bereits als 7-Jähriger wurde er zum Mitkönig gewählt und in Aachen gekrönt, 972 dann, nach der Heirat mit Theophanu, wurde er Kaiser und sie Kaiserin. Nach dem Tod des Vaters hatte Otto II. Schwierigkeiten, im Nordteil des Reiches akzeptiert zu werden. Vor allem sein Vetter Heinrich, der Zänker, griff seinen Herrschaftsanspruch an, wie es schon bei den Vätern gewesen war. Verschwörungen beschäftigten Otto II. jahrelang; auch sein Versuch, im italienischen Reichsteil wieder seine Macht zu stärken, war ohne großen Erfolg. Ein Slawenaufstand schwächte das Reich weiter. Otto starb erst 33-jährig überraschend in Rom, und Theophanu führte die Geschäfte für Otto III., der damals drei Jahre alt war. Sie überwarf sich schnell mit ihrer Schwiegermutter Adelheid. Theophanu brachte Fremdes mit, die »Griechin« pflegte als Erste in Westeuropa mit einer Gabel zu speisen statt mit den Händen, badete jeden Tag, schmückte sich und pflegte andere luxuriöse Gewohnheiten. Mit ihrer Bildung und diplomatischen Geschicklichkeit gelang es ihr, die Macht für ihren Sohn zu erhalten, bis sie selbst schon mit 35 Jahren starb und Adelheid die Regentschaft gleichfalls geschickt weiterführte.

Der Salier

HEINRICH IV.

1050–1106

HEINRICH IV.

Heinrich III. hatte 1046 noch die Macht gehabt, drei Päpste abzu-setzen und einen neuen zu ernennen. Heinrich IV. wurde 1076 da-gegen von Papst Gregor VII. mit dem Kirchenbann belegt, also fak-tisch entmachtet. Wie konnte es innerhalb von 30 Jahren zu einer solchen Umkehrung der Verhältnisse kommen?

Als sein Vater starb, war Heinrich IV. zwar schon zum Kö-nig gekrönt, aber erst sechs Jahre alt. »In der Herrschaft des Reiches folgten zum großen Schaden für das Kaisertum eine Frau und ein Kind!«, stellte Adam von Bremen bedauernd fest.

Heinrichs Mutter Agnes von Poitou wurde für ihn Reichsre-gentin, eine schwache Herrscherin. Ihre Familie hatte das Kloster Cluny gegründet, Agnes war dort zeitweilig erzogen worden. Von Cluny ging die neue Reform aus, deren Ideal die schlichte Form des mönchischen Lebens, die vertiefte Frömmigkeit, war. Für die Missstände in der Kirche machte man die Laieninvestitur, das heißt die Einsetzung von Bischöfen durch die Fürsten, verantwortlich. Ämter sollten von nun an nicht mehr käuflich sein. Die cluniazen-sische Reformpartei in Rom, die unter Hildebrand, dem späteren Papst Gregor VII., immer stärker wurde, nutzte Agnes' Schwäche. Zwei Päpste wurden vom römischen Stadtadel gewählt, ohne ihre Zustimmung einzuholen, und als 1061 die lombardischen Bischöfe einen Gegenpapst zu Papst Alexander II. wählten, der von Hilde-brand eigenmächtig eingesetzt worden war, protestierte sie nicht.

1056
Tod des Vaters
Heinrich III.
Die Mutter Agnes
von Poitou
übernimmt bis 1062
die Regentschaft.

1062 residierten somit zwei Päpste in Rom, und ihre Anhän-ger lieferten sich blutige Kämpfe. Das stürzte Agnes in religiöse Skrupel, und sie zog sich aus der Regierung zurück. Zudem hat-te ihr die Fürstenopposition mit der Entführung ihres Sohnes die Macht entzogen. Wer den König besaß, besaß die Macht.

Agnes hatte ihren Sohn zum Entsetzen der Fürsten von einem Ministerialen erziehen lassen. »Niemand unterwies den König dar-in, was gut und gerecht sei, sodass im Königreich vieles in Unord-nung geriet«, jammert ein Geschichtsschreiber. Dennoch kann die Erziehung nicht so schlecht gewesen sein.

Heinrich IV. war ein Mensch mit den besten Eigenschaften: groß, schön, klug, von zarter Konstitution, aber sehr zäh, als Kind frühreif, eloquent, stolz, zielstrebig. Er beherrschte die lateinische Sprache, hatte Freude an Lektüre und diskutierte gern mit Klerikern.

Der 11-jährige Heinrich musste für die Politik der Mutter die Verantwortung übernehmen, denn nach außen hin handelte er als König selbstständig. Damit schlug die Stunde der mächtigen Reichsfürsten unter Führung des Erzbischofes Anno II. von Köln, der die Reichsinsignien an sich brachte. Er lockte mit einigen Verschwörern am Osterfest den 12-jährigen König aus der Pfalz in Kaiserswerth auf sein prunkvolles Schiff und entführte ihn nach Köln. Obwohl der Knabe sehr schnell die Absicht merkte, in panischer Angst in den Rhein sprang und zu entkommen versuchte, wurde er der Gefangene des strengen, asketischen Erzbischofs. Die Mutter wehrte sich nicht.

1062
Verschwörung von Kaiserswerth, Entführung nach Köln

Jetzt hatte Anno die Macht in der Hand. Sein Rivale war der arrogante, aber auch leichtlebige Adalbert von Bremen. Beide konkurrierten miteinander, verschleuderten Königsgut an die Reichsfürsten, maßten sich königliche Hoheitsrechte an und bereicherten sich auch selbst. Elf der wichtigsten Reichsabteien fielen in ihre Hände. Heinrich, der an sich Adalbert eher vertraute, erkannte das Unrecht durchaus, doch musste er die Verschleuderung seines Erbes auch noch mit seinem Namen unterzeichnen. So verlor der König mehr und mehr an Ansehen. Im nächsten Jahr erlebte Heinrich, wie sich die Ritter anderer königlicher Ratgeber so um die Sitzordnung im Dom zu Goslar prügelten, dass es Tote gab. Niemand kam dem Jungen zu Hilfe. Nur mit Mühe konnte er sein Leben retten.

Man liest also von einem Knaben, der frühzeitig seinen Vater verlor, der sich von seiner Mutter verraten fühlte, der überall Unrecht erkannte und in einer herzlosen Umgebung aufwuchs, wo die verschiedenen Ratgeber miteinander rivalisierten, sich an Königsgut vergriffen und eine Intrige die andere ablöste. Kein Wunder,

dass Heinrich nur sich selber traute, rachsüchtig wurde, sich ver-
stellte, wenn er mit den Fürsten verhandelte.

Adalbert gewann immer größeren Einfluss auf den jungen
König. Er sorgte dafür, dass Heinrich vorzeitig mit 15 Jahren für
mündig erklärt wurde, verhinderte aber die Kaiserkrönung durch
Papst Alexander, die auf Annos Vermittlung jetzt möglich gewesen
wäre. Heinrichs Hass aber galt Anno und war so groß, dass er bei
seiner Ernennung zum Ritter, der Schwertleite, mit der Waffe auf
ihn losging. Kaiserin Agnes konnte gerade noch ein Unglück verhindern, nicht aber Annos Entlassung.

Die Fürsten wurden von nun an von allen Entscheidungen
ausgeschlossen. Adalbert, nunmehr Heinrichs einziger Berater,
wurde praktisch alleiniger Regent. Er riet dem König, der kein eigenes Herzogtum mehr besaß, sich in Sachsen eine Machtbasis zu
schaffen und sich dazu die königlichen Güter zurückzuholen, die
sich die dortigen Adligen in der Zeit seiner Unmündigkeit wider-
rechtlich angeeignet hatten. Heinrich begann, rund um die Harzburg am Nordrand des Harz eine Reihe von Burgen zu bauen, die als
Verwaltungszentrum dienen sollten. Da versammelten sich hinter
dem Rücken des Königs einflussreiche Reichsfürsten 1066 auf einem
Fürstentag in Tribur und stellten Heinrich vor die Alternative, zurückzutreten oder sich sofort von Adalbert zu trennen. Heinrich
hatte im Grunde natürlich keine Wahl. Noch bitterer für Heinrich
war, dass nun Anno wieder die Regierungsgeschäfte übernahm.
Gegen ihn hatte er keine Chance. Vermutlich auch auf Druck der
Fürsten heiratete er Bertha von Turin, die ihm noch sein Vater ausgesucht hatte und die am Hofe erzogen wurde.

Heinrich begann nun, sich mit Leuten niederen Standes zu
umgeben, die ihm absolut treu ergeben waren. Seine inzwischen
zahlreichen Gegner beschrieben ihn als einen sexuell ausschweifenden, launischen, treulosen Charakter. Tatsächlich war er unausge-
glichen und unberechenbar geworden und beschädigte sein Ansehen noch zusätzlich, als er auf einer Fürstenversammlung in Worms
öffentlich erklärte, er passe nicht zu seiner Frau, wolle sich von ihr

1066
Heinrich mündig;
Schwertleite

1066
Heirat mit
Bertha
von Turin

trennen und habe die Ehe nie vollzogen. Das war ein Skandal! Die Fürsten waren entsetzt, der päpstliche Botschafter drohte mit dem Ausschluss aus der Kirche, der Exkommunikation. Heinrich musste bei Bertha bleiben, die ihm dennoch eine loyale und treue Gefährtin wurde und mit der er fünf Kinder hatte.

Im selben Jahr bat der Papst den König um Hilfe, weil die Normannen den Kirchenstaat bedrohten. Doch während Heinrich noch sein Heer sammelte, kam ihm der mächtigste Reichsfürst, der Herzog von Lothringen, zuvor. Er zog, ohne den König überhaupt zu fragen, nach Italien und befreite den Papst. Niemand riet dem König, trotzdem nach Italien zu ziehen und dem Papst den guten Willen zu beweisen oder gar den Lothringer zur Rede zu stellen. Wieder war ein Stück der königlichen Autorität weggebrochen.

Und wieder hatte Heinrich einen Grund mehr, seinen Ministerialen aus der Aufsteigerschicht mehr zu vertrauen als den Fürsten, die er nur als illoyal erlebt hatte. Die Sachsen verärgerte er fortan nicht nur mit dem weiter verfolgten Burgenbau, sondern auch indem er landfremde schwäbische Ministeriale als Verwalter einsetzte. Einem ihrer angesehensten Fürsten, Otto von Northeim, einem Mitverschwörer von Kaiserswerth, entzog er aufgrund unbewiesener Verdächtigungen Bayern und setzte Welf IV. ein. Auch als sich Otto schließlich unterwarf, hielt Heinrich dessen Verbündeten, den sächsischen Herzogssohn, weiter in Haft, obwohl dieser inzwischen nach dem Tode seines Vaters legitimer Herzog geworden war. Die Sachsen waren empört. Heinrich aber forderte alle Reichsgüter und Reichsrechte zurück und begann unbeirrt, Sachsen und Thüringen als Kronland auszubauen. Goslar sollte sein ständiger Aufenthaltsort werden. Das empfanden alle Sachsen, freie Bauern und Adlige, als absolute Bedrohung ihrer Rechte, aber auch als ungeheure finanzielle Belastung. 1073 brach schließlich ein Aufstand los.

1073–1075
Sachsenkriege

Mit einer Überzahl an Rittern umzingelten die Sachsen Heinrichs Aufenthaltsort, die Harzburg. Er floh nach Worms. Die königstreuen Bürger standen zwar zu ihm, konnten aber keine Truppen liefern. Da auch die Thüringer den Aufstand unterstützten, die Reichsfürsten aber jede Hilfe ablehnten, musste der König 1074 Frieden schließen und vor allem der Zerstörung seiner Burgen zustimmen. Als aufgebrachte Bauern in der Harzburg jedoch königliche Gräber schändeten, entsetzten sich die Reichsfürsten über dieses noch nie da gewesene Sakrileg und unterstützten den König, dem 1075 ein vollständiger Sieg gelang. Einige Monate später unterwarfen sich die Aufständischen, Heinrich kehrte nach Goslar zurück, und die Fürsten wählten seinen Sohn Konrad zum König. Damit schien Heinrich endgültig das Heft in der Hand zu haben. Doch er war auch König in Italien, und dort zogen drohende Wolken auf.

1071 hatte Heinrich gegen den Willen des Papstes in Mailand einen Erzbischof eingesetzt. Papst Alexander bannte daraufhin fünf seiner Räte. Als 1073 nach Alexanders Tod Gregor VII. sein Nachfolger wurde, fanden König und Papst einen Kompromiss in dieser Frage. Doch nach Abschluss der Sachsenkriege setzte Heinrich erneut Erzbischöfe in Mailand und Mittelitalien ein, und Gregor sah darin eine Provokation. Ganz im Sinne der cluniazensischen Reform erhob der Papst den moralischen Führungsanspruch, der beinhaltete, dass ihm jeder Kaiser und König und der gesamte Klerus untertan sein müsse. Ostern 1075 verbot Gregor öffentlich die Laieninvestitur. Niemand außer ihm dürfe die Bischöfe einsetzen. Damit bedrohte er nicht nur den König, sondern auch die Herrschaftsrechte der geistlichen Reichsfürsten. Schriftlich forderte er Heinrich auf zu gehorchen und drohte mit der Exkommunikation.

Die Reichsfürsten waren über diese päpstliche Anmaßung empört. Mit der Mehrheit der Reichsbischöfe und denen der Lombardei setzten sie den Papst ab. In einem rüden Brief an »Hildebrand, nicht mehr den Papst, sondern den falschen Mönch«, informierten sie ihn über den Beschluss. Heinrich legitimierte seinen Schritt damit, dass er der Schutzherr der Kirche und »durch Gottes gerechte Anordnung König« sei. Er fühlte sich im Recht. Aber das reichte nicht mehr, die königliche Autorität hatte seit dem Tod seines Vaters zu sehr gelitten. Er hätte schon mit einem Heer in Italien anrücken müssen, um sich Respekt zu verschaffen und Gregor zu vertreiben.

1073
Gregor VII. wird Papst.

1076
*Exkommunikation
Heinrichs IV.*

Gregor fackelte auch nicht lange: Ostern exkommunizierte er den König und löste alle Untertanen von ihrem Treueeid. Die Erregung im Reich war groß: So etwas hatte es im christlichen Abendland noch nie gegeben. Heinrichs Gegner jedoch, die Reichsfürsten und an der Spitze Otto von Northeim, witterten eine Chance, den ungeliebten König loszuwerden. Die Bischöfe, die den Brief an den Papst ja alle mitunterschrieben hatten, fielen ebenfalls nach und nach von ihm ab, zumal der Papst sehr schlau ihnen einen Ausweg eröffnet hatte, sich auf seine Seite zu stellen. Die Stimmung hatte sich gegen den König gewendet. Man berief 1076 einen Fürstentag ohne ihn ein. Alles, was man jemals an Kritikpunkten gegen ihn gesammelt hatte, wurde ihm nun in seiner Abwesenheit vorgeworfen. Man stellte Heinrich die Bedingung: Gelänge es ihm nicht, sich bis Ende des Jahres dem Papst zu unterwerfen und sich vom Bann zu lösen, würde ein neuer König gewählt. Dem Papst, den die Fürsten kurz zuvor noch abgesetzt hatten, billigten sie nun die Schiedsrichterfunktion zu und luden ihn im Februar 1077 nach Augsburg ein, um über den König Gericht zu halten.

Heinrich stand vollkommen alleine da. Was konnte er schon ohne Heer tun? Zeitgenossen bescheinigten ihm »... bei allen Missgeschicken stets einen königlichen Sinn; er wollte lieber sterben als untergehen«. Heinrich sah nur einen Ausweg: Er beschloss, sich zu demütigen, um an der Macht zu bleiben. Er musste sich zunächst einmal vom Kirchenbann lösen, um wieder handlungsfähig zu werden, und da gab es nur eine Möglichkeit: die *Deditio*, ein Ritual, in dem der Beschuldigte sein Vergehen anerkannte und um Vergebung bat. Den Regeln folgend musste der Papst dann den Kirchenbann von ihm wieder lösen.

Gregor weigerte sich natürlich, den König in Rom zu empfangen. Heimlich, ohne großes Gefolge zog dieser nun nach Oberitalien. Gregor, auf dem Wege nach Augsburg, konnte nicht glauben, dass Heinrich ohne kriegerische Absicht gekommen sei, und flüchtete in die Burg Canossa zu seiner treuesten Anhängerin, Mathilde von Tuscien. Ohne jedes königliche Abzeichen erschien nun der König vor der Burg, stand drei Tage barfuß im Schnee und erzwang die Vergebung. Widerwillig musste Gregor den reuigen Sünder Heinrich wieder in die christliche Gemeinschaft aufnehmen.

1077
Gang nach
Canossa

Doch die Reichsfürsten wurden uneins. Die oppositionelle Gruppe erkannte den Canossagang nicht an und wählte Rudolf von Rheinfelden, Heinrichs Schwager, zum Gegenkönig. Heinrich setzte nun seinerseits die abtrünnigen Herzöge ab; es brach ein offener Bürgerkrieg aus. Nur die Stadtbewohner, die sich von ihren Landesherren zunehmend emanzipierten, standen ernsthaft hinter dem König. Die Mainzer verhinderten Rudolfs Krönung. Der Papst verhielt sich neutral. Die Kämpfe zwischen beiden Königen zogen sich hin, ohne klares Ergebnis. Um der Sache ein Ende zu machen, stellte Heinrich dem Papst schließlich ein Ultimatum: Entweder er entscheide sich für ihn, oder er werde abgesetzt.

Erwartungsgemäß exkommunizierte Gregor den König erneut, löste wieder alle Anhänger vom Eid und erkannte Rudolf als römisch-deutschen König an. Darüber regte sich dieses Mal freilich niemand mehr auf. Inzwischen unterstützten Heinrich zahlreiche Bischöfe, auch die der Lombardei, und wählten in Brixen 1080 einen Gegenpapst. Zurück in Deutschland gewann Heinrich zwar nicht die Entscheidungsschlacht, aber Rudolf verlor im Kampf seine Schwurhand, mit der er einst dem König die Treue geschworen hatte, und starb. Man sah darin ein klares Gottesurteil, doch Heinrichs Gegner gaben trotzdem nicht auf. Es brauchte zwar ein Jahr, aber sie einigten sich noch einmal auf einen Gegenkönig: Hermann von Salm.

Den wiedererstarkten Heinrich kümmerte das nicht mehr. Er zog nach Italien, um endlich mit Gregor abzurechnen. Mit byzantinischen Hilfsgeldern und Unterstützung der Lombarden belagerte er zweimal erfolglos Rom. Gregor erneuerte seinen Bann zum dritten Mal, was kaum noch jemand zur Kenntnis nahm. Beim dritten Versuch, Rom zu stürmen, eroberte Heinrich wenigstens die Leostadt mit dem Petersdom. Gregor floh in die benachbarte Engelsburg. 13 römische Kardinäle wechselten, vermutlich mit byzantinischem Geld bestochen, die Seite und liefen zu Heinrich über. Nun konnte er seinen Gegenpapst inthronisieren, und dieser Clemens III. krönte

1084
*Kaiserkrönung
durch Clemens III.*

ihn endlich zum Kaiser. Ein Triumph am 31. März 1084.

Der andere Papst, Gregor, saß in der Engelsburg fest und rief die Normannen zu Hilfe. Heinrich ließ es aber nicht auf einen Kampf ankommen, sondern zog sich zurück. Als die Normannen endlich Gregor befreiten, plünderten und verwüsteten sie die Stadt so sehr, dass Gregor vor der Wut der Römer nach Salerno fliehen musste. Dort starb er 1085. Doch auch sein Nachfolger Urban II.

1085
Tod Gregors VII.

verfolgte konsequent Gregors Politik. Und auch in Deutschland, wohin er 1084 zurückkehrte, lachte dem Kaiser kein Glück, obwohl es zunächst anders aussah. Für das ganze Reich erließ er einen Gottesfrieden, führte einen erfolgreichen Feldzug gegen den Gegenkönig Hermann und erreichte für seinen Sohn Konrad die Krönung zum König in Aachen.

1087
*Heinrichs Sohn
Konrad wird
in Aachen
zum König gekrönt.*

Doch dann gelang Urban II. unerwartet ein Heiratsbündnis zwischen der 43-jährigen Mathilde von Tuscien und dem 17-jährigen bayrischen Herzogssohn Welf. Dadurch entstand eine riesige zusammenhängende Landmasse, die den Kaiser bedrohte; er musste sie zerschlagen. Sein Siegeszug stoppte ausgerechnet bei Canossa, wo er die Burg seiner Erzfeinde nicht erobern konnte. Aber unfassbar für den Kaiser war die Tatsache, dass die päpstlichen Gegner seinen eigenen Sohn Konrad zum Abfall überredet und in Mailand

1093
Abfall Konrads

zum König von Italien gekrönt hatten. Daraufhin gaben auch die Lombarden Heinrich auf und gründeten sogar den ersten Städtebund gegen einen deutschen Kaiser. Er saß wie ein Gefangener vier Jahre (1093–1097) in Verona fest, weil alle Alpenpässe gesperrt waren und kein Nachschub aus dem Reich durchkam.

Und als wäre das immer noch nicht genug, sollte der Kaiser auf der Synode 1095 endgültig moralisch vernichtet werden. Urban hob alle Maßnahmen des Gegenpapstes Clemens auf und ließ Heinrichs zweite Frau Praxedis öffentlich ungeheuerliche Anschuldigungen gegen ihren Mann erheben, so die, er habe sie mehrfach vergewaltigen lassen. Und der Papst ging noch weiter, traf sich mit Konrad, versprach ihm die Kaiserkrone, und Konrad leistete ihm dafür den Treueeid, mit anderen Worten: Er wurde päpstlicher Vasall. Für die Christenheit scheint Heinrich, noch immer in Verona, keine Rolle mehr gespielt zu haben. Sein schier übermenschliches Unglück ließ ihn sogar an Selbstmord denken.

Doch ein letztes Mal wendete sich das Blatt, als sich Welf und Mathilde trennten. Heinrich konnte endlich nach Deutschland zurückkehren. Dort sicherte er sich seine Machtposition. Die Fürsten

1097
Rückkehr nach
Deutschland

setzten Konrad ab und wählten den jüngeren Bruder Heinrich V. zum König neben dem Vater. Der schaffte nun einen Ausgleich mit allen seinen Feinden, regierte zusammen mit den Reichsfürsten,

1098
Absetzung Konrads
und Wahl
des jüngeren Bruders
Heinrich V.
zum König neben
dem Vater

verzichtete nach Clemens' Tod auf die Einsetzung eines Gegenpapstes, verkündete einen Landfrieden, der für vier Jahre jede Fehde verbot, und versprach sogar, an einem Kreuzzug teilzunehmen, falls ihn der Papst vom Bann befreite.

Doch auch der Nachfolger Urbans, Paschalis II., blieb unversöhnlich und bannte ihn zum vierten Mal, ohne dass jemand im Reich Heinrich unterstützte. Dem Hochadel missfiel, dass der Kaiser die niederen Stände, Städte und Ministeriale dauerhaft förderte. Als Ministeriale in einem persönlichen Streit einen hochadligen bayrischen Grafen töteten, griff der Kaiser nicht ein – das war unerhört. Der Adel fühlte sich bedroht.

Heinrichs Sohn und Mitkönig, der um sein Erbe fürchtete, schlug sich auf die Seite der Gegner und gewann bald großen Rückhalt bei Bischöfen und Adligen. Der Kaiser verlor wieder einmal alle

1105
Heinrich IV. wird
vom eigenen Sohn
und den
Reichsfürsten
zur Abdankung
gezwungen.

Anhänger, und die ihm wohlgesonnenen Städte waren nicht stark genug, um ihm zu helfen. Als er sich auf einem Hoftag seines Sohnes rechtfertigen wollte, gelang es diesem mit unglaublicher Perfidie, den Vater auf der Burg Böckelheim gefangen zu setzen und ihm die Reichsinsignien zu entreißen. Am 31. Dezember 1105 zwang man

7. 8. 1106
Tod in Lüttich;
sein Leichnam
wird später
nach Speyer
überführt.

ihn, öffentlich in Ingelheim vor allen Reichsfürsten abzudanken. Heinrich gab aber nicht auf. Er floh nach Lothringen, wo er noch ein Heer aufstellen konnte, doch bevor es zu einem Kampf kommen konnte, starb er am 7. August 1106 in Lüttich.

Als Zeichen der Vergebung sendete er als letzte Tat dem Sohn die fehlenden Reichsinsignien: Ring und Stab. Erst nach fünf Jahren gelang es dem Sohn, den letzten Wunsch seines Vaters zu erfüllen und den Bann aufheben zu lassen. Heinrichs Leichnam wurde nach Speyer überführt. Dort war im Jahr seines Todes der Dom fertig geworden, den Heinrich IV. sich als letztes, trotziges Zeichen seiner kaiserlichen Größe zu einem der gewaltigsten Bauwerke seiner Zeit hatte umbauen lassen. In der Krypta des Domes liegt er begraben.

Was bleibt?

Heinrich IV. war ein widersprüchlicher Mensch. Er kämpfte sein Leben lang für die Wiederherstellung des Kaisertums auf der Machtbasis seines Vaters Heinrich III., insofern war er konservativ. Andrerseits handelte er weitblickend, indem er breite Volksschichten – den niederen Adel und die Stadtbürger – zur Grundlage seiner Herrschaft machen wollte. Er verlieh ihnen Privilegien, die den Aufstieg der Städte ermöglichten, und er schützte als Erster die Juden. Seine Berater wählte er aus den Ministerialen, und lange verweigerte er den Fürsten die Mitsprache bei seinen Entscheidungen. Dadurch machte er sich Feinde und stärkte deren Zusammenhalt, weshalb er lebenslang mit einer starken Opposition zu kämpfen hatte. Seine Kraft und seinen zähen Durchhaltewillen zog er aus seiner Überzeugung, dass sein Herrschaftsrecht ihm von Gott verliehen worden sei. Da in der Zeit seiner Unmündigkeit das Königtum an Ansehen verlor, konnten das Papsttum erstarken und die Fürsten selbstständiger werden. Heinrichs Versuch, die alten Machtverhältnisse zwischen König beziehungsweise Kaiser und diesen starken Kräften wiederherzustellen, war wohl von Anfang an zum Scheitern verurteilt. Unerschütterlich stellte er sich dennoch gegen die Machtansprüche des Papstes und rettete auf diese Weise noch für ein Jahrhundert seinen Nachfolgern die Reichskirche.

Literatur   Wissenschaftlich und trotzdem gut verständlich: Gert Althoff, HEINRICH IV.
Darmstadt 2006.   Zusammenfassend: Matthias Becher, HEINRICH IV. In:
Bernd Schneidmüller, Stefan Weinfurter, DIE DEUTSCHEN KAISER DES MITTELALTERS.
HISTORISCHE PORTRÄTS VON HEINRICH I. BIS MAXIMILIAN I. München 2003.

Museen/Erinnerungsorte   Kaiserpfalz der Salier in Goslar; Dom zu Speyer, den Heinrich IV.
hat vollenden lassen und in dem fast die ganze Familie begraben liegt: sein Vater, er, sein Sohn
und seine Frau Berta, während Agnes in Rom im Petersdom beerdigt ist. Auch die Ruinen der
Kaiserpfalz in Kaiserswerth und der Burg Canossa gibt es noch. Vom großen Kloster Cluny
sind nur zwei Querschiffe und einige Kapitelle übrig.

Zeitgenossen

Heinrich III.   Römisch-deutscher König und ab 1046 Kaiser (1017–1056)

*Vater Heinrichs IV., Sohn Konrads II. aus
dem Hause der Salier und der Gisela von
Schwaben, 1028 in Aachen zum König gekrönt.
1043 heiratete er in zweiter Ehe Agnes von
Poitou. Seine Autorität war so unangefochten,
dass er 1046 drei Päpste absetzen und einen
eigenen Reformpapst, Clemens II., einsetzen*

*konnte. Dieser krönte ihn 1046 zum Kaiser.
Heinrich setzte nach Clemens' Tod drei weitere
Päpste ein, als letzten Viktor II., der nach
Heinrichs Tod 1056 für die reibungslose
Regierungsübernahme durch den 6-jährigen
Sohn Heinrich IV. sorgte.*

Agnes von Poitou   Frau Heinrichs III. und Mutter Heinrichs IV. (um 1025–1077)

*Tochter des Wilhelm von Aquitanien und
Poitou und der Agnes von Burgund. Sie war
tiefgläubig, das Kloster Cluny war die
Gründung ihrer Familie. Von dort ging die
Kirchenreform aus, die sich gegen die
Verweltlichung der Klöster richtete und
langfristig das Papsttum stärkte. Als
Reichsregentin für ihren minderjährigen*

*Sohn vergab sie die wichtigen Herzogtümer
Kärnten, Schwaben und Bayern. So trug
sie ungewollt zum Niedergang der salischen
Macht bei, da deren Herzöge die größten
Gegner Heinrichs IV. wurden. Nachdem
Heinrich IV. die Herrschaft angetreten hatte,
ging sie in ein Kloster in Rom, wo sie auch
starb.*

Bertha von Turin   Frau Heinrichs IV. (1051–1087)

*Tochter des Grafen von Savoyen und der
Adelheid von Turin. Sie wurde als Ehefrau
noch von Heinrich III. für seinen Sohn
bestimmt. Ihre Tochter Agnes wurde die
Stammmutter der Staufer. Bertha begleitete*

*Heinrich mit ihrem kleinen Sohn Konrad
1077 nach Canossa zu seinem Bußgang und
1084 nach Rom, wo sie mit Heinrich zur
Kaiserin gekrönt wurde. Sie liegt im Dom zu
Mainz begraben.*

Heinrich V.   Ab 1106 deutscher König, ab 1111 Kaiser (1081/86–1125)

Letzter salischer Herrscher. Er wurde nach dem Verrat seines Bruders Konrad 1098 zum Nachfolger Heinrichs IV. gewählt und musste schwören, sich nie gegen den Vater zu erheben. Heinrich wird als kalt und berechnend beschrieben. 1105 betrieb er erfolgreich die Abdankung seines Vaters. 1114 heiratete er Mathilde von England. 1111 zog er nach Rom, erzwang mit Gewalt die Kaiserkrönung und erpresste ein Investiturprivileg. Der Investiturstreit wiederholte sich, es folgten Bann und Gegenpapst. Am Ende aber erreichte Heinrich 1122 das Wormser Konkordat, wonach der König wenigstens noch Teilrechte bei der Investitur behielt. Er starb 1125 und wurde in Speyer beigesetzt.

Anno II. von Köln   Erzbischof von Köln seit 1056 (um 1010–1075)

Mit Kaiserin Agnes war er Vormund Heinrichs IV. und Kopf des Staatsstreichs von Kaiserswerth. Anno war ein Machtmensch. 1074 musste er vor der aufgebrachten Kölner Bevölkerung fliehen, die seiner hohen Steuern, seiner Strenge und auch seiner Reichspolitik überdrüssig waren; er kehrte aber schon vier Tage später wieder zurück und verhängte gegen die Rädelsführer drakonische Strafen. Er starb 1075 in Köln und wurde heiliggesprochen.

Rudolf von Rheinfelden   Herzog von Schwaben von 1057–1077 (? – 1080)

Er war Heinrichs Schwager; mit seiner Hilfe beendete Heinrich den Sachsenkrieg siegreich. 1077 wurde er von den oppositionellen Fürsten zum Gegenkönig gewählt. Nach seinem als Gottesurteil angesehenen Tod wurde er im Dom zu Merseburg beigesetzt.

Mathilde von Tuszien   Markgräfin von Canossa (um 1046–1115)

Sie erbte die riesigen Besitzungen ihres Vaters diesseits und jenseits des Apennin und war während des Investiturstreits Bundesgenossin der Päpste. Ihre Bindung an die Kirche war so eng, dass man ihr ein Verhältnis mit Gregor VII. unterstellte. Durch ihre Vermittlung musste der Heinrichs Bußgang anerkennen. 1079 vermachte sie ihre Besitzungen (die »Mathildischen Güter«) dem Papst, erhielt sie aber als Lehen von ihm zurück. 1111 setzte sie Kaiser Heinrich V. zum Erben ein, was zu dauernden Zwistigkeiten zwischen den Kaisern und den Päpsten führte. Mit Mathildes Tod erlosch das Haus Canossa.

Gregor VII. (früher Hildebrand)   Papst von 1073–1085 (um 1025–1085)

Er stammte aus einfachen Verhältnissen und war Benediktiner. Als überzeugter Anhänger der Kirchenreform, die er im Kloster Cluny selbst kennengelernt hatte, wurde er zum entscheidenden Gegenspieler Heinrichs IV. Am Papstwahldekret 1059 wirkte er grundlegend mit. Der Kandidat musste nun nicht mehr aus einer römischen Adelsfamilie stammen. In seiner Glaubensfestigkeit nahm er fanatische Züge an, die ihn selbst seinen Anhängern unheimlich machten. Er vertrat kompromisslos die Überzeugung, dass das Papsttum über Kaiser und Fürsten stehe. Kein Laie, auch nicht der Kaiser, sollte mehr Bischöfe erheben, wie es bisher üblich war. Die Bischöfe waren aber die wichtigsten Lehnsträger des Kaisers. Dies musste zu Konflikten führen, die dann im Investiturstreit ausgetragen wurden.

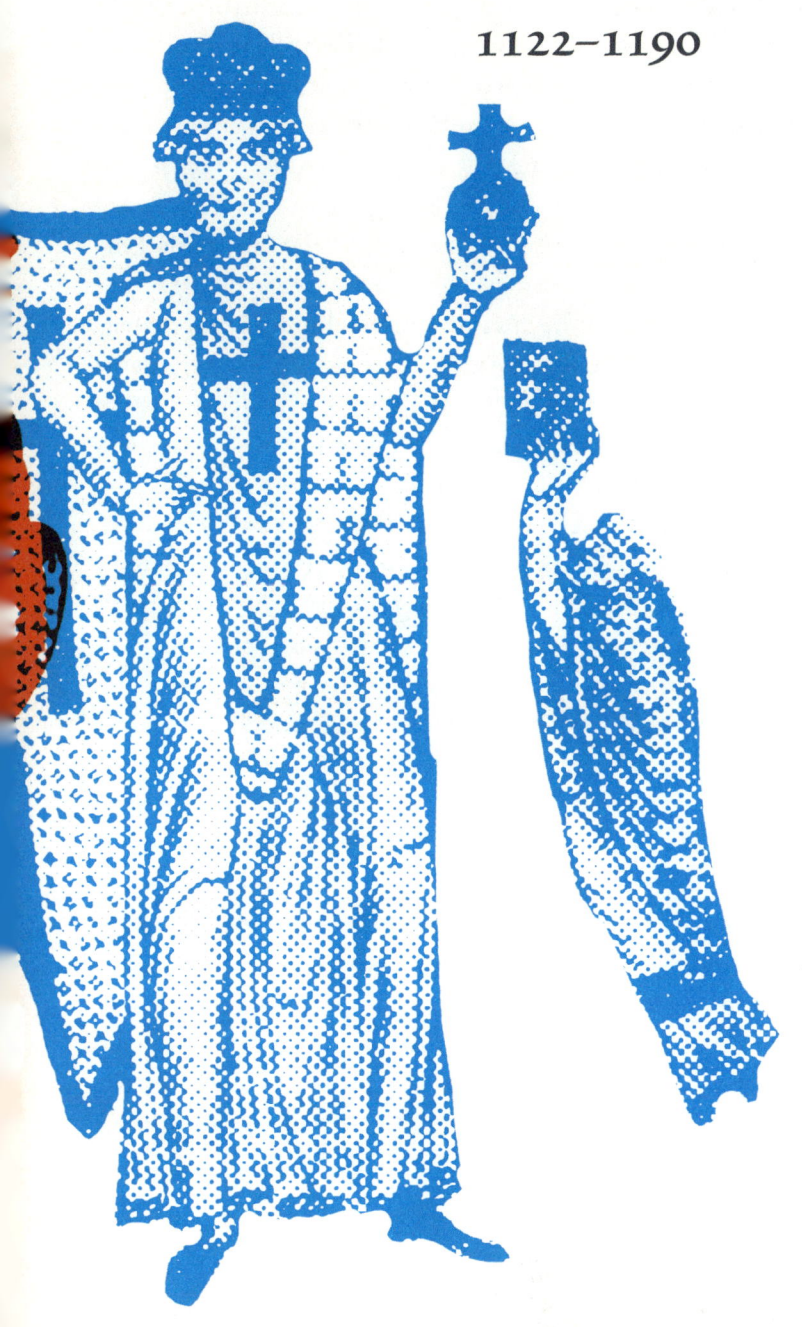

Der Staufer

FRIEDRICH I.
BARBAROSSA

1122–1190

FRIEDRICH I. BARBAROSSA

Der Sage nach ist Friedrich Barbarossa der mittelalterliche Kaiser, der im thüringischen Bergrücken Kyffhäuser so lange schläft, bis ein großes deutsches Reich neu gegründet wird. Worin aber lag seine wahre Bedeutung? Und wie kam die Sage zustande?

Friedrich von Staufen war der Innbegriff des Ritters. Er war von sehr schöner, wenn auch kleiner Gestalt, besaß eine gewinnende Persönlichkeit, die jugendlichen Zauber ausstrahlte, war gesellschaftlich gewandt, ein außergewöhnlich geschickter Diplomat, ein hervorragender Krieger, allerdings kein guter Feldherr. Von seinen Zeitgenossen wurden sein hoher Gerechtigkeitssinn gelobt, seine Großzügigkeit, seine Noblesse, sein scharfer Verstand, seine Entschlossenheit und Tatkraft; auch seine rhetorischen Fähigkeiten beeindruckten, obwohl er die lateinische Sprache, die Diplomatensprache der Zeit, nicht beherrschte. Er war frei von Eitelkeit, dafür aber sehr ehrgeizig, hart und unerbittlich bei Strafgerichten, wenn er sich im Recht glaubte. Seinen Beinamen Barbarossa erhielt er von den Italienern wegen seines roten Bartes.

Er stammte aus einem altadligen Geschlecht aus Schwaben. Seine Mutter war die Welfentochter Judith, sein Vater der Staufer Herzog Friedrich II. von Schwaben. Vermutlich wurde Friedrich im Dezember 1122 geboren. Als er noch Herzog von Schwaben und vom Elsass war, sah man ihn häufig am Hofe seines Onkels, des Staufer-Königs Konrad III. Gegen alle Überlieferungen bestimmte dieser ihn sterbend zu seinem Nachfolger.

1122
Vermutetes Geburtsjahr

Als Friedrich die Fürsten davon überzeugen konnte, er werde die Gegensätze zwischen Welfen und Staufern im Reich ausgleichen, die seit Jahrzehnten verfeindet waren, wurde er schon am 4. März 1152 von ihnen zum König gewählt und fünf Tage später in Aachen gekrönt. Am Grabe Karls des Großen schwor er, »die alte Kaiserherrlichkeit« wiedererstehen zu lassen. Das bedeutete, dass er auch Unteritalien zurückgewinnen musste, da es einst zum Reich gehört hatte. Große Aufgaben waren das. Außenpolitisch musste er sein Verhältnis zu den drei großen Gegenspielern des Reiches

1152
Wahl zum König

regeln: zu Byzanz, zu Sizilien und zum Papst; und innenpolitisch galt es das Versprechen einzulösen, die Rivalität mit den Welfen zu beseitigen.

In seiner Wahlanzeige an den Papst Eugen III. verkündete Friedrich die *reformatio imperii*, das hieß die Gleichberechtigung von Kaiser- und Papsttum, so wie es vor dem Investiturstreit herrschende Lehre war. Zu beidem brauchte er die Unterstützung einer starken Fürstenpartei und Frieden im Reich. Seine erste Aufgabe als König bestand denn auch darin, ein Landfriedensgesetz zu erlassen, das härteste Strafen gegen Friedensbrecher vorsah. Den Ausgleich mit den Welfen erreichte er, indem er seinem Onkel Welf VI. verschiedene Fürstentümer in Italien übertrug. Seinem Vetter, dem Sachsenherzog Heinrich dem Löwen, stellte er die Rückgabe Bayerns in Aussicht. Dagegen protestierte sein Onkel Heinrich Jasomirgott von Babenberg, der ältere Rechte auf Bayern geltend machen konnte.

1152
*Verkündigung des
Landfriedens*

Gegen Friedrichs Pläne, die Reichsidee nach römischem Vorbild in ganz Italien zu verwirklichen, stellten sich Papst Eugen III. und der Normannenkönig Roger von Sizilien, die ebenfalls dort die Herrschaft erstrebten. Doch trotz ihrer Gegnerschaft schlossen Friedrich und Eugen den Vertrag von Konstanz, in dem sie sich als gleichberechtigt anerkennen – der Papst war auf Friedrich angewiesen, der ihn gegen Roger und die aufständischen Römer schützen sollte. Friedrich dagegen wünschte die päpstliche Kaiserkrönung und die Scheidung von seiner ersten Ehefrau, denn er hatte längst ein Auge auf Beatrix von Burgund geworfen, die nicht nur eine reiche Erbin war, sondern als gebildetes und charmantes Mädchen die Zeitgenossen entzückte.

1153
*Vertrag von
Konstanz*

Zunächst zog Friedrich mit einem kleinen Heer 1154 nach Italien, um sich in Rom zum Kaiser krönen zu lassen, doch ließ er sich damit Zeit, denn ihm war es wichtiger, sich von den lombardischen Städten huldigen zu lassen. Bis auf Mailand leisteten sie den Treueeid. Die Städte hatten sich im Laufe der Zeit zu selbstständigen Stadtstaaten entwickelt und sich Reichsrechte und Reichsgüter

1154/55
Erster Italienzug

angeeignet. Sie befehdeten sich untereinander, und die kleineren Städte führten bei Friedrich Klage gegen das mächtige Mailand. Die Unterwerfung Mailands wurde verschoben, die Stadt geächtet und lediglich das kleine mit ihm verbündete Tortona zerstört.

Nachdem er sich zum König der Lombardei hatte wählen lassen, traf Friedrich sich in Sutri mit dem vor den aufständischen Römern geflohenen Papst Hadrian IV. und überwand sein Misstrauen gegenüber dem reichsfeindlichen Nachfolger des inzwischen verstorbenen Eugen. Nur nach Zureden der Fürsten erklärte er sich »aus Ehrerbietung gegen die seligen Apostel Petrus und Paulus« bereit, dem Papst den gebotenen Steigbügeldienst zu leisten. Gemeinsam zog man nach Rom zur Kaiserkrönung, die wegen der aufständischen Römer allerdings nur heimlich vollzogen werden konnte.

1155
Heimliche
Kaiserkrönung

Unter Berufung auf den Konstanzer Vertrag verlangte Hadrian anschließend von Friedrich, gegen Roger vorzugehen. Aber schon auf dem Wege nach Sizilien musste Friedrich umkehren, da ihm die deutschen Fürsten die Gefolgschaft verweigerten. Hadrian sah sich gezwungen, sich allein mit dem Normannenkönig zu einigen. Anschließend warfen Kaiser und Papst einander vor, den Konstanzer Vertrag gebrochen zu haben.

Von der Kaiserkrönung abgesehen, war Friedrich Barbarossas erster Italienzug also wenig erfolgreich: Mailand und mittlerweile auch Verona waren widerspenstig, die Römer rebellierten, und zu allem Übel landeten auch noch Truppen des oströmischen Kaisers Manuel I. von Byzanz, der sein Reich nach Westen ausdehnen wollte, an der Ostküste Italiens. Es wurde überdeutlich, dass Friedrich die mächtigen deutschen Fürsten brauchte. 1156 erreichte er dieses Ziel mit dem Ausgleich zwischen Babenbergern und Welfen: Er belehnte Heinrich den Löwen mit Bayern, verlieh ihm dazu für die großen Bistümer im Norden das Investiturrecht und das Recht, sein Territorium auf Kosten der benachbarten Slawen zu erweitern. Auf diese Weise verschaffte er ihm eine königähnliche Stellung in Norddeutschland und sich 20 Jahre einen treuen Vasallen. Seinen Babenberger Onkel entschädigte er nach schwierigen diplomatischen Verhandlungen mit der Mark Österreich, das er zu einem Herzogtum mit vielen Sonderrechten erhob.

Obwohl es eine echte Liebesehe wurde, aus der zwölf Kinder hervorgingen, hatte Friedrichs Heirat mit Beatrix von Burgund 1156 natürlich politische Motive, denn sie sicherte ihm die Grenze zu Frankreich. In diesem Jahr wurde Rainald von Dassel Friedrichs Kanzler. Er unterstützte ganz entschieden Friedrichs Italienpolitik. Zunächst verhinderte Rainald ein Bündnis zwischen England und Frankreich, dann sorgte er dafür, dass Polen sich unterwarf und Dänemark dem Kaiser den Lehnseid leistete.

Auf dem Reichstag zu Besançon 1157 schürte Rainald dann den nicht ausgeräumten Konflikt zwischen Kaiser und Papst weiter. Er verlas dort ein päpstliches Schreiben, in welchem Hadrian, um seine politische Unabhängigkeit zu betonen, absichtlich missverständlich davon sprach, dem Kaiser außer der Machtfülle des Kaisertums noch weitere *beneficia* verleihen zu wollen, was der Kanzler mit »Lehen« übersetzte. Die anwesenden Fürsten waren empört, denn die Reichsgewalt hatte der Herrscher nicht durch eine päpstliche Schenkung, sondern allein von Gott und durch die freie Wahl der Fürsten erhalten. Von nun an hieß es in allen kaiserlichen Schreiben, um die Gleichberechtigung mit der Kurie zu betonen, *Sacrum Imperium*. Später lenkte der Papst ein und sprach nicht mehr von Lehen, sondern ausdrücklich von Wohltaten.

Ein schwelender Konflikt war auch der mit Mailand. Friedrich konnte ein unbotmäßiges, sich immer weiter ausdehnendes Mailand nicht dulden. Auf dem Reichstag von Roncaglia 1158 forderte er deshalb sämtliche Königsrechte zurück, die bis zur Mitte des 11. Jahrhunderts gegolten hatten. Das bedeutete faktisch das Ende der kommunalen Selbstständigkeit der lombardischen Städte und eine ungeheure Machtfülle in der Hand des Kaisers. Die meisten Städte erkannten dennoch das Ende ihrer Souveränität an, zumal Friedrich mit einem eindrucksvollen Heer angerückt war; Mailand und Crema aber widersetzten sich. Es entbrannte ein grausamer Kampf, an dessen Ende 1162 Mailand vollständig zer-

1156
Heirat mit Beatrix von Burgund

1157
Reichstag von Besançon

1158
Zweiter Italienzug/ Reichstag von Roncaglia

stört wurde. Anstelle ihrer selbst gewählten Konsuln erhielten die
Städte nun staufische Verwalter, die sie in brutaler Weise ausbeute-
ten. Jedes Recht – zum Beispiel Zölle zu erheben, Gerichtsbarkeiten
auszuüben, oberste Beamte zu ernennen oder Pfalzen zu bauen –
wurde kaisertreuen Städten nur gegen eine hohe Geldabgabe zu-
rückverliehen. So flossen der kaiserlichen Kasse jährlich unvorstellbare Summen zu. Als einzige Gegenmaßnahme konnte der Papst
lediglich den Bann gegen den Kaiser aussprechen.

1162
Zerstörung
Mailands

Da auch Rom die Souveränitätsrechte verlieren sollte, musste diese Forderung notwendig zu einem Zusammenstoß mit dem
Papst führen. Hadrian hatte sich schon mit den lombardischen
Städten verbündet, als er 1159 überraschend starb. Bei der Papstwahl
kam es zum Schisma, der Kirchenspaltung. Eine deutliche Mehrheit
wählte Friedrichs Gegner Alexander III. zum Nachfolger. Er wurde
von den lombardischen Städten, England, Frankreich und Sizilien
anerkannt. Die kaisertreue Minderheit wählte Viktor IV. Friedrich
versuchte vergeblich, in Pavia durch eine Kirchenversammlung und
später in Verhandlungen mit dem französischen König die Spaltung, das Schisma, zu beseitigen. Man warf ihm vor, er strebe die
römische Weltherrschaft an und wolle Rom zu einem Reichsbistum
herabwürdigen.

1159
Kirchenspaltung
(Schisma)

Als Viktor starb, vertiefte Rainald von Dassel das Schisma
noch, indem er eigenmächtig einen neuen Gegenpapst ausrief,
Paschalis III. Auf dem Reichstag in Würzburg 1165 wurden nun alle
Würdenträger des Reiches zu einem Eid auf den kaiserlichen Papst
verpflichtet. Doch zeigte sich hier bereits, dass keineswegs alle
deutschen Bischöfe geschlossen hinter dem Gegenpapst standen.
Um seine Machtentfaltung der gesamten christlichen Welt zu beweisen, wurde Weihnachten in Aachen Karl der Große von Paschalis heiliggesprochen. Damit sollte auch Frankreich auf Barbarossas
Seite gezogen werden, das nämlich zunehmend mit dem römischen
Kaisertum zu konkurrieren begann.

1163
Dritter
Italienzug

1166 zog Friedrich in Begleitung von Paschalis ein viertes
Mal nach Italien, um in der Lombardei die Würzburger Beschlüsse

1165–1167
Vierter
Italienzug

durchzusetzen. Inzwischen hatte sich hier Widerstand gegen die brutale staufische Verwaltung formiert: der Städtebund Lega Lombarda unter der Führung des wiederaufgebauten Mailands. Er wurde durch Hilfsgelder aus Byzanz unterstützt, die Gelder flossen über Venedig. Welche Gefahr ihm hier erwuchs, erkannte der Kaiser nicht. Er wollte Alexander gefangen nehmen und dann weiter nach Sizilien ziehen. Schon hatte er in einem beeindruckenden Sieg die Römer unterworfen, als Alexander die Flucht gelang. Statt seiner wurde Paschalis inthronisiert und Beatrix zur Kaiserin gekrönt.

1167
*Gründung der
Lega Lombarda*

Kurz danach aber geschah eine unvorstellbare Katastrophe: Die Sommermalaria vernichtete nahezu Friedrichs gesamtes Heer. Innerhalb weniger Tage starben fast alle Heerführer, auch Kanzler Rainald von Dassel. Das empfanden die Zeitgenossen als gerechtes Gottesurteil. Rainald hatte die Kräfte seiner Zeit falsch eingeschätzt und den Kaiser zu seiner Gewaltpolitik angestiftet. Hier vor Rom war sie endgültig gescheitert. Sie hatte nur dazu geführt, dass sich alle Reichsfeinde miteinander verbanden: der Papst, die lombardischen Städte, Sizilien, Byzanz. Mit den kläglichen Resten des Heeres floh Barbarossa überstürzt nach Norden und erreichte unter falscher Identität mühsam im März 1168 Basel.

1167
*Krönung Beatrix'
zur Kaiserin*

*Eine Seuche
vernichtet
Friedrichs Heer.*

Die nächsten sechs Jahre benutzte er dazu, seine Autorität im Reich wiederaufzubauen. Einmal stiftete er Frieden zwischen den ostsächsischen Reichsfürsten und Heinrich dem Löwen, zum anderen baute er seine Hausmacht aus. Denn durch die römische Katastrophe waren viele Lehen herrenlos geworden und mussten neu verteilt werden. Seinem Sohn Heinrich verlieh er das Herzogtum Schwaben, im südschwäbischen Raum konnte er eine Reihe vakanter Güter seinem Hause übertragen. Im Reich wuchs seine Autorität, und die Fürsten wählten und krönten seinen erst 4-jährigen Sohn Heinrich zum König.

1169
*Krönung des
Sohnes
Heinrich (VI.)
zum König*

Als Paschalis im September 1168 starb, versuchte Friedrich, mit Alexander zu verhandeln, das aber verhinderten die mit dem Papst verbundenen Lombarden. Sieben Jahre zuvor hatten sie die Stadt Alessandria als Demonstration der Stärke für Alexander ge-

gründet. Barbarossa erkannte nun den dritten Gegenpapst Calixt III.
an und hielt an der Durchsetzung der Würzburger Eide fest. 1174
zog er wieder mit einem starken Heer nach Italien. Aus Prestige-
gründen wollte er Alessandria vernichten. Doch nach einer halbjäh-
rigen Belagerung musste er aufgeben und den Vertrag von Monte-
bello schließen. Das endlich hätte Frieden für die Städte bedeutet.
Da aber Friedrich unbedingt Alessandria davon ausnehmen wollte, scheiterten die Verhandlungen, und so glaubte er, der Kampf
mit den Städten sei die einzige Lösung. Er bat den mächtigsten
Reichsfürsten, seinen Vetter Heinrich den Löwen, in Chiavenna um
Truppenverstärkung. Heinrich war freilich nicht zur Heerfolge verpflichtet, und für eine freiwillige Leistung verlangte er als Preis die
kaiserliche Silberstadt Goslar. Heinrich hatte damit das Treueprin-
zip gebrochen, worauf allein das Lehnswesen fußte. Empört lehnte
der Kaiser ab.

1174–1178
Fünfter Italienzug

Mit einem sehr zusammengeschmolzenen Heer versuchte er
nun allein, die Lega Lombarda zu bezwingen. Doch das Unfassba-
re geschah: Bei Legnano wurde das deutsche Ritterheer 1176 vom
Fußvolk der Mailänder geschlagen. Die Mailänder wussten das geschickt propagandistisch auszuschlachten: Sie dankten dem Papst
für seine Unterstützung und sprachen erstmalig von einer »Gemeinschaft der Italiener«.

1176
*Schlacht und
Niederlage
von Legnano*

Jetzt endlich erkannte Friedrich, dass mit Gewalt wirklich
nichts zu erreichen war und er mit anderen Mitteln den Ausgleich
mit Papst Alexander suchen musste. 1177 schloss er nach langen,
ungemein geschickten Verhandlungen Frieden mit Alexander. Für
alle Christen deutlich sichtbar wurde auf dem Markusplatz in Venedig am 24. Juni 1177 die Aussöhnung mit dem Papst gefeiert. Die
18 Jahre des Schismas waren beendet.

1177
*Friede von
Venedig,
Ende des Schismas*

Trotz seiner offensichtlichen Niederlagen in Italien und
trotz des päpstlichen Bannfluchs war Friedrichs Autorität im Reich
nie wirklich angezweifelt worden. Daher ließ er sich nun in Burgund zum König krönen. Den endgültigen Frieden mit der Lega
Lombarda besiegelte er 1183 im Frieden von Konstanz. Er überließ

1183
*Friede von
Konstanz*

den Städten ihre Souveränitätsrechte gegen hohe Ablösungszahlungen.

Als Friedrich 1179 ins Reich zurückkehrte, rechnete er mit Heinrich dem Löwen ab, dessen rücksichtslose Expansionspolitik er nun nicht mehr deckte. Viermal lud er ihn auf Gerichtstage ein, wo er sich rechtfertigen sollte. Als Heinrich auch beim letzten Mal nicht erschien und damit die kaiserliche Majestät verletzte, wurden ihm die Herzogtümer Sachsen und Bayern abgesprochen, die Reichsacht über ihn verhängt und er des Landes verwiesen. Heinrich unterwarf sich erst, als er auch den letzten Kampf gegen das Reichsheer verlor. Auf Bitten des englischen Königs durfte er gerade einmal Braunschweig und Lüneburg behalten.

Auf dem glanzvollsten Fest des Mittelalters, dem Mainzer Hoffest 1184, auf dem in nie gesehener Pracht die Schwertleite der beiden ältesten Kaisersöhne gefeiert und von bedeutenden Dichtern des Mittelalters besungen wurde, versuchte Heinrich der Löwe vergeblich, die Gunst des Kaisers wiederzugewinnen. Noch im selben Jahr aber söhnte sich Barbarossa mit dem König von Sizilien aus und verlobte seinen Sohn Heinrich mit Konstanze, der Erbin des Normannenreichs. Die Hochzeit fand 1186 in Mailand statt, um zu beweisen, dass die Stadt zu einem »Bollwerk der Reichsgewalt« geworden war.

Bald darauf, im Jahr 1187, eroberten die Seldschuken Jerusalem, und um den mühsam erworbenen Ruf als Friedenskaiser zu wahren, musste Friedrich zwei Jahre später zum Kreuzzug aufbrechen. Unter unsäglichen Strapazen gelangte das Heer bis Anatolien. Ein letzter Sieg über die Seldschuken und die Einnahme von deren Hauptstadt, dem heutigen Konya, war dem Kaiser noch vergönnt. Als er die Grenze zum christlichen Königreich Armenien erreichte, erlag er am 10. Juni 1190 bei einem Erfrischungsbad im Fluss Saleph einem Herzschlag. Man weiß nicht, wo er begraben liegt. Sein Tod verklärte ihn für die Nachwelt, und noch im 19. Jahrhundert dichtete Friedrich Rückert: »Er hat hinabgenommen des Reiches Herrlichkeit und wird einst wiederkommen mit ihr, zu seiner Zeit.«

1181
Unterwerfung Heinrichs des Löwen

1184
Hoffest von Mainz

1184–1186
Sechster Italienzug

1186
Heinrich VI. heiratet Konstanze, Tochter Rogers von Sizilien.

1187
Die Seldschucken erobern Jerusalem.

1189–1192
Dritter Kreuzzug

1190
Tod

Was bleibt?

Friedrich I. Barbarossa verkörperte in seiner Gestalt und seiner Persönlichkeit das ritterliche Ideal der Zeit. Sein Zeitalter galt lange als Höhepunkt der deutschen Kaiserzeit. Später hat man seine Regierung als rückständig bezeichnet und für den Untergang des Heiligen Reichs verantwortlich gemacht, da er durch seine Italienpolitik und durch den Gegensatz zum Papsttum die Zersplitterung des Reichs ermöglicht hat. Nach langen Kämpfen hat er aber die neue Zeitströmung, die Entstehung kommunaler Selbstverwaltung, akzeptiert und einen Ausgleich mit dem Papsttum gefunden. Er fühlte sich als Nachfolger der römischen Kaiser Konstantin und Justinian und Karls des Großen und wollte das Reich der Salier wiederherstellen. Dass er bei seinem Tod seinem Sohn und Nachfolger ein gefestigtes Reich hinterließ, das von der Nordsee bis nach Sizilien reichte, war lange Zeit Anlass, ihn zu überhöhen. Das war auch der Grund für seine Mystifizierung als Kaiser des deutschen Volkes, der in seiner Höhle im Kyffhäuser nur auf die Gelegenheit wartet, Deutschland wiederzuvereinen.

Literatur   In sehr nüchterner Sprache zeichnet ein wissenschaftlich gesichertes, eher positives Bild von Barbarossa: Ferdinand Oppl, FRIEDRICH BARBAROSSA. Darmstadt 1998. Eine gute Übersicht über die Herkunft der Familie und die einzelnen Stauferherrscher gibt: Manfred Akermann, DIE STAUFER. EIN EUROPÄISCHES HERRSCHERGESCHLECHT. Darmstadt 2003.

Museen/Erinnerungsorte   Was der Mythos des Kaisers Barbarossa den Deutschen einmal bedeutet hat, merkt man am ehesten am Kyffhäuser, wo seine gewaltige Statue steht, und in der Barbarossahöhle, von wo er kommen soll, um Deutschland zu einen. Heute eine Ruine ist die Burg Hohenstaufen; dort gibt es auch ein Staufermuseum.

Zeitgenossen

Judith Welf Mutter Friedrich Barbarossas (um 1100–1130/31)

Sie war die Tochter Heinrich des Schwarzen von Bayern, des Oberhaupts der mächtigen Welfenfamilie.

Friedrich II. der Einäugige Vater Friedrich Barbarossas, Herzog von Schwaben (1090–1147)

Er festigte die staufische Hausmacht in Innerschwaben und im Elsass, das er mit einem Netz von Burgen überzog. Bei seinen herzoglichen Aufgaben wurde er tatkräftig von seinem Sohn Friedrich (Barbarossa) unterstützt, der 1142 sein Erbe als Herzog von Schwaben antrat.

Beatrix von Burgund Zweite Frau Barbarossas, Erbin des Pfalzgrafen von Burgund (11?–1184)

Durch die Heirat mit ihr konnte Friedrich die Reichsgewalt in Burgund wieder aufrichten. Er erweiterte damit sein Hausgut und verschaffte sich so auch gesicherte Übergänge nach Italien, als die lombardischen Städte die anderen Alpenpässe sperrten. Beatrix genoss großes Ansehen und hatte einen beachtlichen Einfluss auf den Kaiser, den sie bei fast allen seinen Zügen begleitete.

Heinrich der Löwe Herzog von Sachsen und Bayern (1129–1195)

Er war der mächtigste Reichsfürst seiner Zeit, erst Verbündeter, dann Gegenspieler Friedrich Barbarossas, dessen Vetter er war. Bei seinen häufigen Streitigkeiten mit anderen Reichsfürsten entschied der Kaiser stets zu seinen Gunsten. Auch privilegierte Friedrich ihn mit dem Investiturrecht für die Bistümer Oldenburg, Ratzeburg und Mecklenburg und verlieh ihm damit eine königähnliche Stellung in Norddeutschland. 20 Jahre hielt Heinrich dem Kaiser die Treue, begleitete ihn auf seinen Italienzügen und tat sich mutig gegen die Kirche hervor, bis dieser ihn um Unterstützung gegen die Lega Lombarda bat. Als er die verweigerte, kam es zum Bruch. Nach der Unterwerfung 1181 floh er zu seinem Schwiegervater nach England und kehrte erst 1194 zurück, als er sich mit Friedrichs Nachfolger Heinrich VI. ausgesöhnt hatte.

Rainald von Dassel Reichskanzler und Erzbischof von Köln (um 1120–1167)

Barbarossas engster Berater stammte aus einem sächsischen Adelsgeschlecht. 1156 ernannte ihn Barbarossa zum Kanzler, 1159 wurde er Erzbischof von Köln. Die Konfrontation mit den lombardischen Städten und dem Papst hat Rainald maßgeblich beeinflusst, denn er war leidenschaftlicher Verfechter des Kaisertums. An dem Sieg über die Römer 1167 war er entscheidend beteiligt. Er starb im selben Jahr an der Seuche, die das gesamte kaiserliche Heer vernichtete.

Roger II. von Sizilien König von Sizilien, Kalabrien und Apulien (1095–1054)

Errichtete in Sizilien das Normannenreich mit einem dem Absolutismus ähnlichen, streng geordneten Beamtenstaat, der Vorbild für seinen Enkel, den Staufer Friedrich II., wurde.

Alexander III. (früher Orlando Bandinelli) Ab 1159 Papst (11?–1181)

Er trat als Gegner der imperialen Kaiseridee Barbarossas in Besançon hervor, indem er die Versammlung laut fragte: »Von wem hat es [das Reich] denn der Kaiser, wenn nicht vom Herrn Papst?« Mit ihm beginnt die Kirchenspaltung. Er setzte sich im Laufe seines Lebens gegen drei Gegenpäpste durch und schaffte 1177 den Ausgleich mit dem Kaiser in Venedig. Die bis heute gültige Form der Papstwahl geht auf ihn zurück.

Der Staufer

FRIEDRICH II.

1194–1250

FRIEDRICH II.

Als Friedrich II. zu seinem Amtsantritt 1212 mit 18 Jahren nach Deutschland zog, wurde er als »Zaunkönig«, »Pfaffenkönig« oder »Königlein« verspottet. Die deutschen Fürsten nannten ihn wegen seiner Jugend nur das »Chint von Pülle«. Sie wussten sonst nichts von ihm, obwohl er der Enkel des Kaisers Friedrich Barbarossa und des Normannenkönigs Roger II. von Sizilien war. Als er starb, priesen ihn seine Anhänger als das »Staunen der Welt«, seine Gegner als den »Hammer der Welt«.

Friedrich, der Sohn Heinrichs VI. und der Konstanze von Sizilien, wurde am 26. Dezember 1194 in Jesi bei Ancona in Mittelitalien geboren. Schon mit zwei Jahren wählten ihn die deutschen Fürsten zum König. Als Heinrich aber bereits 1197 starb, gelang es seinem Bruder Philipp nicht, das Kind Friedrich nach Deutschland zu holen, um es dort krönen zu lassen. Friedrichs Mutter ließ ihn daraufhin zum König von Sizilien krönen und verzichtete für ihn auf den deutschen Thron. Sie starb, als er vier Jahre alt war. Auf ihren Wunsch wurde Papst Innozenz III. sein Vormund und Sizilien wieder päpstliches Lehen. So waren Reich und Sizilien wieder getrennt und voneinander unabhängige Staaten. Das entsprach der Interessenlage des Papstes.

Für die Deutschen geriet das Kind nun in Vergessenheit. In Sizilien aber wurde der königliche Knabe zum Spielball unterschiedlicher Interessen: Mal bestimmten die päpstlichen, mal die im Lande verbliebenen staufischen Anhänger über ihn. So erlebte er eine sehr harte, lieblose Kindheit mit häufig wechselnden Bezugspersonen. Dennoch erhielt er eine sorgfältige literarische und juristische wie auch eine solide ritterliche Ausbildung. Vermutlich beherrschte er mehrere Sprachen. Schon früh zeigte er einen starken Selbstbehauptungswillen. Als ihn die Anhänger seines Vaters gefangen nahmen, soll Friedrich sich wütend gewehrt haben. Damals war er erst sieben Jahre alt. Als 12-Jähriger trat er mit einer gewissen Arroganz auf; er vertrug keine Ermahnungen. Friedrich wurde als gut aussehend, begabt, wissensdurstig, geschickt und sehr sport-

1194
geboren

1196
*Wahl zum
römisch-deutschen
König*

1198
*Wahl zum König
von Sizilien*

1201
*Gefangennahme
durch Anhänger
der Staufer*

lich beschrieben. Mit 14 Jahren war er rechtsfähig und heiratete auf Vermittlung des Papstes die zehn Jahre ältere Konstanze von Aragon, die ihn wohl als eine der ersten liebevoll behandelte. 1211 kam der älteste Sohn, der spätere Heinrich VII., zur Welt. Nach seiner Mündigkeit begann Friedrich, die Verwaltung seines sizilischen Reiches zu ordnen, und betrieb trotz seiner Jugend eine eigenständige Politik gegen den Willen des Papstes, beschnitt Kirchenrechte und Rechte der selbstherrlichen Barone.

1208
Heirat mit Konstanze von Aragon

1211
Geburt des ältesten Sohnes Heinrich

Nach dem deutschen Thronstreit zwischen Welfen und Staufern krönte der Papst schließlich Otto von Braunschweig 1209 zum Kaiser. Otto IV. versicherte, dass er das Reich nicht wieder mit Sizilien verbinden und der Kirche weitere Rechte zubilligen werde. Doch hielt er nicht Wort, sondern marschierte in Sizilien ein. Papst Innozenz reagierte sofort und exkommunizierte ihn. Nach langem Zögern fiel die Mehrzahl der deutschen Fürsten 1211 von Otto ab und wählte auf Anraten des Papstes erneut den fast vergessenen Friedrich von Staufen – dieses Mal gleich zum Kaiser.

1209
Kaiserkrönung Ottos IV.

Kaum hörte Otto von dieser Entscheidung, eilte er nach Deutschland, um die Macht zurückzuerobern. Damit standen sich hier zwei gegenüber, deren Familien seit Generationen miteinander konkurrierten. Otto war der in England aufgewachsene Sohn Heinrichs des Löwen, des größten Gegners von Friedrichs Großvater; Friedrich konnte schon allein aus familiärer Pflicht nicht anders, als die Herausforderung anzunehmen.

1211
Wahl Friedrichs zum Kaiser

Obwohl seine Position in Sizilien noch keineswegs gefestigt war und zwar die Mehrheit, aber nicht alle Fürsten ihn anerkannten, nahm Friedrich gegen den ausdrücklichen Rat seiner Berater die Wahl an und brach 1212 mit einer sehr kleinen Begleitung nach Deutschland auf. Zuvor ließ er seinen einjährigen Sohn zum König von Sizilien krönen und leistete dem Papst den Lehnseid, sodass dieser ihn finanziell unterstützte. Die Genueser halfen ihm weiter, als die seit Barbarossas Zeiten stauferfeindlichen Städte ihm den Durchzug durch die Lombardei sperrten.

Friedrich zog auf abenteuerliche Weise über einen westlichen Alpenpass nach Konstanz. Um ihn am Einzug nach Schwaben, seinem angestammten Erbe, zu hindern, war Otto IV. nach Konstanz gezogen und stand bereits mit seinem Heer in Überlingen. Schon wollten die Konstanzer Otto als rechtmäßigen Herrscher willkommen heißen, als es Friedrichs Begleiter, seinem treuesten Freund und Berater, dem Bischof Berard von Bari, gelang, sie von der Exkommunikation Ottos zu überzeugen. Sie ließen Otto fallen und nahmen nur wenige Stunden vor ihm den jungen strahlenden Friedrich in ihre Stadt auf.

In kurzer Zeit gewann Friedrich nun die süddeutschen Fürsten für sich, indem er ihnen großzügig neue Privilegien gewährte und alte bestätigte; dazu versicherte er sich der Unterstützung des französischen Königs. Schon am 5. Dezember 1212 wählte ihn die große Mehrheit der deutschen Fürsten zum König und krönte ihn in Mainz, das heißt am falschen Ort mit der falschen Krone, denn die echten Krönungsinsignien besaß Otto in Aachen, dem traditionellen Krönungsort. Die Engländer, Ottos Verwandte, unterstützten die Welfenpartei, die Franzosen auf Anraten des Papstes die Staufer.

1212
Erneute Wahl und Krönung zum König in Mainz

Bei einem Entscheidungskampf mit Otto war Friedrich unbedingt auf die Hilfe der mächtigen geistlichen Fürsten angewiesen. So erließ er am 12. Juli 1213 sein erstes Reichsgesetz, die »Goldbulle von Eger«, in der er ihnen weitgehende Königsrechte verbriefte, die sie zu eigenständigen Landesherren machten. Damit musste er wie schon seine Vorgänger die kirchliche Souveränität weiter auf Kosten des Reiches stärken.

1214
Schlacht von Bouvines

1214 in der Schlacht von Bouvines wurden die Engländer und mit ihnen Kaiser Otto IV. so vernichtend von den Franzosen geschlagen, dass damit der deutsche Thronstreit entschieden war. Friedrich hatte gar nicht mitgekämpft. Der französische König übersandte ihm das erbeutete Feldzeichen, den Reichsadler, um ihn an den französischen Anteil seines Erfolges zu erinnern. Aber alle Welt, vor allem Friedrich selber, sah den Sieg als ein Gottesurteil zu seinen Gunsten an. Seine allgemeine Anerkennung wuchs. Die

Widerstände der Otto freundlich gesinnten Fürsten brachen bald
zusammen, zumal Friedrich auch sie durch Schenkungen und Privilegien an sich zu binden wusste. Auf dieselbe Weise verhinderte
er, dass sich der Dänenkönig wieder mit den Welfen verbündete: Er
trat ihm im Norden weite Reichsteile ab.

Am 25. Juli 1215 wurde Friedrich endlich in Aachen am richtigen Ort, doch noch immer ohne die rechtmäßigen Reichsinsignien zum zweiten Mal in einer eindrucksvollen Zeremonie zum
römisch-deutschen König gekrönt. Um sich sichtbar in die Tradition Karls des Großen zu stellen und so seinen Herrschaftsanspruch
zu bekunden, ließ er Karls Gebeine in einen kostbaren Schrein um-
betten, den man noch heute im Dom zu Aachen bewundern kann.
Er ist mit 16 Kaiserbildern verziert, darunter auch das von Friedrich.
Zur Demonstration nagelte er den Sarg selber zu. Aus demselben
Grund und vielleicht auch wirklich aus Dankbarkeit gegen Gott,
der ihn nach seiner Überzeugung selber auf den Karlsthron gesetzt hatte, legte er feierlich ein Kreuzzugsgelübde für Anfang 1219
ab. Auf der größten Kirchenversammlung des Mittelalters, dem
4. Laterankonzil 1215, bestätigte der Papst Innozenz III. Friedrichs
Anspruch als zukünftiger Kaiser und setzte Otto IV. förmlich ab.
Friedrich hatte endgültig gewonnen.

Innozenz verlangte von Friedrich nun wie ehedem von Otto
die Trennung von deutschem und sizilischem Reich, denn er wollte
Herrscher in Mittelitalien sein und keinesfalls von staufischen Territorien umklammert werden. Als ihm Friedrich dies am 1. Juli 1216
in Straßburg versprach und erneut den Kreuzzug gelobte, stimmte Innozenz der Kaiserkrönung zu. Er starb jedoch wenige Tage
danach – und sofort änderte Friedrich seine Taktik: Er ließ seinen
kleinen Sohn Heinrich nach Deutschland bringen, entzog ihm den
sizilischen Königstitel und unterzeichnete nun wieder die sizilischen Urkunden selber. Beide Reiche waren nun trotz aller Versprechungen deutlich in Personalunion verbunden, und der neue Papst
Honorius III. nahm es hin. Ebenso duldete er die Wahl Heinrichs
zum deutschen König im April 1220, auch wenn er sie offiziell nicht

1215
*Erneute Krönung
in Aachen*

1215
*4. Laterankonzil,
Absetzung Ottos
und Anerkennung
Friedrichs*

1220
*Wahl Heinrichs VII.
zum römisch-
deutschen König*

anerkannte, da auch er die staufische Umklammerung des Kirchenstaates fürchtete. Vordringlich für ihn war vor allen Dingen die Ein-
haltung des Kreuzzugsversprechens.

Unter allen Umständen wollte Honorius Friedrich dazu bringen, Jerusalem zurückzuerobern, daher krönte er ihn am 22. November 1220 feierlich in Rom zum Kaiser und Konstanze zur Kaiserin. Friedrich trug dabei den roten Krönungsmantel, den man
noch heute in Wien bewundern kann. Wieder duldete der Papst die
Verschiebung des Kreuzzugstermins, nun auf 1225, weil der Kaiser
erst Ordnung in Sizilien schaffen wollte. Verschiedenen deutschen
Reichsfürsten übertrug er solange die Regierungsgewalt.

In Sizilien dagegen schuf er einen straff geführten Beamtenstaat, und im Gegensatz zum Reich schränkte er hier die Adelsmacht
erheblich ein. Juristisch geschulte, von der Kirche unabhängige Beamte, für die er eigens 1224 die Universität Neapel gründete, übernahmen Justiz und Verwaltung. Auch baute er eine eigene Handels-
und Kriegsflotte auf. Gleichzeitig begann er seine rege Bautätigkeit,
überzog das Land mit Kastellen und Burgen, von denen das bedeu-
tendste, das Castel del Monte, vollständig erhalten ist. Es entstand
allerdings erst 1240. In den 20er-Jahren baute er Foggia in Apulien
zu seiner Residenz aus, das im Laufe der Zeit zu einer Stätte von
Kunst, Philosophie und Wissenschaft wurde. Hier schrieb der Kaiser auch sein noch heute gültiges Falkenbuch: ÜBER DIE KUNST,
MIT VÖGELN ZU JAGEN. In der höfischen Dichterschule, an der
auch sein sprachgewaltiger Kanzler Petrus de Vinea beteiligt war,
entstand in sizilischem Volgare, der dortigen, aus dem Lateinischen
entstandenen Volkssprache, erstmals italienische Dichtung.

Nach seinem endgültigen Sieg über die Sarazenen, die 300 Jahre Sizilien verunsichert hatten, siedelte Friedrich sie nach Lucera in
Apulien um, erlaubte ihnen, ihren muslimischen Glauben unbehelligt auszuüben, und erwarb sich so die zuverlässigsten, von der
Kirche unbeeinflussbaren Anhänger.

Auf Vermittlung eines seiner engsten Berater, Hermann von
Salza, dem Hochmeister des Deutschen Ordens, heiratete Friedrich

1220
Kaiserkrönung
in Rom

1225 nach dem Tode seiner ersten Frau die Erbin des Königreichs Jerusalem Isabella von Brienne und nannte sich seitdem »König von Jerusalem«. Damit bewies er dem Papst glaubhaft seinen Kreuzzugswillen, denn als König musste er in die Stadt einziehen. Die Umsetzung des Kreuzzugsversprechens verschob er freilich auf 1227. 1226 sprach er in der »Goldbulle von Rimini« dem Deutschen Orden den Besitz des Preußenlandes zu, was später zur Grundlage des preußischen Staates wurde.

1225
Heirat mit Isabella
von Brienne

1227 drohte der Papst nun wirklich mit dem Kirchenausschluss, wenn Friedrich nicht gegen die Muslime zöge. Er starb aber, kurz bevor Friedrich aufbrach. Als dieser schon auf dem Weg ins Heilige Land war, musste er wegen einer verheerenden Seuche im Heer, an der er selber schwer erkrankte, umkehren. Der neue Papst Gregor IX. witterte nur eine Ausrede und exkommunizierte ihn sofort.

1227
Erste
Exkommunikation

Trotz des Banns brach Friedrich 1228 erneut auf. Zuvor erhielt er die Nachricht von der Geburt seines Sohnes Konrad und vom Tod seiner zweiten Frau.

1228
Geburt des Sohnes
Konrad und Tod
Isabellas, Aufbruch
zum Kreuzzug

Die Sarazenen und die Deutsch-Ordensritter, denen er in der Goldbulle von Rimini große Ländereien in Preußen zugesprochen hatte, hielten vor allem zu ihm. Doch Friedrich kämpfte gar nicht, er verhandelte mit dem Sultan al-Kamil, dem seinerseits an einer friedlichen Lösung des Konflikts lag, weil er sich mit seinen Brüdern im Krieg befand. Und Friedrich erreichte, was niemandem vor ihm gelungen war: einen 10-jährigen Waffenstillstand. Die gesamte Stadt Jerusalem außer dem Tempelbezirk wurde ihm zugesprochen, und er erhielt freien Zugang zu allen Küstenstädten.

Der päpstlichen Partei aber war das noch zu wenig. Der oberste Geistliche in Jerusalem untersagte den christlichen Pilgern, die Stadt zu betreten, und prangerte nahezu verleumderisch die Lebensweise des Kaisers und seine Vorliebe für die Orientalen beim Papst an. Doch das störte Friedrich nicht, er zog in Jerusalem ein und krönte sich dort selbst zum König. Um den Papst nicht weiter zu reizen, verzichtete er dabei nur auf die sonst übliche heilige Messe. Vielmehr zeigte er sich versöhnlich und versuchte, Gregor

1229
Eigenhändige
Krönung zum König
von Jerusalem

sein Verhalten zu erklären. Vergeblich! Jerusalem wurde mit dem Interdikt belegt, das heißt niemand durfte dort in den Kirchen die heilige Messe abhalten. Päpstliche Truppen waren in der Zwischenzeit sogar in Sizilien eingefallen. Friedrich kehrte daraufhin schnellstens zurück und vertrieb in kürzester Zeit die päpstlichen Truppen aus seinem Herrschaftsgebiet. 1230 in San Germano hob Gregor widerwillig den Bann auf.

Nun baute Friedrich konzentriert Sizilien weiter aus und erließ 1231 in den »Konstitutionen von Melfi« eine neue Rechtsordnung, die bis Anfang des 19. Jahrhunderts in Süditalien gelten sollte. Sie fußte auf normannischem und römischem Recht und wurde mit aktuellen Gesetzen ergänzt, so zum Beispiel zu dem, was wir heute Umweltschutz nennen würden, zur Ausbildung und Bezahlung der Ärzte und zum Aufgabenbereich der Apotheker. Auf jedem Gebiet, auch in Wissenschaft und Kunst, wurde Sizilien ein Musterstaat.

1231
Konstitutionen
von Melfi

In Deutschland hatten die Fürsten inzwischen dem jungen König Heinrich VII. das *Statutum in favorem principum*, das Gesetz zugunsten der weltlichen Fürsten, abgetrotzt. Damit hatten sie sich alle nutzbaren Königsrechte erworben: Münze, Zoll, Markt, Geleit. Friedrichs Sohn wollte als rechtmäßiger deutscher König selbstständig regieren, der Vater sah in ihm nur einen Statthalter – ihr Verhältnis war entsprechend schlecht. Zu dem 1231 nach Ravenna einberufenen Hoftag erschien König Heinrich nicht. Er schob die von den feindlichen Lombarden gesperrten Alpenpässe als Ausrede vor; dennoch waren etliche Reichsfürsten erschienen. Friedrich bestätigte ihnen ihre Privilegien einschließlich der Herrschaft der Kirche über ihre Städte.

1231
Beginn des
Konflikts
mit dem Sohn
Heinrich VII.

Heinrich dagegen erkannte städtische Freiheiten an, was eindeutig gegen die Politik seines Vaters verstieß. Auf dem nächsten Hoftag 1232 in Aquileia trat er nur gezwungenermaßen auf und wurde von Friedrich öffentlich gedemütigt. Der Vater drohte ihm mit Absetzung, falls er nicht seinen Anweisungen folge. Den Reichsfürsten bestätigte Friedrich dennoch Heinrichs *Statutum* – notgedrungen, denn er brauchte unbedingt ihre Hilfe gegen die feindseligen

Lombarden. Die pochten entschieden auf ihre Freiheit und hatten schon 1226 ihr Militärbündnis gegen den Kaiser, die Lega, erneuert.

Heinrich blieb bei seiner Anti-Fürstenpolitik, was zu weiteren Klagen vor dem Kaiser führte. 1233 exkommunizierte der Papst Heinrich wegen Ungehorsams auf ausdrücklichen Wunsch des Vaters. Friedrich hatte mit den Jahren zahlreiche Maßnahmen seines Sohnes widerrufen, nun lehnte sich Heinrich offen gegen den Kaiser auf und verbündete sich sogar mit den Lombarden. Das war Hochverrat. 1235 zog Friedrich mit kleinem Gefolge, aber mit beeindruckender orientalischer Pracht zu einem Strafgericht nach Deutschland. Dieses glanzvolle Auftreten reichte, dass Heinrichs Anhänger von ihm abfielen und sich Friedrich anschlossen. Auch die Städte folgten nicht mehr dem gebannten König. In Wimpfen kam es zum Gerichtstag. Heinrich unterwarf sich dem Kaiser, aber zu spät, er wurde abgesetzt und zu lebenslanger Haft verurteilt. Er starb, nie mehr frei, 1242. Statt Heinrich ließ Friedrich 1237 seinen 9-jährigen Sohn Konrad in Wien zum römisch-deutschen König wählen.

Mit großer Pracht feierte Friedrich 1235 in Worms seine dritte Hochzeit mit Isabella von England, um einen Ausgleich mit England zu finden und endgültig Frieden mit den Welfen zu schließen. Deshalb übertrug er auch dem Enkel Heinrichs des Löwen das neu geschaffene Herzogtum Braunschweig-Lüneburg. Auf einem Hoftag in Mainz verkündete er einen Allgemeinen Landfrieden, der die Gerichtsprivilegien der Fürsten regelte, ihre territoriale Selbstständigkeit aber nur wenig einschränkte.

Sein Kanzler Petrus de Vinea lobte Friedrich II. in dieser Zeit als Göttergleichen und Gottgesandten. Das provozierte in ungeahntem Maße den Papst. Am 10. März 1239 exkommunizierte er den Kaiser und ließ das Gerücht streuen, Friedrich habe die drei großen Religionsstifter Moses, Jesus und Mohammed drei große Betrüger genannt. Der Bruch war endgültig. In polemischen Traktaten beschimpften sich Gregor und Friedrich sogar gegenseitig als Antichristen und bekämpften sich weiter. In Wahrheit ging es aber beiden nur um die Vorherrschaft in Italien.

1235
Absetzung
Heinrichs VII.

1235
Heirat mit Isabella
von England /
Verkündung des
Mainzer
Landfriedens

1237
Wahl des Sohnes
Konrad IV.
zum römisch-
deutschen König

1239
Zweite
Exkommu-
nikation

1240
Friedrich beginnt
den Bau des
Castel del Monte.

1241 starb Gregor IX. Erst anderthalb Jahre später einigte man sich auf einen neuen Papst, Innozenz IV. Trotz anfänglich freundlicher Töne lenkte auch er nicht ein. Anstatt mit Friedrich über dessen unterschiedliche Friedensangebote zu verhandeln, floh er nach Lyon und setzte ihn 1245 selbstherrlich als Kaiser ab. Nachdem 1246 eine Verschwörung des süditalienischen Adels aufgedeckt wurde, misstraute der Kaiser jedem, bestrafte die Verschwörer grausam und setzte in alle hohen Ämter nur seine Nachkommenschaft ein. Er konnte das, weil er alle seine unehelichen Kinder anerkannt und standesgemäß verheiratet hatte. In den letzten Jahren seines Lebens gab er den Kampf gegen die rebellischen Städte nicht auf, erlitt aber bei der Belagerung von Parma 1248 eine katastrophale Niederlage gegen die Lega.

Die vergeblichen Kämpfe mit dem Papst und die rebellischen lombardischen Städte, die er seit 1236 bekämpfte, hatten ihn aufgerieben. Die Nachrichten aus dem Reich, wo man Gegenkönige zu Konrad gewählt hatte, ließen ihm keine Ruhe. Bevor er erneut dorthin ziehen konnte, starb der Kaiser überraschend am 13. Dezember 1250 in Castel Fiorentino unweit von Lucera. Im Dom zu Palermo wurde er, wie er es gewünscht hatte, neben seinen Eltern bestattet.

1245
Absetzung durch Papst Innozenz IV.

1248
Niederlage gegen die Lega bei Parma

1250
Tod in Castel Fiorentino

Was bleibt?

Friedrich II., römisch-deutscher Kaiser, König von Sizilien, versetzte schon zu seinen Lebzeiten als überragende Herrschergestalt und als widersprüchliche Persönlichkeit die Zeitgenossen in Erstaunen. Er hielt kompromisslos an seinem ihm von Gott übertragenen Sendungsauftrag fest und fühlte sich daher allein für Recht und Gerechtigkeit auf Erden zuständig, was zum Dauerkonflikt mit den Päpsten und Städten führen musste. Politisch scheiterte er in Italien gegen das Papsttum und die nach endgültiger Freiheit aufstrebenden Kommunen, deren Selbstständigkeit er niemals akzeptierte. Obwohl er sich nur wenige Jahre in Deutschland aufhielt und das Reich politisch vernachlässigte, beeinflusste er die deutsche Geschichte vor allem dadurch, dass er den Fürsten weitreichende Privilegien einräumen musste. Die starken Rechte der Fürsten aber verhinderten langfristig eine Einheit des Reichs und förderten die dauerhafte Entwicklung zu den europäischen Territorialstaaten. Mit seiner Schenkung an den Deutschen Orden legte Friedrich die Grundlage des späteren Preußenstaates. In Sizilien schuf er einen zukunftsweisenden Musterstaat mit qualifizierten, von der Kirche unabhängigen Beamten. Bekannter ist er aber wegen seiner großen künstlerischen, philosophischen und wissenschaftlichen Neigungen. Sein Falkenbuch, das auf genauen ornithologischen Beobachtungen beruht, hat bis heute seine Bedeutung nicht verloren.

Literatur   Gilt als das entscheidende Standardwerk, ist sehr genau und nicht ganz einfach zu lesen: Wolfgang Stürner, FRIEDRICH II. 2 Bände. Darmstadt 2003.   Kurz, knapp und einprägsam: Manfred Akermann, DIE STAUFER. EIN EUROPÄISCHES HERRSCHER-GESCHLECHT. Stuttgart 2003. Das Buch wurde schon für Friedrich Barbarossa empfohlen. Eine leicht lesbare und spannende populärwissenschaftliche Biografie ist: Ekkehart Rotter, FRIEDRICH II. VON STAUFEN. München 2000.

Museen / Erinnerungsorte   Castel del Monte in Apulien; ebenfalls sehenswert ist das Castel Fiorentino in Lucera.

Zeitgenossen

Heinrich VI *Vater Friedrichs II. (1165–1197)*

Er war der Sohn Friedrich Barbarossas, römisch-deutscher König von 1190–1197 und Kaiser ab 1191.

Konstanze von Aragon *Erste Frau Friedrichs II. (vermutlich 1179–1222)*

Sie wurde als älteste Tochter des Königs Alfons II. von Aragon geboren. Die Ehe mit Friedrich kam auf Vermittlung des Papstes zustande, der schon 1202 ihre jüngere Schwester als Gattin vorgesehen hatte. Als Konstanzes erster Mann, König Emmerich von Ungarn, starb, wurde sie 1209 mit dem viel jüngeren Friedrich verheiratet. 1211 kam der spätere Heinrich VII. als einziges Kind des Paares zur Welt. Friedrich überließ Konstanze, der er vertraute, die Regentschaft von 1212–1216 in Sizilien. Sie starb zwei Jahre nach der Krönung zur Kaiserin in Catania. Friedrich hat sie vermutlich sehr verehrt, denn als Einzige bestattete er sie in Palermo neben seinen Eltern und legte ihr seine eigene Krone ins Grab. Auch die Worte auf ihrem Sarg, die angeblich von Friedrich selbst stammen sollen, sprechen dafür: **Ich war Siziliens Königin und Kaiserin Constantia, hier ruhe ich nun, Friedrich – deine Frau.**

Heinrich VII. *Sohn Friedrichs II. und römisch-deutscher König (1211–1242)*

Er war das einzige Kind Friedrichs II. und der Konstanze von Aragon. 1220 wählten ihn die Reichsfürsten auf Friedrichs Betreiben und gegen den Willen des Papstes zum König und krönten ihn 1222. Heinrich wuchs unter der Obhut verschiedener Reichsministerialen auf. 1225 heiratete er auf Wunsch des Vaters die sieben Jahre ältere Margarethe von Österreich. Wie alle Staufer war Heinrich poetisch begabt und zog viele Minnesänger an seinen Hof. 1228 übernahm Heinrich die Regierung. Die Begünstigung der Städte führte zum Zerwürfnis mit dem Vater. Nach der Absetzung 1235 in Worms wurde er zu lebenslanger Haft in Apulien verurteilt. Er starb in Kalabrien 1242, vermutlich durch Selbstmord.

Konrad IV. *Sohn Friedrichs II. und römisch-deutscher König (1228–1254)*

Seine Mutter war Friedrichs zweite Frau Isabella von Brienne. 1237 wurde er in Wien zum König gewählt; er wurde aber nie gekrönt, vermutlich weil sein Vater nicht noch einmal einen rechtmäßigen König neben sich dulden wollte. Er blieb in Deutschland als der zukünftige Nachfolger des Kaisers. Nach Friedrichs Exkommunikation 1239 stellte sich eine Reihe von Reichsfürsten gegen die Staufer. 1246 wählten sie einen Gegenkönig, gegen den er sich nicht behaupten konnte. Nach dem Tod seines Vaters zog Konrad 251 nach Sizilien, um dort sein Erbe anzutreten, das er leichter zu behaupten hoffte als das deutsche. 1252 wurde sein Sohn Konradin, der letzte Staufer, in Deutschland geboren. Konrad gewann eine Reihe der sizilischen Städte zurück, darunter das bedeutende Neapel, aber es gelang ihm keine Aussöhnung mit dem Papst. Er starb 26-jährig in der Nähe von Melfi, vermutlich an einer Seuche.

Isabella von England   Dritte Frau Friedrichs II. (1214–1241)

Sie war die Tochter des englischen Königs Johann Ohneland und der Isabella von Angoulême und Schwester des englischen Königs Heinrich III. Die Ehe kam auf Vorschlag des Papstes Gregor IX. zustande. Friedrich hoffte, mit dieser Verbindung den Ausgleich mit den Welfen leichter erreichen zu können. Isabella entzückte mit ihrer Schönheit den 20 Jahre älteren Friedrich, lebte aber dennoch nach der überaus prächtigen Hochzeitsfeier in Worms 1235 zurückgezogen. Sie gebar 1236 ihre Tochter Margarete, die spätere Markgräfin von Meißen. 1237 zog Isabella mit Friedrich über die Alpen und brachte 1238 in Ravenna ihren Sohn Heinrich, auch Carlotto genannt, zur Welt. Als ihr Bruder Richard von Cornwall 1241 den Kaiser in Süditalien aufsuchte, durfte auch Isabella an diesem Wiedersehen teilhaben. Sie starb aber noch im selben Jahr bei der Geburt ihres dritten Kindes in Foggia. Sie wurde wie Isabella von Brienne im Dom zu Andria in Apulien beigesetzt.

Al-Kamil Muhammad al-Malik   Sultan der Ayyubiden in Ägypten (1180–1238)

Die Ayyubiden waren eine muslimisch-kurdische Dynastie in Ägypten. Al-Kamil gilt als einer der bedeutendsten islamischen Herrscher im Mittelalter. Er musste sich mit seinen Brüdern und den Kreuzfahrern auseinandersetzen. Schon 1226 trat er mit Friedrich II. in Verhandlungen ein, um eine Bedrohung seines Reiches durch dessen möglichen Kreuzzug zu verhindern. 1229 wurde der Vertrag zwischen Friedrich und al-Kamil geschlossen, in welchem der Sultan die Souveränität des Königreichs Jerusalem bestätigte. Eine persönliche Begegnung der beiden Herrscher hat nie stattgefunden; aber al-Kamil weigerte sich, Friedrich gefangen nehmen zu lassen, wie der Papst es wünschte.

Innozenz III. (früher Lothar Graf von Segni)   Papst von 1198–1216 (um 1160–1216)

Er gilt als bedeutendster Papst des Mittelalters und war ein hervorragender Kirchenrechtler. Er war der Vormund Friedrich II. Seine Einstellung zu seinem Amt spiegelt sich in dem Satz: »... der Papst jedoch ist geringer als Gott, aber größer als der Mensch.« Er veranlasste nach der Exkommunikation Ottos IV. die deutschen Fürsten, Friedrich II. zum designierten Kaiser zu wählen. Friedrich musste daraufhin den erweiterten Kirchenstaat anerkennen. Innozenz unterstützte aktiv die Kreuzzüge, ließ grausam mit Friedrichs Hilfe Ketzer verfolgen und förderte die neu gegründeten Orden der Franziskaner und Dominikaner. Der Höhepunkt seiner Amtszeit war das 4. Laterankonzil, auf dem Otto IV. abgesetzt wurde.

Gregor IX. (früher Hugo Graf von Segni) Papst von 1227–1241 (um 116–1241)

Neffe Innozenz' III. 1230 schuf er ein einheitliches Kirchenrechtsbuch, das bis 1917 galt. Er war mit Franz von Assisi, den er 1228 heiligsprach, befreundet und förderte die Franziskaner. Er war von schwärmerischer Frömmigkeit, verfolgte aber grausam jedes Ketzertum. So führte er die Inquisition ein und sorgte dafür, dass weltliche Gerichte als Strafe die Verbrennung auf dem Scheiterhaufen verhängten. Seine Auseinandersetzung mit Friedrich II. zeigte fanatische Züge. Weder anerkannte er dessen Krankheit 1227 noch die friedliche Wiedergewinnung von Jerusalem; er fiel sogar mit seinen Soldaten in Sizilien ein, als sich Friedrich im Heiligen Land aufhielt, und brach damit ein Tabu – ein Kreuzfahrer durfte nach allgemeinem Konsens nicht angegriffen werden. Gregor band sich eng an die aufständischen Lombarden aus Furcht, Friedrich erstrebe die Herrschaft über ganz Italien. Nach Friedrichs zweiter Exkommunikation entbrannte zwischen den beiden eine ungeheure Propagandaschlacht, in der sich beide gegenseitig beschimpften.

Der Habsburger

RUDOLF I.

1218–1291

RUDOLF I.

Rudolf wird am
1. 5. 1218 auf
Burg Limburg
am Kaiserstuhl
geboren.

Die Grabplatte im Dom zu Speyer zeigt König Rudolf lebensgroß in
Stein gemeißelt. Sein Gesicht scheint so lebendig, dass man versucht
ist, seine Falten zu zählen. Ein humorvolles Gesicht hat er, markant
und würdevoll, aber nicht unnahbar, alt, doch voller Lebenskraft.
Die lange hagere Gestalt in dem wallenden Umhang passt zu den
volkstümlichen Geschichten, die über ihn kursierten. Uneitel sei er
gewesen und volksnah – anders als der glanzvolle, charismatische
Stauferkaiser Friedrich II., an dessen Hof in Faenza sich der junge
Graf Rudolf dennoch gern aufgehalten hatte. Auch als Friedrich von
Papst Innozenz IV. abgesetzt und gebannt worden war, hatte Rudolf
weiter zu den Staufern gehalten, zu Friedrichs Sohn Konrad IV. in
Deutschland, dann zu seinem Enkel Konradin. Rudolf war zeitweilig
sogar selbst gebannt worden von den Päpsten als Parteigänger der
Staufer, und trotzdem hatte er seinen Besitz stetig erweitern können.

1254
Tod Konrads IV. /
Beginn des
Interregnums

Seit dem Tod Konrads 1254 gab es für 20 Jahre keinen römischen König, der in Deutschland Einfluss gehabt hätte. Die von
den Staufern geschaffene Ordnung brach zusammen. In dieser Zeit
ohne zentrale Macht, dem »Interregnum«, konnte sich natürlich
die regionale Macht der Landesfürsten stärker ausbilden. Sie bereicherten sich vor allem sehr großzügig am Reichsgut. Die vorherge-
henden Kaiser hatten größere Ländereien und Städte, die dem Reich
gehörten, einem Verwalter, einem Vogt, unterstellt, der sich um die
Finanzen und das Recht vor Ort kümmern sollte, solange König
oder Kaiser nicht anwesend waren. Nun wurde dieses Reichsgut in
großen Teilen von den Landesfürsten übernommen.

Seit 1243
betreibt Rudolf
die Erweiterung
seines Besitzes.

Rudolf machte es wie alle anderen: Er besetzte Vogteien und
Reichsstädte, an denen er eigentlich keine Rechte hatte, und über-
führte sie in seinen Privatbesitz. In den 40er-Jahren des Jahrhun-
derts begann er eine Fehde um die Vogteirechte der beiden reichen
Klöster Stein am Rhein und Sankt Blasien im Schwarzwald, an deren
Ende sein Gegner vermutlich in seinem Auftrag ermordet wurde.
Bald darauf hatte er sich noch von König Konrad diese Vogteirech-
te über St. Blasien und weitere Gebiete im Schwarzwald bestätigen

lassen. 1261 besetzte er die Reichsstädte Colmar, Kaisersberg und Mühlhausen, wenige Jahre später den Thurgau, Zürichgau und Sankt Gallen. Die Beteiligten protestierten vergebens. Anfang der Siebzigerjahre schließlich besetzte Rudolf Rheinfelden und Breisach. Dazu hatte er sich die Burg Ortenberg gebaut, aber dennoch: Im Vergleich zu den Reichsfürsten blieben Rudolfs Besitztümer bescheiden. Er war kein Reichsfürst, sondern nur ein Graf, wenn auch im Norden der Schweiz der mächtigste. Trotzdem war er wohl selbst erstaunt, als er 1273 von den Kurfürsten zum König gewählt

1273
Wahl und
Krönung
zum König

wurde, und das im vorgerückten Alter von 55 Jahren – im Mittelalter eine Seltenheit.

Vermutlich war er genau deswegen gewählt worden: Er besaß verhältnismäßig wenig Mittel und schien nur noch wenig Lebenszeit vor sich zu haben. Also mussten die Reichsfürsten keine übertriebene Stärkung der Zentralmacht von ihm befürchten oder gar ihre unrechtmäßig erworbenen Reichsgüter wieder hergeben.

In beiden Punkten aber hat man sich bei seiner Wahl geirrt: Das Vermögen reichte, um seine Interessen durchzusetzen, und er regierte noch 18 Jahre, genauso lange und energisch wie viele junge Männer vor ihm. Außerdem hatte er eine geschickte Art, um Unterstützung zu werben, und band besonders die Kurfürsten auf allen Reichstagen in seine Entscheidungen mit ein. Er warb auch in anderer Weise um sie. Was er an Kapital nicht besaß, besaß er an Kinderreichtum mit Königin Anna, einer Gräfin Hohenberg aus dem Elsass, mit der er bereits seit 20 Jahren verheiratet war und die ihm 1271 mit 46 Jahren gerade das neunte lebende Kind geboren hatte. Auch das für das Mittelalter ganz außergewöhnlich. Diese Art von Reichtum setzte Rudolf geschickt ein, indem er schon am Tag seiner Wahl allen weltlichen Kurfürsten eine seiner Töchter zur Heirat anbot.

Tochter Mathilde heiratete noch im selben Jahr den Pfalzgrafen bei Rhein, Agnes den Kurfürsten von Sachsen, Hedwig wenig später den Kurfürsten von Brandenburg, Guta noch später den

Thronfolger Wenzel von Böhmen. Rudolfs Söhne heirateten eine Tirolerin, eine Böhmin, und der dritte war mit einer englischen Prinzessin verlobt. Damit hatte Rudolf sich sehr schnell mit ganz Mitteleuropa verschwägert. Und noch 100 Jahre später waren alle weltlichen Kurfürsten Nachfahren von Rudolf und Anna.

Auch nach der Königswahl setzte Rudolf die zielstrebige Territorialpolitik fort, die er jahrzehntelang als Graf von Habsburg praktiziert hatte. Und es widersprach sich nicht, dass er gleich nach seinem Regierungsbeginn den Grundsatz verkündete, dass alles Reichsgut, das Kaiser Friedrich II. vor seiner Absetzung 1245 innegehabt hatte, zurückzustellen sei. Der Verwalter und jetzige Inhaber alles Reichsguts war der römische König, also Rudolf selbst. So konnte es ihn auch nicht schmerzen, die von ihm vor 17 Jahren besetzten elsässischen Reichsstädte Colmar, Kaisersberg und Mühlhausen beispielhaft wieder freizugeben, da sie faktisch in seiner Zuständigkeit blieben.

Rudolfs Unterstützung im Reich war durchaus groß; nur einer weigerte sich über drei Jahre hinweg, ihn als obersten Herren anzuerkennen: Ottokar II., der König von Böhmen, der selbst gerne römischer König geworden wäre. Gerade an ihn aber richtete sich die Forderung, unrechtmäßig erworbenen Besitz zurückzugeben. Ganz besonders Ottokar hatte es nämlich mit den Herzogtümern Österreich, Steiermark, Kärnten und den Markgrafschaften Krain, Friaul sowie der Windischen Mark in großem Maßstab so gehalten wie Rudolf mit seinen kleineren Erwerbungen: Ottokar hatte die Herzogtümer einfach besetzt und gegen andere Ansprüche auch militärisch schon verteidigt. Als König von Böhmen bemühte er sich um die Schaffung eines größeren zusammenhängenden Herrschaftsgebietes. Doch die Stimmung war gegen ihn, er war wohl zu selbstherrlich aufgetreten, zu mächtig geworden.

Auf einem Hoftag zu Nürnberg beschlossen die anwesenden Fürsten zweierlei: dass Ottokar, erstens, die auf zweifelhafte Weise erworbenen österreichischen Reichsgebiete an den römischen König herausgeben solle, und dass er, zweitens, wenn er nicht endlich selbst auf einem der Hoftage erscheine und den neuen König Rudolf anerkenne, seine übrigen Reichslehen, das heißt die Stammländer Böhmen und Mähren, riskiere.

Doch Ottokar dachte gar nicht daran, Rudolf anzuerkennen. Daraufhin sprach ihm Rudolf jeglichen Besitz ab und verhängte über ihn die Reichsacht. Das hätte nun keinerlei Folgen gehabt, wenn Rudolf nicht bereit gewesen wäre, den Prozess durch die militärische Entscheidung auf dem Schlachtfeld zu Ende zu führen. Im Sommer 1276 erschien Rudolf mit seinen Verbündeten plötzlich vor Wien und zwang Ottokar, sich ihm zu unterwerfen und die Herzogtümer zurückzugeben. Dafür belehnte er ihn, das heißt, er ließ ihm Böhmen und Mähren.

1276
Unterwerfung Ottokars II. von Böhmen, der Rudolf nicht anerkannt hatte

Das ließ Ottokar sich nicht gefallen und marschierte 1278 nun seinerseits gegen Wien und traf nach wochenlangem Hin und Her am 26. August auf das vereinigte Heer Rudolfs und des ungarischen Königs bei Dürnkrut. Diese Schlacht gilt als eine der größten Schlachten des Mittelalters. Auf der Seite Rudolfs waren es rund 4500 Ritter zu Pferde, auf der Seite Ottokars etwa 6000. Rudolf war also im Nachteil, bereitete aber eine List vor: 60 Ritter versteckte er in einem Weingarten, um sie im entscheidenden Moment hervorbrechen zu lassen, und sein stärkstes Kontingent an schweren Rittern sollte sich außerhalb der Sichtweite der Böhmen aufstellen. Fast scheiterte die List an der Weigerung der Ritter, denn im 13. Jahrhundert galt eine List im Kampf noch als unehrenhaft und unchristlich. Erst nach langem Drängen fand sich einer bereit, die Führung der versteckten Reserve zu übernehmen, freilich erst, nachdem er sich zuvor bei all seinen Kampfgefährten höchstpersönlich für sein unehrenhaftes Verhalten entschuldigt hatte.

1278
Schlacht bei Dürnkrut, zweiter und endgültiger Sieg über Ottokar

Als beide Hauptheere aufeinanderprallten, war schnell klar, dass Ottokars schwer gepanzerte Ritter zunächst bei Weitem überlegen waren. Fast war die Schlacht beendet, als der bereits 60-jährige Rudolf zu Boden stürzte, weil sein Pferd von einer Lanze durchbohrt war. Aber ein Kampfgefährte rettete ihn, der Kampf ging weiter, und je länger er dauerte, desto besser wurde Rudolfs Position. Nach drei Stunden waren die böhmischen Ritter in den schweren Panzern am Ende ihrer Kraft; immerhin war Hochsommer, viele lagen mit Kreislaufversagen bereits am Boden oder standen wehr- und hilflos am Rand. Als nun die versteckten 60 Reiter eingriffen, flüchteten sie, wenn sie überhaupt noch konnten, in Panik, ertranken in der March oder wurden erschlagen, so auch der böhmische König Ottokar selbst, der die Schlacht nicht überlebte.

Um alle Zweifel an seinem Sieg im Keim zu ersticken, ließ Rudolf I. den Leichnam des erschlagenen Rivalen 30 Wochen in Wien zur Schau stellen. In dieser Zeit begann der Habsburger bereits, sein Reich zu ordnen und die Basis für ein künftiges Imperium zu schaffen. Dabei ging er diplomatisch behutsam vor, versicherte, die Besiegten schonen zu wollen und den Kindern des gefallenen Königs Zuflucht zu gewähren. Seinen Sohn verheiratete er mit der Tochter von Ottokar.

Aus dem Reichsgebiet machte Rudolf also, genau wie Ottokar es zuvor getan hatte, innerhalb von nur sechs Jahren Privatgebiet. Doch ging er wohl geschickter vor; jedenfalls stimmten die Wiener Bürger und die Adligen zu, als Rudolf auf dem Reichstag zu Augsburg am 17. Dezember 1282 seine beiden Söhne Albrecht I. und Rudolf II. offiziell mit den Herzogtümern belehnte und sie in den Fürstenstand erhob. Seit 1278 urkunden die Habsburger in Wien, und für die nächsten 640 Jahre sollten sie ihre Vormachtstellung in Österreich bewahren können.

So erfolgreich Rudolf in Österreich war, sein Versuch, sich auf ähnliche Weise in den nächsten Jahren Schwaben einzuverleiben, schlug fehl. Er ernannte zwar seinen Sohn Rudolf zum Herzog von Schwaben, aber die schwäbischen Großen, allen voran die Württemberger, hatten sich zuvor schon am Reichs- und Herzogsgut bedient. Auch in Burgund versuchte Rudolf vergeblich, mehr Einfluss zu bekommen.

Neben dem Erwerb einer eigenen großen Hausmacht war es sein zweites großes Ziel, den Landfrieden wieder zu festigen. Er tat es regional abgestimmt mit den einzelnen Fürsten, indem er Landfriedensordnungen erließ und sich darum bemühte, sie auch durchzusetzen. So in Thüringen, wo er 1289/90 in kurzer Zeit 66 Raubburgen zerstören und allein an einem Tag im Dezember 1289 29 Raubritter vor den Toren Erfurts enthaupten ließ. Damit aktivierte er die im Interregnum, der kaiserlosen Zeit, schon weitgehend aufgegebene königliche Friedensgewalt wieder grundsätzlich. Auf dem Hoftag zu Würzburg 1287 hatte er bereits den Reichslandfrieden nach dem staufischen Vorbild von 1235 für das gesamte Reich erneuert. Danach war es den Landesherren zwar unbenommen, Verbesserungen des Landfriedens selbst vorzunehmen, aber das königliche Landfriedensgebot bildete dazu sozusagen den äußeren Rahmen.

1287
Erneuerung des Reichslandfriedens

Ein politisches Ziel hat Rudolf trotz großer Anstrengung nie erreicht: die Kaiserkrönung in Rom. Ein Dutzend Termine waren schon festgelegt worden, dreimal sogar ein bestimmter Tag für die Kaiserkrönung. Am Ende sind sie alle geplatzt.

Als Rudolf sein Ende nahen fühlte, soll er sich von seinem Hof verabschiedet haben und mit wenigen Getreuen nach Speyer geritten sein, wo er am folgenden Tag starb. Denn er wollte im Dom von Speyer begraben sein, »wo mehr meiner Vorfahren sind, die auch Könige waren«.

1291
Tod in Speyer

Was bleibt?

Unter dem Vorwand, Reichsgut zurückzufordern, hatte Rudolf von Habsburg für sich und seine Familie die Herzogtümer Österreich, Steiermark und Kärnten gewonnen. Ende des 13. Jahrhunderts waren fast alle Reichsvogteien und Ländereien in das Privateigentum der örtlichen Fürsten übergegangen. Dieser Prozess begann wohl während des Interregnums und setzte sich danach fort, weil alle ein Interesse daran hatten. Die Reste veräußerte später Rudolfs Nachfahre Karl IV., um seine Stellung in Böhmen auszubauen. Insgesamt schwächte das die Position der deutschen Könige und Kaiser, weil sie von nun an auf einen großen eigenen Besitz angewiesen waren, um sich durchzusetzen. Die Habsburger aber waren damit in einer guten Ausgangslage zur Ausübung des kaiserlichen Amtes. Sie haben sie in den folgenden Jahrhunderten weidlich genutzt.

Literatur   Nüchtern, ausführlich und gründlich: Karl-Friedrich Krieger, DIE HABSBURGER IM MITTELALTER. VON RUDOLF I. BIS FRIEDRICH III. 2. Auflage Stuttgart 2004.

Museen/Erinnerungsorte   Rudolfs Residenz Ortenberg thront auch als Ruine weithin sichtbar am Ostrand der Vogesen und heißt heute: Château de l'Ortenbourg; begraben ist er im Dom zu Speyer.

Zeitgenossen

Ottokar II. König von Böhmen seit 1253 (um 1232–1278)

Bemächtigte sich in den 50- und 60er-Jahren des Jahrhunderts Österreichs, das seit dem Aussterben der Babenberger (1246) umstritten und von Friedrich II. unter Reichsverwaltung gestellt worden war. Auf zwei Kreuzfahrten unterstützte er den Deutschen Orden bei seiner Expansion nach Osten. Königsberg wurde 1255 in seinem Beisein gegründet und nach ihm benannt, wie er auch in Österreich viele Städte gründete. In Litauen wollte er eine eigene Herrschaft gründen. So reichte sein Machtbereich von der Adria bis an die Ostsee, weswegen er als mächtigster Reichsfürst Rudolf I. 1273 nach seiner Wahl die Huldigung verweigerte. Er verweigerte auch die Herausgabe der eigenmächtig besetzten Reichslehen und starb schließlich im Kampf gegen Rudolf.

Der Luxemburger

KARL IV.

1316–1378

KARL IV.

Wenzel,
später Karl,
wird am
14. 5. 1316
in Prag geboren.

Als sein Vater ihn 1320 von seiner Mutter trennte, soll der 4-Jährige so geweint haben, dass der Vater ihn wochenlang in ein Kellerloch sperren ließ, um, wie es heißt, seinen Trotz zu brechen. Damals wurde er noch Wenzel gerufen und wuchs als ältester Sohn des böhmischen Königs Johann in Prag auf. Seine Mutter Elisabeth hat er nie wiedergesehen, später aber lag ihm gerade das böhmische, mütterliche Erbe besonders am Herzen. Immer wieder sollte er nach Prag zurückkehren.

Doch zunächst war seine Kindheit von einer weiteren Trennung gezeichnet: Mit sieben Jahren wurde er vom Vater ins weit entfernte Paris geschickt zu dessen Schwester Maria, die mit dem französischen König Karl IV. verheiratet war. Schon Wenzels Vater Johann und sein Großvater Heinrich VII. waren in Paris aufgewachsen und hingen am Pariser Hof. Johann hatte sich als König in Böhmen nie heimisch gefühlt, sondern war dort immer der »König Fremdling« geblieben. Er hätte es gerne gegen ein westliches Königreich eingetauscht, aber das hatte seine böhmische Frau verhindert. Jedes Jahr floh er wenigstens einmal nach Paris zu den Festen und Turnieren, an denen er begeistert teilnahm. Von Prag nach Paris waren es immerhin 1500 Kilometer; um zu Pferd dorthin zu kommen, brauchte er wenigstens 50 Tage. Nun lernte auch Wenzel den Pariser Hof kennen.

1223–1330
Karl wird am Hof
des französischen
Königs umfassend
ausgebildet.

Es müssen anregende Jahre für ihn gewesen sein. Kurz nach der Ankunft wurde er, jetzt 7-jährig, mit der 6-jährigen Blanca von Valois verheiratet, die auch am französischen Hof aufwuchs. Wenzel führte in Paris einen eigenen Haushalt. Tante und Onkel mochten ihn gerne, sie ließen ihn sogar Schreiben und Lesen lernen, obwohl sie es selbst nicht konnten, und der Onkel Karl IV. gab Wenzel bei der Erstkommunion seinen eigenen Namen: Wenzel hieß von nun an Karl. Doch Tante und Onkel starben früh, sie, als er zehn, der Onkel, als er zwölf war. Viel von einer Kindheit hat Karls Leben von da an sicher nicht mehr gehabt.

1329
Heirat mit
Blanca von Valois

Bei einer Fastenpredigt hörte er zum ersten Mal den Abt Petrus Rogerii von Fécamp, dessen Worte den 12-jährigen Karl so anrührten, dass er ihn sich als geistlichen Lehrer wählte. Da bewies er früh Menschenkenntnis, denn Abt Petrus wurde schon bald Erzbischof, dann Kardinal und darauf sogar als Clemens VI. Papst. Ihm sollte Karl später seine Königswahl verdanken.

Das sehr junge Paar Karl und Blanca zog für ein Jahr an den Hof des eigentlichen Stammlandes Luxemburg und trennte sich dann für mehrere Jahre, denn Karl folgte mit 14 dem Vater, der ihn zu Hilfe rief, nach Italien. Italien hatte für alle Zeitgenossen einen

1331
Italienreise mit dem Vater

großen Klang, für Karl aber ganz besonders. Es lockte nicht nur mit dem Reichtum seiner Städte, seiner Kultur und Größe, sondern vor allem auch mit zwei Kronen, der der Langobarden und der Kaiserkrone des Heiligen Römischen Reiches. Rom war Sitz des Papstes, nach Rom mussten alle deutschen Könige, wollten sie vom Papst zum Kaiser gekrönt werden. Karls Großvater Heinrich VII. war in Italien von den Dichtern als Friedensfürst und Weltherrscher besungen und sehnsüchtig erwartet worden. Der Papst hatte Heinrich zum Kaiser gekrönt, aber dann waren ihm die Intrigen und Kämpfe der italienischen Städte zum Verhängnis geworden. Karls Großeltern lagen beide in Italien begraben, sein Vater Johann strebte dort vergeblich nach Einfluss, obwohl er als König von Böhmen dort wirklich nichts zu suchen hatte – und nun kam Karl nach Italien. Auch er wäre dort fast gestorben.

Am Morgen nach seiner Ankunft in Pavia ging Karl zur Messe, ohne gefrühstückt zu haben. Als er zurückkam, fand er sein Gefolge vom Frühstück vergiftet und sterbend vor. Der Gottesdienst hatte Karl gerettet. Er zog aus diesem Erlebnis den Schluss, dass er in seiner Frömmigkeit von Gott auserwählt war, weiterzuleben und zu herrschen. In Lucca ließ er ein Kastell errichten, dem er den Namen Karlsberg gab. In Böhmen sollte er noch vier weitere Karlsburgen erbauen. Die siegreichen Kaiser vor ihm, einschließlich seines Großvaters, kannten solchen Namenskult nicht. Hier trat einer mit großem Selbstbewusstsein auf und einem noch größeren Anspruch auf Macht und Ruhm.

Das ritterliche Abenteuer in Italien mussten Vater und Sohn dann allerdings bald als völlig aussichtslos abbrechen. Als der Vater Karl anschließend mit der Markgrafschaft Mähren belehnte, kehrte Karl an die Orte seiner frühen Kindheit zurück. Prag wollte er zum eigentlichen Zentrum seines Lebens machen, aus der verfallenen Burg mit ihren Lehmbauten sollte eine prachtvolle Königsstadt werden. Dabei half ihm sein alter Pariser Lehrer, der inzwischen Papst geworden war. Der nämlich ernannte Prag zum Erzbistum. Das schloss auch das Recht ein, aus Prag einen zentralen Ort religiöser Verehrung zu machen. Dieses Ziel hatte Karl wohl schon länger verfolgt und auf seinen Reisen eifrig Reliquien von Heiligen gesammelt.

1333
Rückkehr nach
Böhmen

Innerhalb kürzester Zeit legte Karl nun die verfallene Burganlage neu an, warb Handwerker vor allem in Deutschland, ließ einen neuen Dom bauen, den Veitsdom, wo er auch seine Ahnen bestatten wollte. Und vor allem gründete er 1348 die Prager Universität. Auch seine Frau durfte Karl nun endlich wiedersehen; er ließ Blanca nach Prag kommen. Karl hatte sich inzwischen von einem Kind zu einem ruhelosen, nervösen jungen Mann entwickelt. Es heißt, er pflegte bei Empfängen an den Vortragenden schweigend und unbewegten Gesichtes vorbeizublicken und mit den Händen kleine Stöckchen zu zerstückeln. Klug, weltgewandt und vornehm sei sein Auftreten aber durchaus gewesen. Jedenfalls gewann er in Prag viele Sympathien und wurde schnell wieder heimisch. Er lernte Tschechisch und stellte es viel geschickter an als sein Vater, der immer ein Fremder geblieben war. Auch Blanca blieb nichts anderes übrig, als sich rasch in die neue Umgebung einzugewöhnen. Schon nach einem Monat schickte Karl das luxemburgische Gefolge seiner Frau wieder nach Hause. Er stellte stattdessen Einheimische an, vergab Wappenbriefe, führte eine literarisch anspruchsvolle Kanzlei, die europaweit korrespondierte und für ihn dreimal mehr Urkunden anfertigte als im gleichen Zeitraum für seinen Vater.

1348
Gründung der
Prager
Universität

Ein Leben lang hatte der Vater sich vergeblich um die römisch-deutsche Königskrone bemüht. Auch Karl hatte den Ehrgeiz, König zu werden, deswegen durfte er nicht in Prag hocken bleiben.

Vater und Sohn zog es nach dem missglückten Italienabenteuer nun nach Osten und Norden nach Brandenburg, Preußen und hoch bis Litauen, immer mit dem Ziel, die Macht ihrer Familie des Hauses Luxemburg auszubauen.

Um König zu werden, musste er sich allerdings auch mehr im Westen des Reiches sehen lassen. Nun war es ja nicht so, als hätte es nicht schon einen König und Kaiser in Deutschland gegeben. Der hieß Ludwig IV., stammte aus der Familie der bayerischen Wittelsbacher und war der ewige Gegner von Karls Vater. Trotzdem gelang es Karl mit vielen finanziellen Versprechen, sich am 11. Juli 1346 in Rhens von den Kurfürsten zum römischen König wählen zu lassen, zum Gegenkönig sozusagen. Er hatte dabei einen großen Vorteil: Einer seiner Onkel war der Erzbischof von Trier, Balduin, ein sehr einflussreicher Mann, der geschickteste Finanzjongleur seiner Zeit, der auch zu den Wählern, zum Kurfürstenkolleg, gehörte. Ihm verdankte Karl hauptsächlich, dass er zum Gegenkönig gewählt wurde, und dann natürlich der Tatsache, dass Papst Clemens VI. seinen ehemaligen Zögling unterstützte. Die meisten Städte und Fürsten im Reich hielten zum Kaiser Ludwig. Weder Aachen noch Köln waren bereit, Karl zu krönen, da ließ er sich am falschen Ort, nämlich im Münster von Bonn, krönen und nannte sich Römischer König, obwohl nur der sächsische Kurfürst und die geistlichen Kurfürsten und einige Bischöfe teilnahmen. Anschließend musste Karl sich verkleidet durchschlagen nach Prag.

Nun gab es zwei Könige, und es war keineswegs sicher, ob Karl sich gegen Ludwig IV. durchsetzen würde, der immerhin seit 30 Jahren regierte. Seit 20 Jahren allerdings war er schon beim Papst in Ungnade gefallen.

Karls Vater Johann war mittlerweile erblindet, und Karl übernahm mehr und mehr auch die Aufgaben des böhmischen Königs. Doch als Karls Schwager, der französische König, um Hilfe rief gegen die Engländer, da eilten Johann und Karl wieder nach Frankreich. In der Schlacht von Crécy kämpften sie beide. Karl zog sich früh verletzt zurück. Sein blinder Vater Johann aber weigerte sich

1346
*Wahl zum
Gegenkönig*

1346
*Schlacht
von Crécy*

trotzig, das Schlachtfeld zu räumen, und wurde, an Ketten zwischen seine getreuesten Gefolgsleute gebunden, erschlagen. Das Geld für die Beisetzung des Vaters in Luxemburg musste Karl sich leihen, obwohl er nun nicht nur Markgraf von Mähren und gewählter römischer König, sondern auch böhmischer König war und der Papst ihm bestätigte, dass er sich Hoffnung machen konnte, wie sein Großvater Kaiser zu werden. Er bereitete sich auf eine große kriegerische Auseinandersetzung mit Ludwig IV. vor, da erreichte ihn die frohe Botschaft, dass sein Gegenspieler am 11. Oktober 1347 bei der Bärenjagd einen tödlichen Herzanfall erlitten hatte. Karl sah sich

1347
Tod Ludwigs IV.

wieder einmal in der Gewissheit bestätigt, durch Gottes unmittelbare Fügung errettet und erhöht zu sein.

Zwar hinterließ Ludwig sechs Söhne, die sich Hoffnung auf seine Nachfolge gemacht hatten, aber erst einmal war Karl der einzige gewählte römisch-deutsche König. Jetzt hätte er nach Rom reiten können, um Kaiser zu werden. Aber ausgerechnet in den Jahren 1348 und 1349 zog eine Pestwelle durch Europa, wie es vorher keine

1348/49
Pestwelle in Europa

gegeben hatte. Ganze Dörfer und Städte starben aus, Millionen von Menschen, etwa ein Drittel der Bevölkerung, fielen ihr zum Opfer. An eine Reise nach Rom war nicht zu denken.

Es war die größte soziale und wirtschaftliche Krise des Spätmittelalters. Und wie immer in Krisenzeiten ging sie einher mit Aufständen, Unruhen und Lynchmorden. Es traf vor allem die Juden. Karl kam seiner Aufgabe, die Juden zu schützen, nur in seinem eigenen Königreich nach. Ja, er ging sogar so weit, jüdisches Eigentum im Falle von Aufständen im Vorhinein zu verschachern – ein düsteres Kapitel seiner Regentschaft.

Karl blieb in Prag und war dort, als seine Frau Blanca starb.

1348
Tod Blancas

Ein Jahr später starb auch ihre gemeinsame 14-jährige Tochter Margarethe, die Karl bereits mit 11 Jahren mit dem ungarischen König verheiratet hatte. Karl heiratete so schnell wie möglich wie-

1349
Heirat mit Anna von der Pfalz

der, ausgerechnet eine Wittelsbacherin: Anna von der Pfalz. Damit verband er sich geschickt mit der gegnerischen Familie. Sie gebar ihm auch endlich 1350 den lang ersehnten Thronfolger, den er nach sich selbst hoffnungsfroh Wenzel taufte. Doch Wenzel wurde nur ein Jahr alt, und Anna starb kurz danach. Nun war er wieder ohne Frau und Nachfolger. Das war zu viel für ihn. Karl erkrankte an einem Nervenleiden, das ihn für mehrere Jahre lähmte. Er war an einem Tiefpunkt angekommen. Zwei Frauen tot, er lag krank und nahezu gelähmt im Bett. Als Reichsvikar regierte für ihn sein Onkel Balduin, in der europäischen Politik war er einflusslos geworden, weil er nicht anwesend war, zu wenig Geld hatte und noch keinen Nachfolger gezeugt. In dieser Zeit schrieb er vermutlich seine Autobiografie über seine Jugendjahre.

1350/51
Geburt und Tod des ersten Sohnes Wenzel / Tod Annas / Karl IV. wird darauf schwer krank.

Und 1353 war er plötzlich wieder da. Einmal umritt er sein Reich, zeigte sich und heiratete mit 37 Jahren die 14-jährige Anna von Schweidnitz, die ihm Schlesien mit in die Ehe brachte. Sie gebar fünf Jahre später eine Tochter, die sie nach seiner Mutter Elisabeth benannten, und noch einen Wenzel, nun endlich, der leben blieb und später auch wirklich Karls Nachfolger wurde. Aber auch diese dritte Frau an seiner Seite wurde nicht alt. Mit 23 Jahren starb sie. Und nun heiratete Karl, 47-jährig, noch ein letztes Mal, eine 16-Jährige, Elisabeth von Pommern, die Pommern als Mitgift mitbrachte. Sie sollte ihm die Menge an Kindern gebären, die er sich immer gewünscht hatte. Von ihren sechs Kindern wurden immerhin vier erwachsen.

1353
Heirat mit Anna von Schweidnitz

1361
Geburt des zweiten Sohnes Wenzel

1362/63
Tod Annas / Heirat mit Elisabeth von Pommern, Mutter u. a. von Sigismund
(1368)

An der Wahl seiner Frauen zeigt sich auch, wie Karl sein Reich ausbauen wollte: Er orientierte sich immer weiter nach Osten, nach der Französin kam die Pfälzerin, danach die Schlesierin, dann die Pommerin. Sie erweiterten mit ihren Mitgiften die böhmische Hausmacht.

Während Karls Lähmung war ein Italiener an seinem Bett erschienen, ein Abenteurer und Humanist, der es sich zum Ziel gemacht hatte, Roms antike Größe wiederherzustellen. Er hatte als Volkstribun Rom bereits aufgewiegelt und sich nun in Prag in Sicherheit gebracht: Cola di Rienzo. Er redete auf Karl in drei langen Audienzen ein, es sei nun endlich an der Zeit, nach Italien zu ziehen und sich zum Kaiser krönen zu lassen. Der nüchterne Karl

hielt wohl nichts von übertriebener Schwärmerei und setzte Cola
di Rienzo erst hinter Gitter, dann schickte er ihn zu seinem päpstlichen Freund nach Avignon. Doch starb der bald. Der neue Papst
Innozenz VI. war entschlossen, den päpstlichen Sitz von Avignon
wieder nach Rom zurückzuverlegen und der dort herrschenden
Anarchie ein Ende zu machen; er schickte Cola di Rienzo in diesem
Auftrag nach Rom, und Rienzo wurde dort im Sommer 1354 ermordet. Italien und Rom insbesondere waren ein gefährliches Pflaster.
Wohlweislich nur einen Tag hielt Karl sich ein Jahr später dort auf,
um die Kaiserkrone zu empfangen, nicht etwa vom Papst selbst, der

1355
*Kaiserkrönung
in Rom*

sich gar nicht zu erscheinen traute, sondern von einem Legaten –
nur einen Tag, aber dann konnte er sich tatsächlich Kaiser nennen
wie sein Großvater.

Von Pisa aus, wo der Großvater begraben lag, schrieb Karl
einen geradezu triumphalen Brief an seinen Kollegen in Byzanz, den
oströmischen Kaiser Johannes Paläologos, seinen »lieben Freund
und Bruder«, berief sich auf kaiserliche Gemeinsamkeiten und wies
darauf hin, dass er Teile Italiens, Galliens und Germaniens und andere Lande mit *absoluta potentia,* absoluter Macht, beherrsche und
deswegen am Ostertag die Krone empfangen habe. Von absoluter
Macht konnte natürlich nicht entfernt die Rede sein. Karl war ein
Meister darin, seine Macht zu inszenieren.

Obwohl die Kaiserkrone ihm außer einem Prestigegewinn
kaum etwas einbrachte, im Gegenteil ungeheuer teuer mithilfe
Nürnberger Kaufleute erkauft war, stellte er seinen Italienzug wie
einen Siegeszug dar. Er sandte Reliquien nach Böhmen, unter anderem Überreste des heiligen Veit, dem ja der Prager Dom geweiht
war. Da pries er in einem Schreiben die Gegenwart und das Land
Böhmen selig, weil es diese Gnadengeschenke erhalten habe und
weil es fortan an seinem Königshof das *imperium orbis terrae,* also die
kaiserliche Vorherrschaft, beherberge. Bis vor die Tore der Stadt sollten die Prager den Überresten ihres Heiligen entgegenziehen und
jubeln.

Auch die Wendung *imperium orbis terrae* war eine großartige Übertreibung. Tatsächlich hatte Karl noch nicht einmal die Macht, in seinem eigenen Königreich Böhmen eine Verschriftlichung des Rechts durchzusetzen und damit die Rechte seiner adligen Standesgenossen einzuschränken. Sein böhmischer Gesetzesversuch nannte sich die *Majestas Carolina*, und Karl bemühte sich, sie mit dem Schwung der neuen Kaiserwürde wenige Monate nach seiner Krönung durchzusetzen. Zusammenfassen kann man sein Ziel wohl unter dem Aspekt der Sicherung des Erreichten, denn er versuchte darin festzulegen, dass der Kern seines Besitzes als Kern der böhmischen Landesmacht nie wieder verkauft oder anderweitig veräußert werden dürfe, sondern immer als Ganzes erhalten bleiben solle. Außerdem bemühte er sich, den Landfrieden für seine Schützlinge herzustellen, indem er unter anderem den Adligen verbieten wollte, Untertanen körperlich zu versehren, ihnen die Nasen abzuschneiden oder sie zu blenden. Karl wollte die Adligen in den Landesdienst eingliedern, aber das ließen sie nicht mit sich machen. Zwar besaß er nun eine Kaiserkrone, aber letztlich war er einer von ihnen; entmachten ließen sie sich nicht so einfach, und Karl musste alle Gesetzesentwürfe verbrennen.

Mit seinem Anliegen, auf Reichsebene das Recht festzuhalten und für seine Söhne Wenzel oder Sigismund die Nachfolge zu erleichtern, hatte er mehr Erfolg. 1356 bei einem großen Reichstag in Nürnberg, wo er sich als Kaiser feiern ließ, stimmten die Fürsten des Reiches der »Goldenen Bulle« zu. Sie legte fest, was sich schon seit

1356
Goldene Bulle

den Staufern eingebürgert hatte: Sieben Kurfürsten und nicht mehr Fürsten des Reichs, wie es ursprünglich gewesen war, wählten den römisch-deutschen König. Das waren die drei geistlichen Kurfürsten: die Bischöfe von Trier, Mainz und Köln, und dann die vier weltlichen Fürsten: der Kurfürst von der Pfalz, der Kurfürst von Sachsen, der von Brandenburg – und der böhmische König selbst hatte auch eine Stimme. Er durfte auch, zum Zeichen, dass er als König höher stand als alle anderen, während der Versammlung seine Krone tragen; auch dieses Recht ist ihm in der Goldenen Bulle verbürgt.

Diese Bulle erscheint überhaupt sehr auf die Bedürfnisse des böhmischen Königs ausgerichtet. Es ist schon auffällig, dass Karl mit allen weltlichen Kurfürsten eng verwandt war; sie waren alle Enkel und Urenkel von Rudolf I., und keiner seiner Widersacher aus der Familie der Wittelsbacher bekam im Kurfürstenkolleg ein Mitspracherecht. Auffällig ist auch, wie Karl sich in den ihm verbliebenen Lebensjahren darum bemühte, seine Macht auch auf die Mark Brandenburg auszudehnen, um eine zweite Kurstimme zu erhalten. Es gelang ihm 1373 gegen Zahlung von 500 000 Gulden, das Kurfürstentum Brandenburg wie auch die Niederlausitz mit dem Königreich Böhmen »auf ewig« zu verbinden. Da er ja sein eigenes Land nicht verpfänden wollte, war er sehr freigiebig im Ausgeben von Reichsmitteln, sodass er das Reichsgut nahezu auflöste.

1373
Karl erwirbt das Kurfürstentum Brandenburg.

Interessant ist allerdings an der Goldenen Bulle noch etwas anderes, nämlich gerade das, was an ihr fehlte: Die Rolle des Papstes bei der Königswahl wurde nicht einmal erwähnt, obwohl es bisher selbstverständlich gewesen war, dass der neue König erst sein Amt richtig antreten konnte, wenn die Wahl vom Papst bestätigt war. Die päpstliche Approbation hatte man stillschweigend weggelassen und damit deutlich gezeigt, dass sich der Schwerpunkt der Macht im Reich hin zu den Fürsten verlagert hatte.

Es gelang Karl tatsächlich, seinen ältesten Sohn Wenzel, der bereits seit 1363 König von Böhmen war, noch zu seinen Lebzeiten am 10. Juni 1376 zum römisch-deutschen König mitzuwählen.

1376
Wahl und Krönung Wenzels zum römisch-deutschen König

Karl stirbt am 29. 11. 1378 in Prag. Er liegt im von ihm erbauten Veitsdom begraben.

Natürlich musste er die Stimmen der anderen Kurfürsten wieder mit hohen Geldsummen aus Reichsmitteln erkaufen. Doch der Sohn kam menschlich nie aus dem Schatten des Vaters heraus. Er erwies sich als absolut ungeeignet und wurde am 20. August 1400 als »unnützer, träger, unachtsamer Entgliederer und unwürdiger Inhaber des Reichs« einfach abgesetzt. Auch sein tüchtiger Bruder Sigismund starb ohne männlichen Erben. Und so fiel durch dessen Tochter Elisabeth am Ende das luxemburgische Erbe als Mitgift den Habsburgern zu.

Was bleibt?

Karl IV. hat das Reichsgebiet nach Osten erweitert, hat die Aufmerksamkeit auf Prag gelenkt und dort architektonisch und kulturell und mit der Universität auch wissenschaftlich ein unvergängliches Zentrum Mitteleuropas geschaffen. Er hat die slawische Sprache mit ihrer eigenen Liturgie als Teil des christlichen Europas gefördert. Er hat die Städte in ihrer Entwicklung vorangebracht, denn er hat mit ihrer finanziellen Hilfe seine Politik betrieben. Sie bekamen Handelsprivilegien, er vergab auch Privilegien an die Hanse und andere Städtebünde, die zu seiner Zeit ihren Höhepunkt erlebten. Die Nürnberger Reichstreue war sogar so groß, dass der letzte Luxemburger die Reichskleinodien zur Aufbewahrung der Stadt übergab, die sie bis in die napoleonischen Kriege hütete.

Die Hausmacht der Luxemburger, das heißt die Verbindung von Böhmen, Mähren, Schlesien und der Lausitz, blieb seit 1526 über drei-, vier- oder gar fünfhundert Jahre hin in den Händen der Habsburger. Die eigene Hausmacht wurde mit Karl IV. geradezu das Regierungsprogramm der römisch-deutschen Könige.

Literatur   Sehr ausführlich, wissenschaftlich und in allen Bereichen erschöpfend, aber etwas kompliziert: Ferdinand Seibt, KARL IV. EIN KAISER IN EUROPA. 1346 BIS 1378. München 1994.   Auch anregend, ausführlich und etwas leichter zu lesen: Jörg Hoensch, DIE LUXEMBURGER. EINE SPÄTMITTELALTERLICHE DYNASTIE GESAMTEUROPÄISCHER BEDEUTUNG 1308–1437. Stuttgart 2000.

Museen/Erinnerungsorte   Karl IV. hat vor fast 700 Jahren Prag zu dem gemacht, was es heute noch ist: Er hat den Veitsdom bauen lassen, die Universität gegründet, die Prager Burganlage entwickelt. In den Museen auf der Prager Burg, dem Palais Lobkowitz und dem Nationalmuseum finden sich bis hin zu Kleidungsstücken auch Andenken an den Kaiser und seine Angehörigen.

Zeitgenossen

Johann von Luxemburg, später genannt der Blinde Vater Karls IV., König von Böhmen, Markgraf von Mähren, Graf von Luxemburg (1296–1346)

Er war der Sohn Kaiser Heinrichs VII. und Margaretes von Brabant und wuchs am französischen Hof in Paris auf. 1310 heiratete Johann Elisabeth, die Tochter des Böhmenkönigs Wenzel II., wobei er das Königreich seiner Gemahlin als Lehen erhielt. Sechs Jahre später kam in Prag sein Sohn Karl IV. zur Welt. Johann war ein leidenschaftlicher Turnierritter, erblindete jedoch 1340 vollständig. Trotzdem nahm er 1346 an der Schlacht von Crécy teil, in der er fiel.

Ludwig IV., der Bayer Deutscher Kaiser von 1328–1347 (1282–1347)

Nach dem plötzlichen Tod Heinrichs VII. 1313 entschloss sich das Haus Luxemburg, nicht Heinrichs jungen Sohn Johann zur Kaiserwahl aufzustellen, sondern den Wittelsbacher Ludwig zu unterstützen, der bei der Wahl gegen den Habsburger Friedrich gewann. Doch erst der Sieg in der Schlacht von Mühldorf über die Habsburger im Jahr 1322 sicherte Ludwigs Herrschaft ab. Der zunehmende Konflikt mit Papst Johannes XXII. führte 1324 zu seinem Kirchenbann. Auch im Reich sank die Unterstützung für Ludwig IV. stetig, bis 1346 mit Karl IV. ein Gegenkönig gewählt wurde. Ludwig wollte seinen Thron nicht kampflos räumen, erlitt aber 1347 einen tödlichen Schlaganfall.

Blanca Margarete von Valois Erste Frau Karls IV. (1317–1348)

Die jüngste Tochter des Grafen von Valois wuchs am französischen Hof auf und stand unter der Aufsicht der Frau des französischen Königs Karl IV. Nach dessen Tod folgte Blanca Margaretes Bruder Philipp auf den Thron, wodurch ihr großes Ansehen noch gesteigert wurde.

Anna von der Pfalz Zweite Frau Karls IV. (1329–1353)

Die als sehr schön bezeichnete Anna stammte aus Bayern und war die Tochter des Wittelsbachers Rudolf II. Die Heirat mit Anna 1349 war ein kluger Schritt Karls, da er die Front der Wittelsbacher spaltete, die nach dem Tod Ludwigs IV. mit Günther von Schwarzburg bereits einen Gegenkönig aufgestellt hatten.

Anna von Schweidnitz Dritte Frau Karls IV. (1339–1362)

Die Tochter des Herzogs von Schweidnitz wurde bereits im Alter von 11 Jahren mit dem 11 Monate alten Sohn Kaiser Karls IV. verlobt. Nach dem plötzlichen Tod seiner Frau und seines kleinen Sohnes übernahm Karl IV. selbst die Rolle des Bräutigams und heiratete 1353 Anna, die ihm zwei Kinder schenkte, darunter den lang ersehnten Thronfolger Wenzel.

Elisabeth von Pommern Vierte Frau Karls IV. (1347–1393)

Die Tochter des Herzogs von Pommern und der polnischen Prinzessin Elisabeth war die letzte Frau Kaiser Karls IV. Elisabeth gebar sechs Kinder, darunter vier Söhne, und war bekannt für ihre körperliche Kraft. 1368 wurde sie in Rom zur Kaiserin gekrönt und förderte vor allem ihren erstgeborenen Sohn, den späteren Kaiser Sigismund, welchen sie mit der ungarischen Prinzessin Maria verheiratete. 1393 wurde Elisabeth neben ihrem Mann im Veitsdom beigesetzt.

Rudolf IV. von Österreich Herzog (1339–1365)

Er war der erste Habsburger, der in Österreich geboren wurde. 1353 heiratete er Katharina, die Tochter Kaiser Karls IV. Im Wettstreit mit seinem Schwiegervater begann Rudolf 1359 mit der Grundsteinlegung des Stefansdoms und gründete 1365 die Universität in Wien. Gräfin Margarete von Tirol überließ ihm 1363 in einem Verzichtsvertrag die Herrschaft über ihr Land. Ein Jahr später vereinbarte Kaiser Karl IV. mit Rudolf einen Erbvertrag auf Wechselseitigkeit, wobei beim Erlöschen eines Adelsgeschlechts die überlebende Familie erbberechtigt wäre. Mit dem Aussterben der Luxemburger 1437 wurden Ungarn und Böhmen den Habsburgern zugesprochen.

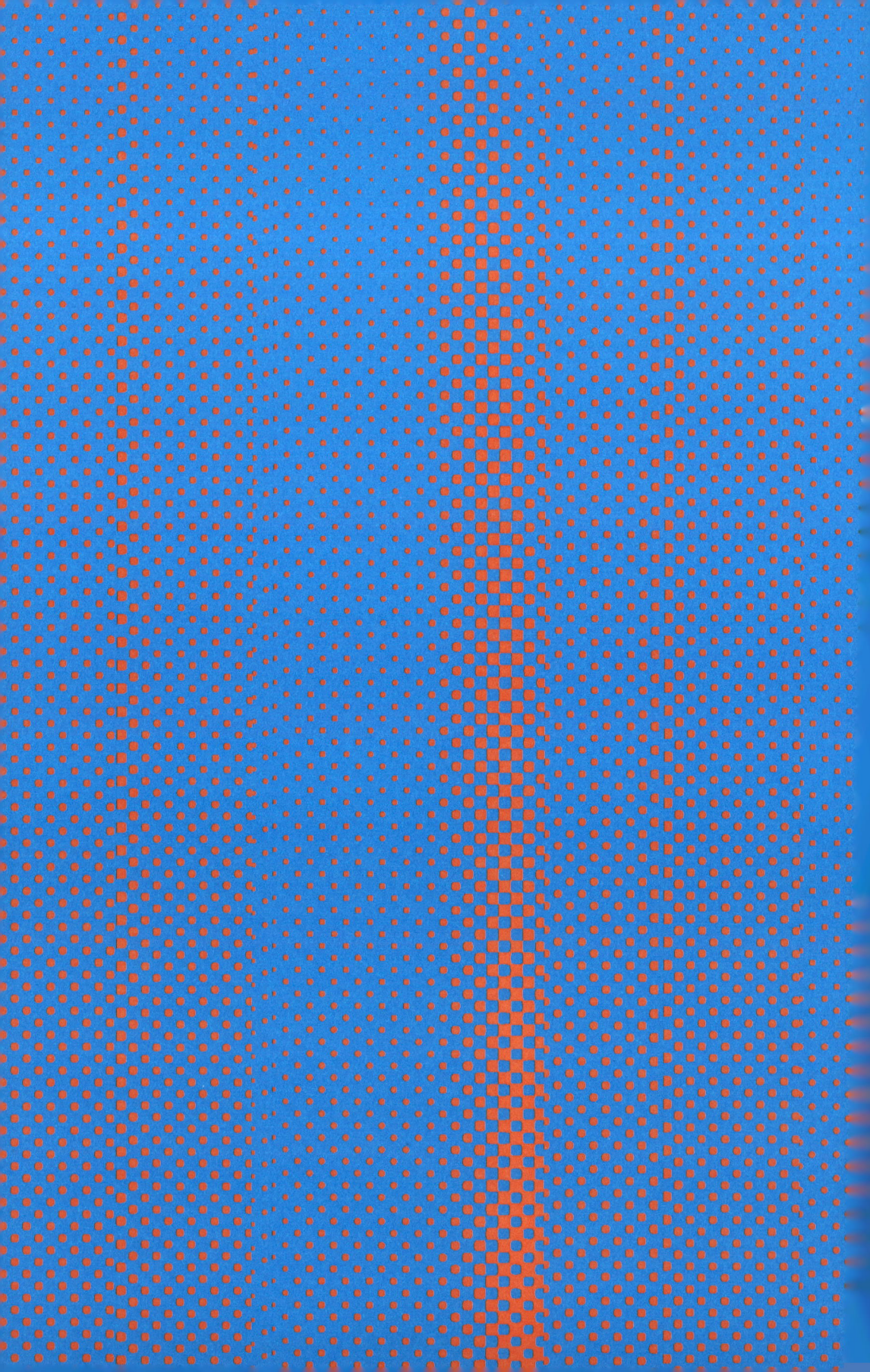

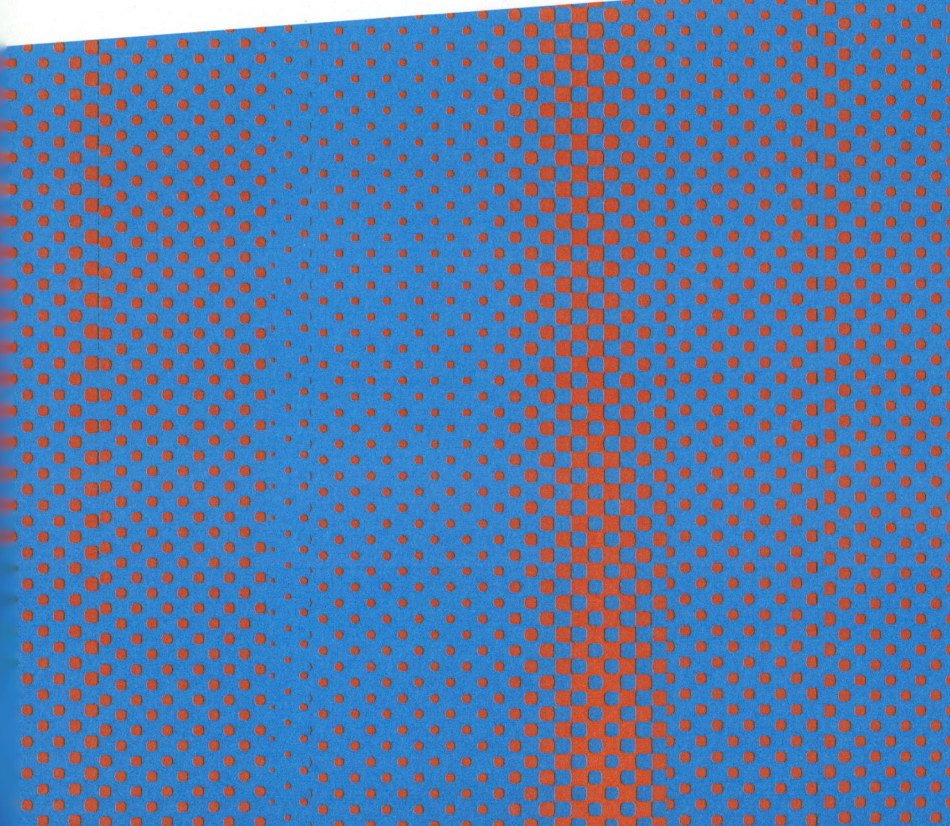

III. DIE REFORMATION
und die
RELIGIONS-
KRIEGE

VON DER RENAISSANCE ZUM STREIT DER RELIGIONEN

Kaum etwas hat Europa so verändert wie die Erfindung des Buchdrucks. Seit 1458 gab es Druckereien in Straßburg, 1467 ließen sich deutsche Drucker auch in Rom nieder. Bis zum Ende des Jahrhunderts wurden in Europa mehr als 1000 Druckereien gegründet, die über 35 000 Schriftstücke druckten.

Eine junge Generation wuchs heran, die Bücher nicht mehr selbst abschreiben oder für horrendes Geld erwerben musste. Ihr Ehrgeiz wurde es, die Schriften griechischer und römischer Philosophen aufzufinden, sie in eine verständliche Sprache, also ins Lateinische, manchmal auch ins Deutsche, zu übersetzen und sie durch den Druck und die Verbreitung überall bekannt zu machen. Durch das, was sie dort lasen, wurden religiöse Themen zurückgedrängt, und neben Gott stellten sie den Menschen und seine Fähigkeit, die Welt zu gestalten, in den Mittelpunkt ihrer Studien. Sie hoben das Irdische neben das Göttliche. Irdisch heißt lateinisch *humanus,* daher nannten sie sich die Humanisten. Ein Humanist wiederum war einer, der als Lehrer, Wissenschaftler oder Berater eines Fürsten seine Bildung für praktische Aufgaben nutzte und in die Welt trug.

Mit dem Humanismus entdeckten sie auch sich selbst als ein Wesen, das sich formt und sein Leben bewusst gestaltet. Es ist kein Zufall, dass in dieser Zeit zahlreiche autobiografische Schriften entstanden. Die eigenen weltlichen Erlebnisse wurden auf einmal für so wertvoll gehalten, dass man sie aufschrieb. Das hat es vorher kaum gegeben. Im 14. und beginnenden 15. Jahrhundert schrieb man, wenn überhaupt, über den schwierigen, entbehrungsreichen Weg, den man gegangen war, um geläutert zu werden und sich in wunderbarer Ekstase mit Gott zu vereinen. Die Mystiker erzählten von religiös-geheimnisvollen Erlebnissen. Nicht der Mensch stand bei ihnen im Mittelpunkt, sondern Gott; nicht das Leben, sondern der Glaube. Das änderte sich jetzt. Selbst der Kaiser schrieb über seine Jugend und seine Erlebnisse als junger Ritter.

Indem im Beginn des 16. Jahrhunderts der humanistisch ge-bildete, seine Antworten in den Büchern suchende, grüblerische Mensch zum Ideal der gelehrten Welt erhoben wurde, setzte nun auch wieder eine starke individuelle Beschäftigung mit religiösen Themen ein. Viele suchten einen ganz eigenen Zugang zu Gott. Durch den Buchdruck wurden nicht nur die Gedanken der römi-schen und griechischen Philosophen vielen zugänglich, sondern auch religiöse Schriften – die Bibel zuvorderst, sie war das erste ge-druckte Buch, aber auch Schriften der Heiligen.

Die Entdeckung der Individualität im Humanismus führte zu einem breiteren Nachdenken über die christliche Religion und auch über die Form, den diese Religion in der zeitgenössischen Kir-che fand. Das ist ein wichtiger Grund, warum Martin Luther mit seinen Thesen über die Ablasspraxis der katholischen Kirche so viel Aufsehen erregen konnte. Es gab viele, die sich Gedanken über Re-ligion und Kirche machten, und er sprach ihnen aus dem Herzen.

Die Humanisten, sosehr sie von den heidnischen philosophi-schen Schriften beeinflusst waren, waren dennoch tief christlich re-ligiös. Ziel und Streben des guten Lebens blieb es noch lange Zeit, im Einklang mit Gott zu leben. Man suchte nur nach neuen Wegen. Es wurde eine Beweisführung zugunsten des Echten, Unverfälsch-ten daraus entwickelt gegenüber dem sittlich Bedenklichen und dogmatisch Erstarrten, wie es sich für die Zeitgenossen im Ablass-wesen und im Auftreten der Renaissancepäpste zeigte.

Das Wort Reformation meint den religiösen und kirchlichen Wandlungsprozess des 16. Jahrhunderts, der in Deutschland im Herbst 1517 ausgelöst wurde durch die Thesen Martin Luthers ge-gen den Ablasshandel. Das lateinische Verb *reformare* heißt nicht nur verändern, sondern auch rückverwandeln in einen ursprünglichen, besseren Zustand – das umschreibt gut, was die Reformatoren an-strebten. Luther wollte nicht die katholische Kirche in Deutsch-land zerstören; er wollte sie verändern, reformieren, zurückführen zum Wesentlichen. Dieses Vorhaben endete mit einer Spaltung der christlichen Kirche in eine katholische und eine evangelische Richtung. Die Frage, welcher Religion man war, wurde eine Frage auf Leben und Tod und teilte das Land, wie es heute kaum noch vorstellbar ist.

Überall in Mitteldeutschland brachen nun auch soziale Unruhen aus. Schon im 15. Jahrhundert hatten Bauern vereinzelt gegen die Ausbeutung ihrer Arbeitskraft aufbegehrt; jetzt bedienten sie sich in den sogenannten Bauernkriegen auch der neuen gedanklichen Freiheit und forderten die Befreiung von Abgaben und eigene Rechte. Luther, der sich erst bemühte zu vermitteln, rief schließlich sogar zum Niederschlagen der Bauern auf. Zehntausende wurden 1525 getötet oder anders zum Schweigen gebracht. Ihre Lebensbedingungen wurden schlechter als je zuvor. Die Niederlage war so verheerend, dass die Bauern teilweise noch bis ins 19. Jahrhundert hinein Unfreie blieben und ausgebeutet wurden.

Das Einzige, was Luther selbst änderte, war die Praxis des Gottesdienstes. Das aber hatte weitreichende Wirkung: Die Messe wurde nun auf der Grundlage der Lutherbibel deutsch gelesen und damit für viele zum ersten Mal verständlich; aus den Kirchen wurden alle Heiligenbilder entfernt; die Festtage der Heiligen mit all ihren Umzügen, Heiltumsweisungen und Extraablässen wurden abgeschafft; die Klöster wurden weitestgehend aufgelöst und ihr Besitz auf die Landesherren verteilt; nicht einige wenige sollten zum Beten für die Allgemeinheit abgestellt werden, sondern ein jeder sollte für sich Gebete und gottesfürchtiges Leben in seinem Alltag umsetzen.

Mit diesen scheinbar nebensächlichen Änderungen ging ein Abrücken und eine Distanz zu Kaiser und Reich einher. Die Kurfürsten nutzten die Gelegenheit, mit der Kritik am Papst und einem eigenen religiösen Weg nun auch von lästigen Verpflichtungen abzurücken und sich vom damaligen Kaiser Karl V. nicht mehr in die Einheit des Reiches hineindrängen zu lassen. Äußerlich betrachtet hatte das eine verheerende Wirkung in Deutschland: Innerhalb weniger Jahre breitete sich das Luthertum vor allem im Norden und Osten Deutschlands und dann weiter in Livland, Schweden, Finnland, Dänemark und Norwegen aus. Einige deutsche Länder wie Bayern oder Baden und vor allem natürlich der Kaiser blieben aber katholisch. Das hat zu einer fatalen Spaltung des Landes geführt, deren Spannungen sich 100 Jahre später in einem der grausamsten und längsten Kriege der frühen Neuzeit entluden: dem Dreißigjährigen Krieg, für den so unstete Lebensläufe wie die eines Albrecht von Wallenstein typisch wurden.

Weiterhin schwächte das Luthertum die Stellung des deutschen Kaisers als Institution, denn die mittelalterliche Vorstellung von Kaiser und Papst war die eines komplementären von Gott eingesetzten Duos, das heißt der Kaiser sollte die weltliche Macht, der Papst die geistliche besitzen, beides von Gott gewollt. Papst- und Kaisertum waren zwei sich gegenseitig stabilisierende Systeme. Wenn man eine Macht infrage stellte, wankte auch die andere. Mit der Einführung der Reformation verlor Karl V. endgültig die Macht, sich gegen die erstarkenden Landesherren durchzusetzen. Diesen wiederum war die Reformation ein willkommener Anlass, sich selbstständig zu machen. Der Zerfall des Reiches in unzählige kleine deutsche Einzelstaaten, wie sie das Bild Deutschlands 200 Jahre später prägen sollten, war hier angelegt.

Der Reformator

MARTIN LUTHER

1483–1546

MARTIN LUTHER

Martin Luther hat sich zeitlebens vor dem Teufel gefürchtet. Für ihn und seine Zeitgenossen gehörten Teufel, Hexen, Dämonen wie Mückenschwärme zum täglichen Leben. Nach dem Tod erwarteten sie alle Sünder mit Qualen, die jeder sich gut ausmalen konnte in einer Zeit, in der Zähne ohne Betäubung herausgebrochen wurden. Von der Kanzel in den Kirchen wurde bei jedem Unwetter gegen Hexen geeifert.

Auch Luther, der den Papst als die höchste geistige Autorität seiner Zeit angezweifelt hat, hat die Existenz des Teufels und der Hexen nie infrage gestellt; seine lebenslange Suche nach der Gnade Gottes war auch eine Flucht vor den teuflischen Kräften. Deswegen stand hinter seinem politischen Ringen auch das bitterernste Ringen um sein Seelenheil.

Martin Luther wird am 10. 11. 1483 in Eisleben geboren.

Er muss die Furcht vor Dämonen schon in seiner Kindheit mitbekommen haben. Sein Vater Hans Luder hatte einen gefährlichen Beruf. Er schürfte in einem Schacht am Südrand des Harzes nach Kupfer, wurde später Teilhaber kleinerer Schächte, Besitzer eines eigenen Hauses und sogar Ratsherr in Mansfeld. Er erkannte früh den wachen Verstand seines Sohnes Martin. Der sollte es einmal besser haben, er sollte Jurist werden, ein hoher Berater, einer, der nicht mehr körperlich arbeiten musste. Dafür ließ er schon den 5-Jährigen auf dem Rücken eines Verwandten Tag für Tag in die weit entfernte Lateinschule tragen, weil das Kind noch zu klein war, den Weg allein zu laufen. Er scheute keine Ausgaben, und er scheute auch keinen Druck. Erziehung war in erster Linie Prügel – für eine geklaute Nuss genauso wie für ein deutsches Wort in der Lateinschule.

1501–1505 Studium der Rechte in Erfurt

Noch nicht lange studierte Martin die Rechte, da wurde er mit 21 Jahren auf einem Feld beinahe von einem Blitz erschlagen. Er rief die heilige Anna an, ihm zu helfen – und gelobte ein Mönch zu werden, wenn er das Unwetter überlebte. Einige Tage später klopfte er an die Klosterpforte der Augustinereremiten in Erfurt.

1505 Eintritt ins »Schwarze Kloster«

Seine Eltern waren entsetzt. Statt eines Juristen hatten sie nun einen Mönch zum Sohn in schwarzer Kutte, die Haare zur runden Tonsur geschnitten, der ein Leben nach strengen Regeln in einer ungeheizten Zelle führte mit nächtlichem Chorgebet und 100 Fastentagen im Jahr. Luther nahm seine Entscheidung ernst, bitterernst, quälte sich mit täglichen Bußübungen auf der Suche nach einem gnädigen Gott und auf der Suche nach einem Mittel gegen den Teufel und seine Versuchungen. Die Ordensregeln übte er so vorbildlich streng aus, dass er schon nach anderthalb Jahren zum Priester geweiht wurde. Aber Luther fürchtete immer noch in

1507
Priesterweihe

seiner Reue über seine Vergehen und in seiner Liebe zu Gott nicht zu genügen und die ewige Verdammnis auf sich zu ziehen. Sein Beichtvater Johann von Staupitz empfahl ihm daher ein Theologiestudium in Wittenberg, wo Staupitz selbst der Gründungsdekan der theologischen Fakultät war. Wittenberg war ein winziges Nest, aber die Universität war jung und aufstrebend.

Erst vor sechs Jahren hatte der sächsische Kurfürst Friedrich der Weise diese Universität gegründet. Seit vier Jahren gab es das »Schwarze Kloster« der Augustinereremiten. Drei Jahre bevor Luther dort eintrat, war Lucas Cranach als Hofmaler in Wittenberg angestellt worden. Diese beiden, sein Landesherr Friedrich der Weise und Lukas Cranach, sollten bald für die Verbreitung von Luthers Ideen sehr wichtig werden.

Aber zunächst studierte Luther, lernte Griechisch und Hebrä

1508
Beginn des Theologiestudiums in Wittenberg

isch, las die Bibel und lehrte Bibelkunde. Als er 1510 von seinem Orden nach Rom gesandt wurde, bemühte er sich, auch dort Sündenvergebung zu erlangen, rutschte die Heilige Treppe am Lateran hinauf und nahm an allen vorgeschriebenen Bußübungen teil. Bald

1510
Romreise

wurde Luther Doktor der Theologie und Nachfolger von Staupitz' in Wittenberg; er hatte als Distriktvikar die Aufsicht über elf sächsi

1512
Promotion

sche Klöster, predigte jeden Tag, hielt Vorlesungen, aber noch immer quälte ihn seine Angst vor dem strengen, strafenden Gott.

Eines Tages kam ihm plötzlich die Einsicht aus allen Ängsten und Grübeleien: Er konnte sich noch so sehr anstrengen, er konnte Gottes Gnade gar nicht verdienen, sie war ein Geschenk. *Sola gratia!*

Sola fide! Allein durch den Glauben kam er, kam jeder Gläubige in den Genuss von Gottes Gnade. Befreit fühlte sich Luther und signalisierte seine innere Wandlung nun auch äußerlich, indem er seinen Nachnamen von Luder zu Luther änderte – nach dem griechischen Wort *eleutheros* für »Befreiter«. Allerdings war Luthers Einsicht das glatte Gegenteil dessen, was Tag für Tag von den Kanzeln gepredigt wurde. Die Kirche verstand sich als Vermittler der Gnade Gottes an den Menschen. Das hieß damals konkret: Sie nahm viel Geld dafür, im Namen Gottes Sünden zu vergeben. Jeder Gläubige sollte sich selber um die Zeit kümmern, die er nach dem Tod im Fegefeuer leiden musste. Nach der gängigen Lehre konnte er diese Qualen mildern, wenn er zum Beispiel Reliquien sammelte.

1517
Änderung des Nachnamens als Ausdruck der Wandlung

Friedrich der Weise etwa hatte in der Wittenberger Schlosskirche 19 013 Reliquien gesammelt, die genau 1 902 202 Jahre und 270 Tage Sündenablass wert waren. Ein Dorn aus der Krone von Christus und Holzsplitter von seiner Krippe waren darunter. Die Ablasspraxis, die eigentlich dazu dienen sollte, die Menschen zu Einsicht und Gebet anzuhalten, wurde in dieser Zeit von vielen in der Kirche zu einer Einnahmequelle verdreht. Manche trieben es gar zu toll. Ganz in der Nähe von Wittenberg stellte sich zum Beispiel ein Dominikanermönch namens Tetzel mit einem Pferdewagen voller Ablassbriefe auf alle Marktplätze und versprach jedem, er könne sich nicht nur von den eigenen Sünden freikaufen, sondern auch die Seelen der toten Verwandten befreien. Man konnte gar Ablassbriefe auf Vorrat erwerben und dann wie Wertpapiere weiterverkaufen. Das waren korrupte Methoden.

Luther formulierte seine Beobachtungen und Einsichten lateinisch in 95 provozierenden Thesen. Er soll sie, wie es für universitäre Thesen üblich war, am 31. Oktober 1517 an die Kirchentür der Wittenberger Schlosskirche genagelt haben. Aber das hätte höchstens an der Universität Aufsehen erregt. Er sandte seine Thesen an den Erzbischof von Mainz, der schickte sie etwas verlegen weiter an den Papst. Richtig bekannt wurden sie erst, als die Drucker sie in die Hände bekamen und in Form von Plakaten und Flugblättern überall

1517
Veröffentlichung der 95 Thesen

verteilten. Damit verließen die Thesen sozusagen die akademische Diskussion und verbreiteten sich wie ein Lauffeuer. Schon acht Wochen später kursierte in Nürnberg eine deutsche Übersetzung.

Die Voraussetzung dafür war die Erfindung des Schriftdrucks 60 Jahre zuvor. Mehr als 1000 Druckereien waren seitdem europaweit gegründet worden; Werke von römischen und griechischen Philosophen, aber auch religiöse Schriften, voran die Bibel, waren erstmals bezahlbar und frei zugängig. Es war eine, wenn auch kleine, gebildete Schicht entstanden, meist Bürgersöhne, die in Italien studiert hatten, lateinkundig und wohlhabend waren. Sie beschäftigten sich mit der antiken Vergangenheit, waren tief religiös und besannen sich auch auf die Anfänge des Christentums. Luther war nicht der Einzige, der die gängige religiöse Praxis kritisierte. Er spitzte nur zu, dachte konsequent zu Ende und pflegte eine ausgeprägte Lust an der Provokation; er selbst bezeichnete das als »Tapferkeit« und »standhaften Sinn«, der römischen Kirche »frei und getrost« zu begegnen.

In seinen 95 Thesen sammelte er alle Argumente gegen das Ablasswesen und erklärte: »In Ewigkeit werden diejenigen mit ihren Lehrern verdammt werden, die glauben, dass ihnen aufgrund der Ablassbriefe ihr Heil sicher ist.« Er griff zwar nicht den Papst direkt an, sondern allein die Praxis der Kirche. Doch wusste jeder, dass er das quasi weltumfassende, geschlossene Herrschaftssystem meinte, an dessen Spitze der Papst stand. Er kritisierte damit nicht das Leben der Nonnen und Mönche, das wie sein eigenes oft eines der persönlichen Armut, Bescheidenheit und Integrität war, sondern das der oberen Etagen der kirchlichen Hierarchie. Die Landesbischöfe hielten Hof wie die örtlichen Fürsten, finanzierten sich und prunkvolle Bauten durch die Ablässe, und das Papsttum in Rom zu dieser Zeit war schamlos machtlüstern.

In Luthers Leben hat es acht Päpste gegeben, von denen fünf in erster Linie daran interessiert waren, die Macht des Kirchenstaates auszubauen, um sich selbst und ihren Familien ein Denkmal zu setzen. Sie waren viel eher italienische Fürsten als geistiges Oberhaupt einer Kirche. Sie hielten sich weder an das Zölibat noch an das Gebot persönlicher Bescheidenheit. Sie hatten Kinder und Konkubinen und waren vor allem bemüht, diese gut mit Geld zu versorgen. »Da Gott Uns das Pontifikat verliehen hat, so lasst es Uns denn genießen«, war der Leitsatz ihrer Amtszeit. Rom galt als Sündenpfuhl und sechs der acht Päpste, munkelte man, seien vergiftet worden.

Besonders dreist war Julius II., der die über 1000 Jahre alte, ehrwürdige Peterskirche abreißen ließ und vom Geld der Ablässe einen Monumentalbau zu errichten begann, dessen Mittelpunkt sein eigenes Grab wurde. Sein Nachfolger Leo X. baute weiter und war genauso verstrickt in die italienische und europäische Politik. Sie reagierten nur verärgert auf das lästige »Mönchsgezänk«. Welche Autorität konnte ein wittenbergischer Augustinermönch namens Luther schon gegen den Pontifex Maximus ins Treffen führen?

Es war diese Art von römischer Arroganz und Selbstzufriedenheit, die mit dazu führte, dass Luther im deutschsprachigen Raum immer mehr Unterstützung erfuhr. Die Anhänger Luthers setzten einen deutlichen antirömischen, antipäpstlichen und nationalen Akzent. Sein Landesvater Friedrich der Weise zum Beispiel entdeckte für sich die Möglichkeit, sich in seiner Politik von Papst und Kaiser abzugrenzen und eigene Wege zu gehen, indem er Luther unterstützte. Er bestand darauf, dass Anhörungen von Luther nur auf deutschem Boden stattfanden. Und der Papst willigte ein, weil er die Unterstützung des sächsischen Kurfürsten bei der kommenden Kaiserwahl brauchte. Er überließ es freilich dem Dominikanermönch Dr. Eck, auf Luther zu reagieren. Doch statt zu diskutieren

1518/19
Auseinandersetzung und Disputation mit Eck

und die Bibel zu interpretieren, verwies Eck autoritär auf die Macht des Papstes. Der Papst habe den Ablass verfügt, unter anderen den Dominikanermönch Tetzel damit beauftragt, und also sei die ganze Sache rechtens, denn der Papst irre nie.

So wollte Luther sich nicht abspeisen lassen. Er wollte keine Hierarchie anerkennen, sondern widerlegt werden aus der Heiligen Schrift heraus. Luther weigerte sich, seine Thesen zu widerrufen. Da schickte die Kurie den italienischen Gelehrten Cajetan im Oktober

1518
»Verhör« Luthers
durch Cajetan

1518 nach Deutschland, er sollte Luther auf dem Reichstag in Augs-burg dazu bringen zu widerrufen. Cajetan ging sehr diplomatisch vor, aber seine Argumente waren die gleichen wie schon die Ecks: Der Papst steht über der Heiligen Schrift. Luther fand nicht, dass das aus der Bibel herauszulesen war, und weigerte sich zum zweiten Mal zu widerrufen, ehe er widerlegt sei. Die Heftigkeit und Kon-fliktbereitschaft lag in seiner Natur; Luther war nie bereit zu klei-nen versöhnlichen Gesten oder auch nur winzigster Nachgiebig-keit, die in Augsburg noch zu einer Entspannung hätten führen können. Stattdessen floh er in der Nacht aus Augsburg vor der dro-henden Verhaftung.

Man staunt, wie lange es nun dauerte, bis man in Rom er-neut reagierte. Das lag daran, dass nun Jahre eines Machtvakuums begannen. Kaiser Maximilan starb nach dem Augsburger Reichs-tag, und sein Nachfolger war noch nicht gewählt, der Papst aber mit dieser Wahl beschäftigt. Ungehindert konnte Luther in den nächsten zwei Jahren seine wichtigsten Schriften in Wittenberg ver-öffentlichen und mit seiner Eindringlichkeit und Schlagfertigkeit auch persönlich für sich werben. Luther hatte eine unvergleichlich derbe, direkte Art, die Dinge auf den Punkt zu bringen: »Da hätten sie doch gleich das Scheißen verbieten können«, war sein Kommen-tar zum Zölibat. Und er dachte nun weiter: Stand in der Heiligen Schrift etwa, dass der Papst allein recht hatte? Nein! Der Papst sei ja erst seit 400 Jahren Führer der Christenheit, so Luther. Stand da etwas von kirchlichen Gesetzbüchern und Regelwerken? Stand da etwas von Kirchenvätern und Konzilien? Nein! »Auch Konzile kön-nen irren.« Das waren ketzerische Gedanken.

1520 schoss Martin Luther seine Schriften im Dreimonatstakt in die Debatte. Obwohl seine Schriften heute schwer zu verstehen und kompliziert sind, traf er den Ton der Zeit. Der Mensch sei *simul iustus et peccator,* Gerechter und Sünder zugleich, verdammt und ge-segnet. Mühelos vereinigte Luther Widersprüche, ohne sie aufzu-lösen: Gute Werke etwa wären immer auch Sünden. Und Sünden könnten wiederum Waffen sein gegen die teuflische Macht. Gott, beharrte er, könne viel mehr als alle menschlichen Gedanken. Gott sei in jedem Körnchen ganz und gar und dennoch in allen und über allen und außer allen Kreaturen.

Im Sommer 1520 reagierte Papst Leo endlich, er schickte die Bannbulle *Exsurge Domine,* die 41 Sätze von Luther ohne weitere Begründung verdammte. Im Oktober widmete Luther dem Papst seine Schrift VON DER FREIHEIT EINES CHRISTENMENSCHEN und appellierte an ein neues Konzil zur Reform der Kirche. »Ein Christenmensch ist ein freier Herr über alle Ding und niemand untertan«, schrieb er und griff damit jede Hierarchie an, um sich gleich aber auch wieder verwirrend unterzuordnen: »Ein Christenmensch ist ein dienstbar Knecht aller Ding und jedermann untertan.«

Am 10. Dezember 1520 dann vollzog Luther den Bruch mit der katholischen Kirche auf ungeheuerliche Weise: Auf die Verbrennung seiner Bücher hin, zog er vor das Wittenberger Elstertor und verbrannte dort nicht nur die Bannbulle, sondern auch das kirchliche Gesetzbuch. Daraufhin wurde er am 3. Januar 1521 exkommuniziert. Dies und seine reformatorischen Hauptschriften machten Luther nun im ganzen Reich bekannt. Bis zum Jahresende waren bereits 81 Einzelschriften und Schriftsammlungen von ihm erschienen, vielfach in andere Sprachen übersetzt, in insgesamt 653 Auflagen.

Kurfürst Friedrich der Weise erreichte durch zähes Verhandeln, dass Luther seine Position vor dem nächsten Reichstag auf deutschem Boden noch einmal erläutern und verteidigen durfte. Doch es dauerte bis 1521, also seit Luthers Thesenanschlag vier Jahre, bis Karl V. in Spanien gewählt war, bis er nach Deutschland gereist war und einen Reichstag zusammengerufen hatte, auf dem der Fall Luther behandelt werden sollte. Das heißt, Luther war eigentlich nur vorgeladen, um nun endlich das eine, entscheidende Wort zu sagen: REVOCO, ich widerrufe meine Schriften.

Und nun tat Luther nach einem Tag Bedenkzeit am 18. April 1521 das, was ihn unsterblich machen sollte: Wissend, dass es sein Tod sein konnte, widerrief er nicht. Er stand vor dem Kaiser und den deutschen Fürsten, sagte ihnen ins Gesicht, das Papsttum sei

1520
Bannbulle
Leos X.

Dezember 1520
Luther verbrennt
die Bannbulle.

Januar 1521
Exkommunikation

April 1521
Reichstag zu Worms,
auf dem Luther
nicht widerruft

eine »unglaubliche Tyrannei«, die auch Hab und Gut verschlungen habe, »ganz besonders in unserer hochberühmten deutschen Nation«, und endete mit dem berühmten Satz: »Widerrufen kann und will ich nichts, weil es weder sicher noch geraten ist, etwas gegen sein Gewissen zu tun. Gott helfe mir. Amen.«

Der Kaiser sprang auf, verließ empört den Raum, Luther eilte auch hinaus, freies Geleit war ihm zugesichert, und er hatte Glück, dass der Kaiser sein Wort hielt, obwohl er es sein Leben lang bereuen sollte, Luther in diesem Moment nicht umgebracht zu haben. Karl V. verhängte das Wormser Edikt über ihn, das es unter Berufung auf die Bannbulle des Papstes im gesamten Reich verbot, Luther zu unterstützen, zu beherbergen, seine Schriften zu lesen oder zu drucken. Vielmehr gebot es, ihn festzusetzen und dem Kaiser zu überstellen. Über Luther war die Reichsacht verhängt, er war nun »vogelfrei«.

Mai 1521
Wormser Edikt

Luthers Geschichte bekam damit einen abenteuerlichen Zug: Frei und trotzig stand er auf gegen die römische Kirche und den Kaiser, blieb auch unter Todesgefahr bei seiner Wahrheit, vom Papst exkommuniziert und vom Kaiser vogelfrei erklärt, sozusagen zum Abschuss freigegeben. Es ging nun auch weiter wie in einer Räubergeschichte.

Der Geächtete wurde am Abend des 4. Mai 1521 bei Bad Liebenstein von den Soldaten seines eigenen Landesherren heimlich entführt und auf der Eisenacher Wartburg festgesetzt, um ihn der Gefahr zu entziehen. Dort hielt sich Luther ein Jahr im Geheimen auf, ließ sich einen Bart wachsen, um nicht erkannt zu werden, und nannte sich der »Junker Jörg«.

Mai 1521
Beginn der Zeit auf
der Wartburg/
Übersetzung
zunächst des Neuen
Testaments

Hier saß er nun in einer Turmstube und war ohne jede Ablenkung wieder seinen Ängsten ausgesetzt. Nach dem Teufel an der Wand soll er ein Tintenfass geworfen haben. Nun hatte er Zeit und fing an, das Neue Testament in nur elf Wochen ins Deutsche zu übersetzen. Jeder sollte in der Lage sein, die göttlichen Worte zu verstehen. Er übersetzte sie in eine wunderbare, kraftvolle, klare deutsche Alltagssprache, wie sie unseren Wortschatz bis heute prägt.

Doch während Luther auf der Wartburg saß, trieben andere

die Reformation voran. Es berief sich nun jeder im Land, der eine Veränderung einführen wollte, ungehindert auf Luther. In Wittenberg predigte Karlstadt und radikalisierte Luthers Ideen. Die Kirchen wurden daraufhin gestürmt, die alten Altäre und Heiligenbilder in den Straßengraben geworfen. Mönche und Nonnen verließen freiwillig ihre Klöster oder wurden vertrieben; sie sollten sich selbst ihren Lebensunterhalt verdienen. Manche wollten einen strengen Gottesstaat errichten, wie es später in Münster geschah. Die deutschen Städte waren alle in Aufruhr von Stralsund im Norden bis nach Konstanz im Süden und Graz im Osten des Reiches.

Da hielt es Luther nicht mehr länger in seinem Versteck; auf eigene Gefahr kehrte er zurück nach Wittenberg, um zu predigen. Er versuchte richtigzustellen, wo er falsch verstanden worden war: »Macht mir kein Mußsein aus dem Freisein ... Die Freiheit des anderen ist auch meine Freiheit ... Predigen will ich's, sagen will ich's, schreiben will ich's. Aber zwingen und dringen mit Gewalt will ich niemand.« Die Liebe, nicht äußere Dinge seien entscheidend, Bilder seien nicht schädlich. Der katholische Gottesdienst wurde nur leicht verändert, vor allem predigte Luther deutsch. Luther wollte keinen Umbruch der bestehenden Ordnung, auch politisch nicht. Reformen hatten sich die Bauern aus Luthers Worten erträumt: »Ein Christenmensch ist ein freier Herr über alle Ding und niemand untertan.«

1524–1526
Bauernkriege
Luther entglitt die Initiative, als die Bauern die Aufhebung der Leibeigenschaft und demokratische Grundrechte forderten. Es war Thomas Müntzer, ein Schüler von Luther, der sie anleitete. Sie beriefen sich auf das »göttliche Recht« und Luthers Schriftprinzip *sola scriptura* – es zählt nur, was geschrieben steht. Wie er erklärten sie sich bereit, ihre Forderungen fallen zu lassen, sobald man ihnen aus der Bibel ihr Unrecht beweise.

Luther lehnte die unmittelbare Verwendung der Bibel für politische Zwecke ab. Trotzdem bemühte er sich im April 1525 in einer Flugschrift um eine gütliche Einigung und ein abgewogenes Urteil, griff einige berechtigte Forderungen der Bauern auf und wies sowohl sie als auch die Fürsten zurecht. Doch nachdem einige

Bauern einen Grafen und seine Begleiter ermordet hatten, verfasste er eine Schrift WIDER DIE MÖRDERISCHEN ROTTEN DER BAUERN. Sie verdammte die Aufstände als Werk des Teufels und forderte die Fürsten auf, die Bauern mit aller notwendigen Gewalt zu schlagen.

Bauern und Ritter gingen bei Bad Frankenhausen aufeinander los, 100 000 Bauern starben dabei, Thomas Müntzer wurde enthauptet. Die Bauernkriege waren ebenso eine ungewollte Folge von Luthers Gedanken wie 20 Jahre später kriegerische Auseinandersetzungen zwischen protestantischen Fürsten und den kaiserlichen Truppen Karls V. Luther selbst predigte und schrieb gegen die Bauern und gegen die Ritter, gegen die Gewalt im Land. Er kam zu einem Schluss, den man wohl demokratisch nennen musste: »Es wird noch dabei bleiben, dass dein und mein Sohn, das ist, gewöhnlicher Leute Kinder, werden müssen die Welt regieren.« Mit den Bauernkriegen von 1524 bis 1526 veränderte sich freilich erst einmal die öffentliche Meinung zu Luthers Ungunsten. Er war mehr und mehr abhängig von der Gunst seines Landesherrn. Doch auch der Nachfolger Friedrichs des Weisen, dessen Bruder Johann der Beständige, hielt zu Luther und wurde sogar Oberhaupt der evangelischen Kirche in seinem Land.

1525
Schlacht bei Frankenhausen/ Tod Thomas Müntzers

Luther heiratete in dieser Zeit eine dem Kloster entflohene Nonne, Katharina von Bora, eine tüchtige Frau, mit der er sechs Kinder bekam. Mit ihrer großen Familie füllten sie nun das alte Wittenberger Augustinerkloster, das Luther jetzt nicht mehr als Mönch bewohnte, denn es war aufgelöst. Er hatte sein Ordenshabit abgelegt. Die Familie Luther wurde Vorbild für all die vielen evangelischen Pfarrersfamilien, die in den folgenden Jahrhunderten bis heute ihre Gemeinden begleiten. Die Studenten pilgerten zu ihm, lebten dort auch in den alten Klosterräumen mit ihm und sicherten damit seine finanzielle Existenz.

1525
Luther heiratet Katharina von Bora.

Die Reformation, die Bewegung auf eine eigene Konfession, eine eigene Kirche hin nahm nun ihren Gang: 1529 fand der Reichstag zu Speyer statt, auf dem die evangelischen Fürsten und Reichsstädte gegen Luthers Ächtung und den Versuch des Kaisers und

1529
Reichstag zu Speyer

der katholischen Kirche protestierten, ihren Glauben zu unterdrücken – die Bezeichnung »Protestanten« stammt von daher. Für den Reichstag zu Augsburg im Jahr 1530 formulierte Melanchthon das AUGSBURGER BEKENNTNIS, in dem er die protestantische Glaubenslehre darstellte; Luther als immer noch Geächteter musste fernbleiben. 1531 kam es zur Gründung des Schmalkaldischen Bundes der protestantischen Fürsten, die 1546/47 im Schmalkaldischen Krieg gegen die kaiserlichen Truppen kämpften. – Über zwei Jahrzehnte sollte es dauern, bis es zu einer Friedensregelung zwischen den Religionen und ihren Anhängern kam: Im Augsburger Religionsfrieden von 1555 einigte man sich auf die berühmte Formel *Cuius regio, eius religio* – die Regentschaft entscheidet über die Religion.

Auf der Ebene der Kirchenarbeit selbst galt es in dieser Zeit, die neue Kirche in eine Form zu bringen, in der sie Jahrhunderte überdauern konnte. Überall wurden nun evangelische, von Martin Luther ausgebildete Prediger gebraucht. Er dozierte weiter an der Universität, brachte, nun unterstützt von Philipp Melanchthon, seine Bibelübersetzung zu Ende, verfasste den evangelischen Katechismus und schrieb ein Gesangbuch, dessen Lieder bis heute gesungen werden. Auch die bis heute gültige Form des evangelischen Gottesdienstes legte er fest.

So gut es ging, versuchte er immer wieder, den Aufruhr zu beschwichtigen, der überall im Land schwelte – und immer wieder fühlte er sich vom Teufel gepeinigt, gab sich die Schuld am Tod all der vielen Bauern und ihres Rädelsführers Thomas Müntzer. Noch in seiner Todesstunde, so wurde das Gerücht verbreitet, habe es ein Poltern und Rumoren gegeben, als wären Teufel und Hölle ineinander gefahren. Aber das stimmt nicht. Martin Luther ist friedlich gestorben an dem Ort, an dem er auch zur Welt gekommen ist, am 18. Februar 1546 in Eisleben.

1530
Augsburger
Bekenntnis

1531
Schmal-
kaldischer Bund

1546/47
Schmalkaldischer
Krieg

1555
Augsburger
Religionsfriede

1546
Tod in Eisleben

Was bleibt?

Als Luther starb, war ein großer Teil der deutschen Fürstentümer zum Protestantismus übergetreten. Nach langem Streit bis hin zu kriegerischen Auseinandersetzungen einigte man sich im Augsburger Religionsfrieden von 1555 auf den Grundsatz: *Cuius regio, eius religio*. – Wer regiert, bestimmt in seinem Land, was geglaubt wird. Die Spaltung der katholischen Kirche in eine protestantische und eine katholische Kirche hat den Kaiser enorm geschwächt, die kleinen Landesfürsten aber gestärkt. Sie haben von der Auflösung der Klöster profitiert und deren Reichtümer in ihre Herrschaft integriert. Statt die zentralistischen Bemühungen von Maximilian mit seiner Reichsreform oder Karl V. mit seinem universalen Anspruch weiterzuentwickeln, ging Deutschland andere, regionalistische Wege.

In den ersten Jahrhunderten nach der Reformation war es oft eine Frage auf Leben und Tod, welcher Religion man war. Die unterschiedlichen Religionen haben die deutschen Länder auseinandergetrieben. Auch die Mentalitäten haben sich unterschiedlich entwickelt. Luther hat den Anspruch und das Ideal der mönchischen Askese, auch die Arbeitsmoral des *ora et labora*, bete und arbeite, in den Alltag der Menschen integriert. Das hat vor allem das protestantische Preußen entscheidend geprägt. Der südliche Teil Deutschlands wurde hingegen durch die Gegenreformation bald schon wieder katholisch.

Literatur   Eine der neuesten Biografien ist sehr ausführlich und ausgewogen: Volker Leppin, MARTIN LUTHER. Darmstadt 2006.

Museen/Erinnerungsorte   Die ganze Stadt Wittenberg erinnert an das Wirken des Reformators: Luthers Augustinerkloster, das Melanchthon-Haus, die Cranach-Höfe und die Stadtkirche liegen dort nahe beieinander. Ein wunderbares Museum ist Luthers Geburts- und Sterbehaus in Eisleben, und auf der Wartburg gibt es die Stube, in der Luther Teile der Bibel ins Deutsche übersetzt haben soll.   In Torgau liegt die erste protestantische stilbildende Kirche, die Schlosskirche von Hartenfels, die nach Luthers Angaben entstand und von ihm selbst 1544 geweiht wurde. In der dortigen Stadtkirche liegt seine Frau Katharina begraben.

Zeitgenossen

Katharina von Bora Frau Martin Luthers (1499–1552)

Die von Boras gehörten zum sächsischen Landadel. Katharina legte mit 16 Jahren das Nonnengelübde ab. 1523 floh sie aus ihrem Kloster und fand in Wittenberg bei Lucas Cranach Unterschlupf, wo sie Luther kennenlernte. Sie brachte sechs Kinder zur Welt und war Luther durch ihre umsichtige Art eine wichtige Stütze. Obwohl sie nach dessen Tod testamentarisch zur Erbin erklärt wurde, musste sie um ihr Recht kämpfen. Auch Krieg und Pest suchten das Gut in Wittenberg heim und verdüsterten Katharinas Lebensabend.

Friedrich III. von Sachsen, auch Friedrich der Weise Kurfürst von Sachsen (1463–1525)

Er folgte als 23-Jähriger seinem Vater nach. Sein Leben war tief durch die Religion bestimmt, dennoch trat er mit Bedacht der Einflussnahme und den finanziellen Ansprüchen des Papstes entgegen. Luthers Ideen stand Friedrich zurückhaltend gegenüber, dennoch beschützte er ihn vor den Verfolgungen durch Papst und Kaiser. Aus Kriegen hielt er sich heraus und trat dafür umso mehr als geschickter Diplomat auf. Martin Luther wurde von ihm jedoch nie persönlich empfangen.

Lucas Cranach der Ältere Deutscher Maler (1472–1553)

Er war das älteste von neun Kindern und änderte seinen Nachnamen Maler zu Cranach nach seiner Heimatstadt. In Wittenberg begegnete er Luther, wurde dessen Trauzeuge, Taufpate des ältesten Sohnes und Illustrator der Luther-Bibel. Von ihm stammen auch die bekanntesten Luther-Porträts.

Julius II. (früher Giuliano della Rovere) Papst (1443–1513)

1503 trotz eines unpäpstlichen Lebenswandels zum Papst gewählt, führte er Kriege, um den Kirchenstaat zu vergrößern. 1506 gründete er zu seinem persönlichen Schutz die Schweizergarde; im selben Jahr gab er den Bau des Petersdomes in Auftrag, nachdem er die alte Peterskirche abreißen ließ. Die Decke der Sixtinischen Kapelle ließ er durch Michelangelo Buonaroti gestalten, der auch die Mosesstatue für sein Grabmal schuf. Luther bezeichnete Julius II. wegen seiner gnadenlosen Herrschaft als Blutsäufer.

Leo X. (früher Giovanni de Medici) Papst (1475–1521)

Er wurde 7-jährig Domherr von Florenz, 1489 Kardinal und 1513 als Leo X. Nachfolger Julius' II. Er baute den Petersdom weiter und finanzierte das durch Ablassprediger.

Thomas Müntzer Evangelischer Priester und Revolutionär (1489–1525)

In Stolberg (Harz) geboren, studierte Müntzer in Leipzig und Frankfurt an der Oder Theologie und wurde 1513 zum Priester geweiht. Als Prediger radikalisierte er die Lehre Luthers und musste mehrere Male fliehen, da man ihm vorwarf, die Bevölkerung gegen den Adel und die katholische Kirche aufzuwiegeln. In den Bauernkriegen wurde er Kommandant einer paramilitärischen Einheit. Nach der Schlacht bei Frankenhausen wurde er gefangen genommen und enthauptet.

Philipp Melanchton, eigentlich Philipp Schwartzerdt Theologe und Reformator (1497–1560)

Sein Vater war Waffenschmied in Bretten, Philipp selbst war hochbegabt und erhielt Unterricht durch den Humanisten Reuchlin, der seinen Nachnamen ins altgriechische Melanchton (= schwarze Erde) übersetzte. Melanchton studierte in Heidelberg und Tübingen und wurde 1518 Professor in Wittenberg. Ab 1521 trat er für die Reformen Luthers ein; ab 1523 führte er als Rektor der Universität eine vorbildliche Studien- und Schulreform durch. Er schuf damit die Urform des deutschen Gymnasiums.

Johann von Sachsen, auch Johann der Beständige Kurfürst von Sachsen (1468–1532)

Gemeinsam mit seinem Bruder Friedrich III. regierte Johann ab 1486 im Kurfürstentum und wurde 1525 nach dem Tod Friedrichs alleiniger Herrscher von Sachsen. Wie sein Bruder unterstützte er Martin Luther; 1527 wurde er Bischof der Evangelisch-Lutherischen Landeskirche. 1531 befürwortete Johann die Gründung des Schmalkaldischen Bundes, um die Reformation gegen den Kaiser zu verteidigen. Er verstarb allerdings schon im Jahr darauf.

Der Universalkaiser

KARL V.

1500–1558

KARL V.

1500
Geburt in Gent

Als Karl am 24. Februar 1500 in Gent geboren wurde, ließ sich voraussehen, dass er der mächtigste Fürst werden könnte, den Europa je gesehen hatte. Er würde König von Burgund, das damals Holland, Belgien und Teile Nordostfrankreichs umfasste, König von Spanien einschließlich dessen neuer Länder in Amerika, wichtiger Fürstentümer in Italien und Erzherzog von Österreich sein. Er wurde sorgfältig ausgebildet, dennoch gab es in seiner Jugend viel Zweifel, ob er diesen Aufgaben gewachsen sein würde. Er sah nicht sehr einnehmend aus. Der übergroße Unterkiefer, die hervorspringenden Augen, sein meist offen stehender Mund wirkten sonderbar, und offensichtlich war er unsicher. Seine Augen, so schreibt ein Zeitzeuge, seien immer auf der Suche nach Bestätigung und Unterstützung, er sei meistens zu gefügig, auch wenn er manchmal unbeherrscht wütend werden könne, und er versuche sich hinter der Haltung einer steifen Würde zu verbergen. Man hätte ihm gewünscht, viel Zeit zu haben, um in die hohen Ämter hineinzuwachsen, aber sein Schicksal wollte es anders.

1506
König von Burgund

Als Karl sechs Jahre alt war, starb sein Vater Philipp der Schöne. Nominell wurde er schon damals zum König von Burgund ernannt. Die Regentschaft aber übernahm seine Tante, die Schwester des Vaters, Margarete von Österreich, die von nun an auch seine Erziehung überwachte. Seine Mutter, Johanna »die Wahnsinnige«, die Erbin des spanischen Reiches, war nicht zuletzt durch die Intrigen am Hof und sechs Geburten in Jahresabständen seelisch so gestört, dass sie nicht in der Lage war, sich um ihn zu kümmern. Sie reiste schon 1509 zurück in ihre Heimat und führte dort ein stilles Leben, ohne jeglichen politischen Einfluss.

1517
König von Spanien

Mit 15 Jahren wurde Karl für mündig erklärt und statt seiner Tante als Regent der Niederlande – eine andere Bezeichnung für Burgund – eingesetzt. Ein Jahr später, 1516, starb sein Großvater Ferdinand, der König von Aragon und Regent in ganz Spanien. Um seine Nachfolge antreten zu können, musste Karl die Niederlande verlassen und von nun an in dem steifen, überaus zeremoniellen

und intrigenreichen Hof in Valladolid in Kastilien leben, anfangs
ohne ein Wort Spanisch zu sprechen. Wenig später, im Januar 1519,
starb sein Großvater väterlicherseits, Kaiser Maximilian I. Jetzt
konnte er auch noch Kaiser des Heiligen Römischen Reichs Deutscher Nation werden, wenn es ihm gelang, die Kurfürsten davon zu
überzeugen, nicht den mächtigen und reichen Mitbewerber, den
König von Frankreich Franz I., zu wählen.

So begann 1519 ein Wahlkampf in Deutschland, der fast schon
moderne Züge trug. Um die Kurfürsten auch über die Stimmung in
der Bevölkerung zu beeinflussen, wurden Propagandaschriften und
Flugblätter verfasst, in denen Karls deutsche Abstammung betont,
seine unverbrauchte Jugend gegen die »welsche Verderbtheit« ins
Feld geführt und sein »edles deutsches Blut«, das in Wirklichkeit
vorwiegend spanisch und burgundisch war, hervorgehoben wurden. Großzügige Bestechungsgelder – »Handsalben« – boten beide
Bewerber an; Karl zahlte den Kurfürsten 850 000 Gulden und wurde
am Ende einstimmig gewählt. Ein Lehrer verdiente damals weniger als vier Gulden im Jahr. 1520 fand in Aachen, in einer großartig
inszenierten Zeremonie, die ganz auf die Erinnerung an seinen Na-
mensvetter Karl den Großen abgestimmt war, die Krönung statt. Er
selbst soll dabei sehr würdig, aber auch unnahbar und etwas hoch-
mütig gewirkt haben.

1519
*Tod Kaiser
Maximilians I. /
Kaiserwahl*

1520
*Kaiserkrönung
in Aachen*

Jetzt, im Alter von 20 Jahren, war Karl V. nicht mehr nur der
größte Fürst in Europa; als Kaiser war er auch die höchste weltliche
Macht der Christenheit und trug Verantwortung für das gesamte
Heilige Römische Reich. Aber was bedeutete dies alles, wie sollte er
ein derart großes Fürstentum und ein solches Reich regieren?

Die Ansprüche an die Verwaltung und wirtschaftliche Förderung waren gestiegen; dabei wollten die Fürsten seiner Zeit die
Fäden in der Hand behalten, indem sie alle wichtigen Entscheidungen selbst trafen. Es war die Zeit der beginnenden Nationalstaa-
ten, in der die Grundlage der Verwaltung der europäischen Staaten
gelegt wurde. Angesichts der kulturellen Vielfalt und der riesigen

Entfernungen in Karls Fürstentümern konnte eine solche Aufgabe beim besten Willen nicht von ihm allein erfüllt werden. Um eine Nachricht zu übermitteln, brauchten eilige Reiter viele Tage, und oft wurden sie noch von Räubern abgefangen. Wie lange musste es sich da hinziehen, eine Diskussion zu führen, einen Kompromiss zu erzielen? So teilte Karl sein Erbe in Länder auf, die weitgehend selbstständig blieben und von seinen Familienangehörigen verwaltet wurden. In den Niederlanden herrschte wieder seine Tante Margarete. In Österreich wurde sein Bruder Ferdinand I. Regent und später, nachdem ihm 1526 über Erbansprüche noch Böhmen und große Teile Ungarns zugefallen waren, auch König. Karl selbst blieb König von Spanien, einschließlich dessen neu erworbener Besitzungen in Mittelamerika und der Fürstentümer Neapel, Genua und Mailand in Italien, auf die das Haus Habsburg Erbansprüche hatte, auch wenn sie immer wieder von Frankreich besetzt waren, das sich ähnlich berechtigt fühlte. Es sollte darüber sogar zum Krieg kommen.

Die Aufgaben, die Karl als Kaiser hatte, waren schwierig zu definieren, weil es keine verfassungsrechtlich eindeutigen Richtlinien gab. Seine Vorgänger im Mittelalter hatten sich dafür nie sehr interessiert. Des Kaisers Macht leitete sich damals eher aus der bildhaften Vorstellungswelt der Menschen ab, die ihn als Haupt am »Körper der Christenheit« oder als Spitze einer hierarchischen Pyramide begriffen; sein realer Einfluss auf die Verwaltung des Reichs blieb unbestimmt und vage. Die Neuzeit, die nun angebrochen war, verlangte jedoch klare, juristisch festgelegte Regeln über Machtaufteilung und Zuständigkeiten. So entwickelte Mercurio Gattinara, Karls Großkanzler, ein Konzept, über das Karl seine Rolle als Kaiser ausfüllen und gestalten sollte. Es war sehr idealistisch und stellte einen hohen Anspruch an Karls Pflichtgefühl, Zielstrebigkeit und Kampfbereitschaft. Ein derart mächtiger Fürst wie er, schrieb Gattinara ihm auf, habe die Möglichkeit, ähnlich wie einst die römischen Imperatoren eine *monarchia universalis* zu errichten, über die er den alten Traum der Menschen erfüllen könne, im ganzen Reich Frieden zu schaffen und es nach außen gegen die Angriffe heidnischer Völker zu schützen. Er könne Gesetze erlassen, die im ganzen Reich gültig seien, und vor allem könne er wieder die Einheit der Kirche herstellen und sie erhalten, um wie einst die mittelalterlichen Kaiser als weltliches Haupt über einer einheitlichen Glaubensgemeinschaft zu stehen. Das Konzept blieb in Vielem vage und juristisch wenig ausgearbeitet, aber Karl akzeptierte es. Es entsprach offenbar seinem eigenen hohen Anspruch.

Die ersten strategischen Schritte zu seiner Verwirklichung hatte Gattinara bereits festgelegt. Karl musste auf dem anstehenden Kongress in Worms versuchen, eine Verfassungsreform des Reichs einzuleiten, über die er auf den Reichstagen, dem Reichskammergericht und dem ständig regierenden Reichsregiment gegenüber den Fürsten und anderen »Ständen« (das waren zum Beispiel die freien Städte, Reichsritter und freien Grafschaften) mehr Einfluss gewinnen konnte. Zudem musste er, um für die Einheit des Glaubens und der Kirche zu sorgen, sich gegen Luther und seine Anhänger stellen, aber auch die Vertreter des Papstes davon überzeugen, dass Reformen in der Kirche notwendig waren.

Als zweiten Schritt sollte Karl dann baldmöglichst die politische Situation in Italien regeln und die reichen von Frankreich besetzten Fürstentümer, die nicht nur zum Hause Habsburg, sondern von jeher auch zum Kaiserreich gehörten, unter seine Kontrolle bringen. Nur ein Fürst, der sich seine Ansprüche zu erfüllen wisse, schrieb Gattinara, könne die Anerkennung erwerben, die er als Kaiser brauche, um sich bei den Ständen durchzusetzen. Und nur wenn Italien befriedet sei, werde die Welt Karl in der Kette der Nachfolger römischer Cäsaren sehen wollen. Das aber bedeutete einen ernsten Krieg gegen den mächtigen Rivalen Franz I., der nach der verlorenen Kaiserwahl sicher alles tun würde, um nicht noch einmal besiegt zu werden.

Es war Martin Luther, der am 17. und 18. April 1521 dem 21-jährigen Karl auf dem Reichstag zu Worms sehr deutlich machte, dass seine Idee vom Kaisertum und die Wirklichkeit der Welt des 16. Jahrhunderts kaum in Übereinstimmung zu bringen waren.

1521
Reichstag zu
Worms /
Acht über Luther

Die Freiheit des Gewissens, so konnte er in den Worten Luthers die Stimme der neuen Zeit hören, stehe über des Kaisers und der Kirche Anspruch, den Glauben der Menschen bestimmen zu können. Sie werde sich der weltlichen Macht nicht beugen. Karl war wohl beeindruckt, formulierte sogar für den nächsten Tag mit eigener Hand eine kleine Gegenrede in französischer Sprache, aber nachgeben konnte er Luther nicht, weder aus eigener Überzeugung noch aus politischem Kalkül. Für den Krieg in Italien gegen Frankreich brauchte er das Einverständnis, Geld und Soldaten von Papst Leo X. Der aber hatte bereits seinen Bann über Luther ausgesprochen und erwartete vom Kaiser eindeutig, dass er die Acht erkläre. So wurde im Wormser Edikt erlassen, dass Luther und seine Anhänger gefangen zu nehmen, seine Schriften verboten und die Verbreitung seines Glaubens zu untersagen seien.

Nachdem der Papst so zufriedengestellt war und hohe Summen für den Krieg zugesagt hatte, konnte sich Karl mit der Vollstreckung des Edikts allerdings Zeit lassen, um vorerst die protestantischen Fürsten zu besänftigen und ihnen ebenfalls etwas Geld für den geplanten Krieg und für die Unterstützung des Kampfes gegen die Türken zu entlocken.

Auch bei dem Versuch einer Verfassungsreform für das Reich wurden Karl seine Grenzen aufgezeigt. Die Stände wollten sich in ihrem Bemühen, ihre Länder und Regionen nach den modernen Vorstellungen der Zeit zu verwalten, so wenig wie möglich von übergeordneten Gesetzen behindern lassen und ihren Einfluss auf das Schicksal des ganzen Reiches sichern. So kamen endgültige Regelungen nicht zustande, entscheidende Beschlüsse wurden verschoben, Konflikte nicht gelöst, sondern vertagt. Karl blieb nur übrig zu hoffen, dass sich Gattinaras Prophezeiung erfüllen und ihm nach einem Sieg gegen Frankreich genügend Macht zuwachsen werde, um sich in Deutschland durchzusetzen.

Karl kehrte zurück nach Spanien und organisierte von dort aus den Krieg in Italien gegen Franz I. Aber wie zumeist bei Kriegen, wurde auch dieser sehr viel schwieriger als gedacht. Insgesamt

1521–1529
*Krieg mit Franz I
um Italien*

dauerte er fast neun Jahre, von 1521 bis 1529, verwüstete das Land, quälte die Bevölkerungen und verschonte sogar Rom nicht, in dem kaiserliche Truppen furchtbare Plünderungen und Zerstörungen anrichteten und 1527 vorübergehend sogar den seit 1523 amtierenden Papst Clemens VII. gefangen nahmen. Als *Sacco di Roma* ist diese

1527
*Sacco di
Roma*

Aktion in die Geschichte eingegangen. Das Kriegsglück wechselte sehr, scheint aber mehr aufseiten des Kaisers gewesen zu sein, und vielleicht hatte er auch die besseren Generäle. Um den verbissenen Kampf der Rivalen aber endgültig zu beenden, mussten zwei Frauen energisch eingreifen: Die Mutter Franz I. und die Tante Karls, Margarete von Österreich, handelten miteinander die Bedingungen aus, die 1529 zum sogenannten Damenfrieden von Cambrai führten.

1529
*Damenfrieden
von Cambrai*

Zwischendurch und danach gab es andere Kriege, vor allem die Türken machten Karl zu schaffen. Um sie musste sich sein Bruder Ferdinand kümmern. Karl hatte dazu nur die Mittel beschafft. 1529 kamen die türkischen Truppen gar bis vor Wien und konnten

1529
*Die Türken
belagern Wien.*

nur mithilfe der aus dem Reich herbeigeeilten Truppen zurückgeschlagen werden. Aber Karl erfüllte sich auch den Wunsch, persönlich Truppenführer zu sein und damit Ruhm zu erlangen: An der nordafrikanischen Küste hatten sich Piratenstaaten gebildet, die Barbaresken, die mit der Unterstützung der Türken spanische Handels- und Kriegsschiffe kaperten und ausraubten. An der Spitze seines Heeres zog Karl durch die Wüste nach Tunis und erkämpfte dort

1535
Tunisfeldzug

1535 einen Sieg, der ihm großes Ansehen in Europa brachte.

Noch bedeutender für Karls Ruhm aber war die Krönung durch den Papst, die nach dem Sieg über Frankreich und der Befriedung Italiens an seinem dreißigsten Geburtstag in einer sehr aufwendigen Zeremonie in Bologna stattfand. Ein wesentlicher Teil des Auftrages, den Gattinara in seinem Konzept über die *monarchia universalis* formuliert hatte, war damit erfüllt.

1530
*Kaiserkrönung
durch
Clemens VII.*

Die andere Aufgabe aber blieb ungelöst. In Deutschland hatten sich in den Jahren, in denen Karls Aufmerksamkeit von den Problemen der Mittelmeerländer gefangen genommen war, dramatische Ereignisse abgespielt: Die schrecklichen Bauernkriege hatten

1524–1526
Bauernkriege

stattgefunden, der protestantische Glaube hatte sich immer mehr ausgebreitet und war in Regionen vorgedrungen, die vorher fest in katholischer Hand gewesen waren. Allerdings hatte er sich auch zersplittert, nicht nur in Calvinisten und Lutheraner, sondern auch in viele Untergruppen und Sekten. Die Fürsten hatten sich immer mehr Unabhängigkeit erarbeitet und den Einfluss des Kaisers im Reich weitgehend zurückgedrängt.

Nach der Krönung durch den Papst kehrte Karl deshalb nach Deutschland zurück, um zu versuchen, auf dem großen Reichstag zu Augsburg 1530 die Einheit im Reich unter kaiserlicher Hoheit weiter voranzubringen. Im Ergebnis erlitt er jedoch eine eindeutige Niederlage. Den Lutheranern war es unter der geschickten Leitung von Melanchton gelungen, ihre Aufsplitterung in verschiedene Glaubensrichtungen zu beenden und sich unter der *Confessio Augustana*, dem Augsburger Bekenntnis, zu einigen, das heute noch Gültigkeit hat. Die Katholiken hatten sich in einer *Confutatio Augustana* genannten Schrift scharf davon abgegrenzt und damit die Spaltung der Kirche noch vertieft. Der Kaiser sah keinen anderen Weg als eine gewaltsame Lösung. Wieder erneuerte er das Wormser Edikt, doch den Protestanten gelang es, sich über die Glaubenseinigung hinaus auch politisch zu verbünden. 1531 schlossen sie den Schmalkaldischen Bund. Plötzlich drohte ein Krieg in Deutschland. Der aber war für den Kaiser sehr gefährlich, denn zur gleichen Zeit griffen die Türken wieder an, und zudem musste Karl das Eingreifen Frankreichs fürchten, das sich mit den Schmalkaldischen verbinden könnte. So musste er nachgeben, die Vollstreckung des Wormser Edikts wieder einmal verschieben und zusehen, wie die Protestanten sich in ihrer neuen Einigkeit weiter festigten.

Erst 14 Jahre später änderte sich die Situation zu seinen Gunsten. Seit 1542 war es wieder wegen verschiedener Konflikte zu einem Krieg mit Frankreich gekommen, der sich ausgeweitet hatte, als der mächtige Herzog von Kleve, um seine Provinz auf Kosten der Besitztümer des Hauses Habsburgs zu vergrößern, ein Bündnis mit Franz I. eingegangen war. Karl zog selbst mit seinen Truppen an die

1530
Reichstag zu Augsburg / Augsburger Bekenntnis

1531
Schmalkaldischer Bund

1542–1544
Krieg mit Frankreich

niederländische Grenze, besiegte den Herzog ebenso wie den französischen König und schloss den für ihn sehr günstigen Frieden von Crepy 1544.

1544
Frieden
von Crepy

Nun hatte er den Rücken frei; Frankreich konnte ihn nicht mehr bedrohen. Mit geschicktem politischem Taktieren suchte er sich Verbündete unter den deutschen Fürsten und wartete auf die Gelegenheit, den Krieg gegen den Schmalkaldischen Bund beginnen zu können. 1547 ergab sie sich durch einen ungesetzmäßigen Überfall auf einen katholischen Fürsten, den die Protestanten gewagt hatten. Der Schmalkaldische Krieg gegen sie dauerte nicht lange: vom Herbst 1546 bis zum Frühjahr 1547. In der Schlacht von Mühlberg am 24. April 1547, bei der Karl selbst anwesend war, um seine Truppen zu motivieren, musste sich der Schmalkaldische Bund geschlagen geben.

1546/47
Schmalkaldischer
Krieg

Jetzt glaubte Karl, endlich die Macht zu haben, die er brauchte, um sein Konzept von der *monarchia universalis* doch noch durchzusetzen. Er war, wie Zeitzeugen schrieben, jetzt nicht mehr der unsichere Jüngling von einst, sondern ein energischer, entscheidungssicherer Herrscher, der entschlossen war, seine Chance zu nutzen. Auf dem Reichstag in Augsburg 1547/48, den man wegen Karls entschiedenem Auftreten den »Geharnischten Reichstag« nannte, setzte er seine Bedingungen. Es wurde eine Interimslösung festgelegt, eine Zwischenlösung, nach der die Protestanten bis zum Abschluss des Konzils von Trient (1545–1563) ihren Glauben und die Zeremonie ihrer Gottesdienste auszurichten hatten, und eine Verfassung diktiert, über die der Kaiser seine Macht über die Stände in entscheidenden Bereichen absicherte.

1547/48
Geharnischter
Reichstag

Dem Geist der Zeit aber entsprachen solche Diktate schon lange nicht mehr. Im Trienter Konzil versuchte der Papst alles, um Kompromisse mit den Protestanten, die eine Einschränkung seiner Macht bedeutet hätten, zu verhindern. Diese hielten sich auch kaum an das Interim, sondern beharrten auf ihren Glaubensinhalten, und die Stände, sowohl die katholischen als auch die evangelischen, waren nicht bereit, sich ihre »Libertät«, ihre Freiheit, einschränken zu lassen. Die Stimmung in Deutschland begann sich ganz gegen den Kaiser zu wenden. Auf Flugblättern wurde er nun als »Metzger von Flandern« und seine Machtansprüche als »viehisches spanisches Servitut« diskreditiert. 1552 schlossen die Fürsten schließlich ein Bündnis mit dem französischen König Heinrich II., dem Nachfolger von Franz I. Gleichzeitig flammten wieder militärische Auseinandersetzungen mit den Türken auf dem Balkan und den Barbaresken im Mittelmeer auf, und Karl musste erneut in ganz Europa Kriege führen. Wieder eilte er mit seinen Truppen ins französisch-niederländische Grenzgebiet. Siege gegen Frankreich aber konnte er dort nicht mehr erringen; er hatte im Gegenteil viel Glück, dass verständige gemäßigte Fürsten Friedensverhandlungen einleiteten, die ihn vor einer demütigenden Niederlage bewahrten.

1552–1546
Krieg mit
Frankreich

Dennoch: 1555 war er gescheitert. Seine Staatskassen waren von den Kosten der Kriege so belastet, dass sie nur noch von Krediten finanziert und eigentlich als bankrott angesehen werden mussten. Seine Gesundheit war nicht zuletzt infolge der vielen Reisen durch Europa erbärmlich. Er litt unter schwerer Gicht und konnte nur noch mühsam gehen und stehen. Vor allem aber war unumstößlich klar, dass die Idee, nach der er seit seiner Jugend sein Kaisertum ausgerichtet und für die er so viel geopfert hatte, zerbrochen war. Er wusste, es würde keine Einheit der Kirche und des Glaubens mehr geben, und in Deutschland würden weiterhin viele kleine Staaten existieren, die ihre Macht im Inneren festigten und die Belange des Reiches weitgehend selbstständig untereinander aushandelten.

Unter der Leitung seines Bruders Ferdinand wurde auf dem Reichstag zu Augsburg 1555 der Augsburger Religionsfrieden geschlossen. Den Lutheraner Protestanten wurde darin ihre Religionsausübung zugesichert, allerdings nur, soweit ihr territorialer Fürst damit einverstanden war. *Cuius regio, eius religio* nannte man später diese Regel. Zwei Generationen hielt der Frieden an, bis der Dreißigjährige Krieg ihn auf verheerende Weise zerstörte.

1555
Augsburger
Religionsfriede

Karl aber fasste einen Entschluss, der in ganz Europa ungläubiges Staunen hervorrief: Er trat 1556 von allen Ämtern zurück, reis-

1556
Rücktritt

te wieder nach Spanien und bezog dort in St. Yuste in der Extrema-
dura ein Haus in der Nachbarschaft eines Klosters, in dem er noch
zwei Jahre bis zum 21. September 1558 lebte. Er starb an Malaria.

1558
Tod

Was bleibt?

Besonders zu den Feiern der 500-jährigen Wiederkehr seines Ge-
burtstags im Jahr 2000 hat man vielerorts versucht, Karl V. als einen
Herrscher zu beschreiben, der unser heutiges Bemühen um die
Einheit Europas mit sehr viel Engagement vorweggenommen hat.
Aber auch wenn seine Zielsetzung ähnlich wie die heutige war, ist
es doch wichtig festzuhalten, worin die Unterschiede zur heutigen
Situation liegen.

Karls Theorien oder auch die seines Kanzlers Gattinara von
der Einheit der Christenheit und des Reichs stammten eher aus der
Gedankenwelt des vergangenen Mittelalters und widersprachen
den Zukunftserwartungen der Herrschenden wie auch vieler ihrer
Untertanen, die begannen, national zu denken. Hinzu kommt, dass
die Idee der *monarchia universalis* von Misstrauen vergiftet war: Der
Kaiser war gleichzeitig der mächtigste Fürst auf dem Kontinent,
und man musste zu Recht immer fürchten, dass sein Handeln nicht
nur dem Zusammenhalt und dem Frieden in Europa und im Reich
diente, sondern in erster Linie auch dem Machtzuwachs des Hauses
Habsburg.

Was dennoch bleibt, ist die Idee von der Einheit Europas.

Literatur   Auf dem neuesten Stand der Wissenschaft: Alfred Kohler, KARL V. 1500–1558.
München 2005.   Populärwissenschaftlich und gut zu lesen: Sigrid Maria Grössing, KARL V.
DER HERRSCHER ZWISCHEN DEN ZEITEN UND SEINE EUROPÄISCHE FAMILIE.
Wien 2005.

Museen/Erinnerungsorte   Auf einem Berg inmitten der Sierra Nevada mit Blick über Granada
liegt der Alhambra Palast, darin der Palast Karls V. mit Stierkampfarena.   In Gent stehen Teile
des Prinzenhofs, in dem Karl V. geboren wurde; dort wuchs er auch auf.

Zeitgenossen

Philipp der Schöne Vater Karls V., Erbe Burgunds (1478–1506)

Er war der Sohn Kaiser Maximilians I. und der Maria von Burgund, der hoffnungsvolle Erbe, ein lebhafter, gut aussehender junger Mann, der gerne an Turnieren teilnahm, zur Jagd ging und viele Geliebte hatte. 1496 heiratete er Johanna von Kastilien und wurde, weil deren Regierungsfähigkeit in Zweifel stand, auch König von Kastilien. Er geriet dadurch in einen Machtkampf mit seinem Schwiegervater Ferdinand von Aragonien, den er für sich entscheiden konnte. Er starb vermutlich an einer Lungenentzündung.

Johanna von Kastilien, genannt die Wahnsinnige Mutter Karls V., Königin von Kastilien (1479–1555)

Die Tochter des spanischen Königspaares heiratete mit 16 Jahren Philipp den Schönen, mit dem sie sechs Kinder hatte. Wegen des Streits um ihr Erbe hatten sowohl ihr Vater als auch ihr Ehemann ein Interesse daran, dass sie als regierungsunfähig angesehen wurde. Johanna wurde wegen ihres auffälligen hysterischen Verhaltens in ein Kloster eingesperrt. Ob Johanna wirklich wahnsinnig war oder als Opfer männlicher Machtintrigen angesehen werden muss, bleibt offen. Jedenfalls hatte sie keine Chance, entlassen zu werden, denn Karl V. war nur so lange zum König gewählt, wie sie regierungsunfähig blieb. Sie starb im Kloster an einer Verbrühung.

Margarete von Österreich Tante Karls V., Regentin der Niederlande (1480–1530)

Sie war die Schwester Philipps des Schönen und wurde am französischen Hof erzogen, weil sie seit ihrem dritten Lebensjahr mit dem französischen Thronfolger Karl VIII. verheiratet war. Die Ehe wurde aufgelöst, und sie ging nacheinander die mit dem spanischen Infanten und dem Herzog von Savoyen ein; beide starben früh, und sie blieb kinderlos. Karl V. wuchs bei ihr mit drei Schwestern auf. Margarete führte seit dem Tod ihres Bruders Philipp 1506 bis 1525 sehr umsichtig und klug die Regentschaft in den Niederlanden, dem Königreich Burgund.

Ferdinand I. Bruder Karls V. und dessen Nachfolger als Kaiser (1503–1564)

Er wuchs unter der Obhut des Großvaters Ferdinand von Aragonien auf. 1518 verließ er Spanien und übernahm die Regentschaft in Österreich, die er seinen Kindern auch vererben durfte. Er heiratete Anna von Ungarn, womit er Ansprüche auf den Thron von Ungarn und Böhmen erwarb. Nach dem Rücktritt Karls V. wurde er zum Kaiser gewählt; weil Karl oft verhindert war, leitete er jedoch meist schon vorher die Reichstage. Er war pragmatischer als sein Bruder und eher bereit, den Protestantismus anzuerkennen. Der Religionsfriede von 1555 ist wesentlich ihm zu verdanken.

Franz I. König von Frankreich (1494–1547)

Aus dem Hause Valois stammend, wurde er 1515 König. Er eroberte das Herzogtum Mailand und bewarb sich 1519 um die Wahl zum Kaiser des Heiligen Römischen Reichs, womit er zum Hauptrivalen und schließlich Kriegsgegner Karls V. wurde. Der Friede von Crepy besiegelte seine Niederlage; er musste auf Mailand (und auch Neapel) verzichten. Franz war ein bedeutender Renaissancefürst, der prächtige Schlösser baute und den Grundstock für die Gemäldesammlung im Louvre legte.

Mercurio Gattinara Großkanzler Karls V. (1465–1530)

Kanzler war er von 1518–1530, ein christlich-humanistisch denkender, juristisch gebildeter, aber auch eitler und selbstbezogener Mann, der unter Margarete Karriere gemacht hatte und mit seiner Idee von der monarchia universalis großen Einfluss auf Karl hatte.

Des Kaisers Feldherr

ALBRECHT VON WALLENSTEIN

1583–1634

ALBRECHT VON WALLENSTEIN

Albrecht von Wallenstein wird am 24. 9. 1583 in Hermanitz (Böhmen) geboren.

Ein Krieg in Deutschland war geplant. 1621, nach Ablauf eines Waffenstillstands, wollte Spanien die Vereinigten Niederlande wieder erobern, die sich nach langen Befreiungskämpfen vom Habsburgischen Königreich getrennt hatten. Dazu musste es seine Truppen durch die protestantische Pfalz schicken, und deren Kurfürst, Friedrich V., würde dies sicher nicht kampflos hinnehmen.

Auch hatten sich die deutschen Fürsten zunehmend verfeindet und bereits zwei Militärbündnisse gebildet, die sich feindselig gegenüberstanden. Die katholischen im Süden hatten sich unter der Führung des bayerischen Fürsten Maximilian zur »Liga« zusammengeschlossen, die Protestanten im Westen und Norden waren in der »Union« unter dem pfälzischen Kurfürsten Friedrich V. vereinigt. Aber dass der Krieg schließlich so lange dauerte und so furchtbar zerstörerisch ausuferte, lag auch an den gesellschaftlichen Konflikten jener Zeit.

Deutschland war damals überbevölkert, und es herrschte Arbeitslosigkeit und bittere Armut. Auf der Suche nach besseren Lebenschancen verließen die Menschen ihre Heimat, wurden Fremde und begegneten Missgunst, Hass und Verachtung. Die Kirchen, die seit dem Augsburger Religionsfrieden von 1555 einigermaßen friedlich zusammengelebt hatten, heizten die feindselige Stimmung weiter an und bekämpften einander mit einer Flut von bösartigen gedruckten Pamphleten und hasserfüllten Predigten. Moralische Schranken fielen, Verbrechen und Hexenverfolgungen wurden häufiger, und Menschenleben waren nicht mehr viel wert. Der oft grausame öffentliche Vollzug von vielen Todesurteilen diente allgemein als Volksvergnügen.

Die Regierungen arbeiteten noch unzureichend und waren kaum in der Lage, das Leid und die Unruhe der Bevölkerung zu mildern. Und den barocken Fürsten kam es mehr auf ihre Prachtentfaltung, ihre Macht und ihr Geld an als auf das Wohlergehen der Menschen in ihrem Land. Solange sie noch genügend Geld dazu hatten, waren sie immer bereit, den Krieg zu ihrem Nutzen zu verlängern.

Der Auslöser des Kriegs war eine Erhebung der protestantischen Adligen in Böhmen. Ihr katholischer Habsburger König Ferdinand wollte ihre Selbstbestimmung einengen, und sie hatten daraufhin seine zwei Statthalter samt ihrem Sekretär aus einem 15 Meter hohen Fenster der Prager Burg geworfen. Zwar landeten die drei weich auf einem Misthaufen und blieben unverletzt, aber das Fanal zum Aufstand im Land war damit gegeben. Eine protestantische Regierung wurde gebildet, ein Heer aufgestellt und der König abgewählt. Sehr schnell breitete sich der Konflikt über die Landesgrenzen aus. Die Böhmen verbündeten sich mit der protestantischen Union und wählten auch gleich Friedrich von der Pfalz zu ihrem neuen König; Ferdinand bekam die Unterstützung der Liga und fand darüber hinaus auch noch genügend Stimmen bei den Kurfürsten, um zum Kaiser gewählt zu werden.

Damit begann ein Krieg der Religionen, den die deutschen Fürsten untereinander und gegen ihren Kaiser führten. Die Bevölkerung im ganzen Reich nahm leidenschaftlich Anteil daran und hoffte auf den Sieg ihres jeweiligen Glaubens. Den Fürsten aber, so gläubig sie auch gewesen sein mögen, ging es kaum um Religion, sondern vor allem um ihre Machtinteressen: Im Falle eines Sieges wäre Maximilian von Bayern gerne Kurfürst von der Pfalz geworden; Friedrich V. wäre zum mächtigsten Fürsten im Lande aufgestiegen mit guten Aussichten, Kaiser zu werden; und Ferdinand hätte wieder in Böhmen regieren und darüber hinaus seinem königlichen Vetter in Spanien helfen können, in die Pfalz einzudringen, um die protestantischen Vereinigten Niederlande zu erobern.

Vor allem dank der gewonnenen großen Schlacht am Weißen Berg in Prag siegten am Ende die Katholiken, und Kaiser Ferdinand wurde wieder König von Böhmen. Er bestrafte die Unterlegenen gnadenlos: Alle Protestanten mussten katholisch werden, wenn sie nicht massive wirtschaftliche Schwierigkeiten in Kauf nehmen wollten, die aufständischen Adeligen wurden enteignet, ins Gefängnis geworfen, verjagt oder zum Tode verurteilt. Ihre Güter gin-

23. 5. 1618
Prager
Fenstersturz

1619
Ferdinand II.
Kaiser /
Friedrich
von der Pfalz
König
von Böhmen

1618–1648
30 Jahre wird
der Krieg dauern, der
jetzt begonnen hat.

1620
Schlacht am
Weißen Berg

gen entschädigungslos in den Besitz des Kaisers über, der sie dann an getreue katholische Adelige weiterverkaufte. Bei diesem Handel war viel Korruption im Spiel. Aber einer der Käufer war besonders skrupellos und wurde unerhört reich dabei: Albrecht von Wallenstein.

Wallenstein war damals Oberst in kaiserlichen Diensten und einer von zwei Oberbefehlshabern des böhmischen Heeres. Seine Karriere hatte er von vornherein kühl kalkuliert. Er stammte aus einer angesehenen, aber doch wenig begüterten mährischen adligen Familie und war schon mit 12 Jahren Waise geworden. Vielleicht war es diese Erfahrung, die ihn früh motivierte, seinen Weg betont selbstständig, durchsetzungsstark und mit entschiedenem Erfolgswillen zu gehen. In seiner Jugend kümmerte sich ein Onkel, ein Führer der mährischen Protestanten, um ihn. Aber mit seinem klaren Blick für die Realität erkannte Wallenstein früh, dass der Protestantismus gegen den katholischen König in Böhmen und Mähren auf Dauer wenig Chancen hatte. Er wurde kaiserlicher Offizier, suchte die Nähe des Fürsten, der die besten Chancen hatte, zum Nachfolger des Kaisers gewählt zu werden, und trat konsequent und ohne Gewissensskrupel von seinem böhmisch protestantischen zum katholischen Glauben über. Mit 27 Jahren heiratete er die etwa gleichaltrige reiche Witwe eines Gutsherrn, deren Besitz er über juristische Winkelzüge gegen Verwandte noch weiter vergrößerte. So erwarb er die finanziellen Voraussetzungen für eine damals besonders gewinnversprechende und karrierefördernde Verdienstquelle: den Aufbau von Söldnertruppen. Im Böhmischen Krieg hatte er Kaiser Ferdinand 3000 Soldaten auf Kredit zur Verfügung gestellt; jetzt revanchierte sich dieser und bedachte ihn großzügig mit Angeboten zum Kauf von böhmischem Land und den dazugehörigen Adelstiteln. Die unverschämten Preismanipulationen übersah er dabei gnädig. Zusammen mit dem, was er über seine Frau und deren Verwandte erworben hatte, wurde Wallenstein so Lehnsherr über ein Viertel der Fläche Böhmens mit vielen Dörfern und Kleinstädten und hatte mit Gitschin eine eigene Hauptstadt, in der er ebenso wie in Prag einen

Seit 1619
steht Wallenstein im
Dienst des Kaisers.

großen Palast baute. Er durfte sich schließlich auch noch nach der Burg seines größten Gutes »Fürst von Friedland« nennen.

Sein Land regierte er entschieden, machtbewusst, mit viel organisatorischem Geschick und klarer ökonomischer Zielsetzung. Er setzte darauf, dass der Krieg noch lange dauern würde und viel Gewinn versprechen könnte. So schuf er sich eine ausgedehnte Rüstungsindustrie, in der er alles, was Soldaten brauchten, herstellen ließ und jeder Armee, die es kaufen wollte, zur Verfügung stellte. Er wurde bei diesem Geschäft einer der reichsten Männer Europas.

Aber Wallensteins Ehrgeiz ging weiter, und er war sich auch sicher, noch mehr erreichen zu können. Er war zwar ein rational handelnder Mensch und wahrscheinlich auch nicht besonders religiös; aber in einem Bereich leistete er sich doch eine irrationale Überzeugung, von der er sich mit einer manchmal erstaunlichen Gewissheit leiten ließ: Er glaubte an die Sterne. Sogar von Johannes Keppler, dem größten Astronomen seiner Zeit, der auch hin und wieder Horoskope erstellte, hatte sich Wallenstein seine Zukunft vorhersagen lassen. Er hatte daraus entnommen, dass er einst viel Macht erwerben werde, und war entschlossen, dieser Vorhersage zu folgen.

1625 ergab sich endlich die Gelegenheit dazu. Der Krieg war inzwischen weitergegangen. Die Spanier hatten, wie vorhergesagt, die Pfalz besetzt. Die Niederländer hatten Söldnertruppen unter der Leitung der evangelischen Fürsten von Mansfeld, Baden- Durlach und Braunschweig-Wolfenbüttel bezahlt, die für sie gegen eine Koalition der Liga, des Kaisers und der Spanier vorwiegend in der Pfalz und in Niedersachsen gekämpft hatten. Am Ende hatten die Katholiken auch diesen Krieg gewonnen.

Jetzt bot sich Dänemark an, den Protestanten zu helfen, und schloss mit den von den Niederlanden und diesmal auch England bezahlten drei evangelischen fürstlichen Heerführern in Den Haag eine Allianz. Es hoffte, dabei seinen Besitz in Norddeutschland über Holstein hinaus zu vergrößern. Das war für Kaiser Ferdinand gefährlich, denn Christian IV. von Dänemark war ein mächtiger und reicher König, der die katholischen Armeen durchaus besiegen konnte, zumal deren Kassen und insbesondere die des Kaisers nach den vorangegangenen Kriegen weitgehend geleert waren.

Für Wallenstein aber war dies die Chance: Er fuhr als Retter in der Not nach Wien und bot gegen die Ausstellung von Schuldscheinen eine unerhört große Armee von 25 000 Soldaten an, die er selbst komplett aufstellen und ausrüsten wolle, wenn der Kaiser nur den Sold zahle. Um die sonstigen Kosten für Transport, Stationierung, Verpflegung und so weiter müsse sich keiner sorgen, sie müssten von den Ländern bezahlt werden, die die Soldaten erobern und besetzen würden. »Der Krieg ernährt den Krieg«, war Wallensteins Losung. Der Kaiser wusste, dass er sich damit in heillose finanzielle Abhängigkeit begab, aber es blieb ihm nichts anderes übrig, als zuzustimmen. Wallenstein wurde mit großen Vollmachten zum General über alle kaiserlichen Truppen ernannt und konnte nun weitgehend selbstständig Krieg führen.

1625
General der kaiserlichen Truppen

Er ging nach einem einfachen Plan vor. Es kam ihm darauf an, immer die eindeutige militärische Übermacht über die gegnerischen Truppen zu behalten, sodass diese in der klaren Erkenntnis ihrer voraussichtlichen Niederlage flohen oder sich ergaben, bevor der Kampf richtig begann. So baute er sich in kurzer Zeit durch ständige Neuanwerbungen ein Heer von 150 000 Soldaten auf, das größte, das es bis dahin in Europa je gegeben hatte. Er besetzte damit vor allem den Nordosten Deutschlands, im Nordwesten operierte das verbündete Ligaheer unter Feldmarschall Tilly. Die laufenden Kosten erpresste Wallenstein gnadenlos von den Dörfern, den Städten und den Landesherren. Plünderungen und Misshandlungen der Bevölkerung verhinderte er dagegen, indem er regelmäßig Sold auszahlte und harte Disziplinarstrafen verhängte. Der Verbündete Tilly und die gegnerischen protestantischen Heerführer waren darin leider weniger erfolgreich, weil sie immer große finanzielle Probleme hatten und ihre Soldaten oft nicht bezahlen konnten.

1626
Schlacht bei Dessau

Nur einmal, in Dessau an der Elbe, musste Wallenstein zu einer großen Schlacht gegen die protestantische Armee des Grafen Ernst von Mansfeld antreten. Er schlug ihn dank seiner Übermacht vernichtend. Unter Tillys Kommando gewannen Wallenstein'sche und Ligatruppen zudem gemeinsam bei Lutter eine entscheidende Schlacht gegen Christian IV. Danach gab es praktisch keinen Widerstand mehr. Bis auf Sachsen wurden alle protestantischen Länder im Norden und Osten des Reiches unterworfen, und Christian IV. musste sich vor Wallensteins Truppen, die ihn bis zum Norden Jütlands verfolgten, auf die Insel Fünen retten. Dort wurde er von seiner Seemacht geschützt, die unangreifbar war, weil der Kaiser noch keine eigenen Kriegsschiffe hatte.

1626
Schlacht bei
Lutter

Doch hatte er Wallenstein schon beauftragt, eine solche militärische und möglichst auch Handelsseemacht zu schaffen, um die Grenze nach Norden zu sichern und an dem gewinnbringenden Ostseehandel teilnehmen zu können. Dazu hätte Wallenstein die Ostseehansestädte gewinnen müssen, doch er scheiterte an dem Mut der Bürger und dem diplomatischen Geschick des Rates von Stralsund. Die Stadt wollte sich trotz aller Versprechungen und Drohungen nicht ergeben und ließ sich auch von längerer Belagerung und zwei Einfällen durch Wallenstein'sche Truppen nicht entmutigen, sondern führte so lange geschickte hinhaltende Verhandlungen, bis die um Hilfe gebetenen Seeflotten Dänemarks und Schwedens vor ihrem Hafen erschienen und mit ihren Soldaten zu landen drohten. Wallenstein musste sich zurückziehen und seine Hoffnungen auf den Aufbau einer Seemacht aufgeben.

1628
Belagerung von
Stralsund

Trotz dieses Scheiterns hatte Wallenstein doch insgesamt einen großen Sieg erfochten, der mit dem Lübecker Frieden, in dem Dänemark sich verpflichtete, nie mehr in die deutschen Angelegenheiten militärisch einzugreifen, auch einen vertraglichen Abschluss fand. Er konnte nun auf die Begleichung der horrenden Kosten drängen, die er vorgestreckt hatte. Mit Geld konnte der Kaiser aber nicht mehr bezahlen, und so musste er sich den Forderungen Wallensteins fügen und ihn, den Emporkömmling, in die altehrwürdige Gemeinschaft der Landesfürsten aufnehmen, indem er ihm beide Herzogtümer Mecklenburgs zu Lehen gab.

1629
Lübecker
Friede

Seit 1628
ist Wallenstein
Herzog von
Mecklenburg.

Wallenstein war nun bereit, einen endgültigen Frieden zu

schließen. Innerhalb Deutschlands hätte dies zur Voraussetzung gehabt, der Bevölkerung der evangelischen Länder ihren Glauben und deren Fürsten ihren Besitz zu lassen. Dazu mussten nach außen die Grenzen gesichert werden. Vor allem im Norden gegen die Schweden, die eindeutige Absichten hegten, in den Krieg einzugreifen, um ihre protestantischen Glaubensbrüder zu unterstützen, aber auch im Süden gegen die Türken und im Westen gegen die Franzosen. Wenn Wallenstein dies gelungen wäre, hätte er dem Kaiser eine Macht gesichert, wie sie zuletzt nur Karl V. zu seinen besten Zeiten erworben hatte, und vor allem verhindert, dass der Krieg weitere 18 Jahre im Land wüten konnte. Aber Ferdinand wollte mehr. Er war so geblendet von den Erfolgen seines Generals, dass er ihm zutraute, auch die Wünsche, die seine Kirche und seine spanischen Verwandten an ihn herantrugen, zu erfüllen.

Die katholische Kirche drang darauf, allen Besitz, den sie einst in den protestantischen Ländern hatte, wiederzubekommen. Das war eine maßlose Forderung, denn sie betraf riesige Ländereien von Bistümern, Kirchen und Klöstern, einschließlich ihrer Dörfer und Städte, und hätte zudem verlangt, dass die evangelische Bevölkerung in diesen Gebieten auch wieder katholisch wurde. Ferdinand aber unterstützte die Forderung und erließ das Restitutionsedikt, das sie gesetzlich festschrieb.

1629
Restitutions-edikt

Die Spanier wiederum wünschten militärische Unterstützung in einer Erbauseinandersetzung mit Frankreich, in der es um oberitalienische Fürstentümer ging. Abgesehen davon, dass diese Truppen bei der militärischen Absicherung des Friedens in Deutschland und an seinen Grenzen gefehlt hätten, barg dies auch die große Gefahr, in einen in Deutschland ausgetragenen Krieg mit Frankreich zu geraten. Doch auch diese Forderung befürwortete Ferdinand, und Wallenstein musste Truppen von der Ostseeküste abziehen, sie nach Italien schicken und an der Grenze zu Frankreich stationieren. Die vorhersehbaren Folgen traten zuverlässig ein. Die evangelischen Fürsten waren über das Restitutionsedikt empört und verweigerten sich jedem Friedensvorschlag, die Schweden konnten in

Usedom landen und die Verteidigungslinien der kaiserlichen Truppen überrennen.

Und schließlich machte Ferdinand den dritten und vielleicht schlimmsten Fehler: Auf einem Kurfürstentag in Regensburg verlangten die evangelischen Fürsten die Absetzung Wallensteins, weil sie annahmen, nur er könne das Restitutionsedikt durchsetzen, und ihre katholischen Kollegen, allen voran der mächtige Maximilian von Bayern, unterstützten sie in dieser Forderung. Vernünftige Gründe hatten sie dafür nicht. Sie hassten und beneideten Wallenstein nur wegen seines Erfolges und konnten ihm nicht verzeihen, dass er sich gegen alle Tradition in ihren Fürstenkreis hineingedrängt hatte. Ferdinand zögerte, gab aber schließlich doch nach und entließ den Mann, dem er all seine Erfolge zu verdanken hatte und der als Einziger eventuell in der Lage gewesen wäre, das Unheil, das Deutschland nun drohte, abzuwehren.

1630
Kurfürstentag
in Regensburg /
Wallensteins
Entlassung

Gustav Adolf II., der König von Schweden, vergrößerte nach seiner Landung in Usedom das Heer durch Neuanwerbungen schnell und schloss einen Bündnisvertrag mit Frankreich. Dessen Premierminister Richelieu, immerhin ein katholischer Kardinal, hatte keinerlei Skrupel, den Krieg gegen seine Glaubensbrüder in Deutschland zu unterstützen, um die Macht des Hauses Habsburg einzuschränken. Er verpflichtete sich sogar, die Kosten der Schweden zu einem großen Teil zu übernehmen.

Die militärischen Erfolge des schwedischen Königs waren bald atemberaubend. Evangelische Länder, besonders Brandenburg und sogar das große Sachsen unter seinem Kurfürsten Johann Georg, zwang er in ein Bündnis, das zum Jubel aller Protestanten im Lande mit ihm die große Schlacht bei Breitenfeld gegen die von Tilly kommandierten vereinigten Heere des Kaisers und der Liga gewann. Unaufhaltsam vertrieb Gustav Adolf die kaiserlichen Soldaten aus den besetzten evangelischen Ländern, eroberte auch den Westen und Süden Deutschlands und zog schließlich zusammen mit dem triumphierenden ehemaligen Kurfürsten von der Pfalz und König von Böhmen Friedrich V. in München, der Hauptstadt des Führers

1631
Bündnisvertrag
zwischen
Gustav Adolf II.
von Schweden und
Frankreich

1631
Schlacht bei
Breitenfeld

der Liga, ein. Das mit ihm verbündete protestantische Fürstenheer unter seinem Befehlshaber Graf von Arnim zog derweil nach Südosten, besetzte Böhmen und eroberte Prag. In der Folge kamen viele ehemals geflüchtete protestantische böhmische Grundbesitzer zurück und verlangten die Rückgabe ihrer Güter. Das bedrohte auch den Besitz Wallensteins. Er musste handeln, wenn er nicht viel verlieren wollte, und der Kaiser und die deutschen katholischen Fürsten mussten es auch.

1631
*Wallensteins
Rückkehr*

So kam man, allseits widerstrebend, aber der Not gehorchend, überein, Wallenstein zum zweiten Mal mit dem Befehl über das kaiserliche und diesmal sogar über das Heer der Liga zu betrauen. Wieder bekam er alle Vollmachten, einschließlich der Kompetenz, selbstständig Friedensverhandlungen zu führen. Und wieder hatte er auch Erfolg. Das Heer wurde reorganisiert und vergrößert, Arnim wurde nach dem alten Muster der schieren militärischen Übermacht aus Böhmen verdrängt, das Heer dann nach Westen gegen die Armee Gustav Adolfs gewendet und zu einer Schlacht bei Fürth geführt, in der es tatsächlich einen, wenn auch nicht entscheidenden Sieg davontrug.

Gustav Adolf wandte sich daraufhin eilig nach Osten, um sich mit seinem Partner Sachsen zu verbinden. In Lützen, nahe Leipzig, kam es dann an einem nebligen Novembertag 1632 zu der furchtbaren Schlacht bei Lützen, in der der König der Schweden sein Leben

1632
*Schlacht bei
Lützen*

verlor. Er hatte sich im Pulverdampf und Nebel verirrt und seine ihn begleitenden Soldaten verloren. Sie fanden ihn erst nach langer Suche wieder – erschlagen, halb nackt und ausgeraubt. Voller Wut bäumten sich die Schweden, die schon fast verloren hatten, noch einmal auf und erkämpften einen Sieg, der aber auf beiden Seiten so viele Opfer forderte, dass er kein wirklicher Gewinn, sondern nur eine große Katastrophe war.

Wallenstein, der über die grausame Schlacht und die großen Verluste entsetzt war und zudem sehr unter Krankheiten, besonders einer schweren Gicht, litt, wollte nun Frieden. Er führte viele Verhandlungen und Gespräche. Leider gibt es darüber kaum Unterlagen, weil sie nach seinem Tod vernichtet wurden. Welche Kompromisse er angeboten hatte und wie nah er seinem Ziel gekommen war, weiß deshalb niemand. Aber wahrscheinlich hatte er nur deutsche Fürsten, nicht aber die ausländischen Mächte überzeugen können. Die hatten ihre Ziele noch nicht erreicht und brauchten weiter den Krieg. Spanien mit seinem ehrgeizigen Premierminister Olivares war es immer noch nicht gelungen, die Niederlande zu erobern; die Schweden wollten noch einen Sieg in Pommern erfechten, um ihre Kriegskosten wiederzubekommen; und Frankreich würde so lange kämpfen, wie Spanien noch Absichten hatte, seine Macht durch den Erwerb der Vereinigten Niederlande zu vergrößern.

Die spanische Partei am Hofe des Kaisers war mächtig und diplomatisch geschickt. Sie tat nun alles, um den Kaiser gegen Wallenstein zu beeinflussen. Intrigen wurden gesponnen, Gerüchte in die Welt gesetzt, angebliche Beweise dafür angeführt, dass Wallenstein beabsichtige, das Lager zu wechseln, um mit dem Feind gegen den Kaiser zu kämpfen. Ferdinand hatte Gewissensskrupel und widersetzte sich längere Zeit den Einflüsterungen, gab aber schließlich doch nach. Er entließ Wallenstein aus allen Ämtern und ordnete an, diesen Befehl durch dessen Gefangennahme oder auch Tod zu vollziehen. Jeder, auch er selbst, wusste, dass Wallensteins Soldaten eine Gefangennahme verhindern würden und der Beschluss somit ein Todesurteil war.

1633
Entlassungs-
dekret »tot oder
lebendig«

Es war nicht schwer, ehrgeizige Offiziere zu finden, die mit dem Versprechen auf hohe Entlohnung bereit waren, ihren Herrn zu verraten. In einer stürmischen Februarnacht 1634 drangen in Eger eine Handvoll Soldaten in Wallensteins Schlafzimmer ein und erstachen ihn mit einer Hellebarde. Sein Besitz wurde aufgeteilt, und die Offiziere, die seinen Tod organisiert hatten, wurden großzügig mit Gütern aus seinem Erbe entlohnt.

1634
Ermordung
in Eger

Der Krieg konnte nun weitergehen, und er wurde grausamer als je zuvor. Plünderungen, brutale Misshandlungen und Morde, Hunger und Seuchen herrschten überall. Am ehesten konnten die Menschen noch überleben, wenn sie sich selbst den Soldaten an-

Der Krieg
wird weitere
14 Jahre
dauern.

schlossen, um mit ihnen zu rauben und zu plündern. Die Heere, insbesondere ihr Anhang von Frauen und Dienstleistenden, wurden deshalb immer größer und bildeten einen eigenen gesetzlosen Staat im Staate, der seine Lebensgrundlage, den Krieg, weiter verlängern und Einigungen verhindern wollte. Friedensgespräche konnten erst begonnen werden, als die Ressourcen aller beteiligten Länder endgültig erschöpft waren. Danach dauerten die Verhandlungen in den Städten Münster und Osnabrück, auf die man sich schließlich geeinigt hatte, noch ganze vier Jahre, während der Krieg weiterging, bis endlich am 24. Oktober 1648 die Friedensglocken im ganzen Land läuteten.

1648
Westfälischer
Friede

Was bleibt?

Bis zu den Weltkriegen im 20. Jahrhundert, deren Zerstörung alles Vorangehende übertraf, war es die Erinnerung an den Dreißigjährigen Krieg, die das Entsetzen über die Verrohung und Grausamkeit aufrechterhielt, zu denen der Mensch fähig ist. Die Ergebnisse der Friedensverhandlungen in Münster und Osnabrück verdeutlichten zudem, wie sinnlos das Leiden war und wie wenig dieser Krieg verändert hatte: Im Grunde wurden die Bedingungen wiederhergestellt, die schon vor ihm bestanden hatten.

Die Protestanten, jetzt allerdings auch die Calvinisten, wurden wie im Augsburger Religionsfrieden von 1555 anerkannt, die Selbstbestimmung der Fürsten verstärkt und des Kaisers Macht vermindert. Deutschland verlor jedoch zwei Provinzen: Das Elsass ging an Frankreich und Vorpommern an Schweden. Auch war der Frieden keineswegs »ewig«, wie man damals gehofft hat. Frankreich und Spanien kämpften weiter, und wenig später begannen die Nordischen Kriege, in denen es wieder um Pommern ging. Immerhin waren diese nicht mehr von religiösen Konflikten verursacht.

Wallenstein wurde nach seinem Tod offiziell als ein Verräter dargestellt, der um persönlicher Vorteile willen gegen seinen Kaiser

Krieg führen wollte. Da alle Dokumente vernichtet wurden, gibt es keine Belege für das Gegenteil. Die Regierung konnte trotz aller Bemühungen aber auch nie mit einem Beweis für seinen Verrat aufwarten. Aller Wahrscheinlichkeit nach hat der Kaiser also einen kriminellen politischen Mord begangen.

Wallenstein hat die Grundlagen der österreichischen Armee gelegt. Es ist eher erstaunlich, wie wenig Folgen der Mord an diesem Mann hinterließ, der doch für einige Jahre die Geschicke Europas entscheidend bestimmte. So ist er vielleicht ein typisches Beispiel für Menschen, denen dank ihrer Intelligenz und Tatkraft kometenhafte Karrieren gelingen, die aber keine wegweisenden Spuren hinterlassen.

Literatur   Ein sehr bekanntes und lebhaft geschriebenes Geschichtsbuch, das hier verwendet wurde ist: C. V. Wedgwood, DER DREISSIGJÄHRIGE KRIEG. Zuletzt Hamburg 2011. Das Lexikon zu allen Themen, die den Dreißigjährigen Krieg betreffen: Friedemann Bedürftig, DER DREISSIGJÄHRIGE KRIEG. Darmstadt 2006.

Museen/Erinnerungsorte   Das tschechische Gitschin wollte Wallenstein zur Residenzstadt seines Herzogtums Friedland machen; die großartigen barocken Pläne sind nicht verwirklicht, aber er gestaltete die Stadt nach seinen Vorstellungen, und die Villa Libosad entstand dort nach seinen Plänen.   An den Dreißigjährigen Krieg erinnert das Museum dieses Krieges in Wittstock/Dosse, das Heeresgeschichtliche Museum in Wien und das Deutsche Historische Museum in Berlin.   In Münster und Osnabrück gibt es die Rathaussäle, in denen der Westfälische Friede verhandelt und geschlossen wurde.

Zeitgenossen

- -

Friedrich V. *Kurfürst der Pfalz, König von Böhmen (1596–1632)*

Streng calvinistisch erzogen, hatte er den Anspruch, zur weiteren Verbreitung seiner Religion beizutragen. Mit der Annahme der böhmischen Krone trug er entscheidend zum Ausbruch des Krieges bei. Vom Kaiser 1621 in die Acht geschlagen, verlor er die Kurwürde 1623 an Maximilian von Bayern. Nachdem sein Verbündeter Christian IV. von Dänemark geschlagen war, setzte er auf Gustav Adolf von Schweden, den er auch bei dessen Einzug in München begleitete. Er starb kurz nach der Schlacht von Lützen an der Pest.

Maximilian I. Herzog, seit 1623 Kurfürst von Bayern (1573–1651)

Ein Vetter Kaiser Ferdinands II. und von Jesuiten erzogen, war er ein entschiedener Gegenreformator. Er hat Bayern erfolgreich absolutistisch verwalten und vergrößern können. Das Ligaheer des Kaisers war weitgehend von ihm bezahlt und auch befehligt. Als Lohn konnte er die Oberpfalz und Teile der Rheinpfalz in sein Land eingliedern. Er war ein Gegner Wallensteins, weil Wallenstein gegen seine Kurwürde war und Kaiser Ferdinand mit dessen Hilfe die Macht der Fürsten bedrohte. 1630 erreichte er die Absetzung Wallensteins, musste 1632 aber um dessen Wiedereinsetzung bitten. Maximilian trägt mit Schuld an der langen Dauer des Krieges, weil sein Festhalten an dem Wunsch nach den Kurwürden des Pfälzers eine Einigung mit den protestantischen Fürsten verhinderte. Er war verheiratet mit Maria Anna von Österreich, der Tochter Ferdinands II.

Ferdinand II. Kaiser (1578–1637)

Von Jesuiten zu strengem katholischem Glauben erzogen und eigentlich nur einer steirischen Nebenlinie entstammend, gelang es ihm, die spanische Krone zu erlangen. 1615 wurde er König von Böhmen, 1618 König von Ungarn und 1620 Kaiser. In seinen Fürstentümern führte er rigoros Gegenreformationen durch und machte damals protestantische Länder wie Österreich und Böhmen zu Hochburgen des Katholizismus. Als Kaiser war es sein Ziel, den protestantisch gewordenen Kirchenbesitz der katholischen Kirche zurückzuführen. Damit trug er wesentlich zur Fortdauer des Krieges bei. Nach außen wenig eindrucksvoll, war er dennoch sehr hartnäckig und unnachgiebig.

Johannes Keppler Evangelischer Theologe, Mathematiker, Astronom und Astrologe (1571–1630)

Als genialer Naturwissenschaftler entschlüsselte er die Planetenbewegungen, dennoch war er zugleich Astrologe, wobei er es ablehnte, Details zu prognostizieren. (»Die Sterne zwingen nicht, sie machen nur geneigt.«) Wallenstein, der sich sonst von seinem Hausastrologen Seni die Sterne deuten ließ, brachte Keppler zweimal dazu, ein Horoskop für ihn zu erstellen. Vor allem das erste enthielt wenig Schmeichelhaftes über seinen Charakter.

Christian IV. König von Dänemark und Norwegen (1577–1648)

Er war ein aktiver absolutistischer Fürst, der in seinem Land viele Modernisierungen einführte und große Bautätigkeit entfaltete. Ihm war vor allem die Ausweitung der Macht der Habsburger unheimlich.

Johann t'Serclas Graf von Tilly Befehlshaber des Ligaheers (1559–1632)

Jesuitisch erzogen, wollte er mit allen Mitteln die protestantische »Ketzerei« bekämpfen. Zu Beginn des Krieges unter Maximilian von Bayern Befehlshaber des Ligaheers, ab 1625 unter Wallenstein, besiegte er Christian IV. in Lutter. Gustav Adolf schlug ihn bei Breitenfeld vernichtend. Er starb ein Jahr später an den Folgen einer Verletzung. Tilly erhielt von den katholischen Fürsten und dem Kaiser notorisch zu wenig Geld für seine Truppen, die deshalb aufs Plündern angewiesen und bei der Bevölkerung besonders verhasst waren.

Gustav Adolf II. König von Schweden (1594–1632)

Sehr begabt und mehrere Sprachen sprechend, hat er neue Waffen und Militärstrategien entwickelt und sein Land reformiert. Er hatte in Kriegen gegen Dänemark, Russland und Polen Schweden schon um Teile des Baltikums vergrößert, als er 1630 in den Krieg in Deutschland eintrat. Sein Ziel war, die Macht der Habsburger zu begrenzen, die Religionsfreiheit zu sichern und deutsche Länder an der Ostsee, vor allem Pommern, zu gewinnen. Mit der Unterstützung Frankreichs und im Bündnis mit den deutschen protestantischen Fürsten gelang ihm ein Siegeszug, der Maximilian von Bayern und Kaiser Ferdinand in Bedrängnis brachte. In nur drei Jahren hat er in Deutschland große Verheerungen angerichtet.

Kardinal Richelieu Premierminister Frankreichs von 1624–1642 (1585–1662)

Er war Staatssekretär am Hofe Ludwigs XIII. und stieg dann zum Kardinal und Premierminister auf. Um die europäische Vormachtstellung Habsburgs zu bekämpfen, betrieb er in Deutschland eine geschickte Diplomatie, die immer gegen den Kaiser gerichtet und auf die Fortsetzung des Krieges bedacht war. Seine eigenen Soldaten konnte er damit schonen; erst 1635 griff er mit Truppen in den Kampf ein. Er musste es dann hinnehmen, dass sich der Krieg auch auf sein Land ausdehnte und kaiserliche Truppen bis 80 Kilometer vor Paris gelangten. Die späteren Siege in der Koalition mit Schweden und den Niederlanden erlebte er noch, dann starb er, geachtet, aber nicht geliebt von seinem Volk, das oft unter seiner Strenge hatte leiden müssen.

Caspar de Guzmann, Graf von Olivares Premierminister unter dem spanischen König Philipp IV. (1587–1645)

Er wollte die alte Hegemonialmacht der spanischen Habsburger in Europa aufrechterhalten und besonders die seit 1581 abgetrennten Vereinigten Niederlande wieder in seinen Machtbereich eingliedern. Damit trug er viel zur Länge des Krieges bei. Am Ende scheiterte er auf der ganzen Linie: 1640 trennte sich Portugal von Spanien, und in Katalonien gab es einen Aufstand, bei dem der französische König zum Grafen von Katalonien gewählt wurde. 1643 fügten die Franzosen den Spaniern eine Niederlage zu, die alle Hegemonialwünsche zunichtemachte. Olivares wurde 1643 wegen seines Versagens ins Exil geschickt.

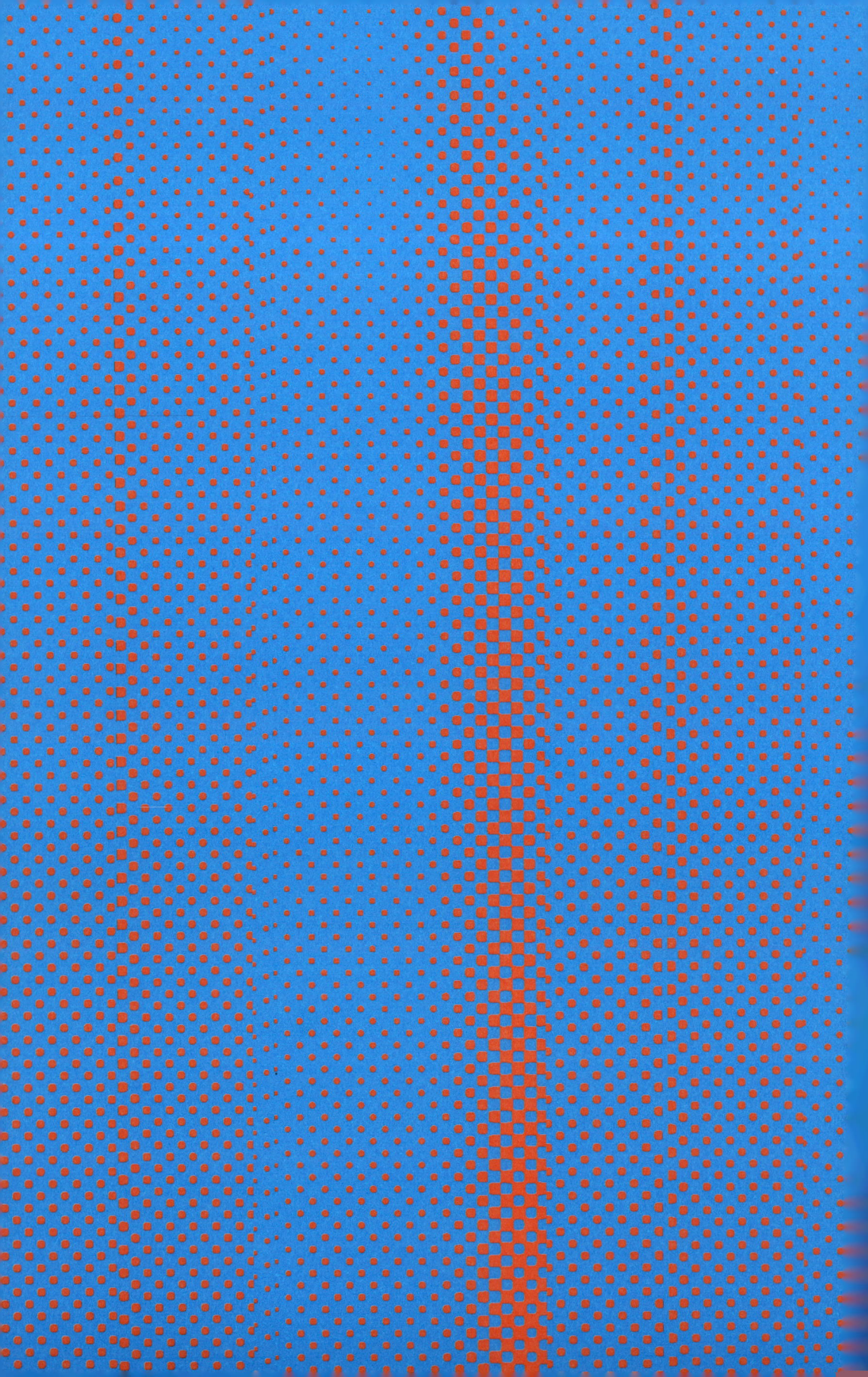

IV. DIE LANGE SUCHE
nach der Gestalt des
STAATES

VATERLAND, NATION UND REICH

Deutschland, *ein* Vaterland? Vor und nach dem Dreißigjährigen Krieg bestand Deutschland aus wenigstens 300 Vaterländern! Die Hälfte der Einwohner war in diesem Krieg gestorben, ohne dass sich die politische Landkarte nennenswert verändert hatte. In der Mitte Europas lag noch immer eine unüberschaubar vielfältige Menge an kleinen deutschen Einzelstaaten.

Die einfachen Menschen damals dachten natürlich nicht global, sondern sehr kleinteilig: Heimat war für sie die Stadt oder das Dorf, in dem sie lebten. Als ihr Vaterland bezeichneten sie nicht Deutschland, sondern die Landesherrschaft, in der ihre Stadt oder ihr Dorf lagen. Sie gehörten also zum Herzog von Mecklenburg-Schwerin oder zum Kurfürsten von Bayern oder zum Landgrafen von Hessen-Kassel oder zum Königreich Böhmen. Sie hatten aber auch ein Gefühl für eine übergeordnete Einheit aller deutschen Vaterländer; diese Zusammengehörigkeit nannten sie damals schon die »Nation«.

Die deutsche Nation, deren Zugehörigkeit sich an der Sprache festmachte, reichte natürlich über die Landesgrenzen hinaus. Die andere Ordnungseinheit, die über die Ländergrenzen hinwegging, war das Heilige Römische Reich, zu dem allerdings auch andere Nationen gehörten. Dass beides, Reich und Nation, im Alltag der Menschen des 17. und 18. Jahrhunderts eine ganz geringe Rolle spielte, spiegelte sich auch in der Reichsverfassung wider, die im Westfälischen Frieden 1648 festgelegt wurde: Der Kaiser musste nun bei Reichsgeschäften die Zustimmung der Reichsstände, der vielen Vaterländer, einholen. Die Reichsstände selber aber bekamen für ihre Territorien die volle Landeshoheit, das heißt Gesetzgebung, Rechtsprechung, Steuerhoheit, Bewaffnungsrecht, Bündnisrecht und Entscheidung über Krieg und Frieden. Das Heilige Römische Reich blieb damit ein Verband von Einzelstaaten, der noch lockerer zusammenhing als bisher. Das Reich verlor an Bedeutung, die Fürsten machten sich nicht einmal mehr die Mühe, regelmäßig zusammenzukommen. Ab 1663 tagte der sogenannte »immerwährende Reichstag« in Regensburg, wo die Fürsten nicht mehr persönlich erschienen, sondern durch ständige Gesandte vertreten waren.

Die eigentlichen Sieger des Dreißigjährigen Kriegs waren zwei andere europäische Mächte: Frankreich und Schweden. Frankreich gewann das Elsass und Verdun, Schweden vor allem Vorpommern, Bremen, das Stift Verden und Wismar. Der schwedische König gehörte damit auch zum Heiligen Römischen Reich, er wurde Reichsfürst.

So wie in Frankreich nun Ludwig XIV. seine absolute Macht mit barocker Pracht ausbaute, strebte jeder deutsche Landesfürst ihm nach und bemühte sich, sein eigenes Vaterland neu aufzubauen und herauszuputzen. Die Habsburger, obwohl sie immer noch die Kaiser des Reiches waren, waren auch nur Landesherren unter all den anderen aufstrebenden Landesherren des Reichs, was sich noch heute in der Menge der großen Residenzstädte zeigt. Neben Wien gehörten dazu Berlin, Dresden, München, aber auch Hannover, Kassel, Düsseldorf, Bonn, Schwerin, Mainz, Würzburg, Mannheim, Karlsruhe, Weimar und Detmold, um nur einige wenige zu nennen – allesamt Städte, die von den jeweiligen Fürsten mit großartigen Bauprojekten zu kulturellen Hochburgen ausgebaut wurden.

Im Osten trat nun Friedrich Wilhelm I. an, ein völlig verarmtes, entvölkertes Preußen zu einem vor allem militärisch starken Staatswesen zu entwickeln. Und sein Sohn Friedrich II. nutzte diese militärische Stärke, um sich in dem Moment, in dem in Österreich mit Maria Theresia eine Frau regierte, auf deren Kosten nach Schlesien auszudehnen. Doch Maria Theresia war nicht so schwach, wie Friedrich II. sich das gedacht hatte, sondern wusste sich zu wehren und den Habsburgern die kaiserliche Macht zu erhalten.

Mit dem Aufstieg Preußens zur europäischen Großmacht war zwischen Preußen und Österreich eine Machtfrage gestellt, die Mitteleuropa fast 200 Jahre lang beschäftigten sollte: Welcher der beiden Staaten war der stärkere? Und wem würde sich das dritte Deutschland anschließen? Das dritte Deutschland, das waren die vielen kleineren Staaten, die, wie Sachsen oder Bayern, durchaus nicht so klein waren – schließlich war der sächsische Kurfürst in dieser Zeit auch König von Polen.

DIE BEGEGNUNG MIT NAPOLEON

Ehe man darauf eine Antwort wusste, überrannte der französische Kaiser Napoleon mit seinen Armeen Europa und drohte Preußen und Österreich zu vernichten. Nach der Niederlage von Jena und Auerstedt 1806 hatte Friedrich Wilhelm III. im Frieden von Tilsit die Hälfte seiner Einwohner und seines Territoriums verloren; Preußen schien nach nur 50 Jahren als Großmacht bereits wieder vergangen.

Doch gerade diese Niederlage machte den Weg frei für Reformen, die Preußen im 19. Jahrhundert zu einem der modernsten Staaten Europas machen sollten und zu einer neuen und noch stärkeren Konkurrenz für Österreich. Schon Jahre vorher waren die Reformer, die Freiherren Karl von Stein und Karl August von Hardenberg, als Minister in Preußen immer wieder mit Reformvorschlägen vorstellig geworden. Doch erst unter dem Eindruck der Niederlage gegen Napoleon konnten sie sich mit ihrem sogenannten Oktoberedikt in wesentlichen Punkten durchsetzen: »Nach dem Martini-Tage 1810 giebt es nur freie Leute« – dieser Satz befreite Millionen von Preußen, Bauern wie Knechte und Mägde, aus der jahrhundertelangen Erbuntertänigkeit der Gutsherrschaften. Sie durften nun nach Belieben wegziehen, Besitz erwerben, vererben und ohne Erlaubnis heiraten. Auch die Juden befreiten die Reformer von vielen Diskriminierungen. Und die nächste revolutionäre Veränderung war die Freiheit der Berufswahl: Ein Adliger durfte nun auch einen bürgerlichen Beruf ergreifen, ein Bürgerlicher durfte Handwerker oder Bauer werden, ein Bauer auch einen bürgerlichen Beruf ergreifen, rein theoretisch zumindest. Dass das auch praktisch nach und nach möglich wurde, darum bemühte sich Wilhelm von Humboldt mit der letzten großen Reformtat: der Bildungsreform. Der preußi-

sche Staat garantierte fortan die Qualität der Bildung: Lehrer mussten staatliche Prüfungen bestehen, der Lehrplan wurde landesweit
einheitlich vorgegeben, was dazu führte, dass in Preußen Ende des
19. Jahrhunderts mehr Menschen lesen und schreiben konnten als
anderswo in Mitteleuropa.

Die Gewerbefreiheit und die kommunale Selbstverwaltung
bildeten dann die Grundlage dafür, dass sich in Preußen die Industrialisierung überdurchschnittlich entwickeln konnte. Das war die
Voraussetzung für das Kräftemessen zwischen Österreich und Preußen, das die Politik des 19. Jahrhunderts in Mitteleuropa bestimmen sollte.

Allerdings dauerte es Jahre, bis sich diese theoretischen Möglichkeiten langsam in der Praxis durchsetzten. Zunächst einmal
musste sich Europa von der Umklammerung Napoleons befreien.
Im Februar 1813 führte Friedrich Wilhelm III. »für die Dauer des
Krieges« die allgemeine Wehrpflicht ein. Preußen beteiligte sich mit
280 000 Soldaten an den Befreiungskriegen, das waren 12 Prozent
der männlichen Bevölkerung. Diese für diese Zeit ungeheure Menge
wurde nicht nur möglich durch die Befreiung der Landbevölkerung,
sondern auch dadurch, dass die Befreiungskriege eine Massenbewe-
gung auslösten. Eine ganze Generation, bewegt durch Menschen
wie Turnvater Jahn, machte sich die Befreiung von Napoleon zum
Lebensinhalt. Dass nach den Befreiungskriegen eine Einheit aller
deutschen Staaten entstehen sollte, wurde plötzlich die alles beherrschende Sehnsucht vor allem der bürgerlichen Deutschen.

Bei den Österreichern hatte die Begegnung mit Napoleon
allerdings einen anderen Impuls ausgelöst. Clemens Fürst Metternich war der beherrschende Staatsmann seiner Zeit, der nur ein Ziel
kannte: die Macht des habsburgischen Österreichs in seiner multinationalen Gestalt zu erhalten. In ihm hatte nicht nur Napoleon,
sondern auch sein eigenes Volk einen starken Gegner. Er kämpfte
zunächst gegen die Franzosen, dann gegen Demokraten und Nationalisten im eigenen Staat. Das führte durch Pressezensur, ein um-
fassendes Spitzelwesen und die Inhaftierung Andersdenkender zu

einer völligen Erstarrung Österreichs und durch die Verbindung über den Deutschen Bund auch anderer deutscher Staaten, besonders aber des preußischen. Die so entstandenen Verhältnisse mündeten in die Revolution von 1848.

WIE DIE MODERNEN ERFINDUNGEN DAS LEBEN VERÄNDERTEN

Jahrhundertelang war es egal gewesen, ob die Deutschen als Nation vereint lebten oder nicht. Jetzt strebten die meisten Bürger plötzlich nach einem großen deutschen Nationalstaat mit einer Verfassung und einem Parlament. Noch vor der Revolution dichtete Hofmann von Fallersleben die heutige Nationalhymne der Bundesrepublik, die in dieser Zeit wie ein völlig unrealisierbarer Traum erschien: »Deutschland, einig Vaterland«.

In der Suche nach einer festen Form des Staatswesens, vor allem aber in der Heftigkeit der Auseinandersetzungen spiegelte sich auch eine tiefe Verunsicherung der Menschen angesichts des Lebenswandels, den das 19. Jahrhundert brachte. Nie zuvor in der Geschichte hat es so schnell so tief greifende Veränderungen im Leben der Menschen gegeben:

Geschwindigkeit war immer auf die Pferdestärken beschränkt gewesen, und nun dampften Eisenbahnen und Schiffe durch die Welt. 1835 ist die erste Eisenbahnstrecke in Deutschland zwischen Nürnberg und Fürth eröffnet worden, 1838 von Berlin nach Potsdam. 1826 gab es in Preußen 50 Dampfmaschinen, 1847 schon 1100. 1843 gab es in Berlin 11 Maschinenfabriken mit 1000 Arbeitern, drei Jahre später 34 mit 4200 Arbeitern.

Kommunikation hatte sich bisher auf das Gespräch oder den Brief beschränkt; jetzt konnte man innerhalb von Sekunden Nachrichten über Hunderte von Kilometern durch den Telegrafen und bald auch das Telefon vermitteln. Hatte man Gesehenes festhalten wollen, ging das nur mit Papier und Stift; 1838 brachte es Louis

Daguerre fertig, einen Gegenstand im Bild, einer Art Foto, festzuhalten. Immer war Wäsche mit der Hand gewaschen worden; das
übernahm nun eine Maschine.

Immer hatten Handwerker einen ganzen Gegenstand gefer-
tigt, ein ganzes Produkt hergestellt; jetzt waren die Fabrikarbeiter
nur noch ein winziges Glied in einer großen Produktionskette, die
mehr und mehr von Maschinen übernommen wurde. Sie sollten wie
Maschinen arbeiten und funktionieren, sie brauchten keine Ausbildung, und sie wurden mit ihrem 12-stündigen Arbeitstag und
ihrem geringen Lohn auch wie Maschinen behandelt. Dazu stiegen die Einwohnerzahlen in Deutschland von 1750 bis 1900 fast um
das Dreifache. 1750 waren es 20 Millionen, 1820 25 Millionen, 1850
30 Millionen und 1900 57 Millionen. In der Landwirtschaft waren
1801 80 Prozent der Menschen beschäftigt, 1895 nur noch 36 Prozent.

Diese Veränderungen und die Umschichtung und Entwurze-
lung der Bevölkerung führten dazu, dass es viel Armut und Elend
gab. Massenarbeitslosigkeit und Hungersnöte durch schlechte Ern-
ten, aber auch die politische Verfolgung trieben die Menschen zur
Auswanderung. Von 1830 bis 1870 sind über 2,5 Millionen Menschen
aus deutschen Ländern ausgewandert, meist nach Nordamerika.

Diejenigen, die blieben, verarbeiteten auf andere Weise die
Veränderungen: Die einen hielten starr bis zum Blutvergießen am
Althergebrachten, Überkommenen und vor allem an ihren Privilegien fest. Andere zogen sich ins Private, ins »Biedermeierliche«
zurück. Wieder andere flüchteten in schwärmerische Naturselig-
keit und Romantik, rückwärtsgewandte Mystik oder fanden Halt
in politischen Ideologien – im Nationalismus oder im Kommunismus. Man suchte nach Gesetzmäßigkeiten, die den Weg weisen
konnten, wie die Kommunisten, die eine Revolution vorhersagten,
die schon in naher Zukunft die ganze Gesellschaft, die ganze Welt
verändern würde und dabei von den Ärmsten ausginge, vom Proletariat. Karl Marx rief nicht zufällig im Jahr 1848 die Völker der Erde
zur Weltrevolution auf.

DIE REVOLUTION VON 1848

Tatsächlich schwelte es in diesem Schlüsseljahr überall in Europa. Im Februar musste der französische König abdanken, und in Paris wurde die Republik ausgerufen. Aus Wien musste der alte Metternich flüchten und der Kaiser dem Volk eine Verfassung versprechen. Und auch der preußische König stimmte, nachdem es bei einer Demonstration vor seinem Berliner Schloss 254 Tote gegeben hatte, einer verfassunggebenden Nationalversammlung zu.

Von April bis Mai 1848 gab es die ersten und einzigen Wahlen im gesamten deutschsprachigen Mitteleuropa von Ostpreußen bis in die Steiermark, die es jemals gegeben hat. Wählen durften nur männliche Erwachsene über 25 Jahren, aber immerhin kamen Vertreter aus der gesamten deutschen Nation in Frankfurt zusammen. Die ältesten Abgeordneten waren schon an den Befreiungskriegen gegen Napoleon beteiligt gewesen. Viele jüngere Abgeordnete begannen eine politische Tätigkeit, die sie später in den österreichischen Reichsrat, das Zollparlament, die norddeutschen und deutschen Reichstage führen sollte. Insofern ist diese Revolution nie gescheitert, sondern war tatsächlich der Beginn der politischen Teilhabe des Volkes.

Wie sehr das Volk Anteil nahm, zeigt die Zahl der Petitionen: An die 30 000 Eingaben mit nahezu 3 Millionen Unterschriften erreichten die Abgeordneten in Frankfurt. Zum ersten Mal taten sich Menschen mit gleichen Interessen zusammen und versuchten, auf die Entwicklung des Staates Einfluss zu nehmen. Und es kam tatsächlich etwas zustande: ein Verfassungstext für einen deutschen Gesamtstaat. Vor allem seine Grundrechte wurden später die Grundlage der Weimarer Verfassung und gelten teilweise noch heute in Form des Bonner Grundgesetzes. Auch insofern war die Revolution eigentlich durchaus erfolgreich.

Was die Form des neuen Staates anging, so entschieden sich die Abgeordneten endlich nach monatelangen heftigen Verhandlungen für einen Bundesstaat mit einem Kaiser an der Spitze, wie es immer gewesen war, aber mit dem Unterschied, dass sich der Kaiser nun vor einem Parlament verantworten sollte. Das Problem war nur, dass keiner, den die Revolutionäre fragten, der Kaiser eines solchen deutschen Gesamtstaates sein wollte. Der 18-jährige Franz Joseph I. konnte und wollte sein gerade ererbtes übernationales Habsburgerreich nicht aufgeben, und wenige Monate später lehnte auch der preußische König schroff ab. Stattdessen schickte er Soldaten unter der Führung seines Bruders, um der Revolution ein Ende zu machen.

DAS DEUTSCHE REICH

Ausgerechnet dieser Bruder sollte 20 Jahre später als Wilhelm I. doch noch Kaiser eines nun kleindeutschen Gesamtstaates werden. Dazu verhalf ihm auf ganz eigenwilligen Schleichwegen sein Kanzler Otto von Bismarck.

Dass die Hauptforderung der Frankfurter Abgeordneten, die Gründung eines Deutschen Reichs unter einem Kaiser, von einem Mann wie Bismarck durchgesetzt wurde, war ein Grund dafür, dass in diesem Kaiserreich jede freiheitliche Opposition mundtot gemacht werden konnte: Jetzt habt ihr doch ein Parlament und ein Deutsches Reich und eine Sozial- und Rentenversicherung gegen die Armut der Arbeiter, jetzt ist aber mal Schluss mit den Forderungen, was wollt ihr denn noch mehr? – Mit dieser Haltung begegneten Bismarck und seine Anhänger den Forderungen der Arbeiter, die zwar unter August Bebel gemäßigt auftraten, aber deren Partei, die Sozialdemokratie, trotzdem zehn Jahre lang verboten wurde.

So begegnete das Kaiserreich auch den Forderungen der Frauen nach Gleichberechtigung und Mitsprache, dem Bedürfnis der Juden nach Integration und Assimilation, den Liberalen mit ihrer Forderung nach Pressefreiheit und den Katholiken mit ihrem Bedürfnis, in diesem protestantischen Staat mitzuwirken. Das deutsche Kaiserreich, in einem großen Kraftakt entstanden, war eine zwar wirtschaftlich und wissenschaftlich blühende, aber militärisch strenge, auf Konvention und Hierarchie bedachte, intolerante Gesellschaft, die Andersdenkende mit großer Brutalität ausschloss. Antisemitismus, Chauvinismus und Fremdenfeindlichkeit waren weit verbreitet, auch als Bismarck längst gegangen war.

Nicht umsonst wird die Periode nach Bismarcks Entlassung nach ihrem Kaiser als die Zeit des Wilhelminismus bezeichnet. Wilhelm II. zeichnete eine gewisse Großspurigkeit aus. Ein permanentes Säbelrasseln war Hintergrundmusik im Deutschen Reich. Doch da stand Preußen nicht allein; auch in Österreich war das Militär allenthalben präsent. Und die Präsenz des Militärs in der Gesellschaft gehörte zum Zeitgeist auch in anderen europäischen Staaten.

In Österreich regierte noch immer Franz Joseph, inzwischen ein Greis, der nicht darüber hinwegkam, dass Österreich den Einfluss in Deutschland und Italien verloren hatte. Er suchte nach den vielen Niederlagen einen Ausgleich im Süden seines Reichs auf dem Balkan und kam dort ins Gehege der Interessen der anderen europäischen Mächte, vor allem Russlands. Wilhelm II. unterstützte ihn.

So schlitterte Europa 1914 hinein in den Ersten Weltkrieg – begeistert waren alle Nationen, weil sie hofften, die gesellschaftlichen Spannungen, an denen sie alle litten, in einem großen gemeinsamen Kampf loszuwerden. Als ob es sich um eine harmlose Prügelei auf einem Schulhof handelte! Und entsetzt und überrumpelt wurden alle davon, dass sich mit den neuen Erfindungen nicht nur der friedliche Alltag, sondern auch der Kriegsalltag auf entsetzliche Weise verändert hatte.

Der König von Preußen
FRIEDRICH II.
1712–1786

FRIEDRICH II.

Friedrich II. wird am 24.1.1712 in Charlottenburg geboren.

Über die Geburt Friedrichs war der Vater Friedrich Wilhelm I. so begeistert, dass er 101 Kanonenschüsse abfeuern ließ, deren Lärm das Baby kaum ertragen konnte. Und am Kamin, in gefährlicher Nähe zu den Flammen, herzte und drückte er es so heftig, dass die Gouvernante um das Leben des Kindes fürchtete und es dem König aus den Händen reißen musste.

Mit den Jahren verlor sich die väterliche Freude, die rücksichtslose Heftigkeit Friedrich Wilhelms I. aber wurde zu einer ständigen Qual für den Kronprinzen. Der König wachte über den strengen Tages- und Unterrichtsplan, den er für seinen Sohn entworfen hatte, überprüfte die erreichten Lernfortschritte und setzte die Strafen fest, die auf Verfehlungen zu erfolgen hatten. Friedrich Wilhelm war von Grund auf autoritär und konnte sehr wütend werden, wenn Friedrich seine Aufgaben nicht oder unzureichend erfüllte. Er schimpfte dann grob und hemmungslos, demütigte den Sohn vor Dienern und Erziehern oder verprügelte ihn sogar.

1725 Friedrich wird 13-jährig zum Hauptmann ernannt.

Der Kronprinz litt sehr darunter, aber er lernte mit der Zeit, sich zu wehren. Mit geschickten Argumenten, mit Zitaten aus der Bibel oder sonstigen nicht anzufechtenden Schriften, mit hervorragender Selbstbeherrschung, aber auch Verstellung und Scheinheiligkeit bot er den wütenden Vorhaltungen des Vaters Paroli.

Der Höhepunkt dieser Auseinandersetzungen war ein Fluchtversuch, den Friedrich mit 18 Jahren unternahm. Er hatte ihn mit seinem engen Freund, dem damals 26-jährigen Leutnant Hans Herrmann Katte, geplant. Aber schon bei den Vorbereitungen waren die beiden so unvorsichtig vorgegangen, dass die Späher des Vaters ihre Absicht bald erkannten und sie im geeigneten Augenblick getrennt festnahmen.

August 1730 Fluchtversuch mit dem Freund Katte

Der König reagierte brutal. Er sah die Flucht als die Desertion zweier Offiziere an, setzte ein Kriegsgericht ein und verlangte, dass es die Strafe verhänge, die bei einem solchen Vergehen als Einziges angemessen sei, den Tod. Obgleich das Gericht dem nicht nachkam, setzte er dieses Urteil für Katte auch durch. Den Sohn opferte er am Ende nicht, aber er fügte ihm eine Strafe zu, die grausamer kaum sein konnte: Friedrich musste von dem Fenster des Kerkers in Küstrin, in dem er gefangen gehalten wurde, mitansehen, wie sein Freund enthauptet wurde. Offensichtlich war dies ein schweres Trauma, das ihn tief verstörte. Er wurde ohnmächtig, als der Kopf fiel, und schaute anschließend immer wieder starr und stumm vor Entsetzen auf den mit einem schwarzen Tuch bedeckten Leichnam, der noch stundenlang vor seinem Fenster liegen blieb. Sofort danach musste er schwören, von nun an seinem Vater immer zu gehorchen. Die Festung durfte er ein Jahr lang nur für einige Stunden täglich verlassen, um in einer landwirtschaftlichen Verwaltung Schreibarbeiten zu erledigen.

November 1730
Hinrichtung
Kattes

Die schwierige Beziehung zu seinem Vater, die in diese Katastrophe mündete, hatte ohne Zweifel Auswirkungen auf Friedrichs Persönlichkeit und zu ihrer widersprüchlichen Vielschichtigkeit entscheidend beigetragen. Schon früh bemühte sich der Kronprinz offensichtlich darum, grundsätzlich anders zu sein als sein Vater. Um nicht, wie dieser, ungebildet und ungeschliffen zu wirken, versuchte er, charmant und gewinnend aufzutreten, eignete sich eine profunde literarische und philosophische Bildung an und übte sich auch selbst als Literat. Er schrieb sein Leben lang viele Verse, Essays und Bücher und hinterließ am Ende seines Lebens ein vielbändiges Werk von Gedichten und politischen, historischen oder philosophischen Schriften. Auch widmete er sich leidenschaftlich und mit großer Energie der Musik. Er spielte oft mehrere Stunden täglich als Solist oder zusammen in einem kleinen Ensemble Querflöte und komponierte selbst Konzerte. Und immer umgab er sich mit einem Kreis intellektueller, gebildeter und musischer Freunde, mit denen er geistvolle Gespräche führte.

Wie sich bald nach Friedrichs Thronbesteigung herausstellte, wurden die intellektuellen und charmanten Seiten seiner Person aber auch von einem erstaunlichen Kampfesmut begleitet. Er war nicht nur geschickt im defensiven Ausweichen, Sich-Verbergen und

Verstellen, sondern forderte Auseinandersetzungen auch provokant und risikobereit gern selbst heraus. Manchmal ging er darin allerdings zu weit; dann war er überheblich, spöttisch, verächtlich und verletzend. In seinen Kriegen sollte sich später herausstellen, dass er im Kampf kritiklos seine Fähigkeiten überschätzen und damit leichtsinnig und viel zu risikoreich handeln konnte.

Auch die »Katte-Episode« wirkte sich oberflächlich gesehen eher positiv auf seine Entwicklung aus: Die furchtbare Strafe hatte ihm offenbar gezeigt, dass ein zukünftiger König sein Heil nicht in der Flucht suchen darf, wenn er vor Probleme gestellt ist. Damit begann er die rein oppositionelle Haltung gegen den Vater aufzugeben und zumindest dessen pädagogische Motive, wenn auch nicht das Ausmaß seiner Strafen zu verstehen. Obgleich er sicher weiter unter ihm litt, war er nach der Verbüßung seiner Strafe doch bereit anzuerkennen, dass Friedrich Wilhelm viel für sein Land geleistet hatte, und versöhnte sich in den kommenden Jahren allmählich mit ihm.

Zugleich aber war die grausame Enthauptung seines Freundes auch ein Trauma, das ihn lebenslang beeinträchtigte. Sein Vertrauen in Menschen, seine Lebensfreude waren seitdem nachhaltig erschüttert. Friedrich blieb immer ein verschlossener Mensch, der trotz aller freundschaftlichen Kontakte seine intimen Wünsche und Gefühle verbarg. Er war misstrauisch, trotz seiner charmanten Seiten auch sehr distanziert und im Innern letztlich einsam. Dennoch gelang es ihm, in den auf diese Episode folgenden zehn Jahren seiner Kronprinzenzeit äußerlich ein geselliges, geistvolles und scheinbar heiteres Leben zu führen.

1733
Heirat

1733 heiratete Friedrich auf Wunsch seines Vaters die Prinzessin Christina Elisabeth von Braunschweig-Bevern. Er liebte sie nicht, verachtete sie später sogar. Das lag freilich nicht an ihr; er scheint auch sonst keine Frau geliebt zu haben. Zu einer nahen Beziehung war er vielleicht gar nicht in der Lage. Nach dem Tod seines Vaters hat er sich auch gleich räumlich von ihr getrennt und ihr ein eigenes Schloss zugewiesen. Aber vorerst verbrachte er mit ihr im Kreise guter Freunde sieben unbeschwerte Jahre. Auf Schloss Rheinsberg schuf er sich einen »Musenhof«, auf dem er sich mit Künstlern und Intellektuellen, auch mit Frauen, umgab, Freundschaften pflegte, musizierte und diskutierte. Damals begann auch die Korrespondenz mit Voltaire, dem in Europa bekanntesten Philosophen und Literaten der Aufklärung. Sie hielt, unterbrochen von wenigen Jahren der gegenseitigen Verstimmung, bis zu Voltaires Tod 1778 an und kann wegen ihrer geistvollen Eleganz wohl zu den großen literarischen Ereignissen des 18. Jahrhunderts gezählt werden.

Unter Voltaires Einfluss schrieb Friedrich in Rheinsberg den ANTI-MACHIAVELL, eine Schrift, in der er in der Auseinandersetzung mit dem italienischen Renaissance-Denker Niccolò Machiavelli die moralischen Grundsätze einer aufgeklärten Fürstenherrschaft darstellte. Er hat sich sicherlich nicht im Einzelnen daran gehalten, insbesondere nicht an die Verurteilung allen Handelns, das von der »Begierde nach Ruhm« motiviert ist. Aber im Grundsätzlichen ist Friedrich den darin aufgestellten Prinzipien treu geblieben. Er war überzeugt, dass das Wohl des Landes höher zu stehen habe als die Bedürfnisse des Königs. Dieser dürfe nichts anderes als der »erste Diener« seines Staates sein wollen, in dem entsprechend der Philosophie der Aufklärung jeder Bürger zwar die Gesetze des Königs achten müsse, aber doch selbstständig denken solle und in der Religionswahl »nach seiner Façon selig werden« dürfe.

Am 31. Mai 1740 starb Friedrichs Vater in der sicheren Zuversicht, dass er sein Lebenswerk einem würdigen und befähigten Nachfolger übergebe. Im November desselben Jahres schon fasste der 28-jährige König Friedrich den Entschluss, Krieg zu führen, um eine neue Provinz für Preußen zu erobern, und einen Monat später fiel er mit seinen Truppen im zur österreichischen Monarchie gehörenden Schlesien ein.

Friedrich setzte damit gleich zu Beginn seiner Regentschaft bewusst die Existenz seines Staates aufs Spiel, und er hatte dabei nur ein Motiv: Er wollte ein großer König sein und sich ein »Rendezvous mit dem Ruhm« schaffen, wie er es vor seinen Offizieren formulierte. Die politische Begründung und juristische Berechtigung dieses

---

1736
Übersiedlung nach Rheinsberg

1739/40
Arbeit am ANTI-MACHIAVELL

Mai 1740
Tod Friedrich Wilhelms I.

November 1740
Beginn des Ersten Schlesischen Kriegs

Krieges war mehr als fragwürdig; auch war die militärische Situation keineswegs so günstig, wie er sie einschätzte. Friedrich glaubte, Österreich sei von vorangehenden Kriegen gegen die Osmanen geschwächt und Maria Theresia, die im November desselben Jahres nach dem Tod ihres Vaters Kaiserin von Österreich geworden war, habe nicht die Kraft, ihm militärisch zu widerstehen. Doch dass er am Ende gewann und im Juni 1742 nach einem Friedensschluss in Breslau Schlesien behalten durfte, lag nicht an seiner Überlegenheit. Er hatte zwar zwei Schlachten mit Glück gewonnen, profitierte aber vor allem davon, dass Österreich noch andere Feinde hinzubekam: Spanien, Frankreich, Sachsen und Bayern wollten ebenfalls die Chance des Machtwechsels in Österreich nutzen und einen Teil des Vielvölkerstaates für sich gewinnen. Um diesem Ansturm standzuhalten, brauchte Maria Theresia die Waffenruhe mit Preußen.

Juni 1742
*Friede von Breslau/
Ende des Ersten
Schlesischen Kriegs*

Aber sie war sicher nicht gewillt, dauerhaft auf Schlesien zu verzichten, und nachdem es ihr in bewundernswerter Weise gelungen war, ihre übrigen Feinde zurückzudrängen, konnte sich Friedrich sicher sein, dass sie ihn angreifen würde. Im August 1744 begann er deshalb vorbeugend den Zweiten Schlesischen Krieg und fiel in Böhmen ein. Über drei große Schlachten gelang es ihm erneut, das von den vorangehenden Kämpfen geschwächte österreichische Heer zu besiegen und sich zu Weihnachten 1745 im Frieden von Dresden noch einmal den Besitz Schlesiens bestätigen zu lassen.

August 1744
*Beginn des Zweiten
Schlesischen Kriegs*

Dezember 1745
*Friede von Dresden/
Ende des Zweiten
Schlesischen Kriegs*

Auch wenn er manche strategischen Fehler gemacht hatte, im Großen und Ganzen hatte Friedrich sich bewährt in diesen Kämpfen und vor allem in der Schlacht von Hohenfriedberg ein erstaunliches Talent als mutiger, umsichtiger und risikobereiter Feldherr erkennen lassen. In ganz Europa wurde er nun zugleich bewundert und gefürchtet – freilich von vielen auch moralisch als Eroberungskrieger verurteilt.

Jetzt hatte er für elf Jahre Frieden und endlich die Chance, sein Land so zu regieren, wie er es für einen Fürsten der Aufklärung für richtig hielt. Er reformierte die Verwaltung, insbesondere das Justizwesen, das er sehr viel effektiver und liberaler umgestalten ließ, förderte die Wirtschaft, kultivierte im großen Stil Moore und ließ neue landwirtschaftliche Produkte und Methoden einführen. Er kümmerte sich um Schulen, Universitäten und die Wissenschaften und bereicherte den Kunstschatz Preußens, indem er bedeutende Bauten – vor allem Schloss Sanssouci und die Oper in Berlin – errichten und Gemälde-, Skulpturen- und Porzellansammlungen anlegen ließ.

1745–1748
*Bau von
Schloss Sanssouci*

Maria Theresia aber konnte sich mit dem Verlust Schlesiens nicht abfinden und sann auf Wiedergutmachung. Tatsächlich gelangen ihrem Kanzler Kaunitz erstaunliche diplomatische Erfolge, die einen dritten Krieg um Schlesien aussichtsreich erscheinen ließen: Er gewann die Zarin Elisabeth von Russland als Bündnispartner, die über einen Krieg gegen Preußen Landeroberungen im Westen ihres Reiches erhoffte, und vor allem gewann er Frankreich, den Erbfeind Österreichs seit Jahrhunderten. Es befand sich in einem Krieg gegen England, in dem es um koloniale Ansprüche ging, und wollte Hannover erobern, das Herkunftsland des englischen Königs. Auch Schweden machte mit; es hätte gerne wieder Vorpommern bekommen. Sachsen und deutsche Reichstruppen kamen hinzu, auch wenn sie weniger bedrohlich waren. So war Preußen aus allen Himmelsrichtungen eingekreist. Nur in England fand es einen großen Bündnispartner, der zwar nicht viele Truppen stellte, aber doch hohe Kriegsbeiträge bezahlte; sonst aber musste es sich mit den kleinen Ländern Hessen Kassel, Braunschweig und Hannover begnügen. Alles sprach dafür, dass die österreichische Allianz gewinnen musste, besonders wenn sich der Krieg lange hinzog.

Die preußische Armee eröffnete den Krieg im September 1756

1756
*Beginn des
Siebenjährigen
Kriegs*

mit der Überschreitung der Grenze nach Sachsen. Sie war gut ausgebildet, besaß hervorragende Generäle und mit ihrem König einen inzwischen großen Feldherrn, doch es war offensichtlich, dass die finanziellen und menschlichen Reserven Preußens nicht ausreichen würden, um auf Dauer gegen die Übermacht zu bestehen. So ließen sich die Alliierten Zeit, versuchten immer wieder, Entscheidungsschlachten auszuweichen, und zogen den Krieg über sieben Jahre in die Länge. Friedrich kämpfte mit verzweifelter Entschlossenheit um alles oder nichts. Dass er am Ende verlieren und sich mit einem um Schlesien, Ostpreußen, Vorpommern und einige rheinische Provinzen verkleinerten Preußen begnügen müsse, war ihm eine unerträgliche Vorstellung. Oft sagte oder schrieb er, dass er sich vorher das Leben nehmen würde. Eine tödliche Dosis Opiumkapseln trug er ständig bei sich.

In den ersten Jahren suchte er immer wieder Entscheidungskämpfe, um den Krieg abzukürzen. Es gelang ihm auch einige Male, und die Schlachten, die er besonders gegen die Franzosen in Rossbach und die Österreicher in Leuthen gewann, gehörten zu den Heldengeschichten, an denen sich der Stolz der Preußen noch über Generationen aufrichtete. Aber gerade die Eigenschaften, mit deren Hilfe er gewann, verleiteten ihn auch häufig zu großen Fehlern. In seinem Todesmut und der Bereitschaft, alles auf eine Karte zu setzen, stürzte er sich in Schlachten, die er wegen der Überzahl der Gegner nicht gewinnen konnte, und führte sie auch dann noch weiter, wenn er sich hätte zurückziehen müssen.

Nov/Dez 1757
Gewonnene
Schlachten
bei Rossbach und
von Lenthen

Am schlimmsten war Kunersdorf 1759, die große Schlacht gegen eine Koalitionsarmee von Russen und Österreichern. Die Übermacht war erdrückend, die preußischen Soldaten waren von langen Märschen und der Mittagshitze erschöpft, und Friedrich erteilte trotzdem den Befehl zum Angriff. Er hatte anfangs auch Erfolge, die es ihm erlaubt hätten, mit Vorteil den Kampf zu beenden; aber er wollte das Unmögliche, den Sieg, und erlitt am Ende eine Niederlage mit so katastrophalen Verlusten, dass der Krieg mit aller Wahrscheinlichkeit verloren schien. Friedrich war verzweifelt, erdrückt von Schuldgefühlen und nicht mehr fähig, sein Heer weiter zu führen. Er übergab den Oberbefehl an seinen Bruder Heinrich und dachte an Selbstmord.

August 1759
Niederlage
in der Schlacht
bei Kunersdorf

Dann aber erholte Friedrich sich wieder, übernahm nach wenigen Tagen erneut das Kommando und kämpfte weiter. Nach der Schlacht von Kunersdorf war der Weg nach Berlin für die Alliierten frei; sie hätten ohne Schwierigkeiten dem Krieg ein Ende setzen können. Aber wie schon vorher so oft, konnten sie sich nicht einigen und ließen die günstigsten Gelegenheiten verstreichen. Dass sie ihm Zeit ließen, sein Heer wieder zu ordnen, beschrieb Friedrich in einem Brief als »das Mirakel des Hauses Brandenburg«. Solche Wunder, hervorgerufen durch unglaubliche Fehler der militärischen Planung der zunehmend zerstrittenen Allianz, ereigneten sich immer wieder und waren letztlich entscheidend dafür, dass Friedrich das Unmögliche schaffte und sich gegenüber dem Bündnis der größten Staaten von Europa behaupten konnte. Am Ende kam hinzu, dass die Zarin Elisabeth starb und ihr Nachfolger Peter III., ein Verehrer Friedrichs, das Bündnis wechselte und mit Preußen zusammen gegen Österreich kämpfte. Die Alliierten aber waren inzwischen so geschwächt und zerstritten, dass sie den Kampf wahrscheinlich auch ohne den Seitenwechsel des neuen Zaren aufgegeben hätten.

Im Februar 1763 wurde der Friede von Hubertusburg geschlossen, nach dem alles so blieb, wie es vorher gewesen war, und Preußen endgültig Schlesien behalten durfte. Ein Allianzvertrag mit Russland ein Jahr später sollte der Sicherung dieses Friedens dienen.

Abgesehen von einem einjährigen Krieg ohne größere Schlacht 15 Jahre später, der dem Eroberungsdrang des Sohns Maria Theresias, Kaiser Joseph II., geschuldet war, herrschte Friedrich nun noch 23 Jahre lang in Frieden. Mit ungeheurem Arbeitseinsatz – jeder Tag begann für ihn um 4 Uhr morgens – organisierte er den Wiederaufbau des verheerend zerstörten Landes und setzte seine Reformwerke fort. Herausragend war das »Allgemeine Landrecht für die preußischen Staaten«, das er angeregt hatte und bis zu seinem Tod, als es weitgehend fertiggestellt war, förderte. Es war das erste umfassende Gesetzeswerk, das sich ein deutscher Staat schuf.

1772 gewann Friedrich noch das Ermland und Westpreußen und damit eine Landbrücke von Pommern nach Ostpreußen hinzu, freilich in einem höchst fragwürdigen Handel mit Russland und Österreich, auf den er sich selbst mit zwiespältigen Gefühlen einließ: Russland wollte nach Polen hin expandieren, und Friedrich meinte den Allianzvertrag mit dem Zarenreich nicht gefährden zu

Januar 1762
Tod der Zarin Elisabeth

Mai 1762
Freundschaftsvertrag mit Russland

1763
Friede von Hubertusburg/Ende des Siebenjährigen Kriegs

1764
Allianzvertrag mit Russland

dürfen. Die Leidtragenden dieses machtpolitischen Kalküls waren die Polen, das Ergebnis die sogenannte Erste Teilung Polens.

1772
Erste Teilung
Polens

Trotz aller Erfolge blieb Friedrich für sich selbst bescheiden. Von dem ruhmsüchtigen und manchmal auch selbstgefälligen jungen König war nach den traumatischen Erfahrungen des Siebenjährigen Krieges nichts mehr geblieben. Der »Alte Fritz«, wie er nun vom Volk mit viel Verehrung genannt wurde, war ein gichtgeplagter, ungepflegter Mann, dessen abgetragene Uniform ständig bekleckert war und der mit soldatischer Disziplin seinen einförmigen Tagesablauf abspulte, auf gesellschaftliche Feiern und Zeremonien fast ganz verzichtete und jedem öffentlichen Beifall entschieden aus dem Weg ging. Zwar umgab er sich weiter mit Freunden, aber er führte kaum einmal herzliche Gespräche mit ihnen, sondern war meistens sarkastisch oder hielt sie auf Distanz, indem er lange monologisierte und sie nicht zu Wort kommen ließ.

Friedrich blieb ein einsamer Mann, der oft betonte, dass ihm seine Hunde lieber seien als die Menschen. Er schrieb jedoch weiter viel und kommunizierte mit der wissenschaftlichen Welt – allerdings nicht in deutscher Sprache. Er meinte, Deutsch sei ungeeignet, um geistvolle Texte zu schreiben, und die deutschen Literaten zu undiszipliniert und weitschweifig. Von Kant, dem großen deutschen Philosophen seiner Zeit, von Goethe, Schiller und den anderen großen deutschen Dichtern wollte er nichts wissen.

Als er starb, wünschte er mit seinen Hunden begraben zu werden. Dieser Wunsch wurde ihm von seinem Nachfolger Friedrich Wilhelm II., dem Sohn seines ältesten Bruders August Wilhelm, nicht erfüllt. Er ließ ihn in der Garnisonskirche in Potsdam neben seinem Vater beerdigen.

17. 8. 1786
Tod Friedrichs
des Großen
in Potsdam.
Maria Theresia
hatte er um
sechs Jahre überlebt.

Was bleibt?

Nach seinem Tod nahm die Verehrung Friedrichs II. im Volk weiter zu, und er wurde fast zu einer mythischen Figur. Dichter schrieben Geschichten, Lieder und Gedichte, es gab Sammlungen von populären Anekdoten und Karikaturen, Tabaksdosen mit seinem Porträt waren Verkaufsschlager, und auf den Jahrmärkten sangen Drehorgelmänner von seinen Heldentaten. Preußen war im Grunde eine Ansammlung recht weit verstreuter Provinzen mit sehr unterschiedlicher Geschichte. Es gab Unterschiede in der Religion, und in manchen Regionen wurde nicht einmal Deutsch gesprochen. Dennoch war man sich in der Verehrung des verstorbenen Königs einig und fand in ihm das Zentrum einer preußischen Identität. Das veränderte sich auch später wenig. Die Vorstellungen von Preußen und vom »Alten Fritz« blieben immer zusammengehörig. Er hat den preußischen Staat in die Reihe der europäischen Großmächte gestellt und Deutschland auf den Weg zur Reichseinheit unter Preußens Führung gebracht. Friedrich selbst wurde mit der Reichsgründung im Jahr 1871 das Idol ganzer Jahrgänge. Die Nationalsozialisten instrumentalisierten sein Kriegsglück für ihre Militarisierung und Propaganda, und Goebbels berief sich in seiner Rede vom totalen Krieg auf die wilde Entschlossenheit Friedrichs. Wohl auch deswegen haben die Sieger des Zweiten Weltkriegs Preußen aufgelöst.

Heute existiert Preußen nicht mehr, und für das heimatliche Geschichtsbewusstsein ist Friedrich allenfalls in Brandenburg noch von Belang. Aber so wie Kant es formuliert hatte, war Friedrich auch der »König des Jahrhunderts der Aufklärung« und damit der Repräsentant neuer Ideen von Vernunft, Eigenständigkeit, innerer Freiheit und Würde des Menschen sowie neuer Vorstellungen über den Staat und seine Aufgaben. An dieses Vermächtnis erinnert man sich heute gern. Seit jener Zeit sind die Bewohner eines Landes nicht mehr in erster Linie Untertanen eines Fürsten, sondern Bürger in der Gemeinschaft eines Staates. Dass die Machthaber im Staate nicht mehr als dessen erste Diener sein dürfen und jeder Bürger sich den Weg suchen darf und soll, um nach »seiner Façon selig« zu werden, ist ein Erbe Friedrichs und seiner Zeit.

Literatur   Modern und lebendig geschrieben ist: Wolfgang Venohr, FRIDERICUS REX. FRIEDRICH DER GROSSE – PORTRAIT EINER DOPPELNATUR. Bergisch Gladbach 1985. Dasselbe gilt für: Johannes Kunisch, FRIEDRICH DER GROSSE. DER KÖNIG UND SEINE ZEIT. München 2004. Aktuell und profund: Jürgen Luh, DER GROSSE, FRIEDRICH II. VON PREUSSEN. Berlin 2011.   Einen guten Überblick über die ganze preußische Geschichte gibt: Christopher Clark, PREUSSEN. AUFSTIEG UND NIEDERGANG 1600–1947. München 2007.

Museen/Erinnerungsorte   Mit seinen Schlössern und Gärten in Potsdam, vor allem Schloss Sanssouci, und mit der Oper in Berlin hat Friedrich II. sich selbst seine Denkmäler gesetzt. Unbedingt sehenswert auch: Rheinsberg bei Berlin.

Zeitgenossen

Voltaire *Philosoph und Schriftsteller (1694–1777)*

Voltaire war der einflussreichste Denker der Aufklärung und so bekannt, dass man vom »Jahrhundert Voltaires« sprach. Mit seinen Theaterstücken und Romanen brachte er die Gedanken der Aufklärung auch einem breiten Publikum nahe und wurde so einer der Wegbereiter der Französischen Revolution. Dennoch hielt er die Monarchie unter einem »guten König« für die beste Regierungsform. Als Beispiel für einen solchen König sah er Friedrich II. an, der ihn nach Berlin einlud und zum wohldotierten Kammerherrn machte. Die beiden eigenwilligen Persönlichkeiten zerstritten sich bald, korrespondierten aber später wieder und hielten den Kontakt bis zu Voltaires Tod.

Prinz Heinrich *Bruder Friedrichs II. (1726–1802)*

Der 14 Jahre jüngere Bruder hatte zeitlebens ein zwiespältiges Verhältnis zu Friedrich, der ihn als Feldherrn schätzte, ihn zeitweise sogar zum Vormund seines Nachfolgers machen wollte, aber auch mehrfach verhinderte, dass Heinrich selbst Herrscher wie etwa König von Polen oder König der Walachei wurde, was ihm angeboten worden war. Heinrich war beherrschter als sein Bruder, entschied als Feldherr eher vorsichtig und war entsprechend oft entsetzt über die risikoreiche Kriegsführung Friedrichs. Er führte seinen eigenen geselligen Hof in Berlin und in Rheinsberg, hielt Distanz zu Friedrich, handelte aber immer loyal in seinem Sinne. Auch er lebte getrennt von seiner Frau und war wahrscheinlich aktiv homosexuell, was für Friedrich nicht angenommen werden kann.

Friedrich Wilhelm II. Nachfolger Friedrichs II. (1744–1797)

Schon 1741 bestimmte Friedrich seinen ältesten Bruder August Wilhelm (1722–1758) zu seinem Nachfolger. Mit ihm zerstritt er sich allerdings, weil er in seinen Augen als Heerführer im Zweiten Schlesischen Krieg versagt hatte. Nach dem frühen Tod August Wilhelms wurde dessen erster Sohn »Prinz von Preußen«. Friedrich hatte 1760 Anweisungen zu seiner Erziehung verfasst, die ganz im Sinne der Aufklärung gehalten und sicher nicht mit denen zu vergleichen waren, die einst sein Vater für ihn erstellt hatte. Dennoch entwickelte sich Friedrich Wilhelm in einer Weise, die Friedrich sehr enttäuschte. Er interessierte sich wenig für Politik, sondern mehr für Themen, die Friedrich sicher verabscheute. So war er empfänglich für den mystisch-religiösen Hokuspokus der sogenannten Rosenkreuzler und nahm sogar an spiritistischen Sitzungen teil. Auch hatte er viele Liebschaften, an denen bald seine erste Ehe scheiterte. Er ließ sich scheiden und heiratete erneut, ohne jedoch von seinen Mätressen zu lassen. Ähnlich wie einst sein Vater machte sich Friedrich größte Sorgen über das zukünftige Schicksal Preußens unter der Regentschaft seines Nachfolgers. Wie sich nach seinem Tod erwies, hatte er darin nicht ganz unrecht: Friedrich Wilhelm verschwendete binnen Kurzem den riesigen Staatsschatz von 51 Millionen Talern, den Friedrich ihm hinterlassen hatte, berief Rosenkreuzler in die Regierung, erließ unter deren Einfluss bald ein Religionsedikt, nach dessen Leitlinien Zensur geübt wurde, und widersprach damit weitgehend der aufgeklärten Toleranz Friedrichs. Zusammen mit Russland und Österreich löste er Polen in zwei weiteren Teilungen gänzlich auf, was ethisch fragwürdig war und zudem die innere Stabilität Preußens sehr belastete. Immerhin entfaltete Friedrich Wilhelm eine rege Bautätigkeit; das Brandenburger Tor und die Museumsinsel in Berlin zeugen noch davon.

Wilhelmine von Bayreuth Schwester Friedrichs II. (1709–1758)

Die ältere Schwester Friedrichs litt ähnlich wie er selbst sehr unter dem Temperament des Vaters und den Streitigkeiten der Eltern, in die die Kinder oft einbezogen wurden. Zudem hatte sie ein Kindermädchen, das sie besonders quälte. Später hat sie über ihre Jugend Memoiren verfasst, die ein erschreckendes Bild auf die kalten und intriganten Umgangsformen und die bösartigen Erziehungsmethoden am damaligen Berliner Hof werfen. Ein Streit führte vorübergehend zu einer Entfremdung, aber auf Dauer blieb Wilhelmine ein außergewöhnlich vertrauter Mensch für Friedrich. In den Zeiten der Verzweiflung während des Siebenjährigen Kriegs schrieb sie ihm viele tröstende und Hoffnung gebende Briefe. Ihr Tod stürzte ihn in tiefe Trauer. Wilhelmine war mit Friedrich Alexander von Brandenburg-Bayreuth verheiratet und entwickelte an seiner Seite eine rege Bautätigkeit, die man heute als »Bayreuther Rokoko« bewundert. Wie Friedrich war sie sehr musikalisch und komponierte eine Oper, die von der Geschwisterbeziehung zu ihrem Bruder handelte.

Die einzige österreichische
Monarchin

MARIA THERESIA

1717–1780

MARIA THERESIA

»Es gibt keine Habsburger mehr!«, verkündete 1741 der 90-jährige Kardinal Fleury, Frankreichs Außenminister. Er meinte damit, dass mit der österreichischen Niederlage gegen Preußen in der Schlacht von Mollwitz Österreich für alle anderen europäischen Länder zur Beute geworden sei. Frankreich, Spanien und Bayern schmiedeten eilig eine Koalition; Sachsen, Schweden und weitere Fürstentümer schlossen sich an, um die Beute aufzuteilen. Aber der Kardinal irrte, in Wien regierte sogar ein besonders starker Habsburger mit nur einem einzigen Nachteil: Er hieß Maria Theresia und war eine Frau. Maria Theresia war die Erbin Karls VI. Acht Jahre lang musste sie bis zur Erschöpfung ihrer Länder um ihr rechtmäßiges Erbe kämpfen und entwickelte eine Stärke, die sich die Koalitionäre nicht hatten träumen lassen.

Das war ihr wahrlich nicht an der Wiege gesungen worden. Ganz im Gegenteil, sie war sogar niemals als Erbin vorgesehen. Ihr eigener Vater hatte sich zwar unter großen Opfern von den europäischen Mächten die sogenannte »Pragmatische Sanktion« garantieren lassen, die die Gesamtnachfolge des Hauses Österreich auch in der weiblichen Linie sicherte; doch hatte er noch lange auf einen männlichen Erben gehofft und später damit gerechnet, dass der zukünftige Gemahl seiner Tochter die Regierung übernehmen werde. Nicht eine Minute lang hatte er Maria Theresia auf eine Regierung oder gar auf Kriegsentscheidungen vorbereitet, wie sie in ihrem politischen Testament anschaulich beklagt.

Sie war sorglos zusammen mit ihrer ein Jahr jüngeren Schwester aufgewachsen, als ein glückliches Kind liebevoller Eltern. Sie wurde am 13. Mai 1717 in Wien als älteste Tochter Kaiser Karls VI. und seiner Gemahlin Elisabeth Christine aus dem Hause Braunschweig-Wolfenbüttel geboren, nachdem dem Kaiserpaar ein Jahr zuvor der halbjährige Sohn gestorben war. Als persönliche Erzieherin wurde ihr die warmherzige Gräfin Caroline Fuchs zugeordnet, die sie zärtlich »Mami« nannte und die sie als einzige Nichthabsburgerin in der Kapuzinergruft beerdigen ließ.

13. 5. 1717
Geburt in Wien

Bei den Jesuiten erhielt Maria Theresia Unterricht in Mathematik und Religion. Geschichte und Latein waren Schwerpunktfächer. Auch sprach sie fließend Italienisch, Spanisch und Französisch. Deutsch sprach sie mit Wiener Dialekt. Da sie und ihre Schwester außerordentlich musisch talentiert waren, wurden sie auch in Gesang, Tanz und Schauspielerei ausgebildet. Maria Theresia liebte zeitlebens italienische Opern und sang auch gelegentlich öffentlich, da sie eine sehr schöne Stimme besaß. Ihre eigenen Söhne mussten später mindestens zwei Instrumente beherrschen und die Töchter Klavierspiel und Gesang erlernen. Zu ihrer Erziehung gehörte natürlich auch das Reiten, doch für die Jagd, die Leidenschaft ihres Vaters, konnte sie sich nicht erwärmen. So kann man durchaus von einer sorgfältigen Erziehung sprechen, nur eben auf das Herrscheramt wurde sie nie vorbereitet.

Schon sehr früh plante man Maria Theresias Vermählung, etwa mit dem preußischen Kronprinzen, dem späteren König Friedrich II., aber auch mit dem spanischen Thronfolger. Doch gegen beide Kandidaten hätten alle anderen europäischen Mächte Einspruch erhoben, weil eine solche Verbindung das politische Gleichgewicht in Europa verschoben hätte. So fasste man als Heiratskandidaten schließlich Franz Stephan Herzog von Lothringen ins Auge. Karl VI. hatte für die Pragmatische Sanktion die Unterstützung Englands und der Niederlande nur deshalb erhalten, weil er ihnen zusichern musste, seine Tochter nur mit einem Fürsten von geringer Macht zu vermählen.

Franz Stephan war der Vetter ihres Vaters. Er war neun Jahre älter als Maria Theresia und lebte seit seinem sechzehnten Lebensjahr am Wiener Hof, wo er wegen seines liebenswürdigen Wesens wie ein Sohn behandelt wurde. Aus der Kinderfreundschaft entwickelte sich bald eine große Liebe, zumal auch Kaiser Karl den jungen Vetter persönlich sehr schätzte und ihn zum Statthalter von Ungarn ernannte. Freilich gab es auch mit Franz Stephan ein erst noch auszuräumendes Problem: Ein habsburgischer Schwiegersohn in Lothringen würde in Frankreich als Bedrohung angesehen. Wollte Franz Stephan Maria-Theresia heiraten, musste er aus Gründen der Staatsräson auf sein Stammland verzichten, das 800 Jahre lang von seiner Familie regiert worden war. Es fiel an Frankreich. Als Ausgleich versprach ihm der Kaiser nach dem Tod des letzten kinderlosen Medici das Großherzogtum Toskana. Widerstrebend stimmte Franz Stephan zu und durfte sich nach einmonatiger Verlobungszeit 1736 mit Maria Theresia vermählen. Schon 1737 wurde er der Großherzog der Toskana. Maria-Theresia selbst hatte vor der Hochzeit auf alle Erbrechte verzichten müssen, falls sie noch einen Bruder bekommen sollte.

1736
Heirat mit Franz Stephan von Lothringen

Zunächst lebte das Paar zurückgezogen in der Wiener Hofburg; es war bei den Wienern nicht sonderlich beliebt. Franz Stephan, der im Türkenkrieg keine gute Figur gemacht hatte, galt als unfähiger Franzose. Auch lastete man ihm an, dass Maria Theresia erst »nur« Töchtern das Leben schenkte. Doch nach dem Tode Karls VI. änderte sich die Einstellung sehr bald. Schon kurz nach ihrem Regierungsantritt im Oktober 1740, als die Kurfürsten von Bayern und Sachsen ältere Rechte auf die Thronfolge geltend machten, dazu der Bayer noch Anspruch auf die deutsche Kaiserkrone erhob, vermerkte man staunend, mit welcher Standhaftigkeit Maria Theresia auf ihr Erbrecht pochte und sich nicht einschüchtern ließ.

1740
Tod Karls VI. und Regierungsantritt Maria Theresias / Regierungsantritt Friedrichs II. von Preußen

Dieselbe Charakterstärke zeigte sie auch, als Friedrich II. von Preußen, der ebenfalls 1740 die Regierung angetreten hatte, mit fadenscheiniger Begründung Teile von Schlesien forderte und im Dezember das Land ohne Kriegserklärung besetzte. Ja, er hatte die Stirn, sich als ihr Beschützer darzustellen und ihr frech anzubieten, sie vor den Begehrlichkeiten ihrer Feinde zu beschützen, sie finanziell zu unterstützen und sich für die Kaiserwahl ihres Gemahls einzusetzen, wenn sie ihm Schlesien abtreten würde. Sie glaubte aber fest an den ihr von Gott gegebenen Auftrag und an ihr Recht, Herrscherin aller habsburgischen Erbländer zu bleiben. Unterstützt wurde sie nur von ihrem Staatskanzler Bartenstein, der mit der Pragmatischen Sanktion argumentierte: Schlesien war öster-

1740
Beginn des Ersten Schlesischen Kriegs

reichisches Erbland, und die habsburgischen Erbländer durften niemals getrennt werden. Bartenstein habe, so schrieb sie später, die Monarchie gerettet. Denn alle anderen Berater schlugen ihr vor, auf Friedrichs Angebot einzugehen, zumal auch die Schlesier selber als Protestanten recht gerne preußisch wurden. Sie lehnte ab und befahl den Gegenangriff. Aus dem Ersten Schlesischen Krieg wurde der Österreichische Erbfolgekrieg. Friedrich wurde ihr Todfeind und blieb es ein Leben lang.

Ganz so schlecht wie 1740 schien das folgende Jahr sich zunächst nicht zu entwickeln: Im März 1741 wurde als drittes Kind der heiß ersehnte Thronfolger geboren, der spätere Kaiser Joseph II. Damit wuchs Maria Theresias Ansehen bei ihren Untertanen. Im Schnitt alle 14 Monate brachte sie von nun an weitere 13 Kinder zur Welt.

1741
Geburt des Thronfolgers Joseph/ Beginn des Österreichischen Erbfolgekriegs

Doch auf die Geburt des Sohnes folgte im April die Niederlage gegen Friedrich in der Schlacht bei Mollwitz, deren Folgen Maria Theresia unterschätzte. Sie ließ sich unbeirrt im Juni zur Königin von Ungarn krönen, nicht ohne den Ungarn vorher sämtliche Privilegien und Rechte und ihre Eigenständigkeit bestätigt zu haben. Als ihre Lage bedrohlich wurde, bat sie die Ungarn um Unterstützung, die geschworen hatten, *vitam et sanguinem*, Leben und Blut, für ihre Königin zu opfern, denn Österreichs Bündnispartner England und die Niederlande waren weit weg und womöglich unsichere Kandidaten. Die Ungarn sicherten ihr die Hilfe zu.

1741
Krönung zur Königin von Ungarn

Friedrich marschierte nun weiter nach Böhmen und Mähren, die Bayern besetzten mit den französischen Hilfstruppen Oberösterreich, die Spanier fielen in Italien ein, und die Sachsen schlossen sich den österreichischen Feinden an. Der bayerische Kurfürst Karl Albrecht wurde 1741 in Prag zum König von Böhmen und 1742 als Karl VII. zum deutschen Kaiser gekrönt – nach 300 Jahren als erster Nichthabsburger, denn nach Reichsrecht konnte nur ein Mann zum Kaiser gekrönt werden.

1741/42
Karl Albrecht von Bayern erst böhmischer König, dann als Karl VII. römisch-deutscher Kaiser

Auf Drängen der Engländer, die drohten, die Hilfsgelder zu streichen, schloss Maria Theresia mit Friedrich 1742 den Frieden von Breslau. Da auch Sachsen Frieden schloss, konnte sie weiter unerschrocken um ihr Erbe kämpfen. Die Österreicher besetzten in der Folge ganz Bayern, eroberten Prag zurück, und Maria Theresia wurde rechtmäßige Königin von Böhmen.

1742
*Friede von Breslau/
Ende des Ersten
Schlesischen Kriegs*

1743 operierten die österreichischen Verbündeten sogar noch glücklicher und drängten die bayerisch-französischen Heere hinter den Rhein zurück. Von nun an sah Friedrich in Maria-Theresia eine gefährliche Gegnerin. Er fürchtete vor allem um das den Österreichern entrissene Schlesien. Unter dem Vorwand, dem Kurfürsten von Bayern sein Land zu sichern und so Reichsrecht zu schützen, begann er 1744 den Zweiten Schlesischen Krieg.

1744
*Beginn des Zweiten
Schlesischen Kriegs*

Da starb 1745 Karl VII. unerwartet. Bayern schied aus dem Krieg aus und unterstützte die Kaiserwahl von Maria Theresias Mann Franz Stephan. Trotz der Bitten ihres Gatten lehnte Maria Theresia aber eine Mitkrönung ab, da sie die Kaiserkrone nicht geerbt hatte; eine Krone wollte sie nur aus eigener Souveränität heraus tragen. Sie nannte sich aber von jetzt an Kaiserin. Als sie privat nach Frankfurt zu den Krönungsfeierlichkeiten reiste, feierte das Volk sie überschwänglich.

1745
*Friede von Dresden/
Ende des Zweiten
Schlesischen Kriegs
mit Verlust
Schlesiens/
Tod Kaiser Karls VII.
und Wahl
Franz Stephans
zum Nachfolger
als Franz I.*

Ihre Kriegssorgen war sie indes nicht los. Nach drei glanzvollen preußischen Siegen war sie gezwungen, erneut mit Friedrich II. Frieden zu schließen. Nun erst, nachdem sein Land in Europa als Großmacht anerkannt war, stimmte er nachträglich der Wahl Franz Stephans zum deutschen Kaiser zu. 1748 wurde der Österreichische Erbfolgekrieg im Frieden von Aachen beendet. Außer Schlesien büßte Maria Theresia dabei auch Gebiete in Italien ein, doch sie hatte ihre Großmachtstellung erhalten.

1748
*Friede von Aachen/
Ende des Österreichi-
schen Erbfolgekriegs*

Auch ihre Tatkraft, Warmherzigkeit und Menschlichkeit verlor Maria Theresia nicht. Als Lehre aus dem Krieg zog sie die Erkenntnis, dass sie ihre Länder reformieren musste. Ihr Reich war nur durch die Person des Monarchen geeint, in allen Ländern galten unterschiedliche Landrechte. Für ihre Politik steckte sie sich nun zwei Ziele: Innenpolitisch wollte sie die Erblande vereinheitlichen und festigen; außenpolitisch wollte sie Schlesien zurückgewinnen, mit dessen Raub sie sich niemals abfinden konnte. Sie empfand sich als eine von Gott auserwählte Mutter ihrer Landeskinder, für die sie dieselbe Fürsorge zu tragen hatte wie für die leiblichen Nachkommen und für deren Wohlergehen sie dereinst Gott selber Rechenschaft würde ablegen müssen. Da sie sich »auf die Kunst, geschickte Minister zu finden und auszusuchen« verstand, wie Friedrich der Große anerkennend bemerkte, schaffte sie es bis 1762, ein gegliedertes Behördensystem zu errichten, das eben diese Ziele verwirklichte.

Graf Haugwitz führte in ihrem Auftrag eine Verwaltungs- und Steuerreform durch. Er schuf eine Zentralverwaltung für die Erblande und Böhmen, der Kreisämter untergeordnet waren, sodass alle Landesteile kontrolliert werden konnten. Daneben gab es eine oberste Justizstelle. Ungarn, die österreichischen Niederlande – das heutige Belgien – und die Lombardei behielten ihre eigenen Behörden. Die Landstände verloren nach und nach ihre Rechte, dafür entwickelte sich ein einheitliches Beamtentum. Das Steueraufkommen stieg um das 2,5-Fache, sodass Graf Daun und sein Nachfolger ein leistungsfähiges Heer aufbauen konnten. Auch ermöglichte dies Maria Theresia, ihre Schlösser auszubauen, wobei sie vor allem bei der Ausstattung von Schönbrunn die ganze barocke Pracht entfalten konnte, die dem auf Repräsentation ausgerichteten Lebensstil einer Barockfürstin zukam.

Maria Theresias wichtigste Berater waren jedoch ihr Gemahl Franz Stephan, der ein Finanz- und Wirtschaftsexperte war, und ihr Kanzler Kaunitz, der 1753 Bartenstein ablöste. Kaunitz arbeitete zunächst an der Verwirklichung ihres außenpolitischen Zieles, später reformierte er die von Haugwitz geschaffene Zentralbehörde. Es gelang ihm, die Franzosen 1756 nach langem, geduldigem Werben zu Bündnispartnern zu machen. Nun sollte nicht nur Schlesien zurückerobert werden, sondern Preußen ganz von der Landkarte verschwinden. England und Frankreich kämpften in Nordamerika um die Kolonien. Da England aber in Europa einen Partner brauchte, der die französischen Kräfte binden konnte, schloss es mit Preußen die Konvention von Westminster. Daraufhin schloss Frankreich ein

1756
Österreich verbündet sich mit Frankreich, Preußen mit England.

Bündnis mit Habsburg, seinem früheren Erzfeind. Als Friedrich von dem österreichischen Coup erfuhr, durchschaute er sofort das Vorhaben der Verbündeten und marschierte als Präventivmaßnahme in Sachsen ein. Damit war Reichsrecht verletzt, und die Reichsexekution wurde gegen ihn verhängt. Nun traten auch Russland und Schweden der antipreußischen Koalition bei. Es begann der Siebenjährige Krieg, grausam geführt auf beiden Seiten. Beinahe hätte er zur beabsichtigten *déstruction totale*, der Vernichtung Preußens, geführt. Doch nach zähem Ringen wurde im Frieden von Hubertusburg 1763 lediglich der alte Zustand verbindlich festgelegt. Viel zu spät hatte Maria Theresia erkannt, dass sie mit Friedrich nur einen Stellvertreterkrieg für England und Frankreich geführt hatte, die in den Kolonien kämpften. Nun schwor sie sich, ihren Landeskindern mit allen Mitteln ein gutes Leben in Frieden zu sichern.

1756–1763
Siebenjähriger Krieg

Die begonnenen Reformen führte sie dazu entschlossen weiter. Van Swieten, ihr Leibarzt, reformierte die Studiengänge Theologie, Jura und Medizin an der Universität Wien und setzte sich für eine neue Gesundheits- und Sozialpolitik ein. Auch Volksschulen mit geregeltem Stundenplan wurden gegründet, sodass auch Bauern Bildung erhalten und ein Handwerk erlernen konnten. Das war kein uneigennütziger Gedanke, denn viele neue Gewerbe erhöhten auch das Steueraufkommen. Im eigenen Interesse förderte der sogenannte absolutistische Staat Industrie und Handel und bestimmte bis ins Detail alle wirtschaftlichen Maßnahmen. Auch die Binnenzölle wurden im Interesse der Wirtschaft und des Handels abgebaut und die Maße und Münzen vereinheitlicht.

1765 wurde ein einschneidendes Jahr für die Monarchin. Der Tod ihres Gemahls auf der Hochzeit des Sohnes Leopold, dem späteren Kaiser Leopold II., nahm ihr alle Lebensfreude. Bis zur ihrem Tod 1780 trug sie nur noch die schwarze Witwentracht.

1765
Tod Kaiser
Franz' I.

Joseph, der Thronfolger, war bereits 1764 zum deutschen König gewählt worden und folgte nun problemlos seinem Vater als Kaiser im Reich nach. Wie schon vorher seinen Vater, ernannte Maria Theresia auch ihn zum Mitregenten in Österreich. Im Ge-

1765
Kronprinz Joseph
wird als Joseph II.
römisch-
deutscher Kaiser

gensatz zu seinem Vater, der das Amt des Mitregenten eher als eine Art Ehrentitel angesehen und sich nie in Regierungsgeschäfte eingemischt hatte, wollte Joseph aber selber gestalten, was bald zu Verstimmungen und Missverständnissen führte. Maria Theresia ließ ihrem Sohn kaum Spielraum, sich zu verwirklichen. Sie hatte wenig Verständnis für seine aufgeklärten, ihr zu volksnahen Ideen. Auch zwang sie ihn, kurz nach dem Tod seiner geliebten Frau Isabella von Parma, der ihn in tiefe Depressionen stürzte, aus Gründen der Staatsräson die hässliche bayerische Prinzessin Josepha zu heiraten, die er dann auch mit verletzender Kälte behandelte. Als Joseph bei der Ersten polnischen Teilung für Österreich 1772 Galizien gewann, unterschrieb sie gegen ihre Überzeugung den Vertrag, weil auch Kaunitz ihr dazu geraten hatte. Die schlimmste Demütigung fügte sie Joseph zu, als sie im Bayerischen Erbfolgekrieg, den Joseph gegen Friedrich II. von Preußen führte, heimlich mit ihrem Erzfeind hinter seinem Rücken Frieden schloss. Dennoch waren Mutter und Sohn sich in einer Art Hassliebe tief verbunden.

1778/79
Bayerischer
Erbfolgekrieg

Maria Theresia hatte stets das Staatswohl über das Glück ihrer Kinder gestellt. Um das Bündnis mit den Bourbonen zu festigen, verheiratete sie zwei ihrer Töchter mit spanischen Bourbonen und die jüngste, Marie Antoinette, fast noch als Kind mit dem französischen Thronfolger. Deren tragischen Tod auf dem Schafott musste sie aber nicht mehr erleben.

Von ihren 16 Kindern erreichten 10 das Erwachsenenalter. Ihre Lieblingstochter war Maria Christine, ihr Lieblingssohn Leopold, der Großherzog der Toskana, der ebenso wie sie eine sehr glückliche Ehe führte und 16 Kinder hatte. Auch am Schicksal ihrer Enkelkinder nahm sie großen Anteil, wie man aus ihren Briefen weiß. An Leopold richtete sie ihren letzten Brief kurz vor ihrem Tod. Dennoch fühlte sie sich als alte Frau vereinsamt, und nur ihre lebenslang praktizierte Frömmigkeit ließ sie nicht verbittern. So starb sie auch mit Gottvertrauen am 29. November 1780.

Tod am
29. 11. 1780

Was bleibt?

Maria Theresia war die einzige Frau im westlichen Kontinental-
europa, die sich gegen eine politische, von Männern beherrschte
Welt durchgesetzt hat. Sie hat sich mit Zähigkeit und absolutem
Gottvertrauen ihr Erbe erkämpft. Sie war eine stets aktive, informier-
te Herrscherin, obwohl sie zwischen 1737 und 1756 im Schnitt alle
14 Monate ein Kind entbunden hat. Auch ihre Aufgabe als 16-fache
Mutter hat sie sehr ernst genommen. Ihr Fleiß, ihr Pflichtbewusst-
sein und ihr Gerechtigkeitsempfinden wurden verehrt. Obwohl sie
selber eine bedingungslose Frömmigkeit im Alltag praktizierte und
immer an ihren Überzeugungen festhielt, handelte sie nie fanatisch,
sondern war modernen Ideen gegenüber aufgeschlossen und setzte
sie auch maßvoll um. Sie erkannte die Schwächen ihres Reiches, reformierte es einfühlsam und zielstrebig und machte daraus einen
gefestigten Staat. Auf diese Weise entwickelte sich ein ungewöhnli-
ches Zusammengehörigkeitsgefühl bei ihren Landeskindern, das bis
heute in Österreich, aber auch im übrigen Mitteleuropa spürbar ist.

Literatur   Porträts von Karl VI., Maria Theresia und Joseph II. finden sich in:
Richard Reifenscheid, DIE HABSBURGER IN LEBENSBILDERN. München 2007.
Sachlich und dennoch lebendig schildert das Leben der Monarchin: Edwin Dillmann,
MARIA THERESIA. München 2006.   Gleich beide prägende Herrschergestalten
des 18. Jahrhunderts behandelt: Klaus Günzel, DER KÖNIG UND DIE KAISERIN.
FRIEDRICH II. UND MARIA THERESIA. Düsseldorf 2005.

Museen / Erinnerungsorte   In Wien wird man an vielen Stellen an Maria Theresia erinnert,
am intensivsten in ihrem Schloss Schönbrunn und in der Hofburg.

Zeitgenossen

Karl VI. Vater Maria Theresias, Deutscher Kaiser von 1711–1740 (1685–1740)

Karl VI. war ein bedächtiger, in allen seinen Handlungen überlegter Mensch. Sein großes Ziel war es, die universelle Reichsidee nach dem Vorbild Karls V. zu erneuern. Das gelang ihm nicht. Mit der Pragmatischen Sanktion hat er aber die Grundlage einer österreichischen Staatsidee gelegt.

Elisabeth Christine von Braunschweig- Wolfenbüttel Mutter Maria Theresias (1691–1750)

Sie war eine protestantische Welfin und musste mit großer Überredungskunst zum katholischen Glauben bekehrt werden, damit sie Karl heiraten konnte. Von ihren vier Kindern erlebten nur Maria Theresia und ihre Schwester Maria Anna das Erwachsenenalter.

Franz Stephan Herzog von Lothringen Mann Maria Theresias, ab 1745 als Franz I. Deutscher Kaiser (1708–1765)

Mit seiner Liebenswürdigkeit gewann er sich die Herzen am Hofe und vor allem des Kaisers. Später war er ein liebevoller Ehemann und guter Vater. Als Feldherr und Politiker war er wenig erfolgreich; seine Talente lagen auf wirtschaftlichem und naturwissenschaftlich-kulturellem Gebiet. Er gründete das Naturalienkabinett in Wien, richtete Mustergüter ein, begründete Manufakturen und häufte ein riesiges Privatvermögen in der Toskana auf, dessen größter Teil nach seinem Tod von seinem Sohn Joseph für die Tilgung von österreichischen Staatsschulden verwendet wurde. Franz Stephan wurde der Stammvater des Hauses Habsburg-Lothringen.

Johann Christoph Freiherr von Bartenstein Leiter der Außenpolitik und später Vizekanzler (1690–1767)

Der konvertierte Sohn eines evangelischen Professors der Universität Straßburg machte unter Karl VI. schnell Karriere, weil er arbeitsam, zuverlässig und sehr ordentlich war, dazu ein außergewöhnliches Gedächtnis besaß. Er war empfindlich und schnell gekränkt, aber ein erfahrener Verwaltungsfachmann. So erwarb er sich auch das Vertrauen von Maria Theresia, obwohl sie »gegen deme anfänglich recht übel präveniret war«, da er nämlich von der Hochzeit mit Franz Stephan abgeraten hatte. Er leitete die Außenpolitik, bis sie 1753 an Kaunitz übertragen wurde.

Joseph II. Deutscher Kaiser von 1780–1790 (1741–1790)

Der älteste Sohn des Kaiserpaars galt als schwieriges Kind. Schon früh wurde er auf seine Rolle als künftiger Thronfolger vorbereitet. Mit der starken Mutter kam es immer wieder zu Konflikten, so bei der Ersten polnischen Teilung, die er gegen ihren Willen durchsetzte, und im Bayerischen Erbfolgekrieg, den sie hinter seinem Rücken beendete. Innenpolitisch gilt Joseph neben Friedrich dem Großen als einer der Hauptvertreter des aufgeklärten Absolutismus. Er verkündete die »Toleranzpatente«, wonach die Konfessionen gleichberechtigt waren, und schaffte die Folter ab.

Karl Albrecht Kurfürst von Bayern   Als Karl VII. Deutscher Kaiser ab 1742 (1697–1745)

Da Karl Albrecht die jüngste Tochter Josephs I. geheiratet und nie die Pragmatische Sanktion anerkannt hatte, erhob er nach dem Tod Karls VI. Erbansprüche und meldete seine Kandidatur zur Kaiserwahl an. Im Österreichischen Erbfolgekrieg besetzte er mit französischer Hilfe Oberösterreich. Im selben Jahr wurde er auch zum böhmischen König gekrönt, was eine Voraussetzung für die Kaiserwahl am 13. Februar 1742 war. Maria Theresia ließ Bayern besetzen und wollte es als Kompensation für das verlorene Schlesien annektieren. Karl Albrecht konnte Bayern aber noch zurückerobern, bevor er unerwartet im Januar 1745 starb. Sein Sohn Maximilian III. Joseph einigte sich mit Österreich im Frieden von Füssen 1745, verzichtete auf alle Ansprüche, erkannte die Pragmatische Sanktion an und versprach seine Kurstimme Franz Stephan. Dafür erhielt er das inzwischen wieder von den Österreichern besetzte Bayern zurück.

Friedrich Wilhelm Graf von Haugwitz   Bedeutendster Reorganisator des österreichischen Staates (1702–1765)

Der wegen seiner Verdienste in den Grafenstand erhobene Sohn eines sächsischen Offiziers wurde einer der treuesten Berater Maria Theresias, ihr »wahrer Freund«, und entwickelte das Modell für die innere Staatsreform, das die Landstände praktisch ausschaltete.

Leopold Josef Maria Graf von Daun   Österreichischer Feldmarschall (1705–1766)

Daun hatte schon unter Karl VI. seine militärischen Fähigkeiten bewiesen und wurde der erfolgreichste Gegenspieler Friedrichs II. Nach dem Frieden von Aachen betraute ihn Maria Theresia mit der Reorganisation des Heeres. Nach preußischem Vorbild schuf er eine schlagkräftige und einheitlich reglementierte Armee.

Wenzel Anton Graf, später Fürst von Kaunitz-Rietberg   Österreichischer Staatskanzler (1711–1794)

Er war ein schwieriger Mensch, der mit Rücktritt drohte, wenn er etwas durchsetzen wollte. Dennoch genoss er Maria Theresias Vertrauen. Er hatte 1748 den Frieden von Aachen mit ausgehandelt und trat danach energisch für ein Bündnis mit dem traditionellen österreichischen Gegner Frankreich ein. 1757, nachdem Friedrich II. ein Defensivbündnis mit England geschlossen hatte, erreichte Kaunitz ein Offensivbündnis mit Frankreich, dem sich Russland anschloss. Er war damit einer der Hauptverantwortlichen für den Siebenjährigen Krieg. Später war er sowohl für Josephs Vorgehen im Bayerischen Erbfolgekrieg als auch für die Erste polnische Teilung mitverantwortlich.

Maria Isabella Elisabeth Prinzessin von Bourbon-Parma   Erste Frau Josephs II. (1741–1763)

Isabella war eine ungewöhnlich schöne, kluge und gebildete Frau, die sich auch für Politik interessierte. Sie gewann nicht nur Joseph für sich, sondern auch das Herz Maria Theresias. Mitten im Siebenjährigen Krieg wurde die Hochzeit ungemein prunkvoll gefeiert, um der Welt zu beweisen, dass Österreich finanziell nicht am Ende war. Isabella starb schon nach drei Jahren an den Blattern und hinterließ nicht nur einen verzweifelten Gatten, der ihren Tod nie verwand, sondern auch eine untröstliche Schwiegermutter (was diese freilich nicht hinderte, den Sohn zu einer baldigen neuen und ungewollten Ehe zu zwingen).

Maria Josepha Prinzessin von Bayern   Zweite Frau Josephs II. (1739–1767)

Josepha war die Tochter Karls VII., die gegen ihren Willen mit Joseph verheiratet wurde, um eine Versöhnung zwischen den Dynastien herbeizuführen. 1765 fand die Hochzeit statt, die Ehe wurde nie vollzogen, und als Josepha nach zwei Jahren ebenfalls an den Blattern starb, nahm Joseph nicht einmal an ihrer Beerdigung teil.

Leopold II.   Deutscher Kaiser von 1790–1792 (1747–1792)

Er war der zweite Sohn Maria Theresias und Nachfolger Josephs. Seinetwegen musste Joseph auf das Großherzogtum Toskana verzichten, das Leopold mit Augenmaß und Gerechtigkeitssinn in 25-jähriger Herrschaft zu einem europäischen Musterland machte. Verheiratet war er mit Maria Ludovica von Spanien.

Marie Antoinette   Königin von Frankreich (1755–1793)

Sie war das zweitjüngste Kind von Maria Theresia und heiratete 1770 den französischen Dauphin, den späteren Ludwig XVI. 1774 wurde sie Königin. Mit ihr führte die Mutter eine ausführliche Korrespondenz, die teils persönliche Ermahnungen, teils politische Ratschläge enthält. Maria Theresia hoffte, auf diese Weise indirekt auf die politischen Verhältnisse in Frankreich Einfluss nehmen zu können. Marie Antoinette wurde in der Französischen Revolution nach einem Schauprozess hingerichtet.

Der Kongressfürst

CLEMENS GRAF METTERNICH

1773–1859

CLEMENS GRAF METTERNICH

Der schöne Clemens war der Mittelpunkt jeder Gesellschaft und der Schwarm unzähliger Frauen. Er war nicht nur schön, er war auch begabt, reich und altadlig, voller Sprachwitz und Geist, unbeschwert und zwanglos. Aber Erfolg hatte er nicht nur mit der Leichtigkeit seines Auftretens, sondern vor allem mit der Nüchternheit seines Wesens. Was ihn auszeichnete, war ein Gespür für die Welt, die ihn umgab, in der er sich zu amüsieren liebte und die er erhalten wollte gegen alle Angriffe seiner Zeit.

Als er 1773 geboren wurde in Koblenz am Rhein in der Mitte Europas, da hatte alles noch eine barocke Ordnung. Schon sein Vater war Diplomat, Gesandter zunächst in Wien, dann am Rhein, in Brüssel, der Spross einer rheinischen Adelsfamilie und immerhin eine so gute Partie, dass Maria Theresia die Ehe der Eltern stiftete. Der Rheinländer heiratete eine österreichische Gräfin Kageneck. Clemens wuchs auf mit dem Geist der Mutter und dem Pomp des Vaters. Er lernte leicht und aufmerksam bei seinen zwei Hauslehrern und wollte gerne Diplomat werden. Damit waren die Eltern einverstanden. Sie schickten ihn zum Studium nach Straßburg, wo sich damals adlige Zöglinge aus aller Welt trafen, die den diplomatischen Dienst anstrebten. Er musste nicht einmal die Sprache wechseln, überall in Europa sprach man in diesen Kreisen Französisch.

Alles war hübsch eingefädelt, das Personal, das bald die Geschicke Europas bestimmen sollte, lernte sich kennen. Und als Franz II. in Frankfurt zum Kaiser des Heiligen Römischen Reichs Deutscher Nation gekrönt wurde, eröffnete ihm zu Ehren der junge Metternich mit Luise von Mecklenburg-Strelitz, der zukünftigen Königin von Preußen, den Krönungsball.

Da stürmte das Volk am 21. Juli 1789 die Straßburger Bastille, wie es zuvor die Pariser Bastille gestürmt und damit die Französische Revolution ausgelöst hatte. Clemens verlegte angeekelt sein Studium nach Mainz, der Pöbel war ihm unappetitlich, zu schlecht erzogen, diese Kraft konnte nur Unheil bringen. Doch den Unruhen der Zeit konnte man durch einen Umzug nicht entkommen.

15. 5. 1773
Geburt in Koblenz

1788/89
Studium der
Staats-, Rechts-
und Geschichts-
wissenschaften in
Straßburg

1789
Französische
Revolution/
Sturm auf die
Straßburger Bastille
am 21. 7./
Umzug nach Mainz

Die sogenannten Sansculotten besetzten bald auch das Rheinland und beschlagnahmten den Metternich'schen Besitz. Ausgerechnet Metternichs ehemaliger Hauslehrer Simon, der sich doch immer einen Menschenfreund genannt hatte, gesellte sich in Paris zu den Revolutionären. Er brachte Adlige aufs Schafott, wurde ein Helfer des jakobinischen Terrors. Als die Revolutionäre sogar wagten, die Königin Marie Antoinette zu köpfen, stand Metternichs Meinung ein für alle Mal fest: Revolution sei »das größte Unglück, das ein Land treffen kann und das seiner Natur nach alles zertrümmert«.

Und die Metternichs? So ganz zertrümmert und verarmt waren sie nicht: Die Mutter hatte noch ein Gut im Böhmischen und Jugendfreundinnen in der besten Wiener Gesellschaft, der Vater kannte Kaiser Franz II. in der Hofburg. So zog der Rheinländer Clemens Graf Metternich mit 21 Jahren nach Wien, wo er heute als einer der größten Österreicher gilt.

1794/95
Umzug nach Wien/
Heirat mit
Eleonore von
Kaunitz-Rietberg

Zunächst wurden die Metternichs nicht mit offenen Armen aufgenommen als Flüchtlinge, die nur zur Miete wohnten und rechnen mussten. Aber dann warf Lorel Kaunitz ihren Blick auf Clemens und beschloss, ihn zu heiraten. Eleonore Gräfin von Kaunitz-Rietberg zu heiraten, auch noch die einzige Erbin ihrer Familie, das war wie ein Privatschlüssel zur kaiserlichen Hofburg. Lorels Großvater hatte als Staatskanzler 40 Jahre lang die österreichische Politik geleitet. Mit dieser Heirat hatte Clemens auf einmal nicht nur Geld, sondern auch Einfluss. Und da er bestrickend charmant plaudern konnte, schickte der Kaiser ihn schon bald auf seinen ersten Posten als Gesandten nach Dresden.

1801–1803
Österreichischer
Gesandter
in Dresden

Metternich war entzückt. In Paris herrschte unter Napoleon bereits eine ungemütliche Militärdiktatur, in Dresden wurden noch immer Reifröcke wie vor 50 Jahren getragen. Ein Ball jagte den anderen, die Damen waren kokett und freigiebig, und nur Lorel, inzwischen schwanger und nicht so ansehnlich, störte ein wenig. Doch sie hatte Humor und meinte, sie verstehe die Damen sowieso nicht, die ihrem Mann widerstehen könnten.

In Dresden lernte Metternich den Schriftsteller Friedrich von Gentz kennen – auch ein Salonlöwe, der die Heiterkeit des Rokoko retten wollte. Er hatte gerade eine Zeitschrift gegen Napoleon gegründet. Die beiden Gegner der Revolution fanden sich. Gentz drängte Metternich, seine Aufgabe darin zu sehen, die Habsburgermonarchie zu bewahren als letzten Halt der alten Staatsordnung. Jahrzehntelang arbeiteten sie zusammen; Gentz sollte später die Manifeste und Protokolle all der großen von Metternich organisierten Kongresse schreiben, die Europa nach Napoleon neu ordnen würden.

Metternichs nächste Station war Berlin. Dort ging es schlichter zu, die Damen trugen Kleidungsstücke, die griechischen Nachthemden glichen. Als einer der wenigen ausländischen Diplomaten ging Metternich beim preußischen König Friedrich Wilhelm III. und Königin Luise aus und ein; schließlich kannten sie sich von früher. Metternich bemühte sich darum, den preußischen König für eine Allianz gegen Napoleon zu gewinnen. Doch Friedrich Wilhelm III. wollte seine Ruhe und zögerte so lange, bis Napoleon am 2. Dezember 1805 den österreichischen und den russischen Kaiser in Austerlitz verheerend besiegen konnte. »Die Welt ist verloren, Europa brennt ab!« So kommentierte Metternich, der sich auch persönlich über Napoleon empörte, denn nach der Schlacht bezog Napoleon das Kaunitz'sche Sommerschloss und schlief in Metternichs Bett.

Schon bald sollten sie sich persönlich begegnen. Metternich wurde von Berlin aus weiter nach Paris geschickt, um dort die österreichischen Interessen zu wahren, so weit das überhaupt noch möglich war. Er wurde am 10. August 1806 von Napoleon einbestellt. Da hatte der Kaiser der Franzosen bereits den Kaiser von Österreich gedemütigt, indem er ihn zwang, den jahrhundertealten Titel eines Kaisers des Heiligen Römischen Reichs niederzulegen. Aus Franz II. wurde Franz I., Kaiser von Österreich.

Metternich war in Paris nicht der Vertreter eines starken, gesunden Staates, sondern einer labilen Monarchie, die jederzeit von Napoleon beseitigt werden konnte. Wie eine Dampfwalze rollte der

1803–1806
Österreichischer Gesandter in Berlin

1805
Schlacht von Austerlitz

1806–1809
Österreichischer Gesandter in Paris/ Begegnung mit Napoleon

in den folgenden Jahren über Europa hinweg, zerstörte Länder und Staaten nach Belieben, schuf neue Königreiche, wo es ihm passte, und wechselte seine Verbündeten nach Tageslaune.

Während der drei Jahre, die Metternich in Paris war, besiegte Napoleon in der Schlacht von Jena und Auerstedt die Preußen, unterwarf sich 16 kleinere europäische Staaten im Rheinbund, dem sich 11 weitere anschlossen; er besiegte die Russen bei Friedland und besetzte Königsberg; er verbündete sich anschließend mit Russland, um England aus Europa herauszudrängen, das er zwischen Russen und Franzosen aufteilen wollte; und schließlich unterwarf er Spanien und Portugal. Danach kämpfte er wieder gegen Österreich und marschierte im Oktober 1810 zum zweiten Mal in Wien ein. 158 Tage residierte er im Schloss Schönbrunn und diktierte Österreich einen harten Frieden mit hohen Gebietsverlusten.

1806–1809
Siegeszug Napoleons

1810
Napoleon in Wien/
Metternich
österreichischer
Außenminister

In diesem Moment ernannte Franz I. Metternich zum österreichischen Außenminister. Was tat Metternich? Er stellte sich die Marmorbüste Napoleons auf seinen neuen Schreibtisch am Ballhausplatz und griff zurück auf die Methoden des Boudoirs, Betts und Ballsaals, indem er Marie Louise, die älteste Tochter des österreichischen Kaisers, dem französischen Kaiser als Braut vermittelte. Das war sehr pikant, weil Napoleon schon verheiratet war und zu diesem Zweck zunächst von Kaiserin Joséphine geschieden werden musste. Aber die Hochzeit kam sehr zum Nutzen Österreichs zustande.

Metternich war als einer der wenigen seiner Zeit überzeugt, dass das ganze künstliche napoleonische Gebilde einst zusammenstürzen werde, so wie Napoleon einmal zu ihm gesagt hatte: »Meine Herrschaft überdauert den Tag nicht, an dem ich aufgehört habe, stark und gefürchtet zu sein.« Vorerst aber ging Metternich ein Bündnis ein mit Napoleon gegen Russland, denn sein größter Albtraum war es, dass Frankreich und Russland sich Europa teilen würden, ohne dass Österreich mitmachte. Konnte er Napoleon im Augenblick nicht besiegen, musste er ihn für Österreich gewinnen, ihn an sich binden. Napoleon war Treiber und Getriebener zugleich, irgendwann würde er straucheln und fallen, dann wollte

Metternich zur Stelle sein und nachtreten. Und der Russlandfeldzug brach Napoleons Kraft; in Moskau war er noch einmarschiert, aber dann auf dem Rückweg verreckte fast die ganze napoleonische Armee im russischen Schnee.

1812
Napoleons
Russlandfeldzug
scheitert.

1813, ein Jahr später in der Völkerschlacht bei Leipzig, dem sechsten Versuch einer europaweiten Koalition, Napoleon zu schlagen, erlebte Napoleon die nächste Niederlage und musste sich hinter den Rhein zurückziehen. Napoleon, der Koloss, stürzte. Metternich fuhr über aufgeweichte Straßen wochenlang hinter der Front her. Ein Spaß war der Krieg nicht und Metternich ein absoluter Kriegsgegner. Ihm fehlten seine Salons, das gute Essen, die heitere Musik, der Walzer, die Plauderei – die Frauen fehlten ihm nicht, denn selbst im Felde hatte er eine der begehrtesten Frauen ihrer Zeit bei sich: Wilhelmine von Sagan, die er anbetete.

1813
Niederlage
Napoleons in der
Völkerschlacht
bei Leipzig

Im Frühjahr 1814 zogen die Verbündeten endlich triumphierend in Paris ein, und nach 20-jährigem Kampf dankte Napoleon ab. Von November 1814 bis Juni 1815 tagte ohne ihn der Kongress, der Europa neu ordnen sollte. Dass es in Wien geschah, dass es Österreich war, das den Kongress ausrichtete und mit der Organisation auch Einfluss auf das Ergebnis nahm, das alles ging auf Metternich zurück. Der Wiener Kongress war der große Auftritt des inzwischen zum Fürsten aufgestiegenen Metternich. Er saß in allen Ausschüssen, er tanzte auf allen Bällen, und alle Papiere gingen durch seine Finger.

1814/15
Abdankung
Napoleons/
Wiener Kongress

Die Verhandlungen zogen sich hin, weil Preußen Sachsen haben wollte und Russland Polen. Zeitweilig spottete man, der Kongress bewege sich nicht voran, er tanze. Als aber Napoleon plötzlich wieder auftauchte, aus seinem Exil von der Insel Alba geflohen war, und alle sich sammeln mussten zur letzten großen Schlacht von Waterloo, da kam endlich eine Einigung zustande.

1815
Rückkehr
Napoleons und
endgültige
Niederlage
in der Schlacht bei
Waterloo

Die Ordnung, die in Wien unter Metternichs Regie beschlossen wurde, war eine Friedensordnung, die Europa für viele Jahrzehnte im Gleichgewicht hielt. An die Stelle des Heiligen Römischen Reiches trat ein Deutscher Bund, dem 34 deutsche Fürsten angehörten und 4 freie Reichsstädte. Alle großen europäischen

Länder gingen so aus dieser Neuordnung hervor, dass sie halbwegs zufrieden waren. Der französische Gegner war genauso gleichberechtigt vertreten wie alle anderen Mächte. Denn wenn man eine alte europäische Macht schwächte, so war es Metternich klar, dann konnte man niemals Frieden erlangen, sondern zündete bereits den nächsten Konflikt.

Außenpolitisch hatte Metternich ein Gleichgewicht zu schaffen gewusst, aber innenpolitisch war das schon schwieriger, wie die folgenden Jahre zeigen sollten. Denn gegen Napoleon hatte man die Völker aufgerufen, zu den Waffen zu greifen und sich zu verteidigen. Nun sollten sie nicht mehr mitreden, die Waffen weglegen und wieder brave Untertanen sein, alle nationalen und liberalen Ideen vergessen. Die alte Angst vor einer Revolution saß tief bei Metternich. »Mit Volksrepräsentation im modernen Sinne, mit der Pressfreiheit und den politischen Vereinen muss jeder Staat zugrunde gehen.« So dachte und redete er. Ein friedlicher Übergang hin zu einer bürgernahen Politik war mit ihm nicht möglich. 30 Jahre lang hatte er als Staatskanzler Österreichs den Vorsitz im Deutschen Bund, und er hatte nur ein Ziel: das Volk still zu halten und die Monarchien zu stärken. In Karlsbad rief er 1819 einen großen Fürstenkongress

1819
*Karlsbader
Beschlüsse*

zusammen, der für ganz Europa, zumal den Deutschen Bund, eine bindende Pressezensur durchsetzte. Aber das war nur ein Deich gegen die Flut, gegen den Wunsch nach bürgerlicher Freiheit.

1830 erschütterten die nächsten Revolutionen Europa vor allem im gebeutelten Polen und wieder einmal in Frankreich. Aber auch in Deutschland wurde das Bürgertum gefährlich wohlhabend und stark. 1832 richtete der Deutsche Pressverein das Hambacher Fest

1832
*Hambacher
Fest*

aus; danach wurden auf Metternichs Drängen die sogenannten Demagogen verhaftet. Es dauerte noch 16 Jahre, bis auch in Österreich die Bürger aufzubegehren wagten. Sie ließen sich nicht mehr den Mund verbieten. Der Aufstand 1848 in Wien war verzweifelt und blutig, und die Habsburgermonarchie wäre dabei fast untergegangen.

1848
*Revolution
auch in Wien/
lucht Metternichs
nach England*

Eine der ersten Forderungen der Revolutionäre von 1848 war, dass Metternich mit seinen 75 Jahren endlich zurücktrat. Er musste um sein Leben fürchten und floh mit seiner Familie ins liberale England, das er immer so abgelehnt hatte. Die reaktionäre Zeit des Vormärz, wie man Metternichs Epoche mit Bezug auf den Beginn der Revolution von 1848 nennt, war zu Ende.

Als der Sturm sich gelegt hatte und eine neue Zwangsruhe eingekehrt war, bat der junge Kaiser Franz Joseph I. Metternich, nach Österreich zurückzukehren. Das Volk, das ihn acht Jahre zuvor fast gelyncht hätte, jubelte dem 83-Jährigen zu. Drei Jahre später starb Metternich hochverehrt in Wien.

1856
Rückkehr
nach Wien

11. 6. 1859
Tod in Wien

Was bleibt?

Metternichs frühe Erfahrungen mit der französischen Revolution führten dazu, dass er von den nationalen und freiheitlichen Volksbewegungen seiner Zeit nur Gefahr, Chaos, Blutvergießen und Unglück erwartete. Er versuchte daher mit all seiner Macht, das in seinen Augen bewährte monarchische System des *Ancien Régime* nach Napoleons Untergang wiederzuerrichten.

Außenpolitisch schuf Metternich eine Gleichgewichtspolitik in Europa, die das ganze 19. Jahrhundert hindurch die europäische Politik bestimmte. Sein besonderes Verdienst war es, dass er auch den Verlierer Frankreich in die Neuordnung Europas einbezog und dadurch einen vorbildhaften Frieden schuf, wie es später zum Beispiel nach dem Ersten Weltkrieg nicht gelang. Metternichs Vorstellungen von einem Gleichgewicht in Europa beruhten auf der Solidarität der Monarchien, der »Heiligen Allianz«. Die großen Monarchien sollten nicht nur den Frieden erhalten, sondern sich auch gegenseitig helfen, wenn die Völker mal wieder aufzubegehren und Freiheiten zu fordern wagten.

Die negative Seite der Stabilität waren strikte Zensur, Unterdrückung, Bevormundung und Verbote im Gebiet des Deutschen Bundes. Der Deutsche Bund wurde mehr und mehr zu einer Art von zentraler Einsatzleitung gegen Liberalismus und Demokratie. 1836 wurden zum Beispiel 204 Studenten zu 30 Jahren Haft verurteilt, darunter der bekannte norddeutsche Dichter Fritz Reuter, dessen einziges Vergehen darin bestand, dass er der Burschenschaft angehörte. 2100 Personen wurden von dem weit verzweigten Spitzelnetz der Bundes-Zentralbehörde in Mainz zur Demagogenverfolgung beobachtet. Den meisten blieb nur die Flucht ins Ausland. Die Unterdrückung und Missachtung des Volkes entluden sich schließlich in der Revolution von 1848.

Die Revolutionäre von 1848 konnten sich allerdings auch auf Metternich und seine Wiener Schlussakte berufen. Metternich hatte nämlich mit den beiden Grundgesetzen des Deutschen Bundes, der Bundesakte und der Wiener Schlussakte, 1815 auch eine erste Verfassung in Deutschland geschaffen. Immerhin wurden in ihnen die individuellen Persönlichkeitsrechte garantiert: die Glaubens-, Rede- und Gewissensfreiheit und das Eigentumsrecht – Rechtsbestimmungen, die nicht nur den Regierungen gegen ihre Völker dienen konnten, sondern auch umgekehrt. Wenn auch die Verfassungsentwicklung nach 1819 eher erstarrte, so hat Metternich doch niemals Staatsstreichplänen, auch nicht fürstlichen, Raum gegeben. Er misstraute den Verfassungen tief, aber er trat für ihre Beibehaltung und korrekte Anwendung da ein, wo sie nun einmal bestanden. Er wünschte die Ruhe und Ordnung des Rechts, nicht der Willkür. Insofern war er gleichzeitig Hüter und Gegner jeder Verfassung.

Literatur   Ausführlich, anekdotenreich und sehr zustimmend: Franz Herre, METTERNICH. STAATSMANN DES FRIEDENS. Köln 1983.   Kritisch ausgewogen, knapp und kenntnisreich: Peter Berglar, METTERNICH. »KUTSCHER EUROPAS – ARZT DER REVOLUTIONEN«. Göttingen 1973.

Museen/Erinnerungsorte   Metternichs Geburtshaus steht noch in Koblenz; das Museum Karlsplatz in Wien erinnert an die Metternichzeit.   Schloss Metternich in Kynzwart (Königswert) liegt in Tschechien.

Zeitgenossen

Franz II. von Österreich Letzter Kaiser des Heiligen Römischen Reichs,
Kaiser von Österreich als Franz I. (1768–1835)

Nachdem 1790 Kaiser Joseph II. und 1792
sein Vater Kaiser Leopold II. verstorben waren,
folgte ihnen Franz als letzter Kaiser des
Heiligen Römischen Reichs nach. Da
die napoleonischen Wirren das Reichsgebilde
auflösten, blieb für ihn nur der Titel eines
Österreichischen Kaisers. Die Macht
lag jedoch in Händen Metternichs; der Kaiser
repräsentierte nur. Franz war viermal
verheiratet. Der erstgeborene Sohn und
Nachfolger Ferdinand stammte aus der Ehe
mit einer Cousine und war schwachsinnig.

Der Turnvater

FRIEDRICH LUDWIG JAHN

1778–1852

FRIEDRICH LUDWIG JAHN

Friedrich Ludwig Jahn wird am 11. 8. 1778 in Lanz, Brandenburg, geboren.

1796–1803 Studium der Theologie ohne Abschluss

Am 31. Mai 1802 schrieb sich Friedrich Ludwig Jahn an der Universität Greifswald als Student ein. Daran waren zwei Dinge seltsam: Erstens hatte er gar keinen Schulabschluss, und zweitens gab er den falschen Nachnamen »Fritze« an. Jahn alias »Fritze« war ein verbummelter Student, ein verwöhnter Pfarrerssohn aus der Priegnitz mit notorischer Prüfungsscheu. Bis zu seinem 13. Geburtstag war er von den Eltern unterrichtet worden, die ihm jede Freiheit gelassen hatten; danach musste er zwei Gymnasien wegen schlechten Benehmens ohne Abitur verlassen und zog nun seit Jahren von Universität zu Universität.

Wo er hinkam, gab es Raufereien, Unruhe, Ärger. Schon vor zwei Jahren hatte er ein Studienverbot an allen deutschen Universitäten bekommen, als »Jahn« durfte er nirgendwo mehr erscheinen. Aber auch als »Fritze« dauerte es nur wenige Wochen, da hatte er die 80 Studenten von Greifswald aufgewiegelt. Er ertrug einfach das Landsmannschaftliche, das Kleinliche der Studenten nicht. Sie sonderten sich voneinander ab, ein Kasseler wollte nichts von einem Hallenser oder Hannoveraner wissen. Sahen sie denn nicht, dass Deutschlands Zukunft in der Einheit lag? Jahn forderte sie heraus, verspottete ihre Rituale, träumte von einer einigen Studentenschaft und war immer für eine Prügelei zu haben. Als »Sittenverderber« musste er auch die Universität Greifswald verlassen.

Immerhin hatte er dort den Privatdozenten Ernst Moritz Arndt kennengelernt. Obwohl Jahn und Arndt nun getrennte Wege

1802 Beginn der Bekanntschaft mit Ernst Moritz Arndt

gingen, schien es, als ob sie sich inhaltlich die Gedanken zuspielen würden. Arndt war dabei, ein Buch zu schreiben mit dem Titel GERMANIEN UND EUROPA. Er rief dazu auf, endlich alle Deutschen in einem Staat zu vereinigen. Jahn fragte nun: Was macht die Deutschen zu einem Volk? Und er prägte dafür den Begriff »deutsches Volksthum«. »Deutsches Volksthum«, das bedeutete für Jahn, wie er nicht sehr präzise formulierte: Biederkeit, Gradheit, das »ernste Gutmeinen«, Vaterlandsliebe, Wehrhaftigkeit, Frömmigkeit. Jahn rief dazu auf, alle »Ausländerei« aus dem Alltag und aus der Sprache

zu verbannen. Arndt ging noch weiter und rief zu einem immer-
während Kampf und Hass gegen alles Fremde, alles »Welsche«
auf und verstand darunter sowohl die Franzosen als auch die Juden.
Arndt und Jahn forderten, dass die Deutschen ihre Einheit auch
äußerlich mit einer »teutschen Nationaltracht«, nämlich dem altdeutschen Rock, demonstrieren sollten. Jahn trug selber fortan bis
zu seinem Lebensende nichts anderes mehr als diese Fantasietracht.

Das krampfhafte Suchen nach Eigenem und die Abwehr alles
Fremden kann man nur verstehen, wenn man die Bedrohung bedenkt, die vom napoleonischen Frankreich ausging. Napoleon
schien mit den deutschen Ländern zu spielen, er spottete über die
deutschen Fürsten: »Immer haben sie mehr Erbitterung gegeneinander als gegen den wahren Feind gezeigt.« Und innerhalb weniger
Jahre veränderte der als Kriegsherr so erfolgreiche Napoleon alle
deutschen Staaten. Die Gebiete bis zum Rhein wurden französisch.
Östlich davon schuf Napoleon unter Gewaltandrohung aus einer
Vielzahl kleinster eine überschaubare Anzahl größerer Länder, die
er, sie damit Österreich und Preußen gleichstellend, Königreiche
nannte, denen er französische Gesetze aufzwang und die er faktisch
unter seine eigene Führung brachte. Damit hatte Napoleon das
Heilige Römische Reich aufgelöst. Am 14. Oktober 1806 besiegte er

1806
*Sieg Napoleons in
er Schlacht bei Jena
und Auerstedt*

auch noch Preußen bei Jena und Auerstedt. Friedrich Wilhelm III.
und Königin Luise flohen mit ihrer Familie ins Exil.

Friedrich Ludwig Jahn lebte zu dieser Zeit gerade als Hauslehrer in Jena und bekam die traumatische preußische Niederlage
hautnah mit. Die nächsten zwei Jahre wanderte er in Preußen um-
her, um zum Widerstand gegen die Franzosen aufzurufen. Ernst
Moritz Arndt versuchte, von Russland aus als Sekretär des Freiherrn
von Stein den Widerstand zu organisieren. Jahn wollte es innerhalb
des Landes tun.

Wilhelm von Humboldt bot Jahn eine Oberlehrerstelle in
Königsberg an, wenn er in einer großen Prüfung Abitur und Stu-
dienabschluss in einem nachholte. Doch Jahn fiel am 9. April 1811

durch die Prüfung, ihm blieb nur eine Hilfslehrerstelle in Berlin-Mitte. An den Mittwoch- und Sonnabendnachmittagen musste er seine Knaben ausführen in den Wald, in die Hasenheide. Da brachte er ihnen das Springen, Klettern, Wandern, Ringen, Werfen bei, kurz: das »Turnen«, wie er es nun mit einer eigenen Wortschöpfung benannte. Die Jungs waren aus der Mischung von Geländespielen und Geräteturnen begeistert. Gemeinsam erfanden sie immer neue Übungen. Am 19. Juni 1811 eröffnete Jahn mit dem Pädagogen und Freiheitskämpfer Friedrich Friesen zusammen den ersten deutschen Turnplatz.

1811
Eröffnung
des ersten deutschen
Turnplatzes

Das Training der Turner war aufgeteilt in zwei Teile. Der erste galt der Stärkung des Körpers, der zweite aber der Stärkung des Geistes: Es wurde gesungen, und Jahn hielt Vorträge über deutsches Volkstum. Und die Ideen der Turner griffen mächtig um sich, Jahns Deutschtümelei war einer ganzen Generation eine Wahrheit. Heimlich fing er auf diese Weise an, den Kampf gegen Napoleon vorzubereiten. Das war höchst gefährlich; erst 1810 hatten die Franzosen den Tiroler Freiheitskämpfer Andreas Hofer ermordet. Arndt lobte aus seinem Exil, durch die Turnerei sei »ein schönes, starkes, stattliches ... Geschlecht« von Männern zu gewinnen, »der Mann, der sterben kann für Freiheit, Pflicht und Recht ... für Gott und Vaterland.«

Schon im Februar 1813, noch ehe der preußische König im März dazu aufrief, versammelten sich Jahn und seine Turner im Alter von 17 bis 40 Jahren mit vielen anderen in Breslau unter der Führung General von Lützows, insgesamt 3663 Freiwillige. Es gab auch einige wenige Frauen darunter, die heimlich mitkämpften, die meisten aber halfen bei einem der 573 Frauenhilfsvereine mit, die mit ihren Handarbeiten Spendengelder sammelten, Uniformen nähten und später Verwundete pflegten. Die Befreiungskriege bewegten ein ganzes Volk. Die freiwilligen »Lützower Jäger« haben sicher nicht Schlachten entschieden, aber sie waren das Symbol des Kampfs für die deutsche Einheit und Freiheit. Ihr Farben Schwarz-Rot-Gold wurden 100 Jahre später die Farben der Republik.

1813
Beginn der
Befreiungskriege/
Jahn tritt den
»Lützower Jägern«
bei.

Als alles vorbei war, als Napoleon geschlagen war und die

1814/15
Niederlage
Napoleons
in der Völkerschlacht
von Leipzig/
Wiener Kongress

Fürsten in Wien über das Nachkriegseuropa beratschlagten, da war von deutscher Einheit plötzlich nicht mehr die Rede. Die Fürsten wollten alle lieber ihre kleinen souveränen Staaten erhalten, als sich zu vereinigen. Der Deutsche Bund wurde nur gegründet zur Beratung und militärischen Zusammenarbeit. Jahn reiste nach Wien, um noch Einfluss zu nehmen, aber da war es schon zu spät. Auch passte er nicht in die Welt der Kongresse und der diplomatischen Zirkel. Der preußische Staatskanzler Graf Hardenberg, der ihn mochte, lud ihn zu seinen Abendgesellschaften ein; Jahn aber erschien in seinem abgeschabten altdeutschen Rock, dreckigen Stiefeln, schwang lautstark freche Reden und war sichtlich fehl am Platze.

Jahn kehrte nach Berlin zurück. Er erhielt fortan vom preußischen Staat für seine Verdienste einen monatlichen Ehrensold und konnte seine langjährige Freundin Helene Kollhof heiraten. Auf der Hasenheide nahm er das Turnen wieder auf und wetterte gegen die neue Ordnung. Er ließ sich nicht den Mund verbieten, schließlich hatte er viele Anhänger. Turnten anfangs nur 100 Männer auf der Hasenheide, waren es bald fast 1000, und Jahns Ideen verselbstständigten sich: Überall im Deutschen Bund entstanden Turnanstalten, und 1815 gründeten ehemalige Kampfgefährten die so lange von Jahn geforderte einige Studentenverbindung in Jena. Ihr Motto war »Ehre, Freiheit, Vaterland«, es war die Urburschenschaft.

1815
Gründung der
Urburschenschaft

1817
ahns Vortragsreihe
»Deutsches
Volksthum«

18. 10. 1817
Wartburgfest

Im Winter 1817 schimpfte Jahn in seiner Vortragsreihe »Deutsches Volksthum« öffentlich und ungehindert über die Missstände der Wiener Ordnung. Natürlich unterstützte er die Burschenschaft, als sie die Vertreter aller deutschen Universitäten am 18. Oktober 1817 auf die Wartburg nach Eisenach einlud und in altdeutscher Kleidung an Luthers Thesenanschlag vor 300 Jahren erinnerte. Er nahm auch keinen Anstoß daran, dass die Studenten am Ende Bücher ihrer Gegner verbrannten.

Im März 1819 ermordete ein Anhänger von Jahn, der Turner und Urburschenschafter Karl Ludwig Sand, den liberalen Schriftsteller August von Kotzebue, weil er Franzosen und Juden in seinen Schriften in Schutz genommen hatte. Da war es vorbei mit der Meinungsfreiheit. Hardenberg und Metternich setzten auf einer Konferenz aller Fürsten des Deutschen Bundes in Karlsbad durch, dass überall eine strenge Zensur eingeführt und die Burschenschaften umgehend verboten wurden. In Mainz wurde eine Bundeszentralbehörde eingerichtet zur Untersuchung »revolutionärer Umtriebe«.

1819
Karlsbader
Beschlüsse

Darauf schien man in Preußen nur gewartet zu haben: Das Turnen wurde umgehend untersagt. Jahn, dem schon sein Sohn 1818 gestorben war, saß am Krankenbett seiner Tochter, als er im Juli 1819 verhaftet wurde. Wenige Tage später starb auch sie. Und ihr Vater vegetierte nun fünf Jahre lang in den verwanzten Zellen verschiedener Gefängnisse, ehe ihm überhaupt der Prozess gemacht wurde. Jahns Frau zog, von der Gesellschaft geächtet, mit dem einzigen überlebenden Sohn hinter ihrem Mann her von Festung zu Festung, bis sie in Küstrin 1823 erschöpft und verhärmt starb.

Juli 1819
Verhaftung Jahns/
Aufenthalte
in verschiedenen
Gefängnissen ohne
Prozess

1824 erging endlich das Urteil. Jahn erhielt zwei Jahre Festungsarrest mit der Begründung, er habe sich »wiederholte freche Äußerungen gegen Staat und Verfassung« erlaubt. Nun schrieb er selber eine brillante Verteidigungsschrift und wurde endlich im März 1825 freigesprochen, allerdings mit der Auflage, sich von der Jugend fernzuhalten. Er durfte sich auch nicht niederlassen in einer Stadt, die ein Gymnasium oder eine Hochschule besaß. So zog Jahn mit seiner zweiten Frau nach Freyburg an der Unstrut, wo er weiter unter Polizeiaufsicht leben musste. Er bekam seinen Ehrensold aus den Freiheitskriegen weiterhin, von dem die Familie bescheiden lebte. Auszuwandern wie die meisten seiner Gesinnungsgenossen lehnte er lautstark und in vielen Artikeln ab, auch wenn er vereinsamte. Er plante Bücher über das germanische Altertum und den Dreißigjährigen Krieg, doch in einem großen Brand seines Hauses 1838 ging alles verloren, was er an Dokumenten gesammelt hatte.

März 1825
Freispruch
mit Auflagen

Erst am 31. Oktober 1840, nach dem Thronwechsel in Preußen, wurde der Polizeigewahrsam gegen Jahn aufgehoben. Jahn wurde rehabilitiert. Der 62-Jährige konnte sich wieder überall niederlassen und unbeschränkt Besuch empfangen. Friedrich Wilhelm IV. verlieh Jahn sogar das Eiserne Kreuz für seine Verdienste

1840
Rehabilitation

ums Vaterland, und das Turnen wurde als Fach an den Schulen ein-

1842
Turnen wird
Schulfach.

geführt. Jahn selber wurde als »Turnvater Jahn« Ehrenmitglied in vielen Vereinen.

Viele erwarteten, Friedrich Wilhelm IV. werde Preußen nun auch die lang versprochene Verfassung geben. Doch der Monarch wich vor seinem eigenen Mut wieder zurück. »Dass sich zwischen unseren Herr Gott im Himmel und dieses Land ein beschriebenes Blatt gleichsam als eine zweite Vorsehung eindränge, um uns mit seinen Paragraphen zu regieren und durch sie alte, heilige Treue zu ersetzen«, sei ihm ein unerträglicher Gedanke. Es musste erst zu Missernten, einer Wirschaftskrise und regelrechten Hunger-revolten kommen, zu Straßenkämpfen in Wien und Berlin, dass der

1848
Revolution
mit Kämpfen
in Berlin
und Wien

preußische König sich plötzlich an die Spitze der nationalen Be-wegung stellte. Am 21. März 1848 bei einem Ritt durch Berlin trug er die deutschen Farben und verkündete, Preußen werde fortan in Deutschland aufgehen. Es schien, als hätten die Revolutionäre gewonnen; eine Nationalversammlung in Frankfurt sollte eine ge-samtdeutsche Verfassung ausarbeiten.

Am 10. Mai 1848 wurde Jahn in Merseburg zum Abgeordne-

Mai 1848
Wahl Jahns
in die Frankfurter
National-
versammlung

ten gewählt. Jahns Reise von Freyburg nach Frankfurt glich einem Triumphzug; wo er hinkam, wurde er mit Jubel empfangen. Jahn und Arndt trafen sich in Frankfurt wieder; sie wurden beide Alters-präsidenten des Parlaments in der Paulskirche. Die 809 Abgeordne-ten kamen hauptsächlich aus dem gebildeten Bürgertum, drei Vier-tel von ihnen hatten ein Universitätsstudium abgeschlossen, viele Professoren, Ärzte, Advokaten und Schriftsteller waren darunter, aber nur wenige Handwerker, Bauern und Kaufleute.

Viele kannten sich aus den Freiheitskriegen, viele aus der Burschenschaft. Bald bildeten sich Meinungsgruppen, Parteien gab es noch nicht, aber die Differenzen zwischen den verschiedenen Gruppen waren heftig. Im Frühjahr 1848 war das KOMMUNISTI-SCHE MANIFEST von Karl Marx und Friedrich Engels erschienen. Die junge Generation forderte nicht nur die Einheit Deutschlands, sondern vor allem soziale Gerechtigkeit.

Friedrich Ludwig Jahn gehörte keinem der Lager an. Er stimmte gegen die Aufhebung der Adelstitel und hielt eine flammende Rede für das erbliche Königtum. Natürlich votierte er für eine kleindeutsche Lösung unter preußischer Führung. Er war für die Abschaffung der Todesstrafe, was den Argwohn der Rechten hervorrief, und er erregte den Zorn der Linken, als er Schritte gegen »das wühlerische Treiben der kommunistischen Vereine der sogenannten Radikaldemokraten« forderte. Gleichzeitig sprach er sich für ein Wahlrecht auch für Dienstboten, Handwerker und Tagelöhner aus: »Das Volk, welches ihr ausschließen wollt von der Teilnahme der Wahl, das sind die wahren Erhalter des volklichen Lebens.«

Toleranz war nicht gerade die Stärke der ersten deutschen parlamentarischen Versammlung. Als es zu ernsthaften Meinungsverschiedenheiten kam über die Frage, ob Schleswig-Holstein zu Dänemark oder Deutschland gehören sollte, wollte man Jahn vom Balkon eines Hauses hinabstürzen. Der 70-Jährige konnte sich auf den Dachboden retten und später über Gartenzäune hinweg in den Osten Frankfurts fliehen, wo er sich in einem leeren Eisenbahnwagen versteckte. Im Stadtinnern Frankfurts tobten Straßenkämpfe. 80 Tote gab es an diesem Tag. Jahns Kommentar war: »Napoleon war arg, aber die Roten sind arger ... Wer frei sein will, muss auch anderer Freiheit achten.«

Trotz dieses Aufstands entstand in der Frankfurter Paulskirche ein Verfassungsentwurf, der ein erbliches Königtum vorsah. Am 28. März 1849 wurde Friedrich Wilhelm IV. von der Versammlung zum erblichen Kaiser gewählt.

Jahn hielt es für eine selbstverständliche Pflicht Friedrich Wilhelms, die Krone anzunehmen. In der »Deutschen Zeitung« vom 2. April schrieb er noch: »Der erwählte Kaiser kann Ja sagen, aber zum Nein hat er nicht Fug und Recht ... Durch die Erblichkeit ist das Preußenvolk gesichert, daß es nicht für augenblicklichen Herrscherglanz Gut und Blut zu opfern hat ... Die Erblichkeit hebt die Selbstentscheidung des Königs auf ...« Doch da irrte er, der König lehnte die Krone ab, weil ihr, wie er fand, der »Ludergeruch der Re-

März 1849
Die National-
versammlung wählt
Friedrich
Wilhelm IV. zum
Kaiser; der lehnt ab.

volution« anhafte. Das war ein Schlag ins Gesicht der Abgeordneten. Die Nationalversammlung wurde am Ende vom Bruder und späteren Nachfolger des Königs mit Waffen aufgelöst. Ausgerechnet er sollte 20 Jahre später als Wilhelm I. mithilfe von Bismarck das Deutsche Reich gründen.

Juni 1849
Auflösung der Nationalversammlung

Tod am 15. 10. 1852 in Freyburg an der Unstrut

Jahn war bis an sein Lebensende 1852 überzeugt, dass es irgendwann zu einer Einheit aller deutschen Staaten kommen werde: »Deutschlands Einheit war der Traum meines erwachenden Lebens, das Morgenrot meiner Jugend, der Sonnenschein der Manneskraft, und ist jetzt der Abendstern, der mir zur ewigen Ruhe winkt.«

Was bleibt?

Das Thema der Einheit Deutschlands lag unter dem Eindruck Napoleons sozusagen in der Luft, und Jahn war nicht der Einzige, der sich um sie bemüht hat. Aber durch seine originelle Verbindung des nationalen Gedankenguts mit Bewegung und Gesang erreichte Jahn breite Bevölkerungskreise, vor allem die Jugend, was sich dann fortsetzte in der von ihm unterstützten Burschenschaft. Dadurch ist sein Einfluss schwer messbar, aber sicher groß gewesen.

Bedenkt man, dass viele Burschenschafter und ehemalige Freiheitskämpfer 1848 in der Frankfurter Paulskirche im einzigen gesamtdeutschen Parlament zusammenkamen, so ist das Paulskirchenparlament auch als das Resultat einer Bewegung zu verstehen, die in der Opposition zu Napoleon begann. Wie viele sogenannte Achtundvierziger ist Jahn in seiner politischen Vorstellung nicht klar zu fassen; ihm schwebte wohl ein volkstümliches Staatswesen vor, in dem die verschiedenen Stände friedlich und gleichberechtigt nebeneinander existieren und von einem König geführt werden.

Das Romantisch-Schwärmerische seiner Volkstumsidee aber war politisch anfällig. Übersteigertes Nationalgefühl und Heldenepos des Freiheitskriegs wirkten lange nach, weswegen Jahn nach seinem Tod vielfach politisch benutzt wurde, hauptsächlich von der politischen Rechten. Das Erinnern an Jahn stützte später autoritäre, antidemokratische Strömungen; seine Gedanken gehörten später zu denen, die die Weimarer Republik geschwächt haben. Und die Nationalsozialisten sahen in Jahn einen ihrer Vordenker. Vor allem deutsche Selbstüberhebung, Franzosen-, Juden- und allgemeiner Fremdenhass konnten sich auf Jahn und Arndt berufen.

Literatur   Interessante kurze Biografien einiger sogenannter Achtundvierziger finden sich in: Helmut Bleiber/Walter Schmidt/Susanne Schötz (Hrsg.), AKTEURE EINES UMBRUCHS. MÄNNER UND FRAUEN DER REVOLUTION 1848/49. Berlin 2003.   Der Dichter E. T. A. Hoffmann hat über den Polizeiminister von Kamptz, der Jahns Verfahren hinauszögerte und gezielt Rufmord an ihm beging, seine Satire KATER MURR geschrieben. Hoffmann war als Apellationsrat zuständig für den Fall Jahn während dessen Festungshaft und erwirkte durch ständiges Drängen, dass es überhaupt zu einem Verfahren kam.

Museen/Erinnerungsorte   Jahns Geburtshaus in Lanz an der Elbe bei Wittenberge ist nach einem Brand wieder aufgebaut worden; in Freyburg an der Unstrut ist sein Wohnhaus Museum mit Gedächtnisturnhalle und Ehrenhalle der Turner. In der Berliner Hasenheide erinnert ein Denkmal an ihn.

Zeitgenossen

Ernst Moritz Arndt   Dichter und Publizist (1769–1860)

Er gilt als bedeutender, wenngleich kritisch zu betrachtender Lyriker seiner Zeit. Das Urteil über ihn schwankt, je nachdem, ob man seine Rolle als Freiheitskämpfer oder seine fanatisch nationalistische und offen antisemitische Haltung betont. Die Gedichtzeile vom »Gott, der Eisen wachsen ließ« ist auf unselige Weise sprichwörtlich geworden. Heute sieht man sie auf Spruchbändern der Neonazis.

Friedrich Wilhelm III.   König von Preußen (1770–1840)

Der Sohn des preußischen Königs Friedrich Wilhelm II. führte ein beinahe bürgerliches Leben, das durch das Auftauchen Napoleons jäh unterbrochen wurde. Er versuchte sich zunächst aus allen Konflikten herauszuhalten, musste am Ende aber doch die Neutralität aufgeben und erlitt 1806 mit seinem Heer die Niederlage bei Jena und Auerstedt. Er floh mit seiner Familie nach Königsberg und musste den für Preußen strengen Frieden von Tilsit akzeptieren. Nun zu Veränderungen gezwungen, reformierten seine Minister, allen voran Freiherr von Stein, das Land. Bei Beginn der Befreiungskriege 1813 führte Friedrich Wilhelm den Widerstand gegen Napoleon an. Nach dem Sieg über Frankreich bildete Preußen mit Österreich und Russland die »Heilige Allianz«, wobei Friedrich Wilhelm III. die antiliberale Politik Metternichs unterstützte.

Karl von Hardenberg   Preußischer Staatskanzler (1750–1822)

Er gelangte 1790 in preußische Dienste. 1804 wurde er Außenminister, musste den Posten aber auf Drängen Napoleons später räumen. Mit dem Freiherrn von Stein widmete er sich nun der inneren, liberalen Reform Preußens und wurde 1810 Staatskanzler. Auf dem Wiener Kongress gelang es ihm, erhebliche Gebietsgewinne für Preußen zu sichern. Mit der Umsetzung einer Verfassung in Preußen scheiterte er allerdings.

Heinrich Reichsfreiherr von und zu Stein   Preußischer Staatsmann und Reformer (1757–1831)

Er trat 1780 in den preußischen Staatsdienst ein, wurde Finanz- und Wirtschaftsminister und befürwortete einen strikt antinapoleonischen Kurs. Nach der Niederlage von Jena und Auerstedt rettete von Stein die Staatskasse und setzte grundlegende innere Reformen in Preußen durch. Wegen seiner antifranzösischen Haltung musste er jedoch fliehen und wurde 1812 Berater des Zaren Alexander I. Beim Wiener Kongress spielte er nur noch eine untergeordnete Rolle; danach zog er sich ins Privatleben zurück.

Wilhelm von Humboldt   Preußischer Gelehrter und Staatsmann (1767–1835)

1808 berief ihn Freiherr von Stein zum Unterrichtsminister. Er reformierte das Unterrichtswesen nach humanistischen Gesichtspunkten und gründete die Universität in Berlin.

Ludwig von Lützow   Preußischer Freikorpsführer (1782–1843)

Im Laufe der napoleonischen Kriege als Kavallerie-Offizier mehrfach ausgezeichnet, erhielt er 1813 die Genehmigung, ein 3000 Mann starkes Freikorps aufzustellen. In dieser »schwarzen Schar« dienten »Turner« wie Jahn, aber auch freiwillige Studenten. Lützows Korps wurde fast vollständig aufgerieben, er selbst mehrfach verwundet; schließlich geriet er in französische Gefangenschaft. Nach der Niederlage Napoleons diente Lützow bis 1833 als Offizier.

Karl Ludwig Sand   Radikaler deutscher Burschenschafter (1795–1820)

Der Theologiestudent war Mitglied mehrerer Burschenschaften und 1817 Mitorganisator des Wartburgfestes, bei dem auch Werke von Kotzebues verbrannt wurden. Er ermordete August von Kotzebue vor den Augen von dessen 4-jährigem Sohn. Karl Sand wurde 1820 in Mannheim hingerichtet.

August von Kotzebue   Theaterdichter und Publizist (1761–1819)

August von Kotzebue schrieb Romane und Dramen, war russischer Generalkonsul in Weimar und verspottete in seinen Artikeln vor allem Studenten, Burschenschafter sowie die neue Turnerbewegung. Für seinen Mörder war er deshalb eine Hassfigur.

Friedrich Wilhelm IV. von Preußen   König von Preußen (1795–1861)

Der älteste Sohn Friedrich Wilhelms III. erlebte als 11-Jähriger die Flucht seiner Familie vor Napoleon schon bewusst mit. Dieses Kindheitstrauma förderte seine Abneigung gegen alles Revolutionäre und Liberale. Nach der Thronbesteigung 1840 war er vom Gottesgnadentum seines Amtes überzeugt; umso schwerer traf ihn der Volksaufstand von 1848. Die ihm 1849 durch die Frankfurter Nationalversammlung angebotene Kaiserkrone war ihm daher zutiefst zuwider. Gesundheitlich schwer angegriffen, musste er 1857 die Königskrone an seinen Bruder Wilhelm abgeben und starb nach mehreren Schlaganfällen 1861 auf Schloss Sanssouci.

Der vorletzte Kaiser von Österreich

FRANZ JOSEPH I.

1830–1916

FRANZ JOSEPH I.

Franz Joseph I.
wird am
18.8.1830
in Wien geboren.

Ausgerechnet der blutjunge Erzherzog Franz sollte alles retten: die Dynastie, die Familie, Österreich. Dieses Reich umfasste elf Nationen in der Mitte Europas mit je eigenen Sprachen und Gewohnheiten, die – erheiratet, erkämpft und ererbt – von seiner seit 570 Jahren regierenden Familie zusammengehalten wurden, den Habsburgern.

1848
Revolution mit
Kämpfen in Wien/
Die Kaiserfamilie
flieht nach Linz,
Metternich nach
England.

Im Frühjahr 1848 wankte das Reich, die Menschen in den italienischen und ungarischen Gebieten wollten mit aller Leidenschaft und Gewalt unabhängig werden, und die Wiener Untertanen wollten selber mitbestimmen und freie Bürger sein, so wie die Franzosen es ihnen in Paris vorgemacht hatten. Es sah bedrohlich aus in Wien, das Pflaster in den Straßen war aufgerissen, überall entstanden Barrikaden der Bürgerwehr, in den Kämpfen mit der Miliz gab es Tote und Verwundete. Der debile Kaiser Ferdinand entließ als Bauernopfer den alten Fürsten Metternich und flüchtete bald mit seiner Familie aus der Wiener Hofburg nach Linz. Derweil verhandelte der Onkel, Erzherzog Johann, mit den Revolutionären.

Erzherzog Johann war ein ungewöhnlicher Habsburger. Er hatte eine Postmeisterstochter geheiratet, hielt bürgerliche Mitsprache für selbstverständlich und setzte sich für eine gemeinsame Zukunft aller deutschen Staaten ein. Aber wie wollte er bitte verhindern, dass Österreich mit seinen vielen Nationen auseinanderbrach, wenn die deutschen Gebiete einem neu zu gründenden großen deutschen Reich beitraten?

Antwort wusste die ehrgeizige, bayerische Sophie, die Schwägerin des Kaisers, der »einzige Mann in der Hofburg«, wie man sie nannte: Schluss mit den großdeutschen Ideen! Schluss mit der Revolution! Weg mit Erzherzog Johann und Kaiser Ferdinand! Den kinderlosen debilen Kaiser Ferdinand beschwatzte sie, im Staatsinteresse zurückzutreten, ihren eigenen Mann brachte sie dazu, auf seine Thronfolge zu verzichten, und nun konnte endlich ihr vergötterter Sohn Kaiser werden: Franzl, den sie seit 18 Jahren auf diesen Moment vorbereitete. Zunächst aber musste die Monarchie mithilfe des Militärs zurückerobert werden. »WIR« schrieben sich die kaisertreuen Offiziere im Herbst 1848 mit Blut auf ihre Säbel. Die Abkürzung für W-indischgraetz, J-ellacic, R-adetzky, die Generäle, unter denen die Soldaten das Reich für die Habsburger zurückeroberten. Der zukünftige Kaiser kämpfte selbst unter dem greisen Feldmarschall Radetzky bei Verona.

2. 12. 1848
Abdankung
Kaiser Ferdinands I.
zugunsten
Franz Josephs I.

Am 2. Dezember 1848 hatte die resolute Sophie dann alles heimlich vorbereitet. In Olmütz wurde der Kaiserwechsel vollzogen. Ferdinand hielt eine rührende Rede und reichte die Krone weiter an Erzherzog Franz, der wurde als Franz Joseph I. nun Kaiser.

Aber noch steckte man mitten in der Revolution, noch wochenlang dauerten die Kämpfe. Danach standen Ungarn und Lombardo-Venetien faktisch unter einer Militärdiktatur, und über Siebenbürgen, Galizien, Prag und Wien blieb der Belagerungszustand verhängt. Dutzende von Todesurteilen wurden vollstreckt, eine gespenstische Ruhe war hergestellt.

Reformen, ja, Reformen musste es natürlich geben, das Reich musste straffer und zentraler organisiert werden, damit es ruhig blieb. Nicht umsonst war Franz Joseph in den letzten Jahren an jedem Sonntagnachmittag zum Fürsten Metternich gepilgert und hatte dort Unterricht in »Staatsaffären« bekommen. Entsprechend waren seine Maßnahmen: Das relativ frei gewählte österreichische Parlament vom März 1848 löste er auf, einen Verfassungsentwurf legte er beiseite. Nicht das Volk, Franz Joseph regierte jetzt. Alle anderen hatten höchstens beratende Stimmen. Er studierte Akten, er verwaltete, er stellte seine Minister und Präsidenten nach Gutdünken ein und entließ sie, wenn sie sich zu etwas anderem äußerten als dem, wonach er sie gefragt hatte. Unter den 31 Ministerpräsidenten seiner 68 Regierungsjahre gab es nur ganz wenige, die Einfluss auf den Kaiser hatten.

Mithilfe des ersten, des Fürsten Felix Schwarzenberg, bekräftigte Franz Joseph den österreichischen Führungsanspruch im Deutschen Bund. Und sein Innenminister Alexander Freiherr von

Bach sorgte dafür, dass bis in die letzte Ecke des Reiches deutsch-österreichische Beamte saßen, die das Vielfältige einheitlich verwalteten. Eisenbahnen wurden gebaut, Österreich wurde endlich auch ein einheitliches Zollgebiet. Es sollte den Untertanen ökonomisch gut gehen. Sie durften sich bilden, sie durften Handel treiben, Fabriken gründen. Allerdings wachte ein gewaltiger Polizeiapparat mit seinem Spitzelwesen darüber, dass dieses neue Bürgertum nicht aufsässig wurde, keine ausländischen Zeitungen las und die Pressezensur einhielt.

Der Kaiser und der gemeinsame Glaube sollten das Land zusammenhalten. Franz Joseph schloss 1855 ein Konkordat, einen Vertrag mit dem Papst, der eine Einheit von Thron und Altar beschwor, die mittelalterlich anmutete. Die Geistlichen sollten unter anderem bestimmen, was in den Schulen gelehrt und welche Bücher gelesen wurden. Franz Joseph war der Meinung, er habe sich nur vor Gott zu rechtfertigen – und vielleicht noch vor seiner Mutter. Nur von den beiden war er schließlich auserwählt zu herrschen.

1855
Konkordat

Einmal allerdings wandte er sich gegen den Willen der Mutter: bei der Wahl seiner Braut. Viel Auswahl hatte er nicht. Er durfte nur aus einer Handvoll Familien wählen, deren letzte 16 Ahnen aus untadeligen, altadligen und regierenden Häusern stammten, und ausgerechnet in die 15-jährige Prinzessin Sisi, Elisabeth, hatte er sich verguckt. Sisi stammte wie seine Mutter aus dem Hause Bayern. Sisi und Franz Joseph waren einander wirklich zugetan. Aber diese junge, beinahe freiheitlich aufgewachsene Frau litt unter ihrer herrschsüchtigen Schwiegermutter. Sie wurde krank und depressiv. Dann starb auch noch mit zwei Jahren ihre kleine Tochter Sophie, als die Eltern die Kleine einmal nicht in Wien bei der Großmutter lassen wollten, sondern sie mitnahmen auf eine Dienstreise nach Ungarn. Sisi gebar dem Staat und der Familie noch drei Kinder, unter ihnen den obligatorischen Thronfolger Rudolf. Von da an kreiste sie gedanklich fast nur noch um sich selbst und ihre Schönheit und flüchtete sich in endlose Reisen. Die Kinder und der Kaiser blieben meist in Wien. Sisi förderte sogar die Nähe ihres Mannes zu einer

1854
Heirat mit
Elisabeth – »Sisi« –
von Wittelsbach

Burgschauspielerin. Die Kaiserin genoss zwar die Privilegien ihrer Stellung, aber sie nahm nicht ihre Pflichten wahr. Ganz im Gegensatz zu ihrem Mann.

Pflichtbewusst wollte er beides sein: Alleinherrscher von Gottes Gnaden und der oberste Beamte seines Reiches. So gelang es Franz Joseph, 68 Jahre lang gegen den auf bürgerliche Freiheit und nationale Vereinigung drängenden Geist seiner Zeit zu regieren. Dabei vergingen die ersten zehn Jahre seiner Regierung in einer trügerischen Ruhe, bis die unruhigen Italiener in Piemont 1859 wieder aufbegehrten. Sie wagten es, weil sie von außen Unterstützung durch den französischen Kaiser Napoleon III. bekamen, der Österreich gerne ein wenig geschwächt sehen wollte.

1859
Krieg gegen Frankreich und Sardinien-Piemont

Und Franz Joseph machte einen großen Fehler: Er glaubte, er sei nicht nur ein guter Regent, sondern auch ein guter Oberbefehlshaber seiner Streitkräfte. Die Armee schaute in den weißen Hosen zwar fesch aus, aber sie war schon länger nicht modernisiert worden, obwohl in den letzten Jahren enorme Summen ins Militär geflossen waren. Man schoss mit veralteten Musketen und kämpfte nach alter Technik in ungeschützten Formationen. Die Truppe bestand aus einer schwierigen Mischung vieler Nationen; sie war schlecht ausgebildet und die militärische Führung von arroganter Unbeweglichkeit. Bei Solferino, in einer Schlacht, die so groß war wie die Völkerschlacht von Leipzig 1813, erlitten die Österreicher die erste schmachvolle Niederlage. Franz Joseph verlor hier mit der Lombardei eine der reichsten Regionen der Monarchie.

24. 6. 1859
Schlacht von Solferino (deren schreckliche Folgen zur ründung des Roten Kreuzes führen)

Und auch den nächsten großen Konflikt verlor er in den folgenden Jahren: den Kampf mit Preußen um die Hegemonie in Deutschland. Eigentlich hatte sich Österreich trotz der Entscheidung für seinen Vielvölkerstaat innerlich nie aus Deutschland verabschiedet. Als Preußen unter Otto von Bismarck nun mehr und mehr in die alte österreichische Führungsrolle im Deutschen Bund hineindrängte, wollte Franz Joseph nicht kampflos weichen. Bei Königgrätz besiegten die Preußen die wegen der Kämpfe in Italien schon zahlenmäßig, aber auch militärisch unterlegene österreichi-

1866
Niederlage gegen
Preußen
in der Schlacht bei
Königgrätz

sche Armee. Österreich verlor innerhalb weniger Wochen seine italienische Provinz Venetien und musste aus dem Deutschen Bund ausscheiden. Gleichzeitig drohte eine erneute nationale Erhebung in Ungarn.

Franz Joseph war so in die Enge gedrängt, dass er nicht mehr anders konnte, als sein Reich noch einmal neu zu ordnen und Freiheiten einzuräumen: 1867 teilte er das Reich in zwei Teile, in Cis- und Transleithanien, ein Zugeständnis an die Selbstständigkeit der Ungarn. In Franz Joseph, der nun Kaiser von Österreich und König von Ungarn war, hatte der Staat – die k. u. k.-Monarchie –

1867
Krönung
Franz Josephs
zum
Ungarischen König

ein gemeinsames Oberhaupt, ebenso existierte ein gemeinsames Außen-, Finanz- und Kriegsministerium. Sowohl die österreichische als auch die ungarische Reichshälfte hatten aber eigene Regierungen, Ministerpräsidenten und Parlamente.

In beiden Hälften herrschte weiterhin ein Sprachen- und Nationalitätengewirr, das explosiv war. Die Deutschen machten ja selbst nur 20 Prozent dieses Reiches aus; daneben gab es fast ebenso viele Ungarn, viele Italiener, es gab Polen, Tschechen und Ruthenen. Es gab Slowenen, Kroaten und Serben und vieles mehr unter den 50 Millionen Menschen, die zu diesem mitteleuropäischen Reich gehörten. Die möglichen Konflikte waren unendlich gestreut, der Untergang im Ersten Weltkrieg wurde dann ja auch heftig, blutig, brutal und endgültig. Aber fast 70 Jahre lang konnte dieses Reich bestehen durch Kompromisse, Halbheiten, ein Wegschauen zur rechten Zeit, ein Nebeneinander-bestehen-Lassen, eine gewisse Großzügigkeit im Umgang und dem trügerischen Vertrauen darauf, dass sich schon alles von selbst mit der Zeit friedlich einrichten werde.

So wie die verschiedenen Nationen nebeneinander existierten, so bestanden auch die Gesellschaftsschichten nebeneinander. Alle waren fest in ihr Sein eingebunden, ein Austausch zwischen den Schichten war so gut wie unmöglich, aber alle konnten in einem Gefühl behaglicher Sicherheit leben. Und auch die Bescheidensten unter ihnen konnten sich ihren »Notgroschen« auf die Seite legen. Man war nicht ganz frei, aber auch nicht mehr so gegängelt wie zuvor.

Ab 1867 gab es Versammlungsfreiheit, moderne Parteien und Vereine wurden gegründet. Die nach dem Datum ihrer Inkraftsetzung sogenannte Dezemberverfassung war am Ende recht liberal, aber noch immer wurde klerikal regiert; man lebte in einem multinationalen Land, aber es war deutschlastig. Eine Übernation, ein vielfarbiges Sowohl-als-auch war die k. u. k.-Monarchie, das berühmte Kakanien – zusammengehalten vom alternden Kaiser.

31. 12. 1867
Dezemberverfassung

Je älter der Kaiser wurde, desto einsamer wurde es um ihn. Niemals reichte Kaiser Franz Joseph einem Bürgerlichen die Hand. Man musste schon Mitglied einer bei Hofe zugelassenen altadligen Familie sein, um diese Hand ergreifen zu dürfen. Immer war um den Kaiser ein Kreis erstickender Ehrfurcht, betretenen Schweigens, gehemmter Wohlerzogenheit. Keiner wagte zu sprechen, wenn der Kaiser anwesend war, es sei denn, man hatte Bericht zu erstatten. Auch in der Familie hatte Franz Joseph nie gelernt, sich zu öffnen. Seine Frau, seine drei Kinder, alle atmeten auf, wenn er den Raum verließ.

Unnachgiebig hielt Franz Joseph an den strengen habsburgischen Hausgesetzen fest. Die rund 70 Mitglieder des Hauses Habsburg mussten sich an die Ehegesetze halten und unterstanden nicht dem Staat, sondern allein dem Familienoberhaupt, dem Kaiser, der rigide für Ehre, Würde, Recht und Ordnung sorgte. Sie lebten in einem goldenen Käfig. Franz Joseph ließ weder seine drei Brüder noch seinen Sohn Rudolf an seiner Macht teilhaben. Sein ehrgeiziger Bruder Max versuchte, in Mexiko ein eigenes Reich aufzubauen; er wurde 1867 dort erschossen. Der Thronfolger brachte sich nach einem kurzen ausschweifenden Leben 1889 um und tötete vorher seine Freundin. Die Kaiserin Sisi wurde neun Jahre später eher durch einen unglücklichen Zufall von einem italienischen Anarchisten ermordet. Der Kaiser hielt sich weiter straff, tat seinen Dienst, wälzte Akten und versuchte, seine Aufgaben zu tragen.

1889
Selbstmord des
Thronfolgers Rudolf
in Mayerling

1898
Ermordung
Kaiserin Elisabeths
in Genf

Er las nicht, er musizierte nicht, er ging gelegentlich ins Theater. Nur wenn er in seine alte Jagdkleidung stieg und in die Berge auf die Pirsch ging, gab er sich aufgeräumt; da wurde dann lange erörtert, in welchem Winkel welcher Schuss getroffen hatte. Das war seine Erholung. Gelöst war er vielleicht auch, wenn er seine enge Freundin, die Burgschauspielerin Katharina Schratt traf, aber auch hier blieb die Distanz gewahrt. Sie war noch im Alter tief gekränkt, dass er sie immer spüren ließ, sie sei nur eine Bürgerliche. Hat er ihr je seine Hand gereicht? Man weiß es nicht. Diskretion war ebenso wichtig wie Disziplin.

Wenigstens eines wollte er am Ende seines Lebens noch erreichen: Er wollte als Mehrer seines Reiches in die Geschichte eingehen. Er suchte einen Ausgleich dafür, dass er Lombardo-Venetien verloren hatte und aus Deutschland herausgedrängt worden war, ein Verlust, der weiter in ihm bohrte. Ausdehnen konnte sich Österreich nur nach Süden, in die Gebiete auf dem Balkan, wo gerade durch den Untergang des Osmanischen Reichs ein Machtvakuum entstand.

Doch war er nicht der Einzige, der sein Herrschaftsgebiet dorthin ausdehnen wollte; auch der russische Zar Nikolaus versuchte, seinen Einfluss zu erweitern. Das Verhältnis zu den Russen war schwierig geworden. Russland unterstützte auf dem Balkan Serbien in seinem Bestreben nach einem großserbischen Reich. Die Serben rechneten zu ihrem Großserbien allerdings auch österreichische Gebiete, und zwar nicht nur das seit 1878 von Österreich verwaltete Bosnien-Herzegowina, sondern auch kroatische und slowenische Gebiete, die zu Österreich-Ungarn gehörten. Österreich reagierte 1908 mit der Annexion Bosnien-Herzegowinas. Die Fronten verhärteten sich.

1908
Annexion Bosnien-Herzegowinas

Serbien ging daraufhin mit Bulgarien, Griechenland und Montenegro den »Balkanbund« unter russischem Schutz ein.

Der Mord in Sarajewo am Thronfolger Franz Ferdinand und

28. 6. 1914
Attentat von Sarajewo/ Ausbruch des Ersten Weltkriegs

seiner Frau gab 1914 dann den Anstoß: Unterstützt ausgerechnet vom Deutschen Reich, erklärte Österreich Serbien den Krieg. Dass Russland sicher eingreifen werde, nahm man in Kauf und stürzte damit ganz Europa in die Katastrophe. Schon sehr bald erwies sich die Schwäche der österreichischen Armee erst in Ostgalizien, dann in Serbien.

»Mir bleibt auch nichts erspart!«, hatte der Kaiser oft geseufzt. Aber das stimmt nicht. Er ist bereits 1916 gestorben, noch

Tod am 21. 11. 1916
in Schönbrunn

ehe zwei Jahre später die Mittelmächte den Krieg verloren gaben, sein Kaiserreich unterging, die vielen Nationen eigenständig wurden, Habsburger, die nicht auf ihre Vorrechte verzichten wollten, ihr Land verlassen mussten und alle adligen Titel Altösterreichs kurzerhand abgeschafft wurden. Die Republik verwirklichte die alten Forderungen von 1848. Das zumindest hat Franz Joseph nicht mehr erlebt.

Was bleibt?

Franz Joseph bezeichnete sich selbst als deutschen Fürsten, obwohl er 68 Jahre lang einen Vielvölkerstaat regierte. Er tat es von 1866 bis 1914 friedvoll. Trotz der Deutschlastigkeit seines Reichs hat er etwas Verbindendes geschaffen, ein Mitteleuropa, das sich nicht nur durch die gleiche Architektur von Czernowitz bis Laibach auszeichnet, sondern auch durch ein Gemeinschaftsgefühl, dessen Ursprung das jahrzehntelange gemeinsame Leben unter der Habsburgermonarchie ist. Mit der Entscheidung für den Vielvölkerstaat war Habsburg nicht mehr attraktiv für den deutschen Einigungsgedanken. So nahm Franz Joseph in der deutschen Geschichte des 19. Jahrhunderts einerseits den Gegenpart zum preußischen König ein, andererseits blieben beide deutsche Kaiserreiche bis zuletzt Verbündete.

Die Vielfalt seines Reichs erzeugte große Toleranz und großen Chauvinismus. Das Enge, Kleine, Abgrenzende setzte sich in den 30er-Jahren des 20. Jahrhunderts durch.

Literatur   Das eindeutig beste Buch zum Thema ist: Christian Dickinger, FRANZ JOSEPH I. DIE ENTMYTHISIERUNG. Wien 2002. Es ist gut recherchiert, angenehm abgewogen im Urteil und nüchtern erzählt. Dickinger verarbeitet alles, was an Quellen und Sekundärliteratur hilfreich und zugänglich ist.   Das alte Österreich beschreiben am besten die Schriftsteller, die es selbst erlebt haben, so zum Beispiel Stephan Zweig in DIE WELT VON GESTERN oder Joseph Roth in RADETZKYMARSCH und DIE KAPUZINERGRUFT.

Museen/Erinnerungsorte   Hofburg und Heeresgeschichtliches Museum in Wien; Museum der Stadt Bad Ischl

Zeitgenossen

Sophie von Bayern, Erzherzogin von Österreich Mutter Franz Josephs I. (1805–1872)

Als Tochter des bayerischen Königs Maximilian I. geboren, wurde sie zur Heirat mit dem zweitältesten Sohn des österreichischen Kaisers Franz I. bestimmt. Ihr späterer Mann Erzherzog Franz Karl von Österreich wollte und konnte nach dem Thronverzicht seines Bruders Kaiser Ferdinand nicht nachfolgen. Umso bestimmter förderte Sophie die Thronfolge ihres erstgeborenen Sohnes Franz Joseph zum Kaiser. Sie blieb auch in den ersten Regierungsjahren ihres Sohnes maßgebend und nahm großen Einfluss auf das Leben ihrer Schwiegertochter und Nichte Elisabeth. Nach dem gewaltsamen Tod ihres zweiten Sohnes Maximilian in Mexiko verlor sie viel von ihrem Lebensmut. Sie verstarb 1872 in Wien.

Elisabeth von Österreich Frau Franz Josephs I., österreichische Kaiserin (1837–1898)

Die bayrische Prinzessin Elisabeth wuchs in Possenhofen am Starnberger See auf. Im Alter von 15 Jahren wurde sie mit Franz Joseph von Österreich verlobt. Dessen Mutter Sophie war Elisabeths Tante mütterlicherseits, was maßgeblich zum Zustandekommen der Heirat beitrug. Elisabeth schenkte ihrem Mann vier Kinder, darunter 1858 den Kronprinzen Rudolf. Für die Ehe viel zu jung und dem strengen Hofzeremoniell abgeneigt, blieb sie Wien zunehmend fern. Politisch unterstützte sie 1867 den Ausgleich Österreichs mit Ungarn. Sie förderte den Kontakt ihres Mannes mit der Burgschauspielerin Katharina Schratt, der sie freundschaftlich verbunden blieb. In Ludwig II. von Bayern, dem Sohn ihres Cousins König Max II. Joseph, sah sie einen Seelenverwandten. Der Selbstmord ihres Sohnes Rudolf in Mayerling, der über seine untätige Rolle verzweifelte, ließ Elisabeth noch mehr vereinsamen. 1898 wurde sie in Genf durch einen italienischen Anarchisten ermordet.

Erzherzog Johann Erzherzog von Österreich (1782–1859)

Als sechster Sohn Kaiser Leopolds in Florenz geboren, kämpfte Johann mit wechselndem Erfolg gegen Napoleon in den Freiheitskriegen. Wegen seiner nationalliberalen Einstellung wählte ihn 1848 die Deutsche Nationalversammlung in Frankfurt zum Reichsverweser, doch legte er dieses Amt wegen der Uneinigkeit der Versammlung ein Jahr später zurück.

Josef Graf von Radetzky Österreichischer Feldmarschall (1766–1858)

Zuvor schon ein legendärer Feldherr, entwickelte er als Generalstabschef den Schlachtplan für die Hauptarmee bei der Völkerschlacht bei Leipzig 1813, dem größten Aufeinandertreffen von Truppen in den Freiheitskriegen gegen Napoleon. 1814 marschierte er in Paris ein. Trotz mehrmaliger Verwundung reformierte er die österreichische Armee und schlug 1848/49 bei Novara und Custozza die aufständischen Italiener. Nach 72-jähriger Soldatenzeit trat Radetzky 1857 in den Ruhestand.

Felix Fürst zu Schwarzenberg   Österreichischer Diplomat und Staatsmann (1800–1852)

Von Metternich gefördert, war er in St. Petersburg, London, Paris und Turin tätig. Als sich im Revolutionsjahr 1848 die liberale Regierung in Wien auflöste, beschloss ein Habsburger Familienrat den Rücktritt des schwachen Kaisers Ferdinand I. Auch Kanzler Metternich musste zurücktreten und wurde durch Schwarzenberg ersetzt. Energisch warf dieser nun die Aufstände nieder und sicherte dem jungen Kaiser Franz Joseph die Regentschaft. Schwarzenberg starb 1852 unerwartet an einem Schlaganfall.

Franz Ferdinand, Erzherzog von Österreich   Österreichischer Thronfolger (1863–1914)

Der Neffe Kaiser Franz Josephs wurde bereits mit acht Jahren Halbweise, da seine Mutter an Tuberkulose verstarb. Erblich bedingt hatte auch Franz Ferdinand dieses Lungenleiden und wurde erst nach einer ausgedehnten Weltreise gesund. Nach dem Selbstmord seines Cousins und Kronprinzen Rudolf 1886 wurde er Thronfolger, zog sich aber den Groll des Kaisers zu, da er durch die Heirat mit Gräfin Chotek eine nicht standesgemäße Ehe einging. Franz Ferdinand musste deshalb eine Erbverzichtserklärung für seine Nachkommen unterzeichnen. Auch seine Pläne für einen Ausgleich mit den slawischen Völkern der Monarchie erzeugten Unmut. 1914 löste das Attentat auf seine Frau und ihn in Sarajewo den Ersten Weltkrieg aus.

Die Reichsgründer:

WILHELM I. 1797–1888
und OTTO VON BISMARCK
1815–1898

WILHELM I. UND OTTO VON BISMARCK

*Wilhelm I.
wird am
22. 3. 1797
in Berlin,
Otto von Bismarck
am 1. 4. 1815
in Schönhausen
geboren.*

Mit List und Gewalt vereinigte ein einzelner Mann die meisten deutschen Staaten unter preußischer Führung: Otto von Bismarck. Bismarck brauchte als Galionsfigur allerdings den aufrechten preußischen König Wilhelm, um seine eigene Unaufrichtigkeit zu bemänteln. Und Wilhelm brauchte Bismarcks Stärke, um seine eigene Schwäche zu verbergen. Beide waren überzeugt, dass Bismarck die preußischen Interessen klarer erkannte als Wilhelm selbst. Der preußische König und sein Ministerpräsident waren über 25 Jahre hinweg ein kongeniales Duo.

So sehr sie aufeinander angewiesen waren, so sehr litten sie auch aneinander. Bismarck hatte zunächst niemanden hinter sich als den König, diesen ältlichen Monarchen, der wankte und jederzeit anderen Kräften nachzugeben drohte. Und Wilhelm fand seinen Ministerpräsidenten zwar unentbehrlich, fürchtete ihn aber, zumal seine gesamte Familie gegen Bismarck war. Bismarck konnte sich nur halten, weil Wilhelm seiner Frau Augusta und seinem Sohn Friedrich faktisch verbot, sich öffentlich gegen Bismarck zu äußern. Und Wilhelm selbst empfand viele Dinge, die Bismarck tat, als das, was sie waren: unmoralisch, gesetzbrecherisch, umstürzlerisch. Aber genau deswegen hatte er ihn im September 1862 zum Ministerpräsidenten ernannt. 1862 nämlich schien Wilhelm am Ende zu sein.

Als sein Bruder Friedrich Wilhelm IV. nach zwei Schlaganfällen 1857 sein Gedächtnis nahezu verloren hatte, hatte Wilhelm zunächst stellvertretend die Geschäfte geführt. Da war er schon über 60 und hatte eigentlich mit seinem Leben, seiner Laufbahn, die in erster Linie eine militärische gewesen war, abgeschlossen. Nun starb der Bruder, und Wilhelm trat doch noch unerwartet aus seinem Schatten. Er ließ sich auf eigene Kosten mit großem Prunk am 18. Oktober 1861 zum preußischen König krönen – in Königsberg, der traditionellen preußischen Krönungsstadt, der Stadt, in die er mit seinen Eltern als 10-Jähriger vor Napoleon hatte flüchten müssen.

Doch dann wurde Wilhelm aufgerieben in den inneren Spannungen seines Landes. Er wollte das Einzige verändern, von dem er wirklich etwas verstand: das Militär. Eine drei Jahre dauernde Wehrpflicht wollte er einführen und die alte Landwehr von 1815 auflösen. Wilhelm war dabei angewiesen auf die Zustimmung des Abgeordnetenhauses. Die Liberalen lehnten diese Reform aber als einen Schritt zurück in Richtung einer Adligenarmee ab, woraufhin die Erzkonservativen empfahlen, Berlin mit militärischer Gewalt zu besetzen. Ein Bürgerkrieg drohte, und der König war überfordert. Die Abdankungsurkunde lag schon unterschrieben vor ihm, als Bismarck ihn bei einer Unterredung im Schloss Babelsberg von diesem Schritt zurückhielt.

Da kam auf einmal einer, der Preußen unter König Wilhelm dann doch noch eine große Zukunft versprach: Otto von Bismarck. 14 Jahre lang hatte Bismarck auf diesen Moment gewartet, und was hatte er nicht alles getan, um darauf aufmerksam zu machen, dass er ganz genau wisse, was gut sei für Preußen, viel besser als alle Hohenzollern zusammen. Schon 1848, in den Tagen der Revolution, als 30-Jähriger war er unaufgefordert nach Berlin gestürmt, um Berlin zurückzuerobern für den König. Als er dort feststellen musste, dass Friedrich Wilhelm IV. sich recht gut mit den Revolutionären verständigte, wollte Bismarck gleich die Konterrevolution anzetteln, ihn stürzen und seinen Bruder Wilhelm oder dessen Sohn Friedrich auf den Thron heben. Schließlich galt es, die alte preußische Ständeordnung zu erhalten, in der die Familie von Bismarck sich seit Jahrhunderten als Teil der herrschenden ostelbischen Junkerschaft eingerichtet hatte. Ja, in seinem Selbstverständnis standen die Bismarcks noch über den Hohenzollern, die erst einige Jahrhunderte später nach Preußen gekommen waren.

1848 wiesen die Hohenzollern Bismarcks Hilfe ab; es war Wilhelm selbst, der die Revolution ein Jahr später mit militärischer Gewalt beendete. Aber jetzt wusste dieser Wilhelm nicht mehr weiter. Bismarck schon. Bismarck hatte inzwischen in seiner fast ein Jahrzehnt dauernden Tätigkeit als Landtagsabgeordneter in Frankfurt und anschließend als Gesandter in Petersburg und Paris ein klares

Ziel entwickelt: Preußen sollte größer werden auf Kosten Österreichs. Entweder Österreich oder Preußen konnten Deutschland
führen, und Bismarck war entschlossen, Österreich zu verdrängen
und Preußen an seine Stelle zu setzen.

Da er hauptsächlich von der Außenpolitik her dachte, waren
ihm die inneren Querelen eher eine sportliche Herausforderung.
Vom Parlament hielt er sowieso nicht viel, dessen Willen ignorierte
er gerne. Er erklärte sich bereit, als Ministerpräsident auch ohne ge-
nehmigten Haushalt zu regieren und Wilhelms Heeresreform nun
durchzusetzen. Zuerst knebelte er mit einer Verordnung die Presse,
um die öffentliche Meinung zu beeinflussen. Dann löste er mithilfe des ratlosen Wilhelm den Landtag auf. 1863 kochte die öffent-

1862/63
*Entmachtung
des preußischen
Landtags*

liche Meinung in Preußen, bei der Neuwahl des Landtags stimmten 70 Prozent gegen Bismarcks Regierungspolitik, aber Wilhelm
stand hinter seinem Ministerpräsidenten und schloss den Landtag
erneut. Die Regierung schaffte sich die Volksvertretung vom Hals.
Lange konnte das nicht gut gehen, wenn nicht Ablenkung durch
die Außenpolitik die innenpolitische Lage entspannte.

Im August 1863, während es in Preußen brodelte, machte Franz
Joseph I., der österreichische Kaiser, einen Vorschlag, den Deutschen
Bund zu reformieren. Franz Joseph hatte vor Kurzem seine reichsten
Provinzen im Krieg gegen Italien verloren und wollte nun wenigstens
den österreichischen Einfluss in Deutschland stärken. Dieser Anlass
kam Bismarck gerade recht, neue preußische Stärke zu demonstrieren und Österreich ein Kräftemessen anzukündigen. Doch Franz
Joseph ging geschickt vor. Er wandte sich gar nicht an Bismarck,
sondern lud Wilhelm persönlich zu einem Fürstentag in die alte
Kaiserstadt Frankfurt ein. Er setzte auf die alte familiäre Solidarität
der Monarchen. Wilhelm fühlte sich von der Initiative etwas über-
fahren. Die Einladung kam kurzfristig, und die Reformpläne standen ohne Absprache mit Preußen bereits fest, aber natürlich wäre er
erschienen – wenn nicht Bismarck ihm eingeredet hätte, Österreich
plane nur seinen Untergang. Mit wilden Rücktrittsdrohungen hielt
er seinen König davon ab, nach Frankfurt zu reisen.

Wilhelm bekam einen Weinkrampf aus Pein vor der Un-
höflichkeit seiner eigenen Ablehnung, aber er beugte sich seinem
Ministerpräsidenten und reiste nicht nach Frankfurt mit der Begründung, das Ganze widerspreche dem berechtigten Machtinter-
esse Preußens. Damit war er ausgesprochen, der preußische Machtanspruch! Und damit war auch ein Muster festgelegt, in dem der
König und sein Ministerpräsident miteinander kommunizierten:
Bismarck machte kühne Vorschläge, Wilhelm war entsetzt, Bismarck tobte und verstärkte den Druck, Wilhelm gab nach.

Wenige Monate später nahte der nächste Konfliktpunkt. Der
dänische König dehnte gegen alle Absprachen seine Hoheitsrechte
auf die Herzogtümer Schleswig und Holstein aus, die in großen Teilen von Deutschen bewohnt waren. Die deutsche nationale Ehre war
empfindlich verletzt. Die beiden deutschen großen Mächte Österreich und Preußen zogen Schulter an Schulter in einen Krieg gegen
Dänemark, um die beiden Herzogtümer zu befreien. Es war nicht

1864
Deutsch-
Dänischer
Krieg

klar, wie man nach einem Krieg weiter mit den Herzogtümern verfahren würde. Der dänische König hatte einen jahrhundertealten
Anspruch darauf, die Herzogtümer zumindest zu verwalten, ohne
dass sie zu Dänemark gehören durften; die meisten europäischen
Regierungen tendierten, nachdem er dieses Recht missbraucht hatte, nun aber dazu, aus Schleswig und Holstein eine unabhängige
Einheit unter dem Herzog von Augustenburg zu machen.

Bismarck wollte von vornherein die beiden Herzogtümer
für Preußen gewinnen. Wilhelm war entsetzt, als er das begriff. Er
wusste natürlich, dass Preußen nicht die allergeringsten Rechte
an den Herzogtümern besaß. Aber nachdem der Krieg gegen Dänemark dank der österreichischen Armee so erfolgreich rasch von-
statten ging und nachdem Preußen dank der genialen Strategien
Helmuth von Moltkes am 18. April 1864 die Düppeler Schanzen ge-

18. 4. 1864
Schlacht an den
Düppeler Schanzen

stürmt und zum ersten Mal seit 50 Jahren in einer Schlacht wieder
gesiegt hatte – da ritt der alte Soldat Wilhelm durch das gewonnene Land, ließ sich bejubeln und dachte schon nicht mehr ehrenhaft
und entsagungsvoll, sondern im Sinne seines Ministerpräsidenten

an eine Annexion der Gebiete. Warum eigentlich nicht? Bismarck hatte doch den besseren Riecher für die preußischen Interessen, er selber war schließlich nur ein schlichter Militär, so dachte der Monarch. Was Preußen größer machte, das konnte eigentlich nicht falsch sein.

30. 10. 1864
*Wiener
Friedensvertrag*

Doch selbst noch in den Friedensverhandlungen in Wien wagte er Franz Joseph auf dessen direkte Frage nicht ins Gesicht zu sagen, dass Preußen die Herzogtümer gerne annektieren würde. Bismarck arbeitete hinter den Kulissen, indem er zum Beispiel den Augustenburger mit seinen Forderungen so erniedrigte und unter Druck setzte, dass der scheinbar grundlos verzichtete. Vordergründig aber einigte man sich nach einem Jahr zäher Verhandlungen in Gastein darauf, dass Schleswig zunächst von Preußen verwaltet wurde und Holstein von Österreich.

Allen Beteiligten war klar, dass der eigentliche Konflikt nicht nur um Dänemark ging, sondern dass ein Kräftemessen zwischen Österreich und Preußen bevorstand und der kleinste Anlass ausreichen würde, den sogenannten Bruderkrieg losbrechen zu lassen. In den übrigen europäischen Hauptstädten nahm man an, dass der Krieg zugunsten Österreichs ausgehen werde. Man übersah dabei, dass die Heeresreform Früchte trug, die so viel inneres Aufsehen in Preußen erregt hatte. Die preußische Armee war inzwischen groß, gut ausgebildet und mit teuren Zündnadelhinterladergewehren auch modern gerüstet, während die Österreicher noch immer ihre veralteten Vorderlader bedienen mussten. Um diese alten Gewehre zu betreiben, musste man aufstehen und verlor seine Deckung. Die Zündnadelgewehre lud man liegend, und sie schossen weiter und sicherer. Moltke nutzte außerdem als Erster die Möglichkeiten der neuen Eisenbahnlinien, sodass eine Mobilmachung nur fünf Tage dauern würde, dann hatte er die gesamte preußische Armee dort, wo er sie haben wollte.

Franz Joseph taktierte sehr vorsichtig, um Preußen nicht herauszufordern, denn Österreich hatte große Finanzprobleme und konnte sich eigentlich keinen weiteren Krieg leisten. Aus Stolz hatte

Franz Joseph nicht auf Bismarcks Vorschlag eingehen können, sich Holstein von Preußen abkaufen zu lassen. Nun saß er in der Falle: Er musste österreichische Truppen in einem Gebiet erhalten, an dem Österreich eigentlich nicht das geringste Interesse haben konnte, allein um seinen Einfluss in Deutschland zu behaupten. Gleichzeitig bedrängten ihn im Süden schon wieder die Italiener. Den Österreichern drohte ein Zweifrontenkrieg. Franz Joseph spielte auf Zeit. Er wandte sich am 1. Juni 1866 wegen Holstein Hilfe suchend an den Deutschen Bund, was eindeutig gegen die Abmachungen von Gastein war. Das war der Anlass, auf den Bismarck gewartet hatte. Preußens Truppen marschierten in Holstein ein. Der Bundestag

Juni 1866
*Beginn des
Deutschen Krieges*

beschloss daraufhin auf österreichischen Antrag die Mobilisierung des Bundesheeres, woraufhin Preußen aus dem Deutschen Bund ausschied. Schon zwei Tage später marschierten preußische Truppen in Hannover, Kurhessen und Sachsen ein, die mit Österreich verbündet waren. Sachsen und Kurhessen wurden im Durchmarsch besetzt. Am 29. Juni 1866 kapitulierte die hannoversche Armee.

Wenig später trafen die verschiedenen deutschen Truppen in Böhmen aufeinander. Die Schlacht von Königgrätz am 3. Juli 1866

3. Juli 1866
*Schlacht
von Königgrätz*

war ein riesiges Inferno, eine halbe Millionen Menschen waren daran beteiligt. Die vereinigten preußischen Armeen siegten gegen das österreichisch-sächsische Haupheer. Bismarck, dessen zwei Söhne mitkämpften, sprach noch Jahre später von dem Meer an Verwundeten und Toten, durch das er am Abend der Schlacht geritten war. Aber all das Grauen war schnell verdrängt, Preußen befand sich in einem Siegestaumel. Der sonst so bedächtige Wilhelm vergaß alle Monarchensolidarität, er forderte einen triumphalen Einmarsch in Wien und große Landabtretungen in Schlesien.

So lange Bismarck gebraucht hatte, Wilhelm überhaupt in diesen Krieg hineinzumanövrieren, so lange brauchte er nun wieder, ihn von seinem Taumel herunterzuholen. Es ging Bismarck nicht darum, Österreich zu erniedrigen; er wollte nur Preußen größer machen, Preußen zur deutschen Führungsmacht entwickeln und ihm trotzdem in der Zukunft alle Bündnismöglichkeiten offen halten. Erst als der Kronprinz sich einschaltete, kam Wilhelm zur Besinnung. Der Friede von Prag im August 1866 wurde für Österreich ganz ohne Gebietsabtretungen ein verhältnismäßig leichter Friede, sieht man davon ab, dass es für immer seinen Einfluss im übrigen Deutschland verloren hatte.

August 1866
Friede von Prag

Österreich musste der Auflösung des Deutschen Bundes zustimmen und auch der Tatsache, dass Preußen nicht nur Schleswig und Holstein, sondern auch Hannover, Kurhessen, Nassau und Frankfurt am Main annektierte. Auf Bismarcks Vorschlag hin wurde der Norddeutsche Bund gegründet, das war eine Neuordnung Deutschlands unter Preußens Führung mit den Bundesgenossen von 1866 und Sachsen und den nördlich des Mains gelegenen Teilen des Großherzogtums Hessen.

August 1866
Gründung des
Norddeutschen
Bundes

Für Bismarck war der Sieg triumphal. Seine Position stand und fiel mit dem Sieg von Königgrätz. Preußen lag ihm zu Füßen. Jahrelang hatte er unter dem Bruch der Verfassung ohne Budget regiert, jetzt, im September 1866, erklärte das Abgeordnetenhaus im Nachhinein und mit 230 gegen 5 Stimmen alles, was Bismarck getan hatte, für richtig.

Der aber dachte schon wieder einen Schritt weiter. Bismarck wusste noch nicht wie, aber er wollte mehr: Er wollte alle deutschen Staaten außer Österreich unter Preußens Führung vereinen. Die Verfassung des Norddeutschen Bundes sollte die Grundlage abgeben für eine spätere Reichsverfassung.

Eigentlich war es klar, dass eine solche Gewichtsverlagerung innerhalb Europas die europäischen Nachbarn nervös machen musste. Während des gesamten deutsch-deutschen Krieges hatte Bismarck ängstlich auf Frankreich gestarrt und dessen Einschreiten befürchtet. Napoleon III. war auch höchst alarmiert. Die neue preußische Macht gefiel ihm gar nicht. Und Bismarck ahnte sehr bald, dass Preußen in einem Krieg mit Frankreich seine Ansprüche würde behaupten müssen. Es galt nur, den richtigen Moment zu erwischen.

Auch hier war der Anlass von Bismarck provoziert. Er unterstützte die Kandidatur eines Hohenzollern für den spanischen

Thron. Napoleon III. wollte von Wilhelm in Bad Ems daraufhin ein Dementi hören und forderte ihn auf zu schwören, Wilhelm werde nie wieder eine solche Kandidatur gutheißen. Diese der neuen preußischen Größe nicht angemessene Unterwerfungsgeste wies Wilhelm durch Bismarck aufgestachelt zurück. Und schon erklärte Frankreich sechs Tage später, am 19. Juli 1870, Preußen den Krieg.

1870/71 Deutsch-Französischer Krieg Entgegen der französischen Erwartungen stellten sich die süddeutschen Staaten sofort an die Seite des Norddeutschen Bundes, während alle Nachbarn Deutschlands neutral blieben. Chef des Generalstabs war wieder Helmuth von Moltke, der mit drei Armeen die Offensive ergriff. Schon sechs Wochen später kapitulierte die Armee des Marschalls Mac-Mahon bei Sedan, Kaiser Napoleon III. wurde gefangen genommen und das französische Kaisertum gestürzt. Doch war der Krieg damit keineswegs zu Ende; es begann eine monatelange Belagerung von Paris. Den Druck der Belagerung nutzte Bismarck. Ließen sich nicht die Militärbündnisse Nord- und Süddeutschlands in eine politische Union, zu einem Deutschen Reich umwandeln?

Wie von all den kühnen Ideen seines Ministerpräsidenten war Wilhelm auch diesmal nicht angetan, ja im Gegenteil abgeschreckt, denn er sollte seinen preußischen Königstitel für den eines Deutschen Kaisers austauschen. Das hielt Wilhelm für einen großen Abstieg. Er weigerte sich standhaft über Wochen.

Bismarck bearbeitete inzwischen die deutschen Fürsten, die irgendwie freiwillig zu dieser Union gebracht werden mussten. Nacheinander nahm er sie sich so lange vor, bis sie dem Einigungsprozess zustimmten: Baden und Hessen-Darmstadt am 14. November, Württemberg am 23. November 1870; dann bestach Bismarck den bayerischen König Ludwig mit einer Pension von 100 000 Talern im Jahr, einen eigenhändigen Brief an Wilhelm zu schreiben. Ludwig forderte Wilhelm darin auf, die Krone des deutschen Kaiserreichs anzunehmen. Wilhelm, der nichts von der Bestechung wusste und auch nicht, dass der Wortlaut des Briefes von Bismarck stammte, fühlte sich nun in der Pflicht, gab nach und ließ sich furchtbar schlecht gelaunt und in Trauerstimmung am 18. Januar 1871 im Spiegelsaal des Schlosses Versailles zum Deutschen Kaiser ausrufen, während Paris noch immer belagert wurde.

18. 1. 1871
*Gründungsakt
des Deutschen
Reichs in Versailles/
Wilhelm I.
Deutscher Kaiser,
Bismarck
Reichskanzler*

So war es entstanden, das einige Deutsche Reich. Und der fremde glanzvolle Rahmen von Versailles hat zur Gründung beigetragen. Die deutschen Fürsten hätten Wilhelm wohl kaum in gleicher Weise in Berlin gehuldigt. Allerdings steckte in der Gründung in Versailles auch bereits die schwere Last, die das Reich im Verhältnis zu Frankreich mit sich schleppen würde. Im Frieden mit Frankreich fehlte jede Mäßigung, durch die Bismarck sich im Frieden mit Österreich so ausgezeichnet hatte. Die im Siegestaumel überzogene Forderung nach dem Abtritt von Elsass und Lothringen mit Metz und die großen Reparationszahlungen machten ein entspanntes Verhältnis zu Frankreich für Jahrzehnte unmöglich.

Nun sei Preußen aber »saturiert«, versicherte Bismarck. Und seine Position in diesem Preußen war absolut unangreifbar. Er sorgte dafür, dass es die nächsten 20 Jahre auch so blieb: Wer sich öffentlich gegen die Regierung äußerte, wurde als Beamter entlassen, machte als Geschäftsmann Bankrott, wanderte als Redakteur ins Gefängnis. Bismarck benutzte die Bürokratie wie eine private Polizeimacht. Alle höheren Richter waren Konservative; befördert wurde, wer politisch zuverlässig war. Liberale wurden von Regierungsfunktionen ausgeschlossen. Da Bismarck aber ihr großes Ziel, die Einheit Deutschlands, durchgesetzt hatte, rühmten die Liberalen ihn trotzdem. Und die Industriellen und Bürger, die in den Gründerjahren, die nun folgten, reich wurden, orientierten sich in ihrem Lebensstil am Adel. Bismarck spaltete die Gesellschaft in Gut und Böse.

1872
*Verurteilung
August Bebels
und Wilhelm
Liebknechts wegen
angeblichen
Hochverrats*

Als Folge der raschen Industrialisierung organisierten sich die Arbeiter zur Sozialdemokratie. Bismarck verteufelte sie umgehend als »staatsgefährdende Reichsfeinde« und versuchte sie zu kriminalisieren, indem er ihre Führer August Bebel und Wilhelm Liebknecht zu zwei Jahren Festungshaft wegen Hochverrats verurteilen ließ. Und 1878 gelang es ihm, zwei Attentate auf Kaiser Wil-

helm zum Anlass zu nehmen und die Sozialdemokratie für zehn
Jahre ganz zu verbieten.

1878
Sozialistengesetz/
Verbot der
Sozialdemokratie

Ähnlich verfuhr Bismarck mit den Katholiken, was ebenso
absurd war, weil ein großer Teil der nun zum Reich gehörenden
deutschen Länder katholisch war. Er schickte Bischöfe für Monate
ins Gefängnis, weil sie angeblich verbotene Amtshandlungen vor-
genommen hätten. Der Einfluss der Geistlichen sollte ganz un-
terbunden werden; 1874 wurde die Zivilehe eingeführt. Erst Ende
der 70er-Jahre kam Bismarck von seinem Katholikenhass, den man
»Kulturkampf« nennt, wieder herunter, näherte sich auch der katholischen Zentrumspartei an und fand in Papst Leo XIII. einen versöhnlichen Partner. Trotzdem wirkte sich Bismarcks diktatorische Willkür
fatal auf die Gesellschaft aus. Sie stagnierte; gefördert wurde allein eine
devote Mittelmäßigkeit, mit der Bismarck sich gerne umgab.

Bismarck selbst entwickelte nun tiefe Ängste, die sich in chro-
nischem Misstrauen gegen Verschwörungen äußerten. In der Außenpolitik nach der Reichsgründung bestimmten die Ängste vor einer
Isolierung des Deutschen Reichs seinen Alltag. Würde es sich als neuer Machtblock im Zentrum Europas behaupten können? England,
Russland, Österreich, Frankreich, aber auch die Türkei mussten mit
dem Deutschen Reich in einem Gleichgewicht gehalten werden, das
einen neuen Krieg verhinderte. Nach den Siegen von 1864, 1866 und
1871 wollte Bismarck dem Deutschen Reich im europäischen Mäch-
tegeflecht nun seinen Platz sichern. Ein maßvolles, zurückhaltendes
Auftreten sollte die anderen Nationen dazu bewegen, die deutsche
Einigung und Nationalstaatsgründung anzuerkennen.

Sein größtes Ziel war es, Frankreich isoliert zu halten, damit nicht etwa die beiden Verlierer Österreich und Frankreich gemeinsam gegen Preußen auftreten konnten oder Russland sich mit
Frankreich verbündete. Bismarck begann ein kompliziertes System
von Bündnissen aufzubauen. Die stabile Achse darin blieb das Verhältnis zu Österreich, das in dem Drei-Kaiser-Abkommen im Okto-

1873
Drei-Kaiser-
Abkommen

ber 1873 um Russland erweitert wurde. Diese Bündnisse gelang es
Bismarck in den 80er-Jahren immer wieder zu verlängern, auch Ita-

lien kam hinzu, Frankreich blieb isoliert, und mit England lebte man in freundlicher Distanz.

Bismarcks großes außenpolitisches Geschick ist unbestritten. Durch das Dreierbündnis hoffte er vor allem, den Frieden zwischen den beiden Monarchien Russland und Österreich zu erhalten, der dadurch gefährdet war, dass sich beide machthungrig auf dem Balkan betätigten. Schon auf dem Berliner Kongress 1878 versuchte Bismarck als sogenannter »ehrlicher Makler«, die österreichisch-russischen Gegensätze auf dem Balkan auszuräumen. Es gelang ihm, einen Krieg Österreichs und Englands gegen Russland zu verhindern; aber langfristig blieb der Balkan Krisenherd und gab dann ja auch 35 Jahre später den Anlass für den Ersten Weltkrieg.

1878
Berliner
Kongress

Bismarck fürchtete einen erneuten Krieg in Europa vor allem auch deswegen, weil er die Monarchien im Innern gefährdet sah. Im »Ganzen würde der etwaige nächste Krieg viel weniger den Charakter eines Krieges von Regierung gegen Regierung als den eines Krieges der roten Fahne gegen die Elemente der Ordnung und der Erhaltung haben« – Worte Bismarcks an Wilhelm, die einem politischen Vermächtnis gleichkamen.

Doch all die Bismarck'sche Friedenssicherung hatte nichts Langfristiges, sie zielte nicht auf Völkerverständigung oder Aussöhnung, bot keine Lösung der europäischen Probleme auf lange Sicht. Wie stellte er sich auf die Dauer die Isolierung einer zentralen Macht wie Frankreich vor? Das Bündnissystem war auf das Geschick und den Überblick eines alten erfahrenen Mannes zugeschnitten, also auf ihn. Bismarck behandelte die Mächte wie Figuren auf einem Schachbrett, die er geschickt in Position brachte. Keiner seiner Nachfolger konnte das wie er.

1888 starb Wilhelm hoch geehrt und sehr beliebt. Er war am Ende ganz hinter seinen Reichskanzler zurückgetreten: Er verkörperte die staatliche Würde, beschränkte sich darauf, Bismarcks Entscheidungen zu billigen, und seufzte: »Es ist nicht leicht unter diesem Kanzler Kaiser zu sein.«

1888
Tod Wilhelms I./
Dreikaiserjahr

Mit Wilhelms Tod verlor Bismarck seinen Rückhalt. Kronprinz Friedrich, der folgte, starb auch innerhalb weniger Monate. Und der junge Mann, der großspurig und voller Elan nun seine Aufgabe als Wilhelm II. antrat, forderte Bismarck im Frühjahr 1890 auf, seinen Rücktritt einzureichen.

15. 6. 1888
Regierungsantritt
Wilhelms II./

Bismarck zog sich zurück nach Varzin in Hinterpommern, von wo er weiter bissig und ungnädig der neuen Regierung und dem neuen Kaiser Knüppel in den Weg warf, wo er nur konnte. Bismarck hatte bis zum Schluss einen unguten, polarisierenden, unversöhnlichen Einfluss auf das Reich. Trotzdem baute nach seinem Tod jede Stadt ihren Bismarckturm, um an ihn und die deutsche Einigung zu erinnern. Bismarck starb verbittert und nach dem Tod seiner geliebten Frau Johanna 1894 auch vereinsamt in Friedrichsruh bei Hamburg im Juli 1898.

März 1890
Rücktritt Bismarcks

30. 7. 1898
Tod in
Friedrichsruh

Was bleibt?

Napoleon hat die Deutschen auf die Idee gebracht, sich zu vereinigen. Bismarck hat Österreich ausgeschlossen und mit List und Tücke erreicht, dass die Einigung unter preußischer Führung zustande kam. Helmuth von Moltke hat für Preußen alle nötigen Schlachten gewonnen. Und Wilhelm I. hat dafür gesorgt, dass Bismarck und von Moltke machen konnten. Außerdem hat Wilhelm durch seine freundliche, ehrenhafte Haltung den übrigen deutschen Fürsten den Schritt zur Unterwerfung unter die preußische Führung erleichtert. Immerhin mussten 22 deutsche Fürsten zur Aufgabe ihrer Souveränität gezwungen werden. Österreich musste aus Deutschland verdrängt werden, denn mit einem Vielvölkerstaat wäre eine Einigung aller deutschen Gebiete unmöglich gewesen. Frankreich und alle anderen Nachbarn mussten dieser Machtverschiebung in Europa zustimmen oder zur Zustimmung gezwungen werden. Bismarck und Wilhelm zusammen, der skrupellose Ministerpräsident und der arglos wirkende Monarch, haben Preußen zum Deutschen Reich erweitert. Das ist ihr Verdienst.

Ihr Vermächtnis war ausgesprochen schwierig: Innenpolitisch war das Reich von Anfang an erstarrt und rückwärtsgewandt, außenpolitisch geheimbündlerisch und kompliziert in einem labilen Gleichgewicht gehalten, das faktisch von Tag zu Tag neu geschaffen werden musste. Schwierig und konfliktträchtig blieb die Feindschaft zu Frankreich.

Literatur   Zum Einstieg leicht zu lesen ist: S. Fischer-Fabian, PREUSSENS KRIEG UND FRIEDEN. DER WEG INS DEUTSCHE REICH. München 1981. Und derselbe, HERRLICHE ZEITEN. DIE DEUTSCHEN UND IHR KAISERREICH. München 1983. Einen guten Überblick gibt: Sebastian Haffner, VON BISMARCK ZU HITLER. München 2001.   Bismarck-Biografien gibt es in rauen Mengen. Zwei seien empfohlen: Lothar Gall, BISMARCK. DER WEISSE REVOLUTIONÄR. Berlin 1997. Und bissig und sehr kritisch: Edward Crankshaw, BISMARCK. EINE BIOGRAPHIE. München 1983.

Museen / Erinnerungsorte   Wilhelms Schloss Babelsberg bei Potsdam ist ganz in seinem Geschmack ausgestattet.   Das Deutsche Historische Museum in Berlin erinnert natürlich an die Reichsgründung.   Bismarckmuseen gibt es in Friedrichsruh bei Hamburg und in Schönhausen an der Elbe, wo er geboren ist.   Es gab einmal 240 Bismarcktürme, von denen in Deutschland noch 146 stehen.

Zeitgenossen

Friedrich III. von Preußen Sohn Wilhelms I., Deutscher Kaiser und König von Preußen (1831–1888)

Durch die Erkrankung und Abdankung seines Onkels König Friedrich Wilhelm IV. wurde Friedrich 1861 Kronprinz von Preußen, eine Rolle, die bestimmend für sein Leben wurde. Mit seiner Frau Viktoria von Großbritannien, einer Tochter von Queen Viktoria, teilte er liberale Auffassungen und wurde damit zum Gegner des Kanzlers Bismarck. Durch die lange Regierungszeit seines Vaters konnte Friedrich seine politischen Überzeugungen nicht umsetzen und blieb mehr als ein Vierteljahrhundert in einer Warteposition. 1887 erkrankte er unheilbar an Kehlkopfkrebs. So blieben ihm nach seiner Kaiserkrönung 1888 nur drei Monate Zeit, ehe er seiner Krankheit erlag.

Friedrich Wilhelm IV. von Preußen König von Preußen (1795–1861)

Siehe Zeitgenossen Friedrich Ludwig Jahn

August Bebel Mitbegründer der Sozialdemokratie (1849–1913)

Siehe eigenes Kapitel; dort auch zu anderen Führern der frühen Arbeiterbewegung

---

Helmuth von Moltke Preußischer Feldmarschall und Politiker (1800–1891)

In Parchim geboren, trat Moltke schon als 11-Jähriger ins Dänische Heer ein und besuchte bis 1817 die Kadettenakademie in Kopenhagen. 1822 wechselte er zur Preußischen Armee und gelangte 1833 in den Großen Generalstab. 1857 zum Generalstabschef ernannt, bewies Moltke sein militärisches Vermögen in den später folgenden Kriegen gegen Dänemark, Österreich und Frankreich. Obwohl auch mit großer politischer Macht versehen, hielt er sich an die Vorgaben des Kanzlers Bismarck. Moltke war ab 1867 Mitglied der Konservativen Partei und ab 1881 Alterspräsident des Deutschen Reichstags. Sein gleichnamiger Neffe war zu Beginn des Ersten Weltkriegs Chef des deutschen Generalstabs.

Viktoria von Sachsen-Coburg und Gotha Frau Friedrichs III., englische Prinzessin und Mutter Kaiser Wilhelms II. (1840–1901)

Überaus sprachbegabt und intelligent, war Viktoria die älteste Tochter von Queen Viktoria und ihrem Mann Albert von Sachsen-Gotha und Coburg. 1855 heiratete sie den preußischen Kronprinzen Friedrich Wilhelm und schenkte ihm acht Kinder, darunter Wilhelm, der später als Wilhelm II. Kaiser wurde. Mit ihrer linksliberalen politischen Haltung stand sie Zeit ihres Lebens im Widerspruch zu Ministerpräsident Bismarck. Sie sah ihren Sohn Wilhelm überaus kritisch und hielt bis zu ihrem Tod 1901 engen Kontakt mit ihrer Familie in England.

Der »Reichsfeind«:

AUGUST BEBEL

1840–1913

AUGUST BEBEL

Im Oktober 1871 schleuderte ein nationalliberaler Abgeordneter im Deutschen Reichstag der kleinen Fraktion der »Sozialdemokratischen Arbeiterpartei« und ihrem Vorsitzenden August Bebel entgegen: »Bebel und seine Genossen werden nicht von der Armee, sondern vom Volk totgeschlagen.« Später behauptete er, er habe »nur« von »niedergeschlagen« geredet; Bebel war damals bei seinen Feinden, den bürgerlichen und konservativen Parteien, verhasst. Als er dagegen im August 1913 in der Schweiz starb, werden allein in Berlin 16 Trauerfeiern abgehalten. Das linksliberale, nicht sozialdemokratische »Berliner Tageblatt« schrieb: »Dass einer der interessantesten Männer ehrlichsten Charakters und der glänzendsten, temperamentvollen Redner mit ihm verschwindet, unterliegt auch für diejenigen keinem Zweifel, die ihn politisch bekämpften.« Politisch war Bebel im Ansehen mächtig gestiegen.

Bis zu diesem Lob aus der Feder eines Journalisten, der nicht Sozialist war, musste Bebel nach äußerst entbehrungsreicher Jugend mit seinen Genossen der »Sozialistischen Arbeiterpartei Deutschlands« zwölf Jahre lang die Verfolgungen unter Bismarcks Sozialistengesetz ertragen. Wiederholt gab es politische Strafprozesse gegen ihn und andere Sozialdemokraten; die Urteile und Strafen sind heute nur mit einem Verfolgungswahn der »staatstragenden Schichten« zu erklären. Bebel musste alle Strafen vollständig verbüßen. Am Ende seines Lebens war er, das ehemalige Waisenkind, das monatlich 60 Silbergroschen aus einem Waisenfond bezogen hatte, als Parteivorsitzender der SPD und Reichstagsabgeordneter ein vermögender Mann. Insofern war er auch wirtschaftlich ein »Aufsteiger«; seine Grundüberzeugungen aber änderten sich dadurch nicht.

Am 22. Februar 1840 wurde er in einer Kasematte der Kaserne in Deutz bei Köln während des »Zapfenstreiches« geboren. Sein Vater Johann Bebel war preußischer Unteroffizier und stammte aus der Provinz Posen; die Mutter Johanna, geborene Simon, aus Wetzlar arbeitete als Dienstmädchen. Johann Bebel kränkelte bald, bekam noch einmal für zwei Jahre eine Chance als Grenzauf-

*Geburt am
22. 2. 1840
in Deutz*

seher an der niederländisch-preußischen Grenze und starb 1844 an

1844
Tod des
Vaters

Schwindsucht, also an Tuberkulose. Einen Pensionsanspruch hatte die Witwe nicht. Der Zwillingsbruder Johanns, August Bebel, heiratete Johanna, um ihr ein Auskommen zu sichern. Aber auch er starb 1846, und wieder war die Witwe nicht versorgt. Die Familie – neben August und Johanna noch zwei Brüder – zog nach Wetzlar.

Bebels Mutter hatte in Wetzlar kleine landwirtschaftliche Parzellen geerbt, die sie zum Teil auch verpachtete, und nähte für die dortige Garnison. August ging von 1846 bis 1855 auf die Wetzlarer Armenschule. Zunächst wurde sein »sittliches Betragen« so

1846–1855
Besuch der Wetzlarer
Armenschule,
später Bürgerschule

heftig getadelt, dass er durch die erste Abschlussprüfung der nunmehrigen »Bürgerschule« durchfiel. August hatte seinen Namen in die Stufen des Wetzlarer Doms geschnitzt. Erst 1855 bestand er die Abschlussprüfung mit »1«; er war wohl still und fleißig geworden.

Seine Mutter war 1853 ebenfalls an Tuberkulose gestorben,

1853
Tod der Mutter

eine damals sehr häufige Krankheit armer Leute. August schuftete den ganzen Tag bei einer Verwandten und besorgte für sich und seinen Bruder den Haushalt. Der andere war inzwischen gestorben. Der Waisenfond der Stadt ermöglichte ihnen ein kärgliches Überleben. August wurde mithilfe dieses Fonds Drechsler und begab sich, wie damals üblich, anschließend von 1858 bis 1861 als wandernder

1858–1861
Nach Abschluss
der Drechslerlehre
wandernder Geselle

Geselle auf einen Fußmarsch durch Deutschland – erst nach Süden über Freiburg, den Bodensee nach München und Salzburg, dann zurück nach Wetzlar. Auf der Wanderschaft lernte er in den Gesellenheimen der katholischen »Kolpingbrüder« so viel wie möglich; er war bis 1874 evangelisch, dann trat er aus der Kirche aus, hat aber stets voller Hochachtung von Kolping und seinen sozialen Taten geredet. Als auch sein letzter Bruder gestorben war, wanderte er weiter nach Leipzig. Dort bekam er für zwei Jahre eine Anstellung als Drechsler, bis er nach der Kündigung sich 1864 selbstständig mach-

1864
Eröffnung
des eigenen Hand-
werksbetriebs

te, zunächst unter fremdem Namen. Als er später für teure 150 Taler das Leipziger Bürgerecht erworben hatte, konnte er sein Geschäft – die Herstellung von Tür- und Fenstergriffen aus Büffelhorn – unter eigenem Namen betreiben. Später hat er dieses Unternehmen mechanisiert und ausgebaut; erst 1889 gab er es auf.

Der Hauptanlass, Leipziger Bürger zu werden, war freilich seine Eheschließung im April 1866 mit Julie Otto. Julie ist ihm Zeit ihres Lebens – sie starb vor ihm 1910 – eine treue Begleiterin gewesen; sie hat vor allem während seiner Gefängnisaufenthalte den Betrieb geleitet, ihr gemeinsames Kind Frieda erzogen und die später häufig wechselnden Haushalte geführt.

1866
*Heirat mit
Julie Otto*

Zur Politik kam Bebel allmählich: Er wollte zunächst nur sich und alle anderen Arbeiter bilden. Das tat er im Leipziger »Gewerbebildungsverein«. 1865 schloss sich dieser Verein mit einer politisierenden Abspaltung zum »Arbeiterbildungsverein Leipzig« zusammen, und Bebel wurde dessen Vorsitzender. Er blieb es, bis er 1872 eine zweijährige Festungshaft antreten musste.

1865
*Vorsitzender des
Arbeiterbildungs-
vereins Leipzig*

Zunächst war Bebel sogar gegen das allgemeine Stimmrecht der Arbeiter gewesen, weil er sie dafür nicht für reif genug hielt. Aber schon im September desselben Jahres hatte er mit der Mehrzahl der Arbeiterbildungsvereine auf deren Stuttgarter Vereinstag eben dieses Stimmrecht für alle Männer und sogar Frauen gefordert. Das Frauenstimmrecht zu fordern war damals revolutionär. Bebel schrieb zu dem Thema später ein Buch, DIE FRAU UND DER SOZIALISMUS, das 50 Auflagen erlebte und ihn wohlhabend machte. Allerdings ist eine politische Betätigung von Julie Bebel nicht überliefert. Ihn selbst aber zog es trotz der Gefahren, denen man sich dabei aussetzte, immer stärker in die Politik.

Schon 1863 hatte sich unter ihrem Anführer Ferdinand Lassalle in Leipzig der Allgemeine Deutsche Arbeiterverein (ADAV) gegründet. Lassalle vertrat die Ansicht, erst müsse der Arbeiter zu einem gleichberechtigten Staatsbürger werden, ehe man ihn dann bilde. Seine Bewegung war der Anziehungspunkt für viele frühen Sozialisten, doch schon 1864 wurde er in einem Duell wegen einer Liebesbeziehung getötet. Seinen Nachfolgern hat Bebel wohl politisch nicht getraut und sie erbittert bekämpft, was er in seinen 1910 verfassten Erinnerungen bedauert hat. Aus seinen Erinnerungen

1863
*Gründung des
Allgemeinen
Deutschen
Arbeitervereins
(ADAV) unter
Ferdinand Lassalle*

ergibt sich merkwürdigerweise nicht, wann genau Bebel zu dem Marxisten wurde, als den er sich selbst bezeichnete. Er versicherte lediglich, weder Karl Marx noch Friedrich Engels oder Wilhelm Liebknecht hätten ihn zum Marxisten gemacht, vielmehr komme er als Pragmatiker »eher von den Lassalleanern« her. Erst 1868, so schreibt er, habe er sich öffentlich zum Marxismus bekannt.

Damals war Bebel der Vorsitzende des Verbandes der Deutschen Arbeitervereine (VDAV), also der Konkurrenzorganisation des ADAV. Der VDAV trat auf Veranlassung von Bebel der Ersten Internationale bei, dem Zusammenschluss der Sozialisten aller Länder, in der Engels und Marx entscheidende Rollen spielten. Sie lebten freilich in London und nicht in Deutschland, woraus sich Kontroversen zwischen Bebel und vor allem Engels ergaben. In ihren theoretischen Überzeugungen waren sie sich dabei einig; ihre Kontroversen betrafen die politische Taktik: Bebel, der seit 1867 Abgeordneter des Norddeutschen Reichstags war, vertrat den Parlamentarismus, den er bis zu seinem Lebensende in Ehren hielt. Engels schrieb er, man müsse auch an die »Massen« denken, die im Heute lebten und dort Verbesserungen wünschten, nicht erst irgendwann in der Zukunft, nach einer gelungenen Revolution. Allen linken Sozialisten, die, wie vorübergehend auch Wilhelm Liebknecht, den Eintritt in das vom »Klassenfeind« beherrschte Parlament für unmöglich und opportunistisch ablehnten, trat er entgegen. Er sorgte bei einigen Parteimitgliedern, die er als gefährliche Anarchisten ansah, sogar für den Ausschluss aus der Partei.

Förmlich einer Partei gehörte Bebel erst ab 1869 an. Er und seine Gesinnungsgenossen außerhalb der Lassalle-Bewegung gründeten in Eisenach die Sozialdemokratische Arbeiterpartei (SDAP). Im »Eisenacher Programm« wurde die Abschaffung der Klassenherrschaft in einem freien Volksstaat gefordert. Das System einer Bezahlung der Arbeit durch Lohn sollte ersetzt werden durch eine Produktion in Genossenschaften. Dies war nun allerdings die reine Lehre von Karl Marx. 1871 wurde Bebel Vorsitzender der SDAP. Eine Vereinigung mit den Lassalleanern gelang erst 1875 mit der Grün-

1867/68
Bebel Vorsitzender des Verbandes der Deutschen Arbeiter- und Arbeiterbildungsvereine (VDAV)/Eintritt des VDAV in die Erste Internationale

1869
Gründung der Sozialdemokratischen Arbeiterpartei (SDAP)

1871
Bebel Vorsitzender der SDAP

dung der Sozialistischen Arbeiterpartei Deutschlands (SAP). Die heutige Sozialdemokratische Partei Deutschlands (SPD) stammt aus diesen Wurzeln. Ihren Namen hat sie aber erst seit dem Parteitag in Halle/Saale im Jahr 1890. Der Vorsitzende dieser SPD war Bebel bis zu seinem Tod.

1875
Gründung der
Sozialistischen
Arbeiterpartei
Deutschlands
(SAP)

Natürlich war Bebel nicht nur durch die Auseinandersetzungen innerhalb der Sozialdemokratie geprägt. Wie alle politisch denkenden Zeitgenossen hatte er auch Ansichten zum preußisch-österreichischen, dem sogenannten Deutschen Krieg von 1866. Vor Kriegsbeginn spalteten sich die Deutschen außerhalb Preußens in »Großdeutsche«, das heißt Anhänger Österreichs und der deutschen Einheit mit ihnen, und »Kleindeutsche«, das waren die Freunde Preußens, das ihrer Ansicht nach Deutschland führen sollte. Bebel selbst war Großdeutscher. Doch weil er den jetzigen Staat ablehnte, warb er und warben die Sozialdemokraten dafür, dass keiner der beiden Gegner im Krieg siegte. Man plädierte für einen Zentralstaat Deutschland, der im Wege der Volksbewaffnung an den Gegnern vorbei die deutsche Einheit herstellen sollte. Gemeint war faktisch die Republik Deutschland, denn angesichts der Fürstenmacht war jeder andere Weg illusorisch.

1866
Deutscher
Krieg

Der Sieg Preußens in der Schlacht von Königgrätz 1866 begrub solche Pläne. Der Norddeutsche Bund wurde gegründet, und Bebel wurde 1867 Abgeordneter des Norddeutschen Reichstags in Berlin für den Wahlkreis 17, Glauchau-Meerane. Dem Norddeutschen Reichstag gehörte er bis zu dessen Auflösung durch den Deutschen Reichstag 1871 an. Auch dem Reichstag gehörte Bebel an. Er war sowohl ein Gegner der Kriegskredite für den 1870 beginnenden Krieg gegen Frankreich wie der Verfassung des Bundes. Dieser Bund sei ein Großpreußen und bedeute für alle Nichtpreußen Zwang, eine Haltung, die ihm nur Schwierigkeiten eintragen konnte.

1866
Schlacht von
Königgrätz/
Gründung des
Norddeutschen
Bundes/Bebel
im Norddeutschen
Reichstag

Der deutsche Patriotismus und Nationalismus entfachte sich im Deutsch-Französischen Krieg 1870/71 und mit der Gründung des Deutschen Reichs. Wer sich da der vaterländischen Begeisterung in den Weg stellte, galt schnell als Verräter. Im September 1870 hat-

1870/71
Deutsch-
Französischer Krieg

ten die Deutschen in der Schlacht von Sedan die Franzosen besiegt; der Kaiser der Franzosen Napoleon III. geriet in deutsche Kriegsgefangenschaft. Frankreich rief die Republik aus, und in Paris, das die Deutschen belagerten, erhob sich die sogenannte »Pariser Kommune« gegen das Bürgertum, aber vergebens. Der Krieg wurde weitergeführt und endete 1871 mit dem Ausrufen des preußischen Königs Wilhelm I. zum Deutschen Kaiser in Versailles, mit der Niederlage Frankreichs und mit der Annexion Elsass-Lothringens durch Deutschland.

Bebel hatte, als die französische Republik ausgerufen wurde, sich für einen sofortigen Waffenstillstand ausgesprochen und gegen die Annexion Elsass-Lothringens. Der französische Konsul hatte über die Zeitungen Bebel für diese Geste gedankt. Im Norddeutschen Reichstag hatte Bebel die Pariser Kommune gerühmt und deren Slogan den bürgerlichen Parteien entgegengerufen: »Krieg den Palästen, Friede den Hütten, Tod der Not und dem Müßiggang!« Bismarck führte später seinen Hass auf die Sozialdemokratie, die im Sozialistengesetz gipfelte, auf diese Rede zurück.

Als im Deutschen Reichstag die Verfassung zur Abstimmung gestellt wurde, lehnte sie Bebel mit der Fraktion der SDAP ab mit Argumenten, die denen aus dem Jahr 1867 ähnelten. Die oben wiedergegebene wütende Schmähung von »Bebel und Genossen« durch den nationalliberalen Reichstagsabgeordneten steht in diesem Zusammenhang. Auf Druck der preußischen Regierung wurden Bebel, Liebknecht und ein Redakteur des SDAP-Parteiblattes »Vorwärts« im Dezember 1870 wegen »Vorbereitung des Hochverrates« verhaftet. Bis März 1871 saßen sie in Untersuchungshaft.

Noch während der Untersuchungshaft wurde Bebel in seinem sächsischen Wahlkreis zum Reichstagsabgeordneten gewählt; ausüben konnte er das Amt erst nach der Entlassung. Im März 1872 wurde dann der Prozess beim Schwurgericht in Leipzig eröffnet. Bebel und Wilhelm Liebknecht wurden zu zwei Jahren Festungshaft verurteilt, der Redakteur wurde freigesprochen. Als Bebel die Festungshaft auf Schloss Hubertusburg in Sachsen antreten musste

Dezember 1870
Verhaftung Bebels wegen angeblichen Hochverrats

1872
Verurteilung zu zwei Jahren Festungshaft

und sein Zug auf dem dazugehörenden Bahnhof ankam, stiegen die Schaffner aus dem Zug und salutierten. Der Lokomotivführer grüßte ebenso, und die Fahrgäste winkten aus den Fenstern.

Gleich im Anschluss an die Festungshaft hatte Bebel eine 9-monatige Gefängnisstrafe wegen Majestätsbeleidigung in Zwickau zu verbüßen. Gänzlich außerhalb des Rechts hatte ihm dieses Gericht sein Reichstagsmandat aberkannt. Also musste in seinem Wahlkreis neu gewählt werden, und wieder kandidierte er aus der Haft. Er gewann seinen Wahlkreis mit 60 Prozent der Stimmen, das waren mehr als zuvor. Dennoch ließ man ihn seine Strafen bis zum Ende im Jahr 1875 absitzen.

1874
Gefängnisstrafe
wegen Majestäts-
beleidigung,
dennoch von seinem
Wahlkreis in den
Reichstag (wieder-)
gewählt

Die nächste Strafhaft von fünf Monaten musste er im Jahre 1883 wegen »Beleidigung des Bundesrates« verbüßen. Bebel erinnerte sich später, dass er bis 1878 von acht Weihnachtsfesten, die er mit seinem Töchterchen Frieda feiern wollte, vier im Gefängnis verbracht habe. Die letzte Verurteilung im Jahre 1886 im sogenannten »Geheimbundprozess« beleuchtet schlaglichtartig die Situation der Sozialdemokratie in der Zeit des Sozialistengesetzes:

1878 wurden hintereinander zwei Attentate auf den Deutschen Kaiser verübt, vergleichsweise harmlose, eins im Mai durch einen Mann namens Hödel, das nächste im Juni von einem Dr. Nobiling, der auf den Kaiser schoss und ihn schwer verletzte. Keiner der Attentäter war Sozialdemokrat, Hödel war sogar aus der Partei ausgeschlossen worden. Dennoch brachte Bismarck im Reichstag das Sozialistengesetz durch, wonach die SAP wegen gemeingefährlicher Bestrebungen aufgelöst wurde. Das betraf auch Arbeiterbildungsvereine und Gewerkschaften. Wenn in einer Stadt angeblich die Sicherheit durch den Sozialismus bedroht war, konnte über die Stadt der sogenannte »Kleine Belagerungszustand« verhängt werden. Er hatte die Ausweisung der dort führenden Sozialdemokraten zur Folge, und zwar mit der gesamten Familie. Berlin machte bald den Anfang, dann folgte Hamburg mit allein 350 Ausgewiesenen. Die Familien verloren die Arbeit und ihre Heimat; die illegal weiter betriebene Partei musste sie finanziell unterstützen. 1881 traf es auch

1878
Sozialistengesetz
»gegen die gemein-
gefährlichen
Bestrebungen der
Sozialdemokratie«

Bebel – er wurde mit seiner Familie aus Leipzig ausgewiesen und musste in das Dorf Borndorf umziehen. Später ist die Familie nach Dresden und Berlin weitergezogen. Die Schriften und Zeitungen der Partei waren ebenfalls verboten. Also verlegte man den Sitz des Zentralorgans »Der Sozialdemokrat« nach Zürich, später nach London. Die Redakteure waren dem Parteivorstand verantwortlich; besonders eng war der Kontakt mit dem Zentralkassier der Partei August Bebels. Daraus konstruierte die Justiz den Vorwurf der »Geheimbündelei« und sperrte Bebel und einige Gesinnungsgenossen 1886 ein.

In der Zeit des Sozialistengesetzes sammelte Bebel unermüdlich Spenden für die Partei, vor allem unter den vielen Sozialdemokraten, die in die USA ausgewandert waren. In dieser Zeit brauchte er auch den engen Kontakt zu Engels und Marx. 1880 besuchte er sie zum ersten und letzten Mal in London. Weil er sich vorher mit ihnen gestritten hatte, nannte er den Besuch seinen »Canossagang«.

Sozialdemokraten durften aber als Personen weiterhin gewählt werden. So wurde Bebel 1881 Mitglied des sächsischen Landtags und blieb es bis 1890. Auch Mitglied des Reichstags blieb er bis zum Schluss; nur 1883 musste er eine Wahlniederlage hinnehmen, die er zwei Jahre später wieder wettmachte. Die SAP gewann stetig an Wählerstimmen, sodass Bebel sagen konnte, die Verfolgung habe die Partei nur gestärkt. 1890 war das Sozialistengesetz ausgelaufen. Die neu gegründete SPD erhielt 20 Prozent der Stimmen und stellte 35 Abgeordnete; angefangen hatte sie mit 3 Abgeordneten.

Wenn sich auch der Aufstieg der SPD bis 1912 fortsetzte, als sie stärkste Partei im Reichstag wurde, so blieb sie von Konflikten doch nicht verschont. Es gab zunehmend Parteigenossen, die als den eigentlichen Zweck der Partei nicht das Warten auf den Tag der Revolution ansahen, die nach einem schlecht verstandenen Marx beinahe naturgesetzlich und ohne ihre Mitwirkung über die Partei kommen sollte. Sie forderten Fortschritte und Reformen im Hier und Heute. Die Auseinandersetzung zwischen Revolutionären, zu denen Bebel zählte, und Reformern ist als Revisionismusstreit in die Parteigeschichte eingegangen. Bebel gelang es, die Kritiker nie-

1881
Ausweisung Bebels aus Leipzig

1886
Verurteilung zu 9-monatiger Haft wegen »Geheimbündelei«

1880
Reise zu Marx und Engels nach London

1881
Mitglied des sächsischen Landtags

1890
Ende des Sozialistengesetzes/ Gründung der SPD als Nachfolgepartei der SAP

1890–1904
Revisionismusstreit in der SPD

derzuhalten, ohne sie aus der Partei auszuschließen. Noch an seinem 70. Geburtstag im Jahr 1910 erklärte er, er hoffe den Tag der Revolution noch zu erleben.

Seit 1904 war der Streit freilich nicht mehr ernsthaft ausgetragen worden. Die Reformer hatten nach und nach an Boden gewonnen. Einer von ihnen, der spätere Reichskanzler und Reichspräsident Friedrich Ebert, war 1913 schon Mitglied des Parteivorstands und folgte Bebel im Vorsitz. Das Abstimmungsverhalten Bebels im Juni 1913, als es um die Heeresverstärkung ging, zeigt seinen Pragmatismus trotz revolutionärer Grundhaltung: Er stimmte dem Haushaltsansatz für die Heeresverstärkung im Reichstag zu. Am 13. August 1913 starb er in einer Kurklinik in der Schweiz.

Tod am
13. 8. 1913

Was bleibt?

Seine Überzeugung, irgendwann einmal würden durch eine Revolution, die man nicht vorhersehen könne, die Ausbeutung des Menschen durch den Menschen, der Klassenkampf und der Kapitalismus beseitigt, behielt Bebel nach der Überlieferung bis zum Lebensende bei. Noch an seinem 70. Geburtstag im Jahr 1910 erklärte er seinen Festgästen, er hoffe, den Tag der Revolution noch zu erleben. Alle offensiven Schritte dazu, zum Beispiel einen Massenstreik zum Sturz der Monarchie, lehnte er jedoch ab. War er also ein Pragmatiker, der sich ein idealistisches Ziel nur bewahrte, um Rückschläge und Verfolgungen besser auszuhalten? War er nur ein Pragmatiker, der seinen Anhängern eine rosige Zukunft vorgaukelte, um ihnen über ihre armselige Gegenwart hinwegzuhelfen und sie in einer Art Ersatzreligion bei der Stange zu halten? Oder ließ er sich nur aus Angst vor staatlicher Unterdrückung von der offenen Bejahung der Revolution abhalten?

Bebels Erinnerungen schweigen sich dazu aus, obwohl sie ein politisches Vermächtnis sein sollten. In jedem Fall war er ein Kämpfer, der in aller Offenheit im Parlament von seiner Hoffnung auf eine Revolution sprach. Das spricht dagegen, dass er auf revolutionäres Handeln aus Furcht verzichtete. Am wahrscheinlichsten erscheint, dass ihm die gelingende Revolution und der daraus sich entwickelnde Sozialismus die Utopie war, an der er die Lebenswirklichkeit maß. Er achtete trotz des harten Revisionismusstreits die Pragmatiker in der Partei und war im Grunde seines Herzens selbst einer von ihnen. Er war der faktische Begründer der ältesten Partei Deutschlands, der Sozialdemokratischen Partei Deutschlands, und ihr unbestrittener Führer und Prophet. Die Anhänger der SPD hörten seine Reden in Ehrfurcht. Sie pflegten die Hüte zu ziehen, wenn er eintraf. Selbst die politischen Gegner würdigten sein großes Rednertalent. Tatsächlich haben nicht nur das grundlegend verfehlte Sozialistengesetz, sondern auch Bebels unbeirrbare Festigkeit und Kompromisslosigkeit gegenüber seinen politischen Gegnern die SPD stark und ihn selbst so beliebt gemacht. Mag nach dem Zusammenbruch der kommunistischen Staaten in Europa auch der Marxismus überwunden sein, nicht zuletzt in der SPD: Bebels Führungsstärke und sein Behauptungswille bleiben seinen Nachfolgern Vorbild.

Literatur　Erkennbar von einer Journalistin geschrieben und gut lesbar: Brigitte Seebacher-Brandt, BEBEL, KÜNDER UND KÄRRNER IM KAISERREICH. 2. Aufl. Bonn 1990. Man wird das Gefühl allerdings nicht los, dass die Verfasserin Bebel mangelnde Konsequenz im Hinblick auf die heutige SPD vorwirft. Dieses Buch gibt es leider nur antiquarisch.

Museen/Erinnerungsorte　Die Gedenkstätte »Goldener Löwe« in Eisenach erinnert an die Gründung der Sozialdemokratie 1869.　Das Deutsche Historische Museum arbeitet die Geschichte der deutschen Arbeiterbewegung vielfältig auf und bietet dazu auch eine Internetseite an.

Zeitgenossen

Ferdinand Lassalle Publizist und Gründerfigur der deutschen Arbeiterbewegung (1825–1865)

Er studierte Philosophie, Geschichte und Philologie und konnte wegen seines Judentums keine akademische Laufbahn einschlagen. Während der Revolution 1848 forderte er in Düsseldorf eine demokratische Verfassung und wurde zu 6 Monaten Gefängnis wegen Beleidigung des dortigen preußischen Statthalters bestraft. In seinem Hauptwerk DAS SYSTEM DER ERWORBENEN RECHTE forderte er gleiche Rechte für alle in einem demokratischen Staat der Gleichen. 1863 gründete Lassalle in Leipzig den Allgemeinen Deutschen Arbeiterverein (ADAV). Zwei Jahre später starb er in einem Duell, das er wegen einer Liebesbeziehung austrug. Der ADAV überdauerte seinen Gründer, bis er sich 1875 mit der Sozialdemokratischen Arbeiterpartei in Gotha zur Sozialistischen Arbeiterpartei Deutschlands zusammenschloss.

Karl Marx Publizist und Philosoph (1818–1883)

Er studierte nach dem Abitur in Trier erst Rechtswissenschaften und später Philosophie. Prägend wurde dabei die Begegnung mit dem Denken Georg Wilhelm Friedrich Hegels, der in der Geschichte eine Gesetzmäßigkeit walten sah, einen »Weltgeist«, der die Geschichte lenke. Anders als Hegel sah Marx allerdings nicht Ideen als Beweger der Geschichte an, sondern die ganz konkreten materiellen Lebensumstände. »Das Sein bestimmt das Bewusstsein« war der Kernsatz seines Denkens.

Nach dem Studium wurde Marx zunächst Redakteur, dann Chefredakteur der links-liberalen »Rheinischen Zeitung« in Köln. Als die Zeitung 1843 verboten wurde, übersiedelte er nach Paris und wurde Redakteur der »Deutsch-Französischen Jahrbücher«. Seine Frau Jenny, eine geborene von Westphalen, begleitete ihn. In Paris begegnete er Friedrich Engels, mit dem er von da an zusammen-arbeitete und mit dem ihn eine lebenslange Freundschaft verband. Als Marx 1847 das berühmte KOMMUNISTISCHE MANIFEST schrieb, arbeitete Engels daran mit. Es sollte einer zu gründenden Kommunis-tischen Partei als Programm dienen und entwarf ein Bild der Geschichte, wonach dem Proletariat die Aufgabe zukam, in einer weltweiten Revolution die ungerechte kapitalistische Gesellschaftsordnung zu überwinden und eine kommunistische aufzubauen.

Als das KOMMUNISTISCHE MANI-FEST erschien, hatte Marx auf Druck der deutschen Regierung Frankreich schon verlassen müssen. Von 1849 bis zu seinem Lebensende lebte er in London und arbeitete, von Engels finanziell unterstützt und mit Jenny an seiner Seite, an seinen Schriften. Auch sein Hauptwerk DAS KAPITAL, in dem er seine Auffassung von der Geschichte wis-senschaftlich untermauern wollte, entstand dort. 1864 war er noch einmal führend an der Gründung der Ersten Internationale beteiligt, deren Sekretär Engels 1870 wurde. Danach zog er sich, früh von Krankheiten gezeichnet, von der aktiven Politik zurück. Seine Frau starb 1881 an einem Krebsleiden, ihn selbst fand Friedrich Engels am Morgen des 14. März 1883 tot in seinem Lehnstuhl sitzend.

Marx' Werk war das politisch folgenreichste der neueren Geschichte. Dass die Kritik des Kapitalismus seiner Zeit berechtigt war, ist wohl unbestritten. Ob das Denken und die Taten eines Lenin oder gar Stalin von Marx herzuleiten sind, darüber streitet man bis heute.

Friedrich Engels *Publizist, Philosoph und Unternehmer (1820–1895)*

Sein Vater war Textilkaufmann, und Engels begann seine berufliche Laufbahn im väterlichen Betrieb in Manchester, wo er die Lage der Arbeiter in England kennenlernte. Sein Buch DIE LAGE DER ARBEITER IN ENGLAND *berichtet darüber. 1844 traf er Karl Marx, dessen Mitarbeiter, Freund und Unterstützer er bis zu dessen Tod blieb. Er arbeitete mit am* KOMMUNISTISCHEN MANIFEST *und beteiligte sich, anders als Marx, direkt an den Aufständen von 1848/49. Nach dem Scheitern der Revolution zog er über die Schweiz nach England und leitete von 1860 bis 1869 die väterliche Fabrik in Manchester. 1870 wurde er Sekretär der Ersten Internationa-len; von da an konzentrierte er sich ausschließlich auf die Arbeit für die sozialistische Gesellschaft der Zukunft. Mit Marx hielt er die proletarische Revolution nicht für ein Ereignis, das durch einen einmaligen Umsturz bewirkt werde, sondern für einen Prozess. Im sogenannten* ANTI-DÜHRING, *einer gegen den Schriftsteller Eugen Dühring gerichteten Schrift, vertrat er die These, wie die Natur evolutionär sei, so entwickle sich auch die Klassengesellschaft naturgesetz-lich zur klassenlosen Gesellschaft unter Führung des Proletariats. Engels war ein enger Freund auch von August Bebel.*

Wilhelm Liebknecht *Gründerfigur der deutschen Arbeiterbewegung (1826–1900)*

Er nahm an der Revolution von 1848 teil und floh nach deren Scheitern über Genf nach London, wo er bis 1862 im Exil lebte und wiederholt mit Friedrich Engels zusammentraf. Aus seiner zweiten Ehe stammte sein Sohn Karl, dessen Taufpate August Bebel war. Karl Liebknecht wurde 1919 Gründer der Kommu-nistischen Partei in Deutschland und im selben Jahr von einem Freikorps ermordet. Sein Vater Wilhelm hat sich so eindeutig nicht zum Kommunismus bekannt. Er war eng mit August Bebel befreundet, wenn auch nicht immer mit ihm einer Meinung. Liebknecht war Mitbegründer der SDAP *wie der* SAP *und blieb in der seit 1890* SPD *genannten Partei eines der führenden Mitglieder. Wie Bebel wurde er Reichstagsmitglied, und wie Bebel trafen ihn wiederholt politisch motivierte Strafverfahren und Verurteilungen. Im Revisionismusstreit stand er offiziell auf der Linie des Parteivorstandes, also Bebels; der hatte ihn allerdings in Verdacht, zu weich gegen die »Opportunisten« zu sein.*

Friedrich Ebert *Sozialdemokratischer Politiker, Reichspräsident am Beginn der Weimarer Republik (1871–1925)*

Der aus Heidelberg stammende gelernte Sattler begann seine Karriere in der SPD *in Bremen, wo er 1900 Mitglied der Bürger-schaft wurde. Von 1905–1913 war er Sekretär der Partei auf Reichsebene und Mitglied des Parteivorstands. Er plädierte für eine enge Zusammenarbeit mit den inzwischen entstandenen Gewerkschaften und war ein auf Ausgleich bedachter Reformer. Er bekämpfte denn auch die Kommunisten, die unter Karl Liebknecht und Rosa Luxemburg die Weimarer Republik stürzen wollten. (Siehe auch Zeitgenossen Gustav Stresemann)*

Der letzte deutsche Kaiser

WILHELM II.

1859–1941

WILHELM II.

Das Glorreiche war schon getan, als Wilhelm II. 1888 mit 29 Jahren Kaiser des Deutschen Reichs wurde. 1864, 1866, 1870/71 – die Siege über Dänemark, Österreich, Frankreich, die Einigung von 22 deutschen Fürsten zu einem Deutschen Reich hatte sein Großvater mit Otto von Bismarck errungen, während Wilhelm als Kind im Berliner Stadtschloss unter den Torturen von Ärzten und der Lieblosigkeit seiner Eltern litt.

Geburt am
27. 1. 1859
in Berlin

Bei seiner grauenhaften Geburt hatte ein Arzt, um Mutter und Kind zu retten, Wilhelms linken Arm als Hebel benutzt und dabei einige Nervenstränge durchtrennt. Der Arm blieb für immer verkrüppelt, wuchs wenig, blieb unbeweglich und war kaum zu gebrauchen, selbst wenn man ihn tagelang streckte und dehnte und mit elektrischem Strom behandelte. Ein Hohenzollernprinz, der niemals würde reiten, schießen, seine Divisionen anführen können! Ein Kaiser, der so unvorteilhaft unmännlich aussah? Wilhelms Mutter Viktoria schrieb verzweifelte Briefe darüber an ihre eigene Mutter, die Königin Viktoria von England.

1888
Dreikaiserjahr/
Am 15. Juni
wird Wilhelm II.
Deutscher Kaiser.

1888 starb nun nicht nur der Großvater, sondern drei Monate später auch gleich Wilhelms Vater. So wurde Wilhelm II. deutscher Kaiser. Um Vorbilder für seine Position zu suchen, griff Wilhelm weit in die Vergangenheit zurück ins Uralte: Er zwängte sich und seine Vorfahren in eine Reihe mit den mittelalterlichen Kaisern des Heiligen Römischen Reichs. So entstand ein mystischer, rittertümelnder Vergangenheitskult, der dem jüngsten Reich Europas Zusammenhalt und alten Glanz verleihen sollte – genauso wie der Personenkult, den dieser Kaiser um die eigene Person inszenierte. Bemüht streng blickte Wilhelm von unzähligen Postkarten in bunt wechselnden Uniformen seinen Untertanen entgegen.

Von wegen, er würde niemals Divisionen anführen können, nicht reiten und nicht schießen! Im Gegenteil. Schneidig war sein Auftreten, in die Tausende gingen seine Jagderfolge. Praktisch einarmig führte er nicht nur die Totenkopfhusaren, Gardekürassiere und Dragoner; seine Männlichkeit in Uniform wurde am Ende zum

Idol seiner Generation und vorbildhaft auch die ganze kaiserliche Familie mit der biederen Hausfrau Auguste Viktoria und den sieben hübschen Kindern.

Allerdings sahen die Ehegatten sich lieber selten. Der »Reisekaiser« war fluchtartig unterwegs in immer gleicher Abfolge des Jahres: im Frühling auf seiner Yacht im Mittelmeer, im Mai im Elsass, im Juni zur Kieler Woche, im August auf der Nordlandreise ganz unter Männern, im September bei Truppenparaden, im Oktober zur Jagd in Ostpreußen, Schlesien oder im Harz. Nur von November bis Februar war er zur Fest- und Ballsaison in Berlin. Da trafen sich die Ritter des Schwarzen Adlerordens, da wurde des Kaisers Geburtstag gefeiert und im Weißen Saal des Berliner Stadtschlosses der Reichstag eröffnet. Wilhelm verstand sich auf Inszenierungen – der deutsche Hof kostete doppelt so viel wie der englische.

Hoffähig zu werden, Orden und Auszeichnungen vom Kaiser entgegenzunehmen, die der spendabel vergab, wurde zum Volkssport. 62 Rangstufen verzeichnet das Hof-Rang-Reglement. Vom Obersten Kämmerer bis zum Seconde-Lieutant war festgelegt, wer wo in Galauniform stehen oder sitzen durfte. Die Freude an Uniform und Orden zeichnete aber nicht nur den Hof aus: Jeder Assessor, jeder Bahnhofsvorsteher renommierte herrlich mit klirrendem Säbel. Nicht umsonst ist diese Epoche nach dem Kaiser »Wilhelminismus« benannt, denn es liefen lauter Kopien seiner Majestät durch die Straßen.

Ausgeschlossen davon waren alle, die sich Sozialdemokraten nannten. Sie blieben die »rote Gefahr«, die »vaterlandslosen Gesellen«. Es kursierte die Angst vor den bereits von Bismarck heraufbeschworenen umstürzlerischen Staatsfeinden, gegen die man sich innerlich zur Wehr setzen musste, auch wenn sie unter ihrem Vorsitzenden August Bebel absolut gemäßigt und diszipliniert auftraten. Ausgeschlossen blieben auch die Juden, es sei denn sie waren sehr reich, und die Frauen, die eher als familiäre Dekoration und Stütze ihrer Männer am öffentlichen Leben teilnahmen.

Am Anfang seiner Regierung versprach Wilhelm seinem Volk, er werde es »herrlichen Tagen« entgegenführen. Dazu wollte er heraus aus dem langen Schatten, den seine Vorgänger warfen. Bei der ersten Gelegenheit entließ er den 75-jährigen Reichskanzler Bismarck in den Ruhestand nach Hinterpommern. Wilhelm wollte selbst regieren, nicht sich reinreden lassen von einem starken Reichskanzler; seine vier Kanzler waren alle eher blasse Figuren.

März 1890
Rücktritt Bismarcks

Zunächst hatte Wilhelm durchaus gute Ideen: Er wollte die Armut der Arbeiter durch ein Arbeiterschutzgesetz auffangen, das bitter nötig war und den Sozialdemokraten nach der Aufhebung des Sozialistengesetzes den Wind aus den Segeln nehmen sollte. Und dann setzte er sich dafür ein, dass die Moderne in Deutschland einzog, dass die Technik, die Ingenieurskunst, die Wissenschaft, die Wirtschaft florieren konnten. Neben den alten humanistischen Gymnasien gab es nun auch Realgymnasien, die ihren Schwerpunkt auf die Naturwissenschaften legten. An neuen Technischen Hochschulen durfte man den Universitätsexamen gleichgestellte Abschlüsse machen. Die Forschung förderte Wilhelm mit der Kaiser-Wilhelm-Gesellschaft; sie war zu seiner Zeit weltweit führend. Auch wirtschaftlich ging es den Deutschen gut wie nie zuvor. Aber war das Großes? War das vergleichbar mit dem, was die Vorfahren geleistet hatten?

1891
Arbeiter-
schutzgesetz

1911
Gründung der
Kaiser-Wilhelm-
Gesellschaft
zur Förderung der
Wissenschaft

Nein! Der diffuse »Drang nach Größe« war das Stichwort, das die neue Epoche, die wilhelminische, kennzeichnete. Wozu hatte man für ein einiges Deutschland gekämpft, wenn man nun seine neue Größe und Macht nicht weltpolitisch nutzte? Deutschland sollte obenan sein, in allem und jedem. Völkisch-antisemitische Politiker hatten großen Einfluss in Deutschland durch den Alldeutschen Verband und forderten eine expansive deutsche Weltpolitik.

Weltpolitik, das hieß damals Kolonialpolitik. Hatten nicht England, Frankreich, Spanien, selbst Portugal unter sich Afrika, Asien und Lateinamerika aufgeteilt? Die Deutschen glaubten, sie würden etwas verpassen. Unter großem Geschrei forderten und nahmen sie ihren Teil von Afrika. Dabei blieben die Ausmaße lächerlich, das Handelsvolumen mit den Kolonien umfasste 0,02 Prozent, wichtig war allein die aufgehetzte, erwartungsfrohe Stimmung, die bei dem Abenteuer entstand.

Zu einer Weltmacht gehörte selbstverständlich auch eine Flotte, schließlich musste man die neu gewonnenen Kolonien auch verteidigen. Die Flotte, die Marine, wurde des Kaisers liebstes Kind. Alfred Tirpitz, der für ihn den Bau organisierte, mobilisierte durch den Flottenverein das ganze Reich, jede Kleinstadt sammelte für des Kaisers Kriegsmarine.

1898
Beginn des
Flottenbau-
programms

Wollte man denn Krieg? Aber nein, nur Weltgeltung und Anerkennung. Die Erwartungshaltung der bürgerlichen Schichten hatte sich durch unzählige kaiserliche herrische Reden ins Unermessliche hochgejubelt. Der »Drang nach Größe« bekam eine Eigendynamik.

Der Kaiser operierte dazu aufschneiderisch und außenpolitisch ungeschickt. Das alte Bündnis mit Russland wurde nicht erneuert, Annäherungen von England wurden ignoriert und mit einem Wettstreit beantwortet, wer mehr Schiffe und die bessere Flotte habe. Frankreich schied als Bündnispartner auch aus, weil es nach dem letzten Krieg Elsass-Lothringen ans Deutsche Reich hatte abtreten müssen. Das blieb ein schwelender Konflikt. Eher suchte der Kaiser die Nähe zu Österreich-Ungarn mit sogenannter »Nibelungentreue«, Italien hatte sich ihnen zu einem Dreibund angeschlossen. Und plötzlich sahen sich diese Mittelmächte »eingekreist« von Frankreich, England und Russland.

Die Militärs entwarfen prompt Offensivstrategien, wonach es im Krisenfall aus militärischen Gründen notwendig würde, so früh wie möglich das neutrale Belgien zu überrennen, als wäre es eine öffentliche Wiese. Man war hochgerüstet wie nie. Das Bild von der Notwendigkeit eines Rundumschlags, eines befreienden Schlages gegen die Einkreisung durch feindliche Mächte wurde verbreitet. Auch der dumpfe Gedanke, es fehle Siedlungsland für deutsche Siedler spukte herum. Eine Entscheidungsschlacht europäischer Staaten sei darum unvermeidbar.

Und seine Majestät? Der Kaiser, der so gerne im Kasernen-ton auftrat, ließ sich noch 1913 nach 25 Regierungsjahren als Friedenskaiser feiern. Ein Jahr später aber hat er nicht verhindert, dass sein Deutsches Reich nach dem Attentat auf den österreichischen Thronfolger Franz Ferdinand wegen der Bündnisverpflichtung an der Seite Österreichs in den Krieg eintrat.

28. 6. 1914
Ermordung des österreichischen Thronfolgers Franz Ferdinand und seiner Frau in Sarajewo

Die hochkomplizierten Aufmarschpläne der Militärs erwiesen sich bald als schlecht durchdacht; aus dem vermeintlichen Blitzkrieg wurde ein Stellungskrieg mit unvorstellbaren menschlichen Tragödien. Die Flotte kam kaum zum Zug, sondern wurde fünf Jahre später ungenutzt vor der schottischen Küste versenkt.

Der Krieg, der Erste Weltkrieg, wurde die große Urkatastrophe des 20. Jahrhunderts, der Kaiser war bald faktisch durch die militärische Führung entmachtet. Nach Kriegsende gab er dann vollständig auf und floh am 29. Oktober 1918 im frühen Morgennebel ins niederländische Exil, wo er seine Zeit mit Holzhacken zubrachte und mit seiner zweiten Frau Hermine im Haus Doorn weitere 20 Jahre davon träumte, eines Tages nach Deutschland zurückzukehren.

1914–1918
Erster Weltkrieg

29. 10. 1918
Flucht der kaiserlichen Familie ins Exil; Tod am 4. 6. 1941

Was bleibt?

Vom Tuberkulin-Serum über die Relativitätstheorie bis zu den Röntgenstrahlen – die großen Entdeckungen und Forschungen der Jahrhundertwende ermöglichte Wilhelm II. mit seiner Förderung. Aus der Kaiser-Wilhelm-Gesellschaft ist heute die Max-Planck-Gesellschaft geworden. So viel ist von ihm geblieben.

Politisch gesehen war seine Regierung verheerend, weil sie in ihrer unbekümmerten Maßlosigkeit das Deutsche Reich großsprecherisch ins Verderben stürzte. Er hat nicht bewusst auf den Krieg hingearbeitet, aber er hat ihn auch nicht verhindert. Dafür hat Wilhelm II. im Exil gebüßt, mehr noch als das: Mit ihm verschwanden alle deutschen Fürstenhäuser, die 1871 einen »ewigen Bund« geschlossen hatten, in der Bedeutungslosigkeit. Der Adel, der über ein

Jahrtausend dieses Gebiet regiert hatte, verlor mit der Niederlage im Ersten Weltkrieg seine ausschließliche Macht.

Literatur   Angenehm zu lesen und im Inhalt besonders ausgewogen: Christian Graf von Krockow, KAISER WILHELM II. UND SEINE ZEIT. Berlin 2002.   Zeitlos gültig und glänzend geschrieben: Barbara Tuchmann, AUGUST 1914. DER AUSBRUCH DES ERSTEN WELTKRIEGS. Zuletzt Frankfurt 2011.

Museen / Erinnerungsorte   Im Marmorpalais am Heiligen See in Potsdam hat Wilhelm II. mit seiner Familie sieben Jahre gelebt bis zur Thronbesteigung; der Cecilienhof ist für seinen Sohn entstanden.   Außerdem: Deutsches Historisches Museum in Berlin; Huis Doorn bei Utrecht, wo Wilhelm die Zeit des Exils verbrachte.

Zeitgenossen

Auguste Viktoria von Schleswig-Holstein-Sonderburg-Augustenburg
Ehefrau Wilhelms II., Deutsche Kaiserin (1851–1921)

Ihr Vater, der dänische König Friedrich VIII., erhob 1863 Ansprüche auf Schleswig Holstein und ließ sich mit seiner Familie in Kiel nieder. Durch die Niederlage im Deutsch-Dänischen Krieg ging Schleswig-Holstein jedoch für Dänemark verloren. Auguste Viktoria unternahm nun längere Sprachreisen und lernte am englischen Hof den deutschen Prinzen Wilhelm kennen. Nach der Heirat 1881 bewies sie großes soziales Engagement für das Rote Kreuz und karitative Hilfsvereine. Aus der Verbindung mit Wilhelm gingen sieben Kinder hervor. Nach der Niederlage Deutschlands 1918 begleitete Auguste Viktoria ihren Mann ins Exil nach Holland. Sie starb 1921 in Doorn.

Viktoria von Sachsen-Coburg und Gotha (Mutter), Wilhelm I. (Vater), Otto von Bismarck
Siehe Kapitel zu Wilhelm I. und Bismarck

Alfred von Tirpitz   Preußischer Großadmiral (1849–1930)

Er wurde 1892 Stabschef beim Oberkommando der Marine, 1897 Staatssekretär im Reichsmarineamt und 1898 preußischer Staatsminister. Mithilfe des Flottenvereins organisierte er Finanzierung und Bau der deutschen Flotte. 1900 wurde er in den erblichen Adelsstand erhoben, 1911 zum Großadmiral ernannt. Zeitweise war er einflussreicher als der Reichskanzler. 1917 war er der Mitbegründer der Deutschen Vaterlandspartei als Sammelbecken der nationalen Opposition. 1924–1928 war er Abgeordneter der Deutschnationalen Volkspartei (DNVP) im Reichstag.

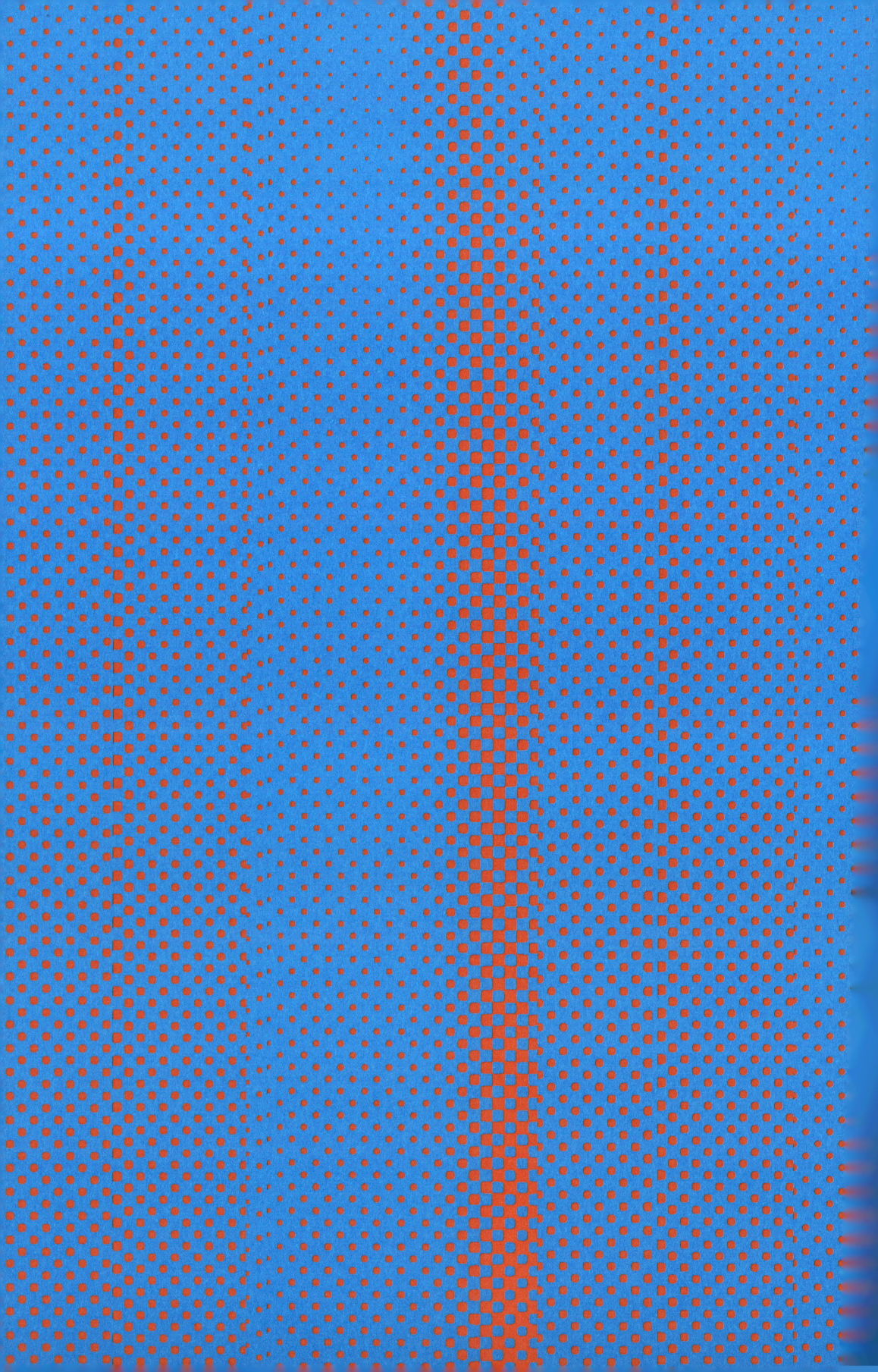

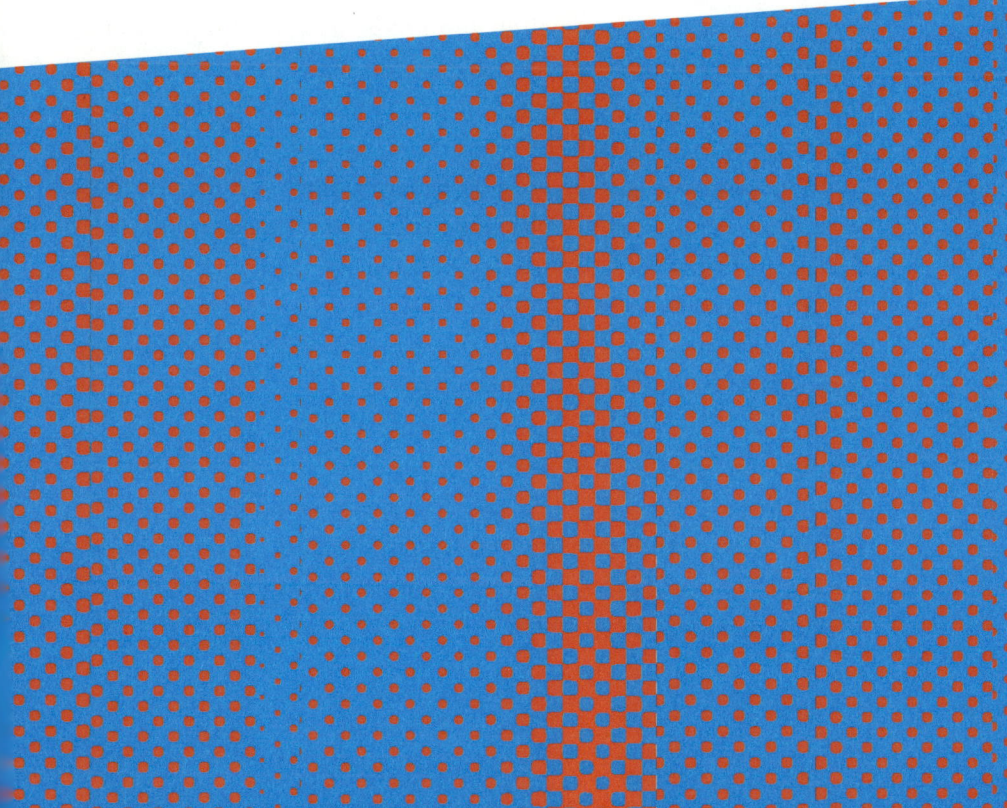

V. DEUTSCHLAND
im
20. JAHRHUNDERT

DIE WELTKRIEGE UND DIE FOLGEN

Der erste Weltkrieg wurde für Europa die Urkatastrophe des 20. Jahrhunderts. Und dass die Preußen, dass das Deutsche Reich am Ende allein dafür verantwortlich gemacht wurde, schuf einen Konflikt, der nach nur 20 Jahren gleich in den nächsten, noch grausameren Krieg münden sollte. Natürlich trug das Deutsche Reich eine große Mitschuld an diesem verheerenden Krieg; doch es waren die Österreicher gewesen, die den Krieg ausgelöst hatten, und alle anderen europäischen Mächte hatten sich in diesen Krieg mit Macht hineingedrängt. Der Versailler Vertrag, in dem Deutschlands Wiedergutmachungsleistungen – die sogenannten »Reparationen« – festgeschrieben wurden, wollte davon nichts wissen.

Die kurze Zeit der ersten deutschen Demokratie, der Weimarer Republik, glich mitunter einem Bürgerkrieg. Die an Gewalt gewöhnten ehemaligen Soldaten kämpften weiter auf den Straßen der großen Städte gegeneinander, da trafen Nationalisten auf Rotgardisten und kämpften um die politische Ordnung, als hätte es nie einen Friedensschluss gegeben. Dass sich die Weimarer Republik überhaupt 15 Jahre lang halten konnte, ist den gemäßigten Demokraten zu verdanken, solchen Menschen wie Gustav Stresemann, die nach der großen Niederlage und der Flucht des Kaisers eine Demokratie aufbauen sollten.

Es ist ihnen nur kurzzeitig gelungen, aber ihr Einfluss reichte weit über den Zweiten Weltkrieg hinaus; die Bundesrepublik hat nach 1945 dort wieder anknüpfen können, wo die Weimarer Demokraten aufhören mussten, weil die Wirtschaftskrise von 1929 das Land in ein erneutes Chaos stürzte. Aus den Wahlen vom Juli 1932 ging die NSDAP als stärkste Partei hervor.

Ihr selbsternannter »Führer« Adolf Hitler zog seine breite Anhängerschaft aus der Verarmung, Verunsicherung und Orientierungslosigkeit des Volkes. Er hat die Deutschen, die mit dem Versailler Vertrag erniedrigt worden waren, mit ihrer alten Sehnsucht nach Größe und Einheit bedient, denn er nahm die großdeutsche Idee eines mitteleuropäischen Reichs wieder auf. Einer seiner ersten außenpolitischen Schritte war der Anschluss Österreichs ans Deutsche Reich. Und sicher spielte dabei eine Rolle, dass Hitler selbst Österreicher war.

Von Anfang an rief Hitler zu einem archaischen Rassenkampf gegen Juden und Slawen auf. Viele fühlten sich wohl vor allem von seiner Idee einer die Standesschranken überwindenden deutschen Volksgemeinschaft im »Dritten Reich« angesprochen – so nannten die Nationalsozialisten den von ihnen geschaffenen Unrechtsstaat, um ihn in eine Reihe mit dem Heiligen Römischen Reich und dem Kaiserreich zu stellen.

Mit brutaler Gewalt haben die Nationalsozialisten jede Opposition unterdrückt. In den Vernichtungslagern, die überall in Mitteleuropa errichtet wurden, haben sie und ihre Anhänger um die 6 Millionen Menschen umgebracht, darunter vor allem Juden, politisch Andersdenkende und Slawen. Innerhalb von nur drei Jahren haben sie die gesamte deutsch-jüdische Kultur Mitteleuropas vernichtet und von 1939–1945 ganz Europa mit Krieg überzogen. Bis zum Frühjahr 1945 waren alle jahrhundertealten größeren deutschen Städte durch englische und amerikanische Bomber zerstört, dabei kamen 500 000 Menschen um. 12 Millionen Frauen, Kinder und alte Leute flüchteten im Frühjahr 1945 vor der russischen Armee aus Ost- und Westpreußen, Pommern, Schlesien, dem Sudetenland, Galizien, Böhmen, der Bukowina und vielen anderen bis dahin deutschen Gebieten nach Westen. Die Männer kämpften in verlorenen Stellungen oder waren schon auf dem Weg in die Gefangenschaft.

Mehr als 50 Millionen Menschen starben auf der ganzen Welt im Zweiten Weltkrieg auf allen Seiten, bis 1945 endlich die Kämpfe aufhörten. Nichts hat Mitteleuropa tiefer verändert.

DEUTSCHLAND NACH 1945

Und doch gab es in Deutschland Menschen, die noch auf die Erfahrungen in der Weimarer Republik zurückgreifen konnten. Im Abstand von nur wenigen Tagen nahmen die beiden Männer ihre Tätigkeit auf, die nun zwei deutsche Staaten aus dem Rest gründen sollten, der 1945 noch übrig war vom Deutschen Reich: Konrad Adenauer und Walter Ulbricht.

Beide waren nicht unvorbereitet. Ulbricht war von den russischen Sowjets seit den 20er-Jahren geschult worden und hatte nahezu sein Leben lang auf diesen Moment hingearbeitet. Und Adenauer hatte im Rheinland nach der Niederlage des Ersten Weltkriegs bereits das geübt, was er nun für den demokratischen westlichen Rumpfstaat durchsetzen sollte: aufbauen, aussöhnen, in den Westen eingliedern. Beide, Adenauer und Ulbricht, konnten faktisch aber nur im Rahmen der Vorstellungen der jeweiligen Besatzungsmächte agieren. Russen, Amerikaner, Engländer und Franzosen besetzten Deutschland für 40 Jahre.

Ulbricht hatte dabei so gut wie gar keinen Entscheidungsspielraum; er errichtete nach Anweisungen Stalins mithilfe erneuten Terrors einen sich sozialistisch nennenden Staat. Adenauer wurde zum Bundeskanzler gewählt, als die Richtung in eine neue Demokratie durch eine demokratische Verfassung bereits vorgegeben war. Dass diese Bonner Demokratie dann aber gleichberechtigt in eine europäische Vereinigung eingebunden wurde, das war in großem Maße auch sein Verdienst.

Der Gegensatz der Systeme, auf der Seite der DDR der Sozialismus sowjetischer Prägung und auf der Seite der Bundesrepublik die westliche Demokratie, führte zu einer gefährlichen politischen Konfrontation, die der »Kalte Krieg« genannt wurde. Unversöhnlich standen sich die beiden Systeme für vier Jahrzehnte nicht nur in Deutschland, sondern auf der ganzen Welt gegenüber.

Unter Willy Brandt entspannte sich erstmals die Situation für beide deutsche Staaten. Er band eine revoltierende Jugend in die demokratische Entwicklung der Bundesrepublik mit ein und wirkte auf eine vorsichtige Annäherung an die DDR hin. Nie aber gab er das Ziel einer Wiedervereinigung beider deutscher Staaten auf.

Als 1989 plötzlich und völlig unvorhergesehen auf den Druck der Bevölkerung die DDR ihre Grenzen öffnete, war es vor allem Helmut Kohls energischem Eintreten für eine Wiedervereinigung zu danken, dass dieser kurze Moment, in dem ein Zusammenschluss beider deutscher Staaten international möglich war, nicht ungenutzt verstrich. Es war die Stadt Leipzig mit ihrer liberalen Tradition seit 1848, deren Bürger mit Mut und ruhiger Beharrlichkeit den Fall der Mauer mit erzwangen.

Helmut Kohl hat die gemeinsame Währung und eine Erweiterung der Mitgliedstaaten der Europäischen Union unterstützt, um Deutschland in Europa noch fester einzubinden und die Ängste der Nachbarn vor Deutschland aufzufangen. Es sollte ohne Absprache mit ihnen nie mehr handeln können.

Erst jetzt endete auch juristisch die Nachkriegszeit, und die letzten Besatzungstruppen verließen das Land. Die mit der DDR vereinigte Bundesrepublik sah sich erstaunt und wenig euphorisch mit dem beschenkt, wofür 150 Jahre zuvor die Abgeordneten in der Frankfurter Nationalversammlung eingetreten waren: ein friedliches, demokratisches Land in der Mitte Europas zu sein, das von seinen Nachbarn anerkannt und nicht infrage gestellt wird. Die Opfer der letzten 150 Jahre waren wohl zu groß gewesen, als dass man sich vorbehaltlos hätte freuen können.

Der bürgerliche Außenminister

GUSTAV STRESEMANN

1878–1929

GUSTAV STRESEMANN

Gustav Stresemann wird am 10. 5. 1878 in Berlin geboren.

Die Folgen des Ersten Weltkriegs trugen ausgerechnet diejenigen, die nie zuvor Verantwortung hatten tragen dürfen, weil sie schon seit Bismarck zu Reichsfeinden gemacht worden waren: Katholiken, Sozialdemokraten, Juden. Sie waren als Reichstagsabgeordnete dem Kaiser vor dem Krieg nicht einmal ein persönliches Wort wert gewesen. Nun handelte der katholische Lehrer und Zentrumsabgeordnete Matthias Erzberger den Waffenstillstand aus im Wald von Compiègne; der Handlungsgehilfe und Sozialdemokrat Hermann Müller unterzeichnete den Friedensvertrag am 28. Juni 1919 in Versailles und schlug den einzig gangbaren Weg für das Deutsche Reich ein, den der Erfüllung des Versailler Vertrags; der Sattler und Sozialdemokrat Friedrich Ebert wurde Reichspräsident; und der liberale jüdische Großindustrielle Walter Rathenau setzte als Außenminister Müllers Richtung außenpolitisch weiter um. 1922 folgte Rathenau der liberale Sohn eines Berliner Bierbrauers: Gustav Stresemann.

Alle diese Männer, die im Herbst 1918 die neue Staatsform unvorbereitet improvisieren mussten, wären mit dem Kaiserreich und einer konstitutionellen Monarchie, wenn sie dort nur endlich auch hätten mitregieren dürfen, wohl durchaus zufrieden gewesen. Nun sahen sie sich vor den Trümmern der Vergangenheit und bemühten sich, ein dem Chaos entgegengleitendes Land durch eine Demokratisierung in Frieden zu halten. Viele Deutsche aber sehnten sich in die Vorkriegszeit zurück. Nach den schillernden Figuren des Kaiserreichs und den Heldengestalten der Kriegsjahre wirkten die fleißigen, bescheidenen Männer an der Spitze der Weimarer Republik grau und unspektakulär. Sie hatten es schwer, Sympathien im Volk zu erringen.

Alle starben sie früh, diese Stützen der Republik. Sie wurden von Rechtsextremisten ermordet wie Erzberger 1921 oder Rathenau 1922, oder sie starben an Überanstrengung und Entkräftung in ihren frühen Fünfzigern wie Ebert 1925, Stresemann 1929, Hermann Müller 1931. Erschöpft von der Anstrengung, ein Land in der Balance zu halten, das von unsinnigen Reparationsforderungen der Siegermächte verarmt war und dessen enttäuschtes und ernüchtertes Volk nur zu gerne den extremen Forderungen von Nationalsozialisten und Kommunisten hinterherlief. Einer von ihnen erhielt 1926 den Friedensnobelpreis, den alle verdient hätten: Gustav Stresemann.

Gustav Stresemann besuchte als Einziger von sieben Geschwistern die Universität. Er studierte Nationalökonomie, heute würde man sagen Volkswirtschaft. Nach Studium und Promotion kam er im Verband deutscher Schokoladenfabrikanten in Dresden unter. Seine rastlose organisatorische Energie steckte er bald schon in die Gründung des »Verbandes sächsischer Industrieller«, wobei er durchaus auch die Interessen der Arbeiter und Angestellten vertrat. Unter seiner Führung entwickelte sich die Organisation zu einem der größten regionalen Wirtschaftsverbände. Die Mitgliederzahl stieg innerhalb von zehn Jahren von 180 auf 5000 Unternehmen.

1897–1901
Studium der Literatur, Geschichte und National-ökonomie

1902–1908
Führungstätigkeit im Verband sächsischer Industrieller

Parallel zum beruflichen verlief Stresemanns politischer Aufstieg. Er errang im Erzgebirge schon 1907 als gerade einmal 29-Jähriger ein Reichstagsmandat. Schon in diesen ersten vier Jahren im Reichstag betonte er immer wieder, wie wichtig für den Weltfrieden die internationale wirtschaftliche Zusammenarbeit sei.

1907
Wahl zum Reichs-tagsabgeordneten

Diese Überlegungen wurden 1914 durch den Weltkrieg hinweggefegt. In der Kriegszeit war Stresemann – selbst wegen seiner schwachen Gesundheit kriegsuntauglich gestellt – in Berlin und beurteilte auf der Grundlage der wenigen Informationen, die von der Obersten Heeresleitung durchsickerten, die Lage an der Front. Da lag er in seinen Analysen meist völlig daneben. Er forderte aggressiv den U-Boot-Krieg, als damit nichts zu gewinnen war, und stellte unrealistische Annexionsforderungen an die Kriegsgegner, als sich Deutschland längst auf dem Abstieg befand. Das lag aber wohl auch daran, dass die Oberste Heeresleitung bis vier Wochen vor Kriegsende nur Siegesmeldungen verkündete und das unrühmliche Kriegsende für Stresemann wie für die meisten Deutschen überraschend kam.

1914–1918
Erster Weltkrieg

Die Flucht von Kaiser und Kronprinz war auch für Stresemann ein Schock. Er war immer eingetreten für eine maßvolle

Parlamentarisierung und eine Abschaffung des preußischen Drei-
klassenwahlrechts, aber doch nicht für eine Abschaffung der Monarchie. Noch größer war der Schock über die Friedensbedingungen:

28. 6. 1919
Versailler Vertrag
Deutschland verlor seine Kolonien, auf die es gerade so stolz
gewesen war, und Elsass-Lothringen, das es 1870 gerade erst gewonnen hatte. Es verlor Nord-Schleswig, worum der Krieg von 1864 geführt worden war, Posen, Westpreußen und Teile Pommerns. Französische und britische Truppen besetzten vorläufig das Rheinland.
Die Kohlegruben an der Saar nutzten nun die Franzosen. Die allgemeine Wehrpflicht wurde aufgehoben, eine höchstens 100 000 Mann
starke Armee war gestattet im Gegensatz zu den 7 Millionen, die
gerade noch unter Waffen gestanden hatten. Die meisten Soldaten
mussten also wieder in die Friedenswirtschaft integriert werden.
Deutschland durfte keine schweren Waffen haben, keine Panzer, keine Kriegsflotte, keine Flugzeuge. Außerdem forderten die Alliierten
Zahlungen in der astronomischen Höhe von 25 Billionen Dollar.

Das war alles aus der Sicht der Sieger verständlich. Um die
Härte der Forderungen aber moralisch zu legitimieren, zwangen sie
Deutschland, sich zur alleinigen Schuld am Weltkrieg zu bekennen.
Vor allem der Kriegsschuld-Passus des Versailler Vertrags traf das gesamte deutsche Volk in seiner Ehre. Deutschland wurde nicht nur
unter Sonderrecht gestellt, militärisch entmachtet und wirtschaftlich
ruiniert, sondern auch politisch gedemütigt. Das Ganze wirkte wie
eine späte Rache für Bismarcks Reichsgründung von 1871, nicht wie
eine angemessene Reaktion auf einen Krieg, der von allen Seiten ge-
nährt und losgetreten worden war, um – so war man in Deutschland
überzeugt – das Deutsche Reich als Wirtschaftskonkurrenten lahm-
zulegen. Deutsche Politiker, von der äußersten Linken bis zur extremen Rechten, hatten nur noch ein Ziel: die Revision dieses Vertrags.

Und wie Stresemann hingen alle noch lange an den alten Sym-
bolen des Kaiserreichs. Im Sommerurlaub an der Nordsee schmückte man die Sandburgen mit der Flagge des alten Kaiserreichs, nicht
etwa mit den schwarz-rot-goldenen Farben der Republik. Man tat
sich allgemein schwer mit der neuen Zeit, und das ging den Reprä-

sentanten der Republik ähnlich wie dem ganzen Volk. Die demokratische Verfassung erschien vielen als Zwangsakt. Die Menschen
waren ungeübt darin, frei ihre Meinung zu äußern, und heillos
zerstritten in den Vorstellungen darüber, wie es weitergehen sollte.
Genauso unübersichtlich war die Parteienlandschaft der Weimarer
Republik. Es gründeten sich in den wirren Tagen nach Kriegsende

1918
Gründung
der liberal-konser-
vativen Deutschen
Volkspartei (DVP)/
Stresemann
Vorsitzender

auch gleich zwei liberale Parteien: die Deutsche Demokratische Partei (DDP) und die Deutsche Volkspartei (DVP), deren Vorsitzender
Gustav Stresemann wurde und bis zu seinem Tod blieb. Der »Stre-
semann-Partei« fiel bald eine Schlüsselrolle bei der parlamentarischen Mehrheitsbildung zu. Sie war an fast allen Reichskabinetten
beteiligt. Stresemann hielt sie auf einem Kurs der Mitte, während
viele Parteimitglieder durchaus mit der nationalistischen Deutschnationalen Volkspartei (DNVP) liebäugelten. Stresemann wollte
lieber mit den Sozialdemokraten unter dem gemäßigten Friedrich
Ebert zusammenarbeiten.

Schon bald machte er sich Hermann Müllers Auffassung zu
eigen: Die Erfüllung des Versailler Vertrags lag im deutschen nationalen Interesse. Friedlich sollten sich die alten Kriegsgegner ver-
ständigen. Friedlich sollte das Deutsche Reich wieder seinen Platz
suchen zwischen den anderen europäischen Nationen. Einen uner-
schütterlichen Friedenswillen signalisierten Müller, Rathenau und
Stresemann, und das nur kurze Zeit nach dem aggressiven Gebaren
der kaiserlichen Außenpolitik.

Bei allen Friedenssignalen war aber auch eines klar: Ziel war
das Ende der Reparationen, Ziel war ein Anschluss Deutsch-Öster-
reichs an das Reich, eine Revision der Grenze nach Polen und natürlich die Befreiung des Rheinlands von der alliierten Besatzung. Aber
all das auf einem friedlichen Weg der Verhandlungen, der über
Deutschlands Eintritt in den Völkerbund führen sollte.

Davon war man freilich noch meilenweit entfernt. Die Amerikaner, deren Eingreifen in den Krieg Deutschlands Niederlage
besiegelt hatte, zogen sich für einige Jahre aus der europäischen
Politik zurück, und Frankreich bemühte sich mit einer aggressiven

Machtpolitik gegenüber dem Deutschen Reich, den Sieg politisch und wirtschaftlich auszunutzen. Den sogenannten deutschen »Erfüllungspolitikern« fiel es innenpolitisch immer schwerer, auf ihrer Linie zu bleiben. 1923 drohte das Reich an den Spannungen fast zu zerbrechen.

Da warf Frankreich den Deutschen auch noch vor, sie hätten vorsätzlich ihre Kohlelieferungen vernachlässigt, und marschierte im Januar 1923 mit 60 000 Soldaten ins Ruhrgebiet ein. Die Berliner Regierung war empört und rief offen zum passiven Widerstand auf; allen Beamten wurde verboten, Befehle der Besatzer entgegenzunehmen. Die Finanzierung dieses Widerstands ruinierte nun auch noch die deutsche Währung. Der Geldwert fiel 1923 ins Bodenlose. Ein Pfund Kartoffeln kostete Ende August 55 000 Mark, einen Monat später 60 Millionen. Bis zum Winter war alles Geldvermögen, alles Ersparte wertlos geworden. Eine große Koalition aus SPD, DVP und DDP sollte das Land retten. Reichskanzler wurde Gustav Stresemann.

Das Deutsche Reich glich nun einem Tollhaus. Die Inflation erreichte ihren Höhepunkt, an vielen Ecken des Reichs wurde gekämpft. Am 21. Oktober ließ Frankreich von rheinischen Separatisten die »Rheinische Republik« ausrufen. Aber die Bevölkerung wollte nicht vom Deutschen Reich getrennt werden, und die Briten lehnten einen unabhängigen rheinischen Staat ebenfalls ab. Drei Tage später erklärte auch noch die Pfalz, sie sei ein »autonomer Pfalzstaat«, gleichzeitig gab es Unruhen im Freistaat Sachsen und Straßenschlachten zwischen Kommunisten und Polizisten in Hamburg mit vielen Toten und Verletzten. Dieses Durcheinander nutzten Adolf Hitler und General Ludendorff in Bayern für einen Versuch, durch einen Putsch die Macht in Berlin zu ergreifen.

Es war Stresemann, der in dieser gefährlichen Situation einen klaren Kopf behielt. Ende September erklärte er sich bereit, den sinnlosen passiven Widerstand im Ruhrgebiet aufzugeben und mit den Franzosen zu verhandeln. Er setzte die regierungstreuen Truppen ein, wo es nötig war, und stoppte die Inflation im November 1923 durch eine neue Währungsordnung, die Rentenmark. Vor

Januar 1923
Einmarsch der Franzosen ins Ruhrgebiet/ Ruhrkampf und Hyperinflation

13.8.1923
Große Koalitionsregierung unter Stresemann als Kanzler und Außenminister/Ende des Ruhrkampfs

8./9.11.1923
Gescheiterter Hitler-Ludendorff-Putsch in München

November 1923
Währungsreform

allem trat er aber in Verhandlung mit den Engländern und Amerikanern. Die USA waren inzwischen wieder interessiert daran, die europäischen Gegensätze zu mildern und die deutsche Volkswirtschaft wieder in Gang zu bringen. Sachverständigenausschüsse zur deutschen Währungsstabilität und zu den Reparationsfragen tagten und entwickelten im Januar 1924 den nach dem amerikanischen Außenminister benannten Dawes-Plan, dem 1929 der Young-Plan folgte. Das Deutsche Reich wurde zunächst stabilisiert durch Auslandsanleihen, erst danach sollte es weiter die sehr hohen Jahreszahlungen leisten.

Stresemann regierte in dem schwierigen Herbst 1923 nur hundert Tage, in ihnen stabilisierte er die Republik, und nun begannen die wenigen »goldenen« 20er-Jahre. Dennoch erhielt Stresemann vom Reichstag nicht mehr das Vertrauen und trat das Amt als Reichskanzler an den Zentrumspolitiker Wilhelm Marx ab. Er selbst aber sicherte als Außenminister bis zu seinem Tod 1929 die ruhige Aufwärtsentwicklung.

23. 11. 1923
Stresemann tritt als Reichskanzler zurück und bleibt Außenminister.

Stresemann setzte erstens auf die finanzielle Hilfe der USA, wie er sie als neuen Wirtschaftspartner für sich entdeckt hatte. All den gemäßigten Politikern der Weimarer Republik war eigen, dass sie die USA als neuen Partner im internationalen Gefüge erkannten, als unkomplizierten Partner, der, weit genug von den europäischen Querelen entfernt, das Deutsche Reich mit seiner Wirtschaftskraft unvoreingenommen stabilisieren konnte.

Und Stresemann setzte zweitens auf einen Ausgleich mit Frankreich. Er hatte Verständnis dafür, dass ein nun langsam wieder erstarkendes Deutsches Reich jeden Franzosen mit Unruhe und bösen Erinnerungen erfüllen musste. So preschte er vor und machte ein eigenständiges Sicherheitsangebot: Ein Angriff auf die Grenze zwischen Deutschland und Frankreich sollte künftig unmöglich werden, alle Streitfragen sollten friedlich beigelegt und das Rheinland entmilitarisiert werden.

Das bot den Franzosen Sicherheit vor Deutschland und den Deutschen die Sicherheit, dass die Franzosen endlich das Ruhrgebiet verließen und nicht noch einmal dort einmarschieren konnten. Das Deutsche Reich erkannte damit seine im Versailler Vertrag festgelegte Westgrenze an, das heißt, es gab Elsass-Lothringen verloren. Dafür wurde es in den Völkerbund aufgenommen und kehrte damit symbolhaft in die Gemeinschaft der Völker zurück.

Das war es, was, von Stresemann angeregt und neun Monate lang verhandelt, von den europäischen Nationen im Herbst 1925 im italienischen Locarno unterschrieben wurde. Stresemann erhielt daraufhin gemeinsam mit seinen europäischen Verhandlungspartnern 1926 den Friedensnobelpreis. Es war der Höhepunkt seines Wirkens.

1925
Vertrag von
Locarno/
Aufnahme
Deutschlands in den
Völkerbund

1926
Friedensnobelpreis
für Gustav
Stresemann

Doch die positiven Folgen ließen auf sich warten. Die französischen Truppen blieben unter fadenscheinigem Vorwand im Rheinland, Frankreich wollte weiter alle Reparationen einstreichen, ein Ende der großen Belastungen schien unabsehbar. Und Stresemanns Versöhnungspolitik stand unter ständigem Angriff der deutschen Presse. Vor allem der Medienkönig Alfred Hugenberg hetzte in seinen Zeitungen gegen ihn, den Liberalen, genauso wie gegen Sozialisten und Juden und wiegelte das Volk auf.

Im April 1929, während vor dem Fenster der Wilhelmstraße eine SA-Gruppe vorbeimarschierte, gab Stresemann einem britischen Journalisten ein Interview, aus dem seine ganze Resignation klang: »Ich habe ehrlich auf Frieden und Versöhnung unter den Völkern Europas hingearbeitet, ich habe eine deutsch-französisch-englische Verständigung gefördert, 80 Prozent der deutschen Bevölkerung hatte ich für meine Politik gewonnen, ich habe Deutschland in den Völkerbund geführt ..., hätte ich nach Locarno nur ein einziges Zugeständnis erhalten, so würde ich mein Volk überzeugt haben, ... jetzt liegt die Zukunft in den Händen der jungen Generation; die Jugend Deutschlands, die wir für den Frieden und für das neue Europa hätten gewinnen können, haben wir beide verloren – das ist meine Tragik und Ihre [der Alliierten] Schuld.«

Ein halbes Jahr später starb Gustav Stresemann mit erst 51 Jahren tief erschöpft an einem letzten Herzinfarkt.

Tod am
3. 10. 1929
in Berlin

Was bleibt?

Stresemann wollte die Brückenfigur Deutschlands werden vom Kaiserreich in die neue demokratische Republik. Es ist ihm nicht gelungen. Wenige Monate nach seinem Tod begann mit dem »Schwarzen Freitag« und der Weltwirtschaftskrise der Siegeszug der Nationalsozialisten. Aber Stresemanns Ziel eines Ausgleichs mit dem Westen durch eine enge, vor allem auch wirtschaftliche europäische Zusammenarbeit, seine Paneuropaidee, sollte nach dem Zweiten Weltkrieg endlich der Weg werden, den Deutschland einschlug.

Stresemann hatte zwar nicht für den Westen allein optiert, sondern wollte durchaus auch nach Osten eine gute Beziehung aufbauen, vor allem über die sinnlos und unglücklich gezogene deutsch-polnische Grenze würde man später noch reden. Aber er hatte große Vorbehalte gegen das bolschewistische revolutionäre Sowjetreich, das im Osten gerade erst entstand. So hat er mit seinem Weg der Westorientierung, den er zunächst einschlug, das Deutsche Reich in eine Richtung gelenkt, der es nach dem Zweiten Weltkrieg folgen konnte. Stresemanns Taktiken haben geradezu unheimliche Ähnlichkeit mit den Strategien, auf denen die Stabilität der Bundesrepublik nach ihrer Gründung beruhte.

Sein Verdienst liegt auch darin, dass er 1923 die junge Republik stabilisiert hat. In diesem verflixten Jahr deutete sich Deutschlands schweres weiteres Schicksal schon an: Nationalsozialisten versuchten zu putschen, Kommunisten einen Sowjetstaat zu errichten und Separatisten sich vom Reich loszulösen. Stresemann konnte für eine kurze Atempause zeigen, dass auch eine deutsche Demokratie möglich war.

Literatur   Die neueste und ausführlichste, mitunter etwas ausufernde Biografie über Gustav Stresemann ist: Jonathan Wright, GUSTAV STRESEMANN 1878–1929. WEIMARS GRÖSSTER STAATSMANN. München 2006.   Sehr informativ für die ganze Weimarer Zeit ist: Michael Fröhlich (Hrsg.), DIE WEIMARER REPUBLIK. PORTRAIT EINER EPOCHE IN BIOGRAPHIEN. Darmstadt 2002.

Museen/Erinnerungsorte   Deutsches Historisches Museum in Berlin (das auch sehr gute Internetseiten zum Thema Kaiserreich und Weimarer Republik anbietet mit vielen Original-dokumenten, die anzuschauen und anzuhören sich lohnt).   Auf YouTube gibt es frühe Filme aus den 20er-Jahren über das Alltagsleben in der Weimarer Republik. Sie geben einen wunderbaren Einblick in die Entwicklung der Moderne.   Das Bundesarchiv-Filmarchiv in Berlin bietet auf seiner Website Wochenschau-archiv.de frei zugänglich über 6000 Beiträge von der Kaiserzeit bis heute, auch alle archivierten Wochenschauen.

Zeitgenossen

Matthias Erzberger Diplomat und Finanzminister (1875–1921)

Nach seiner Volksschullehrerausbildung wurde der in Baden-Württemberg geborene Matthias Erzberger 1896 Redakteur des katholischen »Deutschen Volksblatts« in Stuttgart. Er engagierte sich für die Zentrumspartei und wurde 1903 Abgeordneter im Reichstag. 1914 übernahm er die Rolle eines Sonderbotschafters und reiste während des Krieges wiederholt nach Italien, Rumänien und in das Osmanische Reich. 1918 unterzeichnete Erzberger als Leiter der deutschen Delegation den Waffenstillstand mit den Alliierten in Compiègne. 1919 zum Finanzminister ernannt, geriet er zur Zielscheibe der rechtsradikalen Organisation Consul. Einem Mordanschlag entging Erzberger 1920 leicht verletzt, wenig später endete ein weiterer für ihn jedoch tödlich.

Hermann Müller Reichskanzler (1876–1931)

Hermann Müllers Vater war in Radebeul für eine Sektkellerei tätig, der Sohn arbeitete nach dem Abschluss einer Kaufmannslehre als Handelsgehilfe. 1893 trat er der SPD bei und wurde drei Jahre später Redakteur der »Görlitzer Volkszeitung«. So kam er 1906 ins Presserefrat seiner Partei und erlangte einen Sitz im Reichstag. 1918 wurde Müller Außenminister. Er unterzeichnete den Friedensvertrag von Versailles und wurde 1920 kurzzeitig Kanzler. 1928 führte er erneut als Kanzler eine große Koalitionsregierung an. Seine Regierungszeit wies mit knapp zwei Jahren die längste Dauer während der Weimarer Republik auf und war die letzte, die ohne Notverordnungen auskam.

Friedrich Ebert   Reichspräsident (1871 –1925)

Ebert war das vierte Kind eines Heidelberger Schneidermeisters und machte eine Ausbildung zum Sattler. Er trat 1889 der SPD bei und wurde 1912 deren zweiter Vorsitzender. Mit Ende des Weltkriegs trug ihm während der Novemberrevolution der letzte monarchistische Reichskanzler Prinz Max von Baden die Führung der Geschäfte an. 1919 wurde Ebert auf der Nationalversammlung in Weimar zum ersten Reichspräsidenten der Republik gewählt. Es gelang Ebert immer wieder, die Demokratie vor Umsturzversuchen zu bewahren. Obwohl vielfach angefeindet, blieb er bis zu seinem frühen Tod 1925 im Amt. (Siehe auch Kapitel und Zeitgenossen August Bebel)

Walther Rathenau   Industrieller, Schriftsteller und Außenminister (1867 –1922)

Walther Rathenau war ältester Sohn des Berliner Unternehmers Emil Rathenau, des Gründers der AEG-Werke. Nach Physik-, Chemie- und Philosophiestudium trat er in den Konzern seines Vaters ein. Während des Krieges leitete Rathenau die Rohstoffabteilung im Kriegsministerium und band die Rüstungsproduktion des AEG-Konzerns in die Kriegsplanung des Kaiserreichs ein. 1918 wurde Rathenau Mitbegründer der Deutschen Demokratischen Partei (DDP) und erst Wiederaufbauminister, dann Außenminister. Er schloss 1922 den Vertrag von Rapallo mit der Sowjetunion, in dem diese auf ihre Reparationsansprüche verzichtete. Trotz seiner außenpolitischen Erfolge wurde Rathenau wegen seiner jüdischen Herkunft angefeindet und 1922 durch die Organisation Consul ermordet.

Alfred Hugenberg   Unternehmer und Politiker (1865–1951)

Als Sohn eines Königlich Hannoverschen Schatzrates geboren, studierte Alfred Hugenberg erst Jura, schloss aber sein Studium in Straßburg als Volkswirt ab. Zunächst nur als Verwaltungsbeamter tätig, wechselte er 1908 in die Berg- und Metallbank in Frankfurt und wurde 1910 Finanzvorstand der Friedrich Krupp AG, eine Position, die er bis Kriegsende innehatte. 1918 wurde Hugenberg Mitbegründer der Deutschnationalen Volkspartei (DNVP), deren Ziel die Zerstörung der Weimarer Republik war. Eine besondere Rolle spielte dabei der von ihm aufgebaute Medienkonzern, der 1927 auch die Universum Film AG (UFA) aufkaufte und aus einer Reihe von Verlagen, Pressediensten und Zeitungsbeteiligungen bestand. 1933 verkaufte Hugenberg sein Imperium an die NSDAP, wurde für kurze Zeit Wirtschaftsminister und blieb bis 1945 Reichstagsmitglied.

Der Führer und sein Reich:
ADOLF HITLER
1889–1945

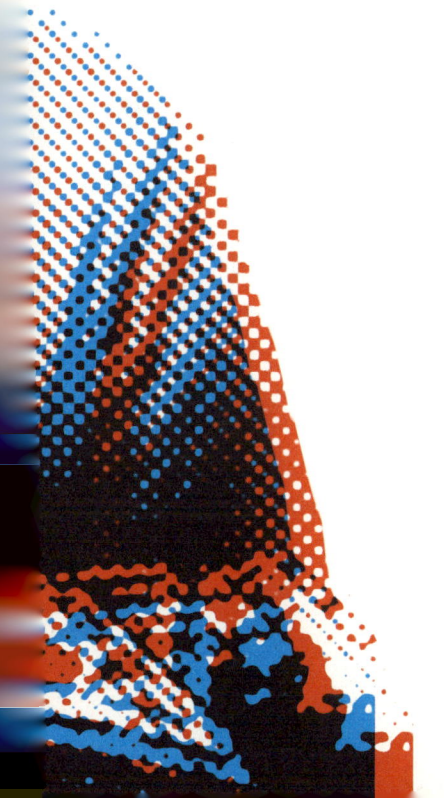

ADOLF HITLER

Nichts an dem jungen Österreicher Hitler wies darauf hin, dass er einmal Millionen von Deutschen begeistern, nichts darauf, dass er Europa ins Elend stürzen würde. Geboren wurde er in Braunau am 20. April 1889. Der Vater hatte sich vom kleinen Bauern zum Zollbeamten in Linz hochgedient. Die Familie lebte finanziell in soliden Verhältnissen, aber Jähzorn und Unrast des Vaters und die stille Trauer der Mutter prägten die Atmosphäre. Oft zog die Familie um. Jeden Tag prügelte der Vater seinen Sohn Adolf. Er und die Schwester Paula waren die einzigen überlebenden Kinder des Ehepaares; vier Geschwister starben jung. Tod und Trauer waren in der Familie allgegenwärtig. Der Vater starb, als Adolf 14, die geliebte Mutter, als er 18 war. Aber das war in dieser Zeit alles nicht ungewöhnlich.

Geburt am 20. 4. 1889 in Braunau am Inn

Nach dem Tod des Vaters war Adolf Hitler frei in seiner Berufsentscheidung. Der Vater hatte einen Beamten aus ihm machen wollen; jetzt konnte er davon träumen, ein großer Künstler zu werden. Zweimal nahm er Anlauf, schaffte aber den Sprung auf die Kunstakademie in Wien nicht.

1905 Schulabbruch

1907 Tod der Mutter/ Ablehnung an der Wiener Kunstakademie

Adolf Hitler war ein blasser, etwas trostloser, einsamer Träumer, ein Schulabbrecher, der in Wien von 1907 bis 1913 vor sich hin vagabundierte. Er lebte vom Geld von Verwandten, bis es aufgebraucht war und er erst auf Parkbänken, später im Männerheim übernachten musste, wo er Geld mit dem Malen von Ansichtspostkarten verdiente.

1907–1913 Vagabundenleben

Wenn möglich jeden Abend berauschte er sich in der Oper an der Musik Richard Wagners, am germanischen Mythos, an grandioser Dramatik, am titanischen Ringen. Eine Welt, in der die Helden Außenseiter sind und die alte Ordnung herausfordern. Verrat, Opferung, Erlösung und Heldentod, das sind Wagner'sche Themen, die auch zu Hitlers Themen wurden. »Wagner war mein einziges Vorbild«, hat er einmal gesagt, aber es lassen sich andere Einflüsse ausmachen. Vor allem der Antisemitismus war in Hitlers Jugendjahren weit verbreitet. Vom Wiener Oberbürgermeister Dr. Lueger stammt das böse Wort der »Lösung des Judenproblems«: Man solle

sie alle auf ein Schiff laden und versenken. Georg Ritter von Schönerer verband seinen Hass gegen alle Juden mit der Forderung einer
»Wiedervereinigung« Österreichs mit dem Deutschen Reich. Er ließ
sich mit »Heil« begrüßen und »Führer« nennen. Schlimmer noch
waren die Schundzeitschriften, die Hitler las, etwa die eines Josef
Lanz, der zum »Rassenkampf«, zur »Herrschaft der blonden Rasse«
und zur »Auslöschung niederer Rassen« aufrief; sein Zeichen war
das Hakenkreuz.

Welche Spuren diese kruden Ideen bei Hitler hinterließen,
sollte sich später zeigen. Zunächst blieb er der erfolglose blasse Maler von Ansichtspostkarten, auch noch in München, wo es ihn 1913
hinzog, weil ihn alles Deutsche begeisterte. Ein Jahr später wirkte

1913
*Hitler zieht nach
München.*

der Ausbruch des Ersten Weltkriegs dann wie eine Erlösung auf Hitler, eine Erlösung aus der Untätigkeit und der Einsamkeit. Ein Foto
vom 2. August 1914 zeigt ihn zufällig in einer jubelnden Menschen-
menge. Einen Tag später meldete er sich freiwillig an die Front, ob-

August 1914
*Ausbruch des
Ersten Weltkriegs/
Hitler meldet sich
freiwillig.*

wohl er sich kurz zuvor noch um seinen Wehrdienst in Österreich
gedrückt hatte.

Hitler kämpfte die ganzen vier Jahre an der Westfront, bekam das Eiserne Kreuz erster und zweiter Klasse, wurde verwundet
und kam am Ende von einem Giftgasangriff erblindet zurück nach
München, wo sich die Reste seiner Truppe sammelten. Vier Jahre
lang hatten sie entbehrungsreich gekämpft. Immer war von Sieg
die Rede gewesen, nie von Niederlage. Und plötzlich musste 1918
kapituliert werden. Der deutsche Kaiser war geflohen, der österreichische abgesetzt. Wer war schuld?

1918
*Ende des
Zweiten Weltkriegs
mit der deutschen
Kapitulation*

Da kamen sie wieder hoch, die wirren Ideen der Vorkriegszeit
und gesellten sich zu dem, was die deutsche Oberste Heeresleitung
unter Paul von Hindenburg als »Dolchstoßlegende« bezeichnete:
Nicht »das im Felde unbesiegte Heer« habe den Krieg verloren, sondern die Revolutionäre, die Marxisten, die Sozialdemokraten an der
Heimatfront und das »internationale bolschewistische Judentum«,
sie alle seien ihm von hinten in den Rücken gefallen. Sie hatten in

Hitlers Augen auch die entwürdigenden Friedensbedingungen von Versailles zu verantworten und Deutschlands völlige Verarmung wegen der unbezahlbaren Reparationsforderungen.

1920, inzwischen über 30, saß Hitler noch immer ratlos und untätig in München, seine Erblindung ließ nach, aber eine Lebensperspektive wollte sich nicht einstellen. So erging es Hunderttausenden junger Männer, die ohne eigentliche Ausbildung aus dem Krieg zurückgekehrt waren und nun auf den Straßen herumlungerten. Die neue Republik hatte keine Verwendung für sie. Sie wurden einfach nicht gebraucht, es gab kein Geld, keine Arbeit. Sie rotteten sich zusammen, beschworen die Kameradschaft der Kriegszeit und verherrlichten die Gewalt, die sie erfahren hatten. Es gab damals an die 70 rechter Gruppen und Vereinigungen in Deutschland. Einer dieser kleinen Hintertreppenvereine war die Deutsche Arbeiterpartei DAP.

Eines Tages geriet Hitler in eine ihrer Versammlungen. Empört über einen Vortragenden, der die Abtrennung Bayerns vom Reich forderte, stand Hitler auf und redete so lange, bis die Zuhörer mitgerissen waren. Er, der im persönlichen Umgang oft ungelenk und schüchtern wirkte, brachte einen Saal mit 100 Leuten zum Jubeln. Hier fand er plötzlich seinen neuen Lebensinhalt, sein Glück: Reden, werben, Zusammenkünfte organisieren. Nur so lässt sich die Verbissenheit erklären, mit der er nun in der DAP Fuß fasste, den Vorsitz

1921
Hitler wird Parteichef der NSDAP.

an sich riss und den Verein zur NSDAP, der Nationalsozialistischen Deutschen Arbeiterpartei, umbenannte. Seine alten Kriegskameraden engagierte er als Sturmabteilung (SA), der später die Schutzstaffel (SS) folgte. Für ihn selbst sollte die NSDAP die Zukunft sein. Irgendwelche beruflichen Pläne verfolgte er von da an nicht mehr.

Doch der Erfolg ließ auf sich warten. 80 Handzettel hat er einmal verteilt, 7 Männer kamen. 1921 gelang es Hitler erstmals, einen Zirkus zu füllen; 6500 Menschen ließen sich zu Begeisterungsstürmen hinreißen. Und dann kam das Inflationsjahr 1923. Die wirt-

1923
Besetzung des Ruhrgebiets durch Frankreich/ Hyperinflation

schaftliche Lage in Deutschland war noch verzweifelter als direkt nach dem Krieg, das Geld war nichts mehr wert, der Mittelstand hatte oft sein gesamtes Vermögen verloren. Und da kam einer, der versprach, Verantwortung zu übernehmen, nicht so ein blasser Demokrat, sondern ein Führer, ein starker Mann, ein zweiter Bismarck womöglich. Auf einmal verzeichnete die NSDAP 500 000 Mitglieder.

Hitler fühlte sich von seiner Bewegung bereits so getragen, dass er beschloss, von München auf Berlin zuzumarschieren. In der Nacht zum 9. November erklärte Hitler die Regierungen des Reichs und Bayerns für abgesetzt und sich selbst zum Reichskanzler. Obwohl die Symbolfigur aus dem ersten Weltkrieg Erich Ludendorff als Feldherr den »Marsch auf Berlin« leiten sollte, blieben Polizei und Reichswehr aufseiten der Republik. Der Demonstrationszug der Putschisten wurde schon vor der Feldherrnhalle in München durch das Maschinengewehrfeuer der Polizei gestoppt, Hitler gefangen genommen und zu anderthalb Jahren Festungshaft verurteilt. Die NSDAP wurde verboten.

8./9. 11. 1923
Gescheiterter Hitler-Ludendorff-Putsch in München/ NSDAP-Verbot

Hitler nutzte seine Zeit in der Haftanstalt Landsberg, um in dem Buch MEIN KAMPF seine außen- und wirtschaftspolitischen Ideen niederzuschreiben. Der alles entscheidende Faktor war aus Hitlers Sicht der »Lebenskampf« um das knappe Brot. Was das deutsche Volk brauche, um sich seinen Lebensstandard zu sichern, sei deshalb »Lebensraum im Osten«. Und der sei nur durch einen Eroberungskrieg zu gewinnen. Dabei wollte Hitler das Land, aber nicht seine Bewohner, die sollten verschwinden. Hitlers absonderliche Ideen standen in ihrer Grausamkeit bereits 1924 Schwarz auf Weiß in seinem Buch.

1923/24
In Festungshaft verfasst Hitler
MEIN KAMPF./ Nach vorzeitiger Entlassung Redeverbot

Der Name Hitler war 1924 in der Öffentlichkeit fast vergessen. Aber schon im Februar 1925 gründete Hitler die Partei noch militanter als bisher und straff organisiert neu. Eines hatte er gelernt: Nicht mit einem Putsch waren die demokratischen Strukturen zu zerstören, nein, von innen, ganz legitim über Wählerstimmen wollte er die Macht erringen. Es sah nicht so aus, als würde es ihm gelingen: Noch drei Jahre nach der Neugründung brachte die NSDAP es gerade mal auf 2,6 Prozent der Stimmen, eine Splitterpartei, vor der man sich nun wirklich nicht fürchten musste, mit einem Führer, der jahrelang Redeverbot hatte.

1925
Neugründung der NSDAP

Andere prägten in diesen Jahren die Partei, Gregor Strasser und Joseph Goebbels sorgten dafür, dass sie sich auch in den Norden Deutschlands ausdehnte. Hitler privatisierte zeitweilig, verfiel in Lethargie, hatte sich zurückgezogen in sein Haus am Obersalzberg. Er lebte dort mit seiner Halbschwester und deren Tochter Geli, zu der er ein immer enger werdendes Verhältnis aufbaute, bis die 20 Jahre Jüngere sich 1931 in der gemeinsamen Münchner Wohnung erhängte. 1927 wurde Hitlers Redeverbot aufgehoben, da riss

1927
*Aufhebung des
Redeverbots*

er die Zügel wieder an sich und vereidigte die Partei auf das eigentliche Wahlprogramm: den Führer Adolf Hitler.

Und dann kamen die Unglücksjahre der Weimarer Republik. Gustav Stresemann starb 1929. Wenige Wochen später brach die

1929
*Tod Stresemanns/
Weltwirtschaftskrise*

Börse zusammen, der »Schwarze Freitag« leitete eine Weltwirtschaftskrise ein, gegen die das Jahr 1923 noch harmlos gewesen war. Straßenschlachten in den größeren Städten waren Ausdruck der wachsenden Radikalisierung.

Mit dem Anstieg der Arbeitslosenzahlen stieg die Beliebtheit der NSDAP. Nur noch radikale Lösungen schienen einen Ausweg zu bieten, und Hitlers NSDAP wurde zur stärksten Partei. Er hat-

1930
NSDAP
*erreicht
20 Prozent*

te plötzlich Erfolg, rasenden Erfolg. Wie ein Besessener wirbelte er nun durch das Deutsche Reich und rief zum Umsturz; auf 45 Reden an 11 Tagen in 45 verschiedenen Städten hat er es 1932 gebracht.

Im März und April 1932 kandidierte Hitler für die Reichspräsi-

März/
April 1933
*Kandidatur Hitlers
gegen Hindenburg
und Niederlage*

dentschaft gegen Paul von Hindenburg, doch er unterlag. Nun hing seine weitere Entwicklung vom 85-jährigen Hindenburg, dessen Beratern und den Reichskanzlern ab, die in schneller Folge sich bemühten, das Deutsche Reich auf ihre Weise zu stabilisieren. Über einige Monate verhinderten sie, dass Hitler Reichskanzler wurde.

So verfassungstreu Hindenburg durchaus war, der Traum von einer »Volksgemeinschaft«, von der die Nationalsozialisten ständig redeten, lag ihm gar nicht fern. Und da die Nationalsozialisten in den Wahlen im Juli und November 1932 ein Drittel aller

Jul/Nov 1932
NSDAP bei
*Reichstagswahlen
stärkste Partei*

Wählerstimmen erreichten und stärkste Fraktion im Reichstag wurden, machte Hindenburg, müde und alt geworden, schließlich der Jugend Platz und willigte in die Kanzlerschaft des 40 Jahre jüngeren Hitler ein.

So hat Hitler die Macht ganz legal bekommen, ehe er sie missbrauchen konnte. Der 30. Januar 1933 war keine Machtergreifung. Sie folgte erst in den nun kommenden sieben Monaten. In allerdings rasanter Schnelligkeit waren die demokratischen Institutionen aufgelöst. Dabei waren in der Regierung eigentlich zunächst nur drei Nationalsozialisten: Hitler als Kanzler, Hermann Göring als preußischer Innenminister mit der Verfügungsgewalt über die Polizei und Joseph Goebbels als Reichsminister für »Volksaufklärung und Propaganda« mit dem Einfluss auf die Presse. Sie besetzten jedoch die entscheidenden Stellen. Außerdem erhielt der neue Reichskanzler von der deutschen Wirtschaft eine stattliche »Adolf-Hitler-Spende« zur persönlichen Verfügung, weil er versprach, die parlamentarische Demokratie abzuschaffen und die Linke zu vernichten. Zunächst freiwillig gegeben, wurde die Spende in späteren Jahren auch zwangsweise eingezogen.

30. 1. 1933
Hindenburg ernennt
Hitler zum
Reichskanzler.

Jeder Vorwand war den Nationalsozialisten nun willkommen, ihre Gegner zu beseitigen. Dass der Reichstag brannte im Februar 1933, war zwar das Werk eines Einzelnen, doch sofort machte Goebbels daraus ein »kommunistisches Aufstandssignal«. Es wurde umgehend die Notverordnung zum »Schutz von Volk und Staat« erlassen. 25 000 politisch missliebige Menschen wurden daraufhin allein in Preußen verhaftet und die kommunistische Partei verboten. Die ersten Konzentrationslager wurden eingerichtet.

27./28. 2. 1933
Reichstagsbrand/
Massenverhaftungen
und erste
Konzentrationslager

Wenig später übertrug das »Ermächtigungsgesetz« die Gesetzgebung vom Reichstag auf die Reichsregierung, sogar mit dem Recht der Verfassungsänderung. Als der Reichstag seiner eigenen Auflösung zustimmen sollte, waren alle kommunistischen Abgeordneten ermordet, gefangen oder ausgewandert. Und nur die 94 Abgeordneten der SPD, die noch nicht verhaftet waren, hatten den Mut, im Angesicht der den Reichstag umstellenden SA-Männer gegen das Ermächtigungsgesetz zu stimmen. Die erforderliche Zweidrittelmehrheit konnte nur dadurch erreicht werden, dass durch

24. 3. 1933
»Ermächtigungs-
gesetz«

eine Änderung der Geschäftsordnung nur die Stimmen der anwesenden Abgeordneten gezählt wurden.

Ab April 1933 konnten Beamte, weil sie Juden oder Sozialdemokraten waren, aber auch wegen abweichender Meinung per Gesetz vom Dienst entfernt werden. Im Mai 1933 wurden die Gewerkschaften zerschlagen, ihre Büros besetzt, ihr Eigentum beschlagnahmt, die Funktionäre verhaftet. An fast allen Universitäten brannten Scheiterhaufen mit unliebsamen Büchern. Im Juni 1933 war die SPD verboten, im Juli 1933 schon die übrigen demokratischen Parteien.

Am 2. August 1934 starb Hindenburg, der jedes Gesetz, das Hitler ihm vorlegte, unterzeichnet hatte. Seine Befugnisse als Reichspräsident gingen auf Hitler über; am gleichen Tag noch wurde eine neue Eidesformel eingeführt auf den »Führer und Reichskanzler« Adolf Hitler. Er war am Ziel, er besaß die absolute Macht im Deutschen Reich ohne jedes Korrektiv.

Im Juni/Juli desselben Jahres hatte Hitler 85 Gegner und Weggefährten ermorden lassen, unter ihnen auch die früheren Weggefährten Gregor Strasser und Ernst Röhm. Mord und Gewalt schufen Ruhe und Ordnung im Reich. Die Zustimmung zu Hitler litt darunter nicht. Denn wer nicht genau hinhörte, musste die Schreie aus den Folterkellern nicht mitbekommen, sondern sah nur dankbar, dass die Straßenschlachten der letzten Jahre aufgehört hatten.

Außerdem brachten die nächsten Jahre nun einen rasanten wirtschaftlichen Aufschwung. Die Arbeitslosenzahlen fielen, das Geld war stabil, ein bescheidener Wohlstand wie seit dem Kaiserreich nicht mehr stellte sich ein. Wen scherte es, dass der Wohlstand im »Dritten Reich«, von dem die Nationalsozialisten sprachen, durch Kredite finanziert war und auf der Rüstungsindustrie aufbaute? Dass Autobahnen gebaut wurden, um bald Panzer auf ihnen fahren zu lassen? Nein, es ging ja allen besser. Innerhalb der sogenannten »volksdeutschen Arier«, die nicht als »Volksverräter« von der SPD oder KPD oder als Juden verunglimpft wurden, entstand, durch fortwährende staatliche Propaganda gelenkt, ein neues Ge-

April 1933
»Gesetz zur Wiederherstellung des Berufsbeamtentums«

Mai 1933
Zerschlagung der Gewerkschaften

Juni/Juli 1933
Verbot der demokratischen Parteien

2. 8. 1934
Tod Hindenburgs/ Hitler »Führer und Reichskanzler«

Juni/Juli 1934
Juni-Morde u. a. an Strasser und Röhm

meinschaftsgefühl. Überwanden Hitlerjugend, Bund deutscher
Mädchen oder der Arbeitsdienst nicht tatsächlich die Standes-
schranken? Die neue »Volksgemeinschaft« und Deutschlands neue
Größe begeisterten nicht nur überzeugte Nationalsozialisten.

Denn Hitlers Erfolge waren schwindelerregend. Nach der
Überzeugung der Deutschen, die Hitler mit großer Mehrheit in
Volksabstimmungen unterstützten, nahm sich das Deutsche Reich
bis zum Einmarsch in die Tschechoslowakei zunächst nur, was es
durch den Versailler Vertrag verloren hatte. Hitler pochte auf das
Prinzip des Selbstbestimmungsrechts der Völker und holte alle
deutschsprachigen Gebiete »heim ins Reich«. Und Europa war bereit, es zuzulassen. Im März 1935 sagte sich Deutschland von den
Rüstungsbeschränkungen los. Im März 1936 marschierte Hitler in
die entmilitarisierten deutschen linksrheinischen Gebiete ein und
kündigte Stresemanns Vertrag von Locarno. Im März 1938 kam der
»Anschluss« Österreichs zustande. Hitler fuhr im Triumphzug in
seinen Heimatort Linz ein. Selbst als Hitler von der Tschechoslowakei das Sudetenland forderte, wurde es ihm im Münchner Abkommen von England, Frankreich und Italien noch zugestanden.
Bis dahin hatte Europa den Frieden gewahrt.

Aber Hitler wollte gar nicht nur die Wiedergutmachung
für Versailles, er wollte den Frieden gar nicht bewahren. Alle
Hitler'schen Friedensbekundungen, auch der Freundschaftsvertrag zwischen Hitler und dem russischen Staatschef Josef Stalin im
August 1939, waren nur Strategie. Hitler wollte eine Wagner'sche
Inszenierung der Titanenkämpfe. Er wollte Krieg und Gewalt und
mokierte sich über die Nachgiebigkeit der europäischen Demokratien. Er wollte seine absolute Macht erhalten, dafür brauchte
er das Chaos. Und er bereitete seinen Eroberungsfeldzug für den
»Lebensraum im Osten« vor. Deswegen war er trotz des Münchner
Abkommens im März 1939 in die Tschechoslowakei einmarschiert,
deswegen überfiel das Deutsche Reich wenige Monate später, am
1. September 1939, Polen. Da endlich hatte Hitler Europa so weit,
dass es in den Krieg eintrat und das Kräftemessen aufnahm.

März 1936
Einmarsch
ins entmilitarisierte
Rheinland

Okt 1936
Bündnis mit
Mussolinis faschisti-
schem Italien

März 1938
»Anschluss«
Österreichs

September 1938
Münchner
Abkommen/

März 1939
dennoch
Einmarsch in die
Tschechoslowakei

August 1939
Hitler-Stalin-Pakt

1. Sept. 1939
Überfall auf Polen

Als, anders als im Ersten Weltkrieg, sogar der Feldzug gegen Frankreich innerhalb von nur zwei Monaten zu dessen Kapitulation führte, da war Adolf Hitler nur noch der »Führer und größte Feldherr aller Zeiten«. Man schrieb das Jahr 1940, und Deutschland befand sich im Rausch eines Siegestaumels. Man wähnte den Krieg schon vorüber und das Reich mächtiger als je zuvor.

1940
Sieg über Frankreich, Dänemark, Norwegen, Holland, Belgien

Aber nun zeigte sich der ganze Wahnsinn dieses Diktators: Er glaubte, jetzt sei der Weg frei für einen Durchmarsch in den Osten. Hitler erklärte im Juni 1941 Russland den Krieg. Und der Russlandfeldzug war das Ende der deutschen Herrlichkeit. Schlecht vorbereitet zogen die deutschen Truppen Richtung Osten. Im Winter 1941 scheiterte das sogenannte »Unternehmen Barbarossa« in Schlamm und Schnee vor Moskau. Trotzdem glaubte Hitler, nun um den »Lebensraum im Osten« gestärkt, auch noch den USA ebenbürtig entgegentreten zu können. Am 11. Dezember 1941 erklärte er ihnen den Krieg.

Juni 1941
Angriff auf Russland

Dezember 1941
Kriegserklärung an die USA

Warum das alles? Weil Hitler meinte, Russland in einem »Kräftemessen des germanischen und des slawischen Volksstamms« unterwerfen zu müssen, um die Vorherrschaft in Europa zu erringen. Das sah er als seine historische Mission. Und als die Weltmacht USA dem im Wege stand, musste sie herausgefordert werden. Alles andere wäre in Hitlers Augen eine »Unterwerfung unter das Weltjudentum« und in der Folge der »Tod der germanischen Rasse« gewesen. Hitler wollte das kommunistische Russland nicht nur besiegen, er wollte außerdem die »minderwertigen Rassen der Slawen und Juden« vernichten.

15.9.1935
Nürnberger Gesetze zur Entrechtung der Juden/

Die Juden wurden schon seit dem ersten Judenboykott am 1. April 1933 im Deutschen Reich zunehmend gefährdet und ausgegrenzt. Am 9. November 1938 waren die Synagogen überall im Deutschen Reich und viele jüdische Geschäfte zerstört worden. Juden mussten fortan in furchtbaren Ghettos leben wie in Warschau. Und überall, wo die deutschen Truppen nun hinkamen, folgten auch die Vernichtungseinheiten des Heinrich Himmler; sie ermordeten die Bewohner des »Lebensraums im Osten«. »Einsatzgruppen«

9.11.1938
Novemberpogrome (»Reichskristallnacht«)

20. 1. 1942
Wannseekonferenz/
Beschluss der
völligen Vernichtung
der Juden im
deutschen Macht-
bereich

der Sicherheitspolizei ermordeten hinter der Front allein 1941 über eine halbe Million Menschen. Überall entstanden KZs, überall Gefangenen- und Arbeitslager. Es gab Mord und Mord und wieder Mord, ausgeführt von oft humanistisch gebildeten, wohlhabenden Befehlsempfängern. Die Frage, wie sie zu Massenmördern werden konnten, beschäftigt uns bis heute, und bei allen Erklärungsversuchen bleibt doch immer auch Fassungslosigkeit. Das Deutsche Reich schien neben dem Krieg gegen die Rote Armee und gegen die Briten und Amerikaner einen Krieg zu führen gegen die Zivilbevölkerung Osteuropas, vor allem gegen die Juden. Frankreich, aber noch nicht Großbritannien, hatte Hitler 1940 besiegt. Er hatte angenommen, dass sein Eroberungskrieg auf dem europäischen Kontinent keine Herausforderung für England darstellen würde, weil er nicht mit dem globalen Einflussbereich des Britischen Empires in Konflikt kam. Doch da hatte er sich getäuscht.

In London war Hitler mit dem neuen englischen Premierminister Winston Churchill inzwischen ein Gegner erwachsen, der antrat, das Deutsche Reich bis zur bedingungslosen Kapitulation zu bekämpfen. Beide Seiten betrieben nun den U-Boot-Krieg, und Churchill setzte, unterstützt von den Amerikanern, das zermürbende Bombardement der deutschen Städte durch. Ein Strudel apokalyptischer Gewalt an allen Fronten setzte ein.

1943
Kriegswende
im Osten (Stalin-
grad) und Westen
(Bomberoffensive
Englands und der
USA gegen deutsche
Städte)/Landung
der Alliierten in
Sizilien und Sturz
Mussolinis

Die Sowjetunion besaß im Rüstungswettlauf 1941 noch einen Vorsprung; erst danach organisierte Albert Speer die Rüstung im Deutschen Reich rücksichtslos mithilfe von KZ-Häftlingen, und Deutschland holte auf. Aber da war es für einen deutschen Sieg schon zu spät. Während die westlichen Mächte im Juli 1943 auf Sizilien und im Juni 1944 in der Normandie landeten, wurde die Ostfront von der Roten Armee zurückgedrängt. Die Lage war zunehmend aussichtslos.

1944
Landung der
Alliierten in der
Normandie/
Vorrücken der
Roten Armee

Hitler, höchstpersönlich Oberbefehlshaber des deutschen Heeres, zog sich nun immer häufiger nach Ostpreußen zurück. Er hatte sich dort ein Bunkersystem bauen lassen, die Wolfsschanze, die heute noch steht, weil man sie nicht sprengen kann. Viele Meter unter der Erde saß er da bei elektrischem Licht fern jeder Realität und verbat sich schlechte Meldungen.

Trotzdem wachte das Volk auf. Es heißt, es habe in der Zeit zwischen 1921 und 1945 insgesamt 39 Attentatsversuche auf Hitler gegeben. Immer wieder haben sich jedenfalls Menschen gefunden, die bereit gewesen wären, ihn oder sich mit ihm zusammen in die Luft zu sprengen. Doch Hitler hat leider immer Glück gehabt oder einen sechsten Sinn für brenzlige Situationen bewiesen. Instinktsicher war er im entscheidenden Moment abgefahren, hatte die Straßenseite gewechselt oder sich geduckt. Auch bei dem bekanntesten Versuch, seiner zerstörerischen Herrschaft ein Ende zu machen, hatte sein Instinkt ihn vor dem Tod bewahrt: Der junge Offizier Claus von Stauffenberg hatte in das Besprechungszimmer der Wolfsschanze eine Bombe geschmuggelt und sie gezündet, einige waren dabei gestorben, aber Hitler hatte im entscheidenden Augenblick einen Schritt zur Seite gemacht und war nur leicht verletzt. Das war im Juli 1944 und zog natürlich eine Säuberungsaktion, Erschießungen und Hinrichtungen nach sich. 1944 war die Siegeszuversicht lange gewichen. Im Winter 1944 befand sich das Deutsche Reich mit 40 Nationen im Krieg, es sollten weitere 13 bis zum Ende hinzukommen.

Viele Offiziere wollten nun Frieden schließen, um Schlimmeres zu verhindern. Aber nicht mit Hitler. Dieser Mann, der dem Tod immer schon so nahestand, er wollte nicht überleben, und das deutsche Volk sollte mit ihm zugrunde gehen. Es hatte sich im Kampf als das schwächere Volk gezeigt, es hatte in Hitlers Augen kein Recht zu überleben. Hitler wollte mit sich in den Tod reißen, was sich nur mitreißen ließ. Und so war sein Ende auch nur folgerichtig: Er hatte im Frühjahr 1945 die Wolfsschanze verlassen und vegetierte nun im Bunker unter der Reichskanzlei, die lange zusammengeschossen war. Über ihm tosten die Feuerstürme Berlins, die Innenstadt bestand nur noch aus Trümmerhaufen, ein Durchkommen war kaum möglich, 15-jährige Kinder irrten orientierungslos durch die Straßen mit dem Befehl, ihren Führer gegen die heranrückenden

20. 7. 1944
Attentat auf Hitler durch von Stauffenberg

Panzer der Roten Armee zu verteidigen. Geschützdonner überall, permanenter schriller Bomben- und Panzeralarm. Ein Untergang, in dem Tausende Selbstmord begingen, ganze Familien gemeinsam Gift schluckten. Hitler, hin- und hergerissen zwischen Jähzorn, Anklagen und Wutausbrüchen gegen die unfähige konservative Generalität, die ihm das alles eingebrockt habe, gab wirre, unsinnige Befehle. Im April 1945 heiratete er noch seine langjährige Freundin Eva Braun, dann brachten beide sich um. Viele Getreue folgten ihnen in den Tod, so die Familie Goebbels mit ihren sechs Kindern und Heinrich Himmler auf der Flucht. Göring vergiftete sich ein Jahr später bei seiner Verurteilung im Kriegsverbrecherprozess von Nürnberg. Selbst als der Krieg vorbei war, endete nicht die Spur von Mord und Selbstmord, die Hitler nach sich zog. Die Überlebenden standen vor den verheerenden Folgen seines Wahnsinns und seiner Politik. Nicht nur ein »Drittes«, ein »Tausendjähriges Reich« hatte er schaffen wollen; nach zwölf Jahren Herrschaft hinterließ er einen Trümmerhaufen.

29./30. 4. 1945
Heirat mit
Eva Braun und
gemeinsamer
Selbstmord

8. 5. 1945
Die deutsche
Wehrmacht
kapituliert
bedingungslos.

Was bleibt?

Alles war nach dem Krieg anders als vorher. Beinahe jede Familie in Europa, Russland und Amerika, aber auch in Afrika und Asien ist vom Zweiten Weltkrieg betroffen gewesen, hat Familienmitglieder und Freunde im Krieg verloren. Etwa 60 Nationen kämpften in diesem Krieg. Eine ganze Kultur, die der jüdischen europäischen Bevölkerung, ist mit vielen Millionen Angehörigen von den Deutschen ausgelöscht oder vertrieben worden. Kaum eine größere europäische Stadt wurde nicht im Krieg zerstört. Der ganze Osten Deutschlands, Ostpreußen, Hinterpommern, Schlesien, ist in der Folge polnisch oder russisch geworden. Nach dem Krieg konnte der russische Diktator Stalin die Gelegenheit nutzen, seine Macht auf Europa auszudehnen. Bis hinein nach Mitteldeutschland wurde Osteuropa kommunistisch. Und auch dieses diktatorische Regime, das sich in

Gestalt der Deutschen Demokratischen Republik weitere 40 Jahre halten konnte, kostete unzählige Menschen das Leben und zerstörte weiter, was nach dem Krieg noch unversehrt geblieben war.

Was von der Gesellschaft übrig war, wurde umgewälzt, alte Hierarchien trugen nicht mehr, neue entwickelten sich. Der Adel, schon nach dem Ersten Weltkrieg mehr als angeschlagen, hatte endgültig nichts mehr zu sagen. Bürgerliche regierten fortan. Im westlichen Deutschland entstand zum ersten Mal in der Geschichte eine stabile Demokratie. Hilfe leisteten dabei die Besatzungsmächte: Amerikaner, Briten und Franzosen. Offen war nach der großen Katastrophe auch endlich der Weg einer gleichberechtigten europäischen Vereinigung vieler Nationen.

Literatur   Literatur über Hitler füllt ganze Bibliotheken. Zum Einstieg bieten sich die Bücher an, die Sebastian Haffner zu dem Thema geschrieben hat, vor allem: ANMERKUNGEN ZU HITLER. Frankfurt 1978; GESCHICHTE EINES DEUTSCHEN. DIE ERINNERUNGEN 1914–1933. Stuttgart/München 2000; und: VON BISMARCK ZU HITLER: EIN RÜCKBLICK. München 1987.   Detaillierter, aber auch gut zu lesen sind die Bücher von Joachim Fest, so: HITLER. EINE BIOGRAPHIE. Frankfurt 1973, und das Buch über die letzten Kriegstage: DER UNTERGANG. HITLER UND DAS ENDE DES DRITTEN REICHES. Berlin 2002.

Museen/Erinnerungsorte   In der Zeit des Nationalsozialismus gab es über 80 Lager – Konzentrationslager, Vernichtungsstätten, Durchgangslager. Viele erinnern heute mit einem Museum an diese grausame Zeit und die Menschen, die dort starben, so zum Beispiel in Dachau, Sachsenhausen oder Buchenwald. Die schrecklichsten Vernichtungslager lagen alle in Polen und Weißrussland, so Auschwitz-Birkenau, Kulmhof, Treblinka, Majdanek, Sobibor.   Das Denkmal für die ermordeten Juden Europas liegt zentral in der Mitte Berlins.   Das Jüdische Museum in Berlin erinnert umfassend an 2000 Jahre deutsch-jüdische Geschichte. Häufig sind die ehemaligen Synagogen in Deutschland heute jüdische Museen, so in Erfurt die älteste, die vor 900 Jahren entstand, oder in Augsburg, Braunschweig und Schnaittach. Jüdische Museen gibt es u. a. in Frankfurt a. M., München, Wiesbaden, Dorsten, Veitshöchheim, Steinbach am Glan, Speyer, Rotenburg (Wümme), Rendsburg, Obersulm, Göppingen.   Berlin ist von einem System von Bunkern unterzogen. Die Gesellschaft zur Erforschung und Dokumentation unterirdischer Bauten bietet Führungen an.   In Kreisau (Krzyzowa), 60 km von Breslau entfernt, trafen sich die Verschwörer des Kreisauer Kreises, zu denen von Stauffenberg gehörte, auf dem Gut der Moltkes; es ist heute Begegnungsstätte. Im Strafgefängnis Plötzensee wurden sie von August 1944 bis Februar 1945 erhängt; auch Plötzensee ist heute Gedenkstätte.   In der Normandie erinnert ein Museum an die Landung der Alliierten am 6. Juni 1944 auf dem europäischen Festland.   Viele Museen thematisieren das Dritte Reich, so das Deutsche Historische Museum in Berlin. Empfehlenswert sind vor allem auch die kleinen Museen wie die Erinnerungsstätte Brettheim in Hohenlohe, wo ein Dorf die letzten Kriegstage mit ihren Hinrichtungen aufgearbeitet hat und mit Augenzeugenberichten und Dokumenten an diese Zeit erinnert.   Die Erinnerungs- und Gedenkstätte Wewelsburg informiert über die Ideologie und den Terror der SS; sie war Ausbildungsstätte und von Himmler ausgebauter Kultort der SS.   Das Schlesische Museum in Görlitz erinnert an 1000 Jahre schlesische Geschichte und dabei auch an die Vertreibungen von 1945.

Zeitgenossen

Georg Ritter von Schönerer Österreichischer Politiker und Gutsherr (1842–1921)

Schönerer entstammte einer Unternehmerfamilie, die mit der Entwicklung der Eisenbahn vermögend wurde. Er selbst wandte sich jedoch der Landwirtschaft zu und führte auf seinem Schloss Rosenau in Niederösterreich einen Musterbetrieb mit sozialem Schwerpunkt für die landwirtschaftliche Arbeiterschaft. Auf politischer Ebene schlug er eine deutschnationale, antikatholische Richtung ein und wurde Führer der antisemitischen »Alldeutschen«. Für Hitler bot Schönerer mit seinen extremen Ansichten politische Orientierung.

Jörg Lanz von Liebenfels Österreichischer Geistlicher, Hochstapler und Rassentheoretiker (1874–1954)

Als Adolph Josef Lanz in Wien geboren, trat er nach der Matura dem Zisterzienserorden bei. Bis zu seiner Priesterweihe lebte Lanz im Stift Heiligenkreuz. In dieser Zeit verfasste er kunsthistorische Abhandlungen. Wegen sexueller Verfehlungen musste er jedoch 1899 den Orden verlassen und schloss sich der Alldeutschen Bewegung von Schönerer an. 1902 änderte er seinen Namen in Jörg Lanz von Liebenfels und wurde Herausgeber der Zeitschrift »Ostara«. Darin vertrat er die Theorie einer arischen Herrenrasse, die einen Rassenkampf gegen Untermenschen zu führen habe. Lanz bezeichnete sich als Vordenker von Hitler, wurde jedoch in der NS-Zeit mit einem Schreibverbot belegt.

Karl Lueger Wiener Bürgermeister (1844–1910)

Aus einfachen Verhältnissen stammend, arbeitete sich Lueger empor und absolvierte in Wien das Studium der Rechtswissenschaften. In seiner Anwaltskanzlei vertrat er einkommensschwache Bevölkerungsschichten und war dadurch beliebt. Kaiser Franz Joseph lehnte seine Wahl zum Wiener Bürgermeister allerdings dreimal ab, da Lueger als Gründer und Kandidat der Christlichsozialen Partei durch seine antisemitischen und demagogischen Reden unangenehm auffiel. 1897 akzeptierte der Kaiser letztlich Luegers Wahl. Hitler lobte ihn als größten deutschen Bürgermeister.

Erich Ludendorff Preußischer General und Putschist (1865–1937)

Ludendorff machte während des Ersten Weltkriegs eine steile Karriere, bis er mit Hindenburg die Führung der 8. Armee übernahm, die bei Tannenberg zwei russische Heere besiegte. Ab 1916 trug er mit Hindenburg die Verantwortung für die gesamte deutsche Kriegsführung und schuf ein diktatorisches Militärsystem. Nach der militärischen Niederlage 1918 floh er nach Schweden; nach seiner Rückkehr versuchte er wiederholt, die Demokratie zu stürzen. 1923 entging er trotz des Putschversuchs mit Hitler einer Verurteilung.

Gregor Strasser NS-Politiker (1892–1934)

Der Oberbayer Strasser studierte Pharmazie, als er sich 1914 freiwillig meldete. Er wurde Oberleutnant und während des Krieges mehrfach ausgezeichnet. Danach schloss er sein Studium ab, wurde aber in den Nachkriegswirren militant-politisch tätig. Als Befehlshaber eines Freikorps unterstützte er den Putschversuch von 1923; nach der Neugründung der NSDAP reorganisierte er Hitlers Partei durch die Schaffung einer straffen Hierarchie. Für Hitler wurde Strasser ein gefährlicher Konkurrent sowohl als Führer des linken Parteiflügels der NSDAP als auch als möglicher Kanzlerkandidat. Hitler ließ ihn 1932 aus der Partei ausschließen und 1934 ermorden.

Joseph Goebbels NS-Politiker, Propagandaminister (1897–1945)

Im Alter von vier Jahren erlitt der im Rheinland geborene Goebbels eine Knochenmarksentzündung, die sein rechtes Bein verkümmern ließ. Klein von Gestalt, versuchte er durch besonderen Fleiß seine Gebrechen zu kompensieren. Der Jahrgangsbeste seines Gymnasiums wurde als Untauglicher nicht zum Kriegsdienst herangezogen und studierte Literatur und Philosophie. Nach erfolglosen Versuchen als Journalist wurde er Privatsekretär von Gregor Strasser. Goebbels bewies nun sein Organisations- und Redetalent. 1930 wurde er Propagandaleiter der NSDAP. 1933 zum Minister für Propaganda ernannt, kontrollierte er diktatorisch alle Medien. Gezielt steuerte er 1938 die Pogrome gegen Juden und versuchte in seiner Rede vom »Totalen Krieg« 1943 das Volk weiter aufzuhetzen. 1945 begingen seine Frau und er Selbstmord, nachdem sie ihre sechs Kinder getötet hatten.

Ernst Röhm NS-Funktionär, Stabschef der Sturmabteilung SA (1887–1934)

Der Münchner Röhm wurde nach dem Abitur Berufsoffizier und kämpfte an der Westfront, wo er dreimal verwundet wurde. Er beendete den Krieg im Generalstab und wurde 1919 Mitglied eines paramilitärischen Freikorps. Seine Teilnahme am Ludendorff-Hitler-Putsch brachte ihm 1923 den Ausschluss aus der Reichswehr und eine Haftstrafe ein. Nach seiner Entlassung widmete sich Röhm verstärkt dem Ausbau der Sturmabteilung (SA). Mit ihr strebte er eine Volksarmee an, die in Deutschland eine nationale Revolution durchführen sollte. Die SA sollte auch die bestehende Reichswehr ersetzen. Röhms Pläne und seine Homosexualität wurden ihm 1934 zum Verhängnis. Hitler ließ ihn zusammen mit einer Reihe von anderen SA-Führern und Politikern durch Himmlers Schutzstaffel (SS) ermorden.

Heinrich Himmler   NS-Politiker, Innenminister und Führer der Schutzstaffel SS (1900–1945)

Himmler wurde als Sohn eines Gymnasialdirektors in München geboren. Obwohl er 1918 eine Offiziersausbildung begonnen hatte, verhinderte das Kriegsende seinen Fronteinsatz – für ihn ein Makel, den er zu verheimlichen suchte. Himmler studierte in München Landwirtschaft und trat 1923 der NSDAP bei. 1929 wurde er von Hitler an die Spitze der SS berufen und war maßgeblich an der Ermordung von SA-Funktionären beteiligt. 1936 erlangte Himmler auch die oberste Polizeigewalt und ließ Minderheiten und Regimegegner rücksichtslos verfolgen. Im Lauf des Krieges brachten Himmlers Einsatzgruppen in Osteuropa durch Massenerschießungen unendliches Leid über die Zivilbevölkerung. Die ihm unterstellte SS organisierte in den Konzentrationslagern den millionenfachen Mord von Juden durch Vergasung. Himmler entzog sich 1945 seiner Verantwortung durch Selbstmord.

Hermann Göring   NS-Politiker, Oberbefehlshaber der Luftwaffe (1893–1946)

Göring absolvierte in Berlin in einer Kadettenschule die Ausbildung zum Offizier. Bei Ausbruch des Ersten Weltkriegs kämpfte er zunächst bei der Infanterie, wechselte aber später zur Luftwaffe. Als Jagdflieger wurde er hoch dekoriert; bei Kriegsende war er Anführer des Jagdgeschwaders 1, nachdem dessen berühmter Kommandeur von Richthofen gefallen war. 1922 trat Göring der NSDAP bei und wurde Leiter der SA. Beim Putschversuch Hitlers erhielt er eine Schussverletzung und flüchtete nach Schweden. Göring wurde drogensüchtig, gelangte nach seiner Rückkehr aber trotzdem in Schlüsselpositionen. So wurde er preußischer Innenminister, Reichstagspräsident, Reichsmarschall, Leiter des Vierjahresplanes für die Aufrüstung und vieles mehr. Auf seine Veranlassung hin wurde mit dem Bau von Konzentrationslagern begonnen. 1941 beauftragte er die Massenvernichtung der Juden. Göring wurde beim Kriegsverbrecherprozess in Nürnberg zum Tode verurteilt, nahm sich aber vorher das Leben.

Albert Speer   NS-Politiker, Architekt und Rüstungsminister (1905–1981)

Wie sein Großvater und auch sein Vater studierte Albert Speer Architektur. Er ließ sich als Architekt in Mannheim nieder, erhielt allerdings keine ausreichenden Aufträge. 1931 trat er der NSDAP bei und wurde in der Folge mit Umbauten von Parteigebäuden beschäftigt. Hitler beauftragte ihn mit der Neugestaltung Berlins, da die Reichshauptstadt als »Welthauptstadt Germania« neue Machtsymbole erhalten sollte. Speer wurde 1942 Rüstungsminister; mithilfe von KZ-Häftlingen und Zwangsarbeitern weitete er die Rüstungsproduktion bis Kriegsende rücksichtslos aus. Beim Nürnberger Prozess bekannte er sich schuldig und entging der Todesstrafe.

Claus von Stauffenberg   Offizier und Widerstandskämpfer (1907–1944)

Claus von Stauffenberg beendete 1929 als Jahrgangsbester die Offiziersausbildung. Obwohl er dem Aufstieg der NSDAP mit Begeisterung gegenüberstand und an den Feldzügen gegen Polen und Frankreich teilnahm, wandelte sich seine innere Einstellung. Die Deportationen von Juden, die barbarische Behandlung von russischen Kriegsgefangenen und Hitlers widersinnige Führung trieben ihn in den aktiven Widerstand. 1943 wurde er schwer verwundet, aber als Generalstabsoffizier bei den Lagebesprechungen Hitlers weiter hinzugezogen. Stauffenberg plante mit Gleichgesinnten vom Kreisauer Kreis die Operation »Walküre«, das war nicht nur das Attentat auf Hitler, sondern auch die anschließende Entmachtung der NS-Funktionäre. Durch Zufall überlebte Hitler leicht verletzt den Bombenanschlag. Stauffenberg und seine Helfer bezahlten ihren Mut mit dem Leben.

Eva Braun   Lebensgefährtin Hitlers (1912–1945)

Die ausgebildete Fotolaborantin wurde in München geboren und war bei Heinrich Hoffmann angestellt, Hitlers Lieblingsfotografen. 1929 machte Braun über ihre berufliche Tätigkeit Bekanntschaft mit Hitler und lebte ab 1936 mit ihm am Obersalzberg in Bayern zusammen. Hitler stellte sie Besuchern als Angestellte vor, bei offiziellen Anlässen war sie nie an seiner Seite zu sehen. Über das Wesen ihrer Beziehung zueinander herrscht Ungewissheit. Eva Braun unternahm mehrere Selbstmordversuche, deren Beweggründe unklar sind. Im März 1945 reiste sie vom Obersalzberg nach Berlin, wo sie Hitler noch heiratete, bevor sie mit ihm Selbstmord beging.

Sir Winston Churchill   Britischer Staatsmann (1874–1965)

Die Vorfahren Churchills waren die Herzöge von Marlborough. Winston Churchill schien zunächst nicht in die Fußstapfen der berühmten Generäle oder Politiker von Marlborough zu treten, da er in den Eliteschulen, die er besuchte, wiederholt versagte. Auch die Offiziersprüfung musste er wiederholen. Doch dann wurde er schon mit 37 Jahren Marineminister, ein Amt, dass er mitten im Ersten Weltkrieg nach einem gescheiterten Landeunternehmen an den Dardanellen abgeben musste. 1917 zum Rüstungsminister ernannt, förderte Churchill die Entwicklung des »Tanks«, der als neue Waffe den Ersten Weltkrieg mitentschied. Nach einigen Jahren als Finanzminister zog er sich ins Privatleben zurück und wurde erfolgreicher Schriftsteller. 1940 folgte er als Premierminister Neville Chamberlain nach und wurde ein unerbittlicher Gegner Adolf Hitlers. Als solcher befürwortete er auch die Flächenbombardements deutscher Städte. Churchill erhielt 1953 für sein Werk DER ZWEITE WELTKRIEG den Nobelpreis für Literatur.

Benito Mussolini Führer des italienischen Faschismus und italienischer Diktator von 1922–1943

Der »Duce« (»Führer«) genannte Mussolini war in dessen Anfangsjahren ein Vorbild Hitlers, der ihm nicht nur den Titel abschaute. Mit seinem gescheiterten Putschversuch von 1923 versuchte Hitler auch den »Marsch auf Rom« nachzuahmen, mit dem Mussolini 1922 in Italien die Macht an sich gerissen hatte. In der späteren Bündnispolitik war Mussolini dann eher der schwächere Partner, der nach dem Kriegseintritt 1940 unaufhaltsam in den Strudel der Niederlage mit hineingezogen wurde. Die Landung der Alliierten in Sizilien und Widerstand in den Reihen führten im Juli 1943 zu seiner Verhaftung, aus der ihn deutsche Fallschirmjäger wieder befreiten. Als er bei Kriegsende in die Schweiz flüchten wollte, wurde er zusammen mit seiner Geliebten hingerichtet.

Josef Stalin
Siehe Kapitel Walter Ulbricht

Der erste Kanzler
der Bundesrepublik Deutschland

KONRAD ADENAUER

1876–1967

KONRAD ADENAUER

Am 8. Mai 1945, am selben Tag, an dem das Deutsche Reich kapitulierte, stellte der amerikanische Militärgouverneur von Köln Konrad Adenauer als Nummer eins auf der Weißen Liste für Deutschland vor. Die Weiße Liste war in Amerika schon während des Krieges entstanden und enthielt Namen von demokratisch gesinnten Deutschen, die das Land nach dem Krieg wieder aufbauen sollten.

Das Deutsche Reich existierte eigentlich nicht mehr. Es gab keine deutsche Regierung. Die meisten Städte waren nur noch Schrotthalden und Trümmerberge. Verängstigte Menschen krochen aus den Luftschutzbunkern und begruben ihre Toten. 12 Millionen Flüchtlinge näherten sich aus den Gebieten, die nun russisch und polnisch wurden, aus Ostpreußen, Westpreußen, Pommern und Schlesien. Der Teil, der vom alten Deutschen Reich noch übrig war, war aufgeteilt unter den amerikanischen, englischen, russischen und französischen Soldaten in vier Besatzungszonen.

Da kam den etwas ratlosen Amerikanern einer gelegen, der sich dazu ausersehen fühlte, das deutsche Volk zum Frieden zu erziehen, und der zumindest eine vage Vorstellung davon hatte, wie es mit dem Rheinland weitergehen könnte. Schon im März 1945 hatte Adenauer in Rhöndorf einem amerikanischen Offizier erklärt, es gebe ein römisch und ein preußisch geprägtes Deutschland, und das römisch geprägte Rheinland könne man vielleicht mit Österreich zu einem neuen südwestdeutschen Staat zusammenfassen.

Konrad Adenauer war durch und durch Rheinländer. Er stammte aus einer bürgerlichen Kölner Familie, sein Vater war Kanzleirat. Die Eltern lebten entbehrungsreich, damit die Söhne Jura studieren konnten. Adenauer heiratete Emma Weyer aus reichem Kölner Stadtpatriziat und wurde als Mitglied der Zentrumspartei noch im Kaiserreich Kölner Oberbürgermeister.

Nach dem Ersten Weltkrieg zeigte er, was er konnte. Die Engländer besetzten Köln. Im Versailler Vertrag wurde die Besetzung des Rheinlandes für immerhin 15 Jahre beschlossen. Revolution und Hungersnot brachen aus. Adenauer verhandelte mit den Besatzern,

Konrad Adenauer wird am 5. 1. 1876 in Köln geboren.

1894–1897 Studium des Rechts

1917 Jüngster Oberbürgermeister einer deutschen Großstadt

arbeitete geschickt mit den Revolutionären zusammen, führte öffentliche Speisungen ein und ließ Kälber in den städtischen Parks grasen. Wenig später besetzten französische Truppen das Ruhrgebiet. Wie 1945 plädierte Adenauer im schwierigen Jahr 1923, wenn auch vorsichtig, für einen unabhängigen Rheinlandstaat, um die französischen Ansprüche zu befriedigen, und geriet damit in heftigen Streit mit Gustav Stresemann. Weil Stresemann die deutsche Wirtschaft 1923 stabilisieren konnte, verlor die Separatismusbewegung an Boden. Adenauer blieb weiter Oberbürgermeister in Köln, baute die Stadt weitsichtig aus, warb erfolgreich um amerikanische Investoren, bemühte sich um Aussöhnung mit dem französischen Nachbarn und war in Berlin Präsident des Preußischen Staatsrats.

Nie hat Konrad Adenauer einen Hehl gemacht aus seiner Abneigung gegen die Nationalsozialisten. So wurde er 1933 von Adolf Hitler umgehend aller Ämter enthoben. Zwölf Jahre lang lebte er

1933
Amtsenthebung/ Rückzug aus der Politik

gezwungenermaßen sehr zurückgezogen, betätigte sich als Gärtner und Erfinder praktischer Alltagsgegenstände und widmete sich mit seiner zweiten Frau Auguste seinen sieben Kindern. Die Jahre im Nationalsozialismus waren für den ehemaligen Kölner Oberbürgermeister alles andere als harmlos. Er musste sehr auf der Hut sein, versteckte sich mehrfach in Klöstern und wurde trotzdem erst 1934 und dann nach Stauffenbergs missglücktem Hitler-Attentat vom 20. Juli 1944 verhaftet. Nur knapp entging er dem Tod. Auch seine

1944
Verhaftung nach dem 20. Juli

Frau geriet in Haft und starb bald nach Kriegsende an deren Folgen. Nie vergaß Adenauer die Hinrichtungen auf dem Gefängnishof und die Schreie der Gemarterten. Nie wieder sollte es in Deutschland eine Diktatur geben, dafür wollte er sich einsetzen!

Die Situation nach dem Kriegsende im Mai 1945 war für Adenauer nichts Neues: Wieder besetzten fremde Truppen Deutschland, wieder gab es Hunger und Not. Viele waren in dieser Situation ratlos, er war es nicht. Er hatte ähnliche Schwierigkeiten ja schon einmal gemeistert. Jetzt musste aufgebaut werden, am besten mithilfe amerikanischer Gelder wie in der Weimarer Republik, musste ausgesöhnt werden vor allem mit dem französischen Nachbarn, musste Deutschland stabilisiert werden. Adenauer wusste, was er wollte – für sich und für Deutschland. Erst wurde er für kurze Zeit wieder als Oberbürgermeister von Köln eingesetzt, dann wurde er Vorsitzender der CDU in der britischen Besatzungszone. Als Präsident des Parlamentarischen Rats war er beteiligt an der Ausarbeitung des Grundgesetzes für den neuen, demokratischen Staat.

1946
Vorsitzender der CDU in der britischen Besatzungszone

Der Spielraum für die deutschen Politiker war nicht groß. Die Macht im Land hatten die Sieger des Zweiten Weltkriegs: die Amerikaner, Briten, Franzosen und Russen. Ursprünglich hatten sie ihre Politik gemeinsam im Alliierten Kontrollrat von Berlin aus koordinieren wollen. Doch das scheiterte schon 1946. Jeder Sieger regierte sein kleines deutsches Teilstück. Die Russen beuteten Mitteldeutschland aus und gliederten es mit brutalen Methoden ihrem sowjetkommunistischen Machtbereich ein. Die Westmächte schlossen sich gegen die Russen zusammen; sie wollten ihre Besatzungszonen mit dem amerikanischen Marshallplan wieder aufbauen. Am Ende wurden zwei deutsche Staaten gegründet, einer in Westdeutschland mit der Bundesrepublik und einer in Mitteldeutschland mit der Deutschen Demokratischen Republik.

1948/49
Präsident des Parlamentarischen Rats

1949
Gründung der Bundesrepublik Deutschland und der Deutschen Demokratischen Republik

Adenauer kam das entgegen. Ein eigenständiger westdeutscher Staat war ihm ja sowieso im Sinn gewesen; nun wollte er den politischen Schwerpunkt von Berlin so weit wie möglich in den Westen verlegen. Das rheinische Bonn sollte die neue Bundeshauptstadt werden.

Natürlich fiel es Konrad Adenauer als Rheinländer leichter, auf den mittleren Teil Deutschlands zu verzichten, als etwa Jakob Kaiser, seinem Berliner Gegenspieler in der CDU. Kaiser träumte davon, dass Deutschland ein Brückenland werden sollte zwischen dem bürgerlich-kapitalistischen Westen und dem sozialistischen Osten; dafür wollte er vor allem die Teilung überwinden. Adenauer dachte da anders: Er erkannte die Teilung als gegeben an. Er arrangierte sich mit der Situation, und das lag auch im Interesse der westlichen Alliierten.

Adenauers Gegner in der SPD, Kurt Schumacher, war im Volk eigentlich viel beliebter als der nüchterne Adenauer. Nach zehn Jahren in verschiedenen Konzentrationslagern war er auch eine moralische Führungsfigur. Schumacher favorisierte nicht den Wiederaufbau eines bürgerlichen Deutschlands, sondern einen gesellschaftspolitischen Neubeginn mit Sozialisierung der Großindustrie und Einführung der Planwirtschaft. Obwohl er ein erklärter Gegner der Entwicklung in der russischen Zone war, klang sein Programm sehr marxistisch. Und jeder bindende Schritt Richtung Westen war in seinen Augen ein Beitrag zur Spaltung des Landes.

Bei den Wahlen zum ersten Deutschen Bundestag im Oktober 1949 ging es also um mehr als um die Wahl einer Regierung und eines Bundeskanzlers. Da die Deutschen im Westen sahen, wie die Deutschen östlich der Elbe von den neuen Machthabern in eine nächste Diktatur gezwungen wurden, wurde die SPD von Kurt Schumacher mit ihren marxistischen Parolen knapp nur zweite Kraft. Adenauers eigene Stimme verschaffte ihm die Mehrheit im Bundestag, und es begann seine 14-jährige Kanzlerschaft.

15. 9. 1949
Konrad Adenauer
wird erster Kanzler
der Bundesrepublik
Deutschland.

Bei seinem Bemühen, Deutschland wieder in eine Gemeinschaft freier Völker zurückzuführen, half ihm, dass er vor allem auf amerikanischer und französischer Seite Menschen fand, die ähnlich dachten wie er.

Einige Amerikaner, die nach dem Krieg über Deutschland und Europas Zukunft mit entschieden, kannten die deutschen und europäischen Probleme aus eigener Anschauung. Der spätere amerikanische Präsident Dwight D. Eisenhower war Oberbefehlshaber der alliierten Streitkräfte in Europa gewesen; sein Außenminister John Foster Dulles hatte 1918 schon die amerikanische Friedensdelegation in Paris beraten. Und auch der höchste Vertreter der westlichen Siegermächte in Deutschland, der Hohe Kommissar John J. McCloy, kannte Deutschland noch gut aus der Zeit nach dem Ersten Weltkrieg; im Zweiten Weltkrieg hatte er dann gemeinsam mit dem Franzosen Jean Monnet die Landung der alliierten Truppen in der Normandie koordiniert. In enger Zusammenarbeit zwischen Adenauer, McCloy und Monnet rang man nun um einen neuen Weg, der Europa in Zukunft den Frieden erhalten sollte.

Das Besondere war, dass Konrad Adenauer als Vertreter des besiegten und verhassten Deutschlands hinter den Kulissen großen Einfluss auf die Verhandlungen hatte. Das lag zum einen daran, dass die Siegermächte es besser machen wollten als nach dem Ersten Weltkrieg, als das Deutsche Reich isoliert worden war. Es lag zum anderen aber auch an der Persönlichkeit des weit über 70-jährigen Adenauer. Dieser unbelastete, nüchtern distanzierte alte Mann trat mit einem Selbstbewusstsein und einem Verhandlungsgeschick auf, das ihn zu einem der wirkungsvollsten Staatsmänner dieser Zeit machte. Er verkörperte das bessere, das alte Deutschland, und er sah gar nicht ein, warum er, groß geworden im Kaiserreich und der Weimarer Republik, den Alliierten untertänig entgegentreten sollte. Er beanspruchte Gleichberechtigung und arbeitete beharrlich auf die deutsche Souveränität hin.

Dabei galt es besonders die großen Ängste in Frankreich zu berücksichtigen, das 1870, 1914 und 1940 erstes Opfer deutscher Angriffe gewesen war. Es galt einen Weg zu finden, der sowohl Sicherheit vor Deutschland als auch Sicherheit für Deutschland verhieß. Eine stetige, berechenbare Politik war Adenauers Antwort auf alle Ängste, und so hat er über 14 Jahre hinweg immer wieder das Gleiche verkündet. Sein Schlüsselwort hieß: Westintegration. Der westliche Teil Deutschlands musste eingegliedert werden in die westlichen Demokratien. Mithilfe der »sozialen Marktwirtschaft«, wie sie Ludwig Erhard verkündete, würde es dann irgendwann »Wohlstand für alle« geben, jedenfalls im Westen. Und vielleicht würde es auf lange Sicht und eingebunden in die westlichen Demokratien auch irgendwann einmal die Wiedervereinigung geben, die als Ziel im Grundgesetz formuliert war. Die Westintegration war für Adenauer das Wundermittel für viele Probleme, vor allem aber sollte sie durch die enge Verflechtung der europäischen Demokratien Kriege ein für alle Mal verhindern.

Schon 1950 planten die Bundesrepublik und Frankreich eine

gemeinsame Aufsichtsbehörde über die gesamte französisch-deutsche Kohle- und Stahlproduktion – ein Schritt zur Überwindung des jahrhundertealten Gegensatzes zwischen Frankreich und Deutschland. Der Plan fand auch in Italien und den Benelux-Staaten Belgien, Luxemburg und den Niederlanden Beifall, und 1951 trat der Vertrag zur Europäischen Gemeinschaft für Kohle und Stahl (EGKS) in Kraft, kurz »Montanunion« genannt. 1957 folgten mit den »Römischen Verträgen« die Europäische Wirtschaftsgemeinschaft (EWG)und die europäische Atomgemeinschaft (Euratom).

1951
Europäische Gemeinschaft für Kohle- und Stahl (Montanunion)

Hinter Adenauers Konzept einer Westintegration stand aber nicht nur die Idee von der Einigung Europas, sondern auch die zweier ineinander verschlungener Allianzen Deutschlands mit Europa und Deutschlands mit Amerika. Denn es waren die Amerikaner, die den Westeuropäern in dieser Zeit ihre Freiheit garantierten. Mehrfach hatten sie bewiesen, dass sie die freien Gebiete gegen Übergriffe schützen konnten. Amerikaner und Briten hatten Berlin aus der Luft versorgt, als die Russen im Juni 1948 für fast ein Jahr die Zuwege zu Westberlin absperrten. Alle drei Minuten war ein Flugzeug mit Lebensmitteln, Kohle und Medikamenten in Berlin gelandet, bis die Russen ihr hinter der Blockade stehendes Vorhaben, ganz Berlin zu besetzen, aufgaben.

1957
Europäische Wirtschaftsgemeinschaft (EWG)

1948/49
Berlin-Blockade/ Luftbrücke

In Westdeutschland hatte man Angst vor einem kommunistischen Überfall wie 1950 in Korea, wo das kommunistische Nordkorea das demokratische Südkorea überfallen hatte. Auf dieses Beispiel verwies Adenauer immer wieder. So etwas könne auch der Bundesrepublik drohen, würden die Amerikaner ihr ihren Schutz entziehen. Die Westintegration diente also auch dazu, mithilfe der Amerikaner den Einfluss Sowjetrusslands in Europa einzudämmen. Und schließlich sollte durch die Westintegration Deutschland irgendwann wieder souverän werden, denn eine funktionierende Europäische Union setzte voraus, dass alle Beteiligten gleichberechtigt waren.

Für Adenauer gehörte zur Souveränität auch die Wiederbewaffnung. Freilich war wenige Jahre nach dem Ende des Zweiten

Weltkriegs das Misstrauen der Nachbarn deutschen Soldaten gegenüber groß. Der Widerstand innerhalb und außerhalb Deutschlands gegen die Wiederbewaffnung war absehbar. Für Adenauer hieß das, dass sie nur im Rahmen einer größeren übernationalen Armee denkbar war. Die gab es im westlichen Verteidigungsbündnis der 1955 gegründeten NATO. Es war ein Teil der Abschreckungspolitik gegenüber dem Sowjetkommunismus, dass die Bundesrepublik 1955 in die NATO aufgenommen wurde. Deutsche Soldaten standen nur zehn Jahre nach dem Krieg Seite an Seite mit den ehemaligen Gegnern. 1955 endete mit den Westverträgen sogar offiziell das Besatzungsstatut. Damit hatte Adenauer sein Ziel erreicht: Zehn Jahre nach Kriegsende war Westdeutschland ein gleichberechtigtes Mitglied in der demokratischen Welt. Die Wirtschaft im Land florierte. Man sprach vom »Wirtschaftswunder«. »Uns geht's doch gold!«, hieß es und: »Wir sind wieder wer!« Die 50er-Jahre waren Adenauers große Zeit. Die Deutschen dankten ihm den Aufstieg, indem 1957 50 Prozent aller Wähler CDU wählten.

1955
Beitritt Deutschlands zur NATO/ Wiederbewaffnung

Einen Knick bekam seine Beliebtheit eigentlich erst 1961 mit Ulbrichts Mauerbau. Da wurde nur allzu offensichtlich, was der teure Preis der Westintegration war: die Teilung Deutschlands. Adenauers ratloses Schweigen nach dem Mauerbau, seine Zurückhaltung nahm man ihm übel. Sie schien zu bestätigen, was man immer geahnt hatte: Die Westintegration war ihm wichtiger als die Wiedervereinigung. Nicht dass er irgendetwas hätte tun können, aber dass er nicht am selben Tag noch in Berlin an der Mauer erschien, wollte man ihm nicht verzeihen. Da wuchsen die Sympathien dem jungen Berliner Bürgermeister Willy Brandt zu.

13. 8. 1961
Bau der Berliner Mauer

Adenauer war 1961 85 Jahre alt. Natürlich musste irgendwann ein Generationswechsel kommen. In Amerika hatte im Januar 1961 bereits die nächste, ja beinahe übernächste Generation die Macht übernommen mit dem 40-jährigen John F. Kennedy. Doch Adenauer sträubte sich; er klebte an der Macht und wollte nicht gehen. Seine weniger guten Eigenschaften traten in diesen Jahren in den Vordergrund. Er war ein schlechter Verlierer, altersstarrsinnig, konnte rechthaberisch und nachtragend sein. Am Ende seiner Kanzlerschaft aber hatte er noch einmal großen Erfolg: Im Januar 1963 unterschrieb er mit Charles de Gaulle den Elysée-Vertrag und besiegelte damit die deutsch-französische Aussöhnung. Beide Regierungen verpflichteten sich, in Zukunft permanent eng zusammenzuarbeiten. Erst danach überließ »der Alte«, wie man ihn inzwischen nannte, seinem ungeliebten Wirtschaftsminister Ludwig Erhard sein Amt.

1967 starb Konrad Adenauer, nachdem er seine Erinnerungen aufgeschrieben hatte, in seinem Haus in Rhöndorf.

22. 1. 1963
Deutsch-
französischer
Freundschaftsvertrag
(Elysée-Vertrag)

Oktober 1963
Rücktritt Adenauers/
Ludwig Erhard
wird Bundeskanzler.

19. 4. 1967
Tod in Rhöndorf

Was bleibt?

Adenauer, zwei Jahre älter als Stresemann, war die eigentliche Brückenfigur, die die beiden deutschen Demokratien verband. Bereits in der Weimarer Republik hatte er in Köln Erfahrungen sammeln können mit Mangel, Not und Besatzung, und anders als viele andere demokratische Politiker in den 20er-Jahren hatte er sich nicht in den Wirren der Berliner Politik aufgerieben. Moralisch einwandfrei verhielt er sich in der Zeit des Nationalsozialismus, Bundeskanzler war er von seinem 73. bis zu seinem 87. Lebensjahr: die ideale Führungsfigur eines führerlos gewordenen Volkes. Schon aufgrund seines Alters war er eine Respektsperson und zudem tief der demokratischen Staatsform verhaftet. Auch wenn er in der Politik autokratisch führte und die Verfassungsgrenzen für seine Zwecke gelegentlich zu dehnen versuchte, stabilisierte er die Demokratie in Deutschland. Man hat ihm vorgeworfen, auch ehemalige Nazis in seiner Regierung beschäftigt zu haben, und in der Tat erscheint er uns in diesem Punkt erstaunlich unsensibel. Dass er das breite Volk für seine Politik und damit für die Demokratie gewinnen konnte, steht dennoch außer Zweifel.

Eine Weststaatgründung, wie sie die Alliierten vorsahen, kam Adenauers eigenen Vorstellungen als Rheinländer entgegen; insofern traf er sich mit den Besatzern in seinem Verständnis von dem, was für Deutschland möglich und machbar war. In der Folge hat er, wie Stresemann, Deutschland an den Westen gebunden und das Ansehen des Landes in der Welt wiederhergestellt. Er führte es als gleichwertiges Mitglied in die Gemeinschaft der freien Völker zurück. Adenauer hat das sogenannte deutsche Wirtschaftswunder mit angestoßen und die Wiederbewaffnung durchgesetzt. Seine Kritiker warfen ihm vor, er habe von vornherein die russisch besetzte Zone verloren gegeben, und unterstellten, dass die Russen bereit gewesen wären, auf ihren Einflussbereich in Deutschland zu verzichten. Darüber streiten die Historiker noch heute.

Adenauer war ein Gegner einer Wiedervereinigung unter den gegebenen Umständen. Aber immer hat er die Möglichkeit einer späteren Wiedervereinigung offen gehalten und sich dafür auch gegenüber den Alliierten eingesetzt. Die Präambel des Grundgesetzes und Adenauers Deutschlandvertrag waren die Grundlage der deutschen Wiedervereinigung in Freiheit von 1989. Im Gegensatz zu Bismarcks Staatsgründung erwies sich Adenauers Republik als stabil und langlebig.

Literatur   Eine enorm ausführliche, detaillierte, ausgewogene Biografie, sehr umfangreich und deshalb etwas schwer verdaulich: HANS-PETER SCHWARZ, ADENAUER. DER AUFSTIEG 1876–1952 und DER STAATSMANN 1952–1967. Beide München 1991.   Zeitlos gut und gründlich: Arnulf Baring, IM ANFANG WAR ADENAUER. DIE ENTSTEHUNG DER KANZLERDEMOKRATIE. München 1982.   Zwei Bücher über die Geschichte der Bundesrepublik in dieser Zeit: Kurt Sontheimer, DIE ADENAUER-ÄRA. GRUNDLEGUNG DER BUNDESREPUBLIK. München 2003.   Dominik Geppert, DIE ÄRA ADENAUER. Darmstadt 2007.

Museen/Erinnerungsorte   Das Wohnhaus der Familie Adenauer in Rhöndorf ist unzerstört erhalten und zu einem Museum erweitert.   In Bonn erinnert das Haus der Geschichte der Bundesrepublik Deutschland an die Zeit nach 1945.

Zeitgenossen

Emma Adenauer, geb. Weyer   Erste Frau Konrad Adenauers (1881–1916)

Ihr Vater war Direktor der Kölnischen Rückversicherungsgesellschaft, ihr Großvater Kölner Stadtbaumeister. Sie hatte mit Konrad Adenauer zwei Söhne und eine Tochter;

1916 starb sie an einem Nierenleiden. Adenauer überwand den Tod seiner ersten Frau nur schwer und litt in dieser Zeit häufig an Depressionen.

Auguste Adenauer, geb. Zinsser   Zweite Frau Konrad Adenauers (1895–1948)

Ihr Vater war Professor für Dermatologie in Köln. Nach der Heirat mit Adenauer übernahm sie auch die Mutterrolle für dessen Kinder aus erster Ehe. Gemeinsam hatten sie weitere fünf Kinder, von denen das erste kurz nach der Geburt starb. Nachdem 1944 Adenauer der Gestapo entkam, wurde seine Frau verhaftet und verhört. Schwer unter

Druck gesetzt, gab Auguste Adenauer den Aufenthaltsort ihres Mannes preis, um zumindest ihre Kinder vor einer Verhaftung zu bewahren. Seelisch gebrochen, verübte sie in der Haft einen erfolglosen Selbstmordversuch. Sie trug jedoch schwere gesundheitliche Schäden davon, an denen sie 1948 starb.

Jakob Kaiser   Deutscher Politiker (1888–1961)

Der Buchbinder Jakob Kaiser gehörte von Mai bis November 1933 als Mitglied der Zentrumspartei dem Reichstag an. Gleichzeitig war er auch im Führungskreis der Vereinigten Gewerkschaften, die eine Opposition gegen den aufkommenden Nationalsozialismus bilden wollten. Seine Widerstandstätigkeit führte 1938 zu seiner Verhaftung durch die Gestapo. Trotzdem setzte er nach seiner Freilassung seine Aktivitäten fort und musste nach dem missglückten Anschlag auf Hitler 1944 untertauchen. Als einziger gewerkschaftlicher

Führungsfunktionär überlebte Kaiser die Nazi-Verfolgungen und gehörte nach dem Krieg zu den Mitbegründern der CDU im russisch besetzten Teil Deutschlands. Wegen der Behinderung seiner politischen Arbeit durch die russische Besatzungsmacht verließ er Ostdeutschland wieder. Als ein Anhänger eines ungeteilten, blockfreien Deutschlands stand Kaiser im Widerspruch zu Konrad Adenauer, der Westdeutschland eng an das westliche Verteidigungsbündnis unter der Führung Amerikas band.

Kurt Schumacher   Deutscher Politiker (1895–1952)

In Preußen als Sohn eines erfolgreichen Kaufmannes geboren, teilte Kurt Schumacher die linksliberalen Ansichten seines auch politisch aktiven Vaters. 1914 meldete Schumacher sich freiwillig, verlor aber noch im selben Jahr seinen rechten Arm und begann nach seiner Genesung, Jura zu studieren. 1918 trat er der SPD bei und wurde 1924 Landtagsabgeordneter in Württemberg, 1930 Reichstagsabgeordneter in Berlin. Als entschiedener Gegner Hitlers verbrachte er beinahe zehn Jahre in Konzentrationslagern und wurde nach Kriegsende Mitbegründer und erster Parteivorsitzender der SPD. Obwohl er ein Gegner des Kommunismus war, betrachtete er Adenauers Bindung an die Westalliierten als Schritt zur Spaltung Deutschlands. Bei der ersten Bundestagswahl 1949 unterlag Schumachers SPD mit 29 Prozent der Stimmen nur knapp der CDU Konrad Adenauers, die 31 Prozent erreichte. Schumacher verlor im selben Jahr auch die Wahl zum Bundespräsidenten gegen den FDP-Kandidaten Heuss und starb 1952 an den Spätfolgen seiner langen KZ-Haft.

Dwight David Eisenhower   Amerikanischer General und Präsident (1890–1969)

Die Familie Eisenhauer stammte aus dem Saarland und wanderte 1741 nach Amerika aus. Als Dwight Eisenhower in Texas geboren wurde, war der Familienname bereits amerikanisiert. Er schloss 1915 die Offiziersausbildung in Westpoint ab und bildete während des Ersten Weltkrieges amerikanische Soldaten aus. In der Zwischenkriegszeit beschäftigte sich Eisenhower mit dem Aufbau der Panzertruppe; während des Zweiten Weltkriegs leitete er als General die amerikanischen Feldzüge in Nordafrika, Italien und Frankreich. Bis 1947 war Eisenhower Oberbefehlshaber der amerikanischen Besatzungstruppen in Deutschland. 1950 wurde er zum Oberbefehlshaber der NATO in Europa ernannt und gewann zwei Jahre später als Kandidat der Republikaner die Wahl zum amerikanischen Präsidenten. In Eisenhowers Amtszeit trat die Bundesrepublik der NATO bei.

John Foster Dulles   Amerikanischer Diplomat und Außenminister (1888–1959)

In Washington D. C. als Sohn eines presbyterianischen Geistlichen geboren, absolvierte er umfangreiche Studien in Princeton, an der Sorbonne in Paris und an der Washingtoner Law School. Da sowohl sein Großvater als auch sein Onkel bereits Außenminister der USA waren, fiel es Dulles leicht, als Delegationsmitglied an den Friedensverhandlungen in Versailles teilzunehmen, wo er mit Jean Monnet zusammentraf, dem er von da an verbunden blieb. In der Zwischenkriegszeit war er als Anwalt tätig und hatte geschäftlich mit der Abwicklung der deutschen Reparationszahlungen zu tun. 1953 wurde er von Eisenhower zum Außenminister ernannt und baute die amerikanischen Verteidigungsbündnisse in Europa und Asien aus. Dulles verfolgte eine Abschreckungspolitik, die den Einsatz von Atomwaffen vorsah und zum sogenannten »Gleichgewicht des Schreckens« führte. Er unterstützte die Einbindung Westdeutschlands in die NATO.

John McCloy   Amerikanischer Jurist und Politiker (1895–1989)

McCloy studierte an der Harvard Universität Jura, war 1917 als junger Offizier in Frankreich und wurde 1941 Staatssekretär im amerikanischen Verteidigungsministerium. 1945 wandte er sich gegen Standgerichte bei der Bestrafung von Kriegsverbrechern und wurde so zum Wegbereiter der Nürnberger Strafprozesse. 1949 wurde McCloy als Hoher Kommissar höchster ziviler Verwaltungsbeamter in Deutschland und förderte die wirtschaftliche Unterstützung Westdeutschlands mithilfe des Marshallplans. 1961 ernannte John F. Kennedy ihn zum Sonderberater für Abrüstungsfragen. Gemeinsam mit seinem russischen Kollegen Zorin entwarf McCloy den Atomwaffensperrvertrag, der die Bedrohung durch einen nuklearen Weltkrieg verringern sollte.

Jean Monnet   Französischer Unternehmer und Politiker (1888–1979)

Nach dem Willen seines Vaters sollte Jean Monnet die familieneigene Destillerie in Cognac übernehmen. Ein Sprachaufenthalt in England war für ihn jedoch der Ausgangspunkt einer internationalen Finanz- und Wirtschaftsberaterkarriere, die ihn auch in die USA und nach China führte. Während des Ersten Weltkriegs wurde er zum Koordinator der Seetransporte der westlichen Alliierten. Auch im Zweiten Weltkrieg war seine Erfahrung als Logistiker gefragt. Durch die Ereignisse beider Weltkriege geprägt, sah Monnet im Zusammenschluss der westeuropäischen Schwerindustrie einen Ausweg aus dem Kreislauf sich ständig wiederholender Konflikte. Monnet wurde zum Gründervater der Europäischen Gemeinschaft für Kohle und Stahl, der Vorläuferin der Europäischen Wirtschaftsgemeinschaft und der Europäischen Union.

Ludwig Erhard   Wirtschaftsminister und Bundeskanzler (1897–1977)

Die Familie Ludwig Erhards besaß in Fürth einen Textilbetrieb, daher schloss Erhard nach der mittleren Reife auch eine kaufmännische Lehre ab. 1916 wurde er zum Kriegsdienst eingezogen und 1918 schwer verwundet. Nach Kriegsende absolvierte Erhard in Frankfurt ein Wirtschafts- und Soziologiestudium und war bis 1945 als Wirtschaftswissenschaftler tätig. Nach Kriegsende führte er als Politiker der CDU die Währungsreform durch und wurde als deutscher Wirtschaftsminister Sinnbild für die erfolgreichen Jahre des Wiederaufbaus. Den »Vater des Wirtschaftswunders« nannte man ihn. Trotzdem stand er als Vertreter der freien Marktwirtschaft oft in Konflikt mit der Sozialpolitik Adenauers. Erhard folgte Adenauer als Bundeskanzler.

John Fitzgerald Kennedy   Amerikanischer Präsident (1917–1963)

Der Sohn eines reichen Investmentunternehmers erhielt Unterricht an elitären Privatschulen, doch litt er an schweren gesundheitlichen Problemen, die ihn immer wieder zurückwarfen. 1940 schloss er sein Jurastudium an der Harvard-Universität ab und trat der US-Marine bei. 1943 überlebte Kennedy die Versenkung seines Schnellbootes und beendete hochdekoriert den Weltkrieg. 1952 wurde er Senator von Massachusetts. Als Kandidat der Demokraten wurde er 1961 im Alter von 43 Jahren zum jüngsten Präsidenten der USA gewählt. In seine kurze Regierungszeit fielen der Bau der Berliner Mauer, die Kubakrise und der anhaltende Vietnamkrieg. John F. Kennedy wurde 1963 auf einer Wahlkampfreise in Dallas ermordet.

Der Mauerbauer im ZK der SED

WALTER ULBRICHT

1893–1973

WALTER ULBRICHT

Am 30. April 1945, am selben Tag, an dem Hitler sich umbrachte, landete ein Flugzeug östlich von Berlin. Es kam aus Moskau. Die zehn Deutschen, die darin saßen, trugen zivil. Ein russischer Generaloberst empfing sie mit den Worten: »Helfen Sie, das normale Leben der Stadt wieder in Gang zu bringen. Helfen Sie uns, der Roten Armee.« Die zehn, die den Alltag im zerschossenen Berlin wieder organisieren sollten, waren seit Jahren darauf vorbereitet worden, dies im Sinne der Sowjetunion zu tun. Die Gruppe wurde nach ihrem Leiter die »Gruppe Ulbricht« genannt.

Walter Ulbricht war damals 51 Jahre alt und war schon oft zwischen Russland und Deutschland hin- und hergeflogen. Er war ein kommunistischer Berufsrevolutionär, und Russland, das jetzt Sowjetunion hieß, war das einzige Land der Welt, in dem bereits seit 1918 Kommunisten regierten. Ihr Ziel war die Befreiung aller Arbeiter, die sie Proletarier nannten, aus ihrer Armut. Reich sollten sie nun werden, indem sie Teilhaber wurden an allen enteigneten Fabriken und Produktionsstätten des Landes. Diese sogenannte »Diktatur des Proletariats« war in Wahrheit eine Diktatur der Kommunistischen Partei der Sowjetunion (KPdSU). Sie nahm den einen und gab den anderen. Sie war die neue Macht und trat an, die Welt zu erobern und zu regieren mithilfe eines riesigen Gesellschaftsexperiments nach den Ideen von Karl Marx. Um gemeinsam mit allen kommunistischen Revolutionären der Welt den Kampf vorzubereiten, gründete Wladimir Iljitsch Lenin, der führende Kopf der Oktoberrevolution, 1919 in Moskau die Kommunistische Internationale (Komintern). Walter Ulbricht lernte Lenin kurz vor dessen Tod auf dem 4. Weltkongress der Komintern 1922 kennen, an dem er als Vertreter der deutschen Kommunisten teilnahm. Lenin beeindruckte Ulbricht, den ärmlichen Tischler aus Leipzig, der einer Arbeiterfamilie entstammte und von 1915–1918 in einem sinnlosen Krieg einfacher Soldat gewesen war. Von da an kämpfte Ulbricht für ein Sowjetdeutschland nach dem Vorbild Sowjetrusslands.

Walter Ulbricht wird am 30.6.1893 in Leipzig geboren. Nach der Volksschule macht er eine Tischlerlehre. 1915–1918 ist er Soldat.

1917 Oktoberrevolution in Russland

1919 Gründung der Kommunistischen Internationale

1922 Ulbricht begegnet Lenin.

Die deutschen Kommunisten spürten den Moment des Umsturzes nahen, Ulbricht sammelte und verteilte Waffen. Das chaotische Jahr 1923, in dem Hitler seinen Putsch versuchte, schien auch ihnen geeignet, die Macht zu übernehmen. Doch die deutschen Arbeiter wollten gar keine Revolution, sie wollten auch kein »Sowjetdeutschland«, sondern ihre Ruhe. Gustav Stresemann konnte die Situation in Deutschland stabilisieren, und nur die Genossen in Hamburg unter Ernst Thälmann wagten im Oktober einen bewaffneten Aufstand, der scheiterte und 100 Menschen das Leben kostete. Die Revolution hatte nicht geklappt, peinlich für den Leiter der KPD Heinrich Brandler, der sofort von der KPdSU abgesetzt wurde. Peinlich eigentlich auch für Ulbricht, einen von Brandlers engsten Mitarbeitern, doch schon hier zeigte sich Ulbrichts windiger Opportunismus: Er distanzierte sich sofort von Brandler und stimmte ohne Zögern in die Moskauer Anklagen mit ein.

Oktober 1923
Gescheiterter
kommunistischer
Aufstand
in Hamburg

»Was die Sowjetunion macht, ist richtig.« Dieser Leitsatz galt dem jungen wie dem alten Mann. Ulbricht war und blieb fast bis zu seinem Tod geradezu moskauhörig. Seine Treue zu Moskau war absolut skrupellos auch ihm Nahestehenden gegenüber. Treue zu Moskau, das hieß in diesen Jahren Treue zu Josef Stalin, dessen Aufstieg Ulbricht in Moskau aus nächster Nähe erlebte, weil er nach 1923 für einige Zeit in der Sowjetunion untertauchen musste. Eigene politische Überlegungen erlaubte sich Ulbricht nicht; seine Kunst war es, Stalins häufige Kurswechsel geradezu vorauszuahnen. Er handelte eiskalt wie Stalin und trug Spitzbart wie Lenin. So war er bestens geeignet, nach seiner Rückkehr nach Deutschland deutsche Kommunisten in der KPD auf Stalins Kurs einzuschwören, und der hieß: bedingungslose Unterwerfung unter den Willen der KPdSU. Von 1928 bis 1933 saß Ulbricht als kommunistischer Abgeordneter im Deutschen Reichstag und führte die KPD in Berlin und Brandenburg.

1928–1933
Ulbricht kommu-
nistischer Abgeord-
neter im Reichstag

Als Hitler 1933 die Macht übernahm, emigrierte Ulbricht sofort nach Paris, dann nach Prag. Von dort schickte die Partei ihn in den spanischen Bürgerkrieg, um in der revolutionären Armee Stalingegner zu liquidieren. Nach dem Beginn des Zweiten Weltkriegs floh Ulbricht in die russische Zentrale nach Moskau. Ab 1940 lebte er dort im Hotel Lux. Das Hotel Lux war ein riesiger, keineswegs

luxuriöser Gebäudekomplex, in dem sich zu der Zeit die wichtigsten Emigranten aller kommunistischen Parteien der Welt versammelten. Dort wurden sie darauf vorbereitet, im richtigen Moment in ihren Ländern die Macht zu ergreifen. Es gab dort alles, was sie zum Leben brauchten, von der Krankenstation bis zum Restaurant. Ulbricht hatte seine erste Frau und seine Tochter in Deutschland zurückgelassen und lebte nun mit Lotte Kühn zusammen, seiner späteren zweiten Frau. Es wurde politisiert, gehasst und geliebt im Hotel Lux, Kinder wurden dort geboren, und Windeln hingen zum Trocknen auf den Gängen. Nachts aber klopften Stalins Schergen an die Türen und verschleppten die in Ungnade gefallenen Genossen in die Folterkeller der Partei.

Ulbricht und Wilhelm Pieck waren die Einzigen aus dem Politbüro der KPD, die Stalins sogenannte »Säuberungen« überlebten. Das konnten sie nicht, ohne andere zu verraten und sich selbst wegzuducken. Es waren Jahre, in denen Stalin in Moskau mehr deutsche Kommunistenführer umbrachte als Adolf Hitler in Deutschland. Ulbricht war ähnlich gemütskalt wie die russischen Führer, daher war er einer der wenigen, dem sie halbwegs vertrauten. An der Front arbeitete er auf russischer Seite daran, deutsche Soldaten zum Überlaufen zu bewegen. Und er bereitete die sowjetische Machtergreifung nach dem Krieg in Deutschland vor, indem er das Nationalkomitee Freies Deutschland mitgründete.

Am 30. April 1945 war es nun so weit: Ulbricht kam als Stalins Erfüllungsgehilfe in das zerstörte Deutschland zurück, um dort endlich das lang erträumte Sowjetreich aufzubauen. Seit den 20er-Jahren hatte sich nichts daran geändert, dass die Deutschen das gar nicht wollten, aber nun wurden sie nicht gefragt, denn Mitteldeutschland war in der Hand der Roten Armee.

Innerhalb weniger Tage hatten Ulbrichts Mitarbeiter alle Bürgermeisterämter neu besetzt, aber keineswegs nur mit Kommunisten. Ulbricht hatte die Devise ausgegeben: »Es soll demokratisch aussehen, aber wir müssen alles in der Hand haben.« So waren die Bürgermeister oft Bürgerliche – aber zuständig für die Polizei und die Innenressorts waren Kommunisten. Jedes Mal wenn es einen Schritt weitergehen sollte auf dem Weg zum Sozialismus, reisten Ulbricht, Pieck und Otto Grotewohl nun nach Moskau, um sich von Stalin »beraten« zu lassen. Die deutschen Genossen gründeten die unter den Nationalsozialisten verbotene Deutsche Kommunistische Partei neu; 1946 zwangen sie die SPD in ihrem Machtbereich

zum Zusammenschluss mit ihnen zur SED, der Sozialistischen Einheitspartei Deutschlands nach dem Vorbild der KPdSU.

Noch im Sommer 1945 hatte Stalin einen Gesetzentwurf diktiert, wonach alle landwirtschaftlichen Betriebe über 100 Hektar ohne Entschädigung enteignet und an einheimische Bauern, Landarbeiter und Vertriebene verteilt werden sollten. »Junkerland in Bauernhand« hieß das. 45 Prozent aller Industriebetriebe enteignete die sowjetische Besatzungsmacht im Oktober 1945. Die Produktion wurde nun mithilfe von Fünfjahresplänen staatlich verordnet. Die Diktatur des Proletariats, die in Wahrheit eine Parteidiktatur war, war schon Ende 1945 fast abgeschlossen.

Unabdingbar für ein Fortkommen unter den neuen Verhältnissen wurde bald eine Mitgliedschaft in der SED. Doch manchem half auch die nicht. 1948 »säuberte« Walter Ulbricht die SED von früheren alten Kommunisten oder gar Sozialdemokraten, die andere politische Auffassungen vertraten als er und die KPdSU. Als Stalin nach der Gründung der Bundesrepublik 1949 einen eigenen deut-

schen Staat zu gründen befahl, gab es keinen mehr, der öffentlich dagegen war, dass Ulbricht in Ost-Berlin das oberste Amt übernahm. Er war mit seiner sich überschlagenden Stimme und seinem sächsischen Dialekt ein miserabler Redner, aber mit seiner Vorliebe für die Verwaltung und seiner Gefühllosigkeit das Muster eines Apparatschiks. Wie Stalin in Moskau wurde er der Generalsekretär des

Zentralkomitees der Staatspartei der Deutschen Demokratischen Republik.

Stalin hatte sich bis zur Gründung der Bundesrepublik um die deutsche Einheit bemüht; er hätte lieber ein sozialistisches großes Deutschland gehabt als das kleine Ostdeutschland. Und selbst nach der Gründung der DDR versuchte Stalin noch einmal, in einem Notenwechsel Einfluss auf das gesamte Deutschland zu nehmen: 1952 machte er ein Angebot an die Westmächte, ein neutrales Deutschland wiederzuvereinigen. Wie weit er zu gehen bereit gewesen wäre, wenn der Westen auf die sogenannte Stalin-Note eingegangen wäre, ist bis heute umstritten. In jedem Fall waren die Westmächte und vor allem Adenauer nicht bereit, ein wiedervereinigtes Deutschland zu riskieren, das unter dem Einfluss der Russen hätte stehen können. Die Russen wiederum hätten ihren Einfluss wohl nicht kampflos aufgegeben. Für die Russen war die DDR der mit schweren Verlusten erkämpfte Gewinn des Zweiten Weltkriegs, den sie weidlich ausnutzten: Bis 1946 bauten sie rund 1000 Betriebe als Reparationen ab, weitere 200 waren als Sowjetische Aktiengesellschaften Eigentum der Sowjetunion. Das und die vielen Enteignungen verhinderten ein den westlichen Zonen vergleichbares Wirtschaftswachstum. Die DDR geriet in enorme wirtschaftliche Schwierigkeiten, die Ulbricht auszugleichen versuchte, indem er die Menschen mit sozialistischen Parolen zur Arbeit antrieb, zu sogenannter »Selbstverpflichtung« und »Normerhöhung«. Während Westdeutschland durch die Hilfe der Westmächte schon deutlich florierte, ging es den Deutschen in der DDR immer schlechter. Sie mussten immer mehr arbeiten und bekamen nun schon im siebten Jahr Lebensmittel nur auf Karten.

Im März 1953 starb Stalin. Hatten die Menschen auf eine Veränderung gehofft, so sahen sie sich getäuscht. Als wolle er die Schwierigkeiten überspielen, ließ Ulbricht sich zunächst einmal bejubeln: Pieck, Grotewohl und er verliehen sich gegenseitig am 5. Mai den Karl-Marx-Orden, die höchste Auszeichnung der DDR. Großartig ließ Ulbricht auch seinen 60. Geburtstag am 30. Juni

1952
Stalin-Note zur Wiedervereinigung

März 1953
Tod Stalins

vorbereiten: Er wollte sich als »Baumeister des Sozialismus« und »Kämpfer für die deutsche Einheit« feiern lassen. Das Volk aber lief ihm weg. 311 000 Menschen flüchteten in diesem Jahr in die Bundesrepublik. Der Hass auf den Generalsekretär nahm in der Bevölkerung so zu, dass selbst Stalins Nachfolger Lawrenti Berija bestürzt war. Bei einem Treffen in Moskau brüllte er Ulbricht so lange an, bis der begriffen hatte, dass er es mit seinem beschleunigten Aufbau des Sozialismus in der DDR selbst für russische Vorstellungen übertrieben hatte.

Ulbricht musste alle Feiern absagen, wurde sogar von den eigenen Genossen im Politbüro stark kritisiert und übte kleinlaut Selbstkritik. Aber es war schon zu spät für ein Einlenken. Die Arbeiter zogen zu Zehntausenden durch die Straßen und schrien: »Spitzbart, Bauch und Brille sind nicht des Volkes Wille!« Sie forderten Ulbrichts Absetzung, freie Wahlen und die Wiedervereinigung. Aus diesen Demonstrationen entwickelte sich am 17. Juni 1953 ein Volksaufstand. Eine Million Menschen in 700 Städten demonstrierten für ihre Freiheit. Ulbricht und seine engsten Genossen flohen nach Karlshorst in die sowjetische Militäradministration. Und die Russen ließen die Panzer rollen: 16 sowjetische Divisionen schlugen den Aufstand nieder. 6000 Menschen wurden verhaftet, 55 Menschen starben, die Wortführer wurden hingerichtet. Nie war Ulbrichts Absetzung näher. Aber nicht er musste gehen, sondern Lawrenti Berija wurde von seinem Rivalen Nikita Chruschtschow verhaftet.

17. Juni 1953
Volksaufstand
in der DDR

Von Chruschtschow fühlte Ulbricht sich wieder unterstützt, und prompt drehte er den Spieß um. Seinen Gegnern in der SED warf er vor, sie betrieben die »Spaltung« der Partei – ein politisches Todesurteil. Er beschimpfte sie als »Kapitulanten«, die nach dem »faschistischen Putschversuch« vom 17. Juni versucht hätten, Hand in Hand mit den Verschwörern die Situation auszunutzen. Er nannte sie »imperialistische Agenten«, die den Kapitalismus in der DDR wieder einführen wollten; sie wurden aller Ämter enthoben und aus der SED ausgeschlossen.

Auf dieselbe aggressive Art gelang es Ulbricht auch in den folgenden Jahren, jede Kritik ins Leere laufen zu lassen. Mit skrupelloser Wendigkeit erhielt er sich die Macht. Seine politische Linie blieb abhängig von der jeweiligen Strömung in Moskau. Als Chruschtschow mit Stalin abrechnete, distanzierte sich auch Ulbricht von seinem Ziehvater. Der größte Stalinist der DDR machte sich zum größten Antistalinisten und entließ 21 000 politische Gefangene. Als aber die Entstalinisierung seine eigene Macht gefährdete, ließ er in einem Schauprozess 1957 unter Androhung der Todesstrafe viele Intellektuelle wegen der »Bildung einer konspirativen staatsfeindlichen Gruppe« zu langjährigen Zuchthausstrafen verurteilen. 164 Menschen wurden unter Walter Ulbricht und später Erich Honecker zum Tode verurteilt, erschossen oder guillotiniert. Unzählige Oppositionelle saßen jahrelang in Gefängnissen. Im Alltag wurden sie schikaniert, durften nichts veröffentlichen oder öffentlich auftreten wie Robert Havemann, der in den 70er-Jahren auf seinem Grundstück festgehalten wurde, oder Wolf Biermann, der nach einem Konzert im Westen nicht wieder in die DDR einreisen durfte.

1956
»Entstalinisierung«
in der Sowjetunion
und der DDR

Nichts aber konnte Ulbricht und die DDR zunächst so sehr gefährden wie die offene Grenze nach Berlin. Der seltsame Zustand, dass mitten in diesem diktatorischen Staat die Stadt eines anderen, freien Staates lag, führte natürlich dazu, dass die DDR-Bürger weiter in Scharen flohen. Erst setzte Chruschtschow die Westmächte 1958 unter Druck, die Stadt aufzugeben. Als der Westen aber an Westberlin festhielt, war es Walter Ulbricht, der die Idee hatte, eine Mauer zu bauen. Die Russen zögerten, aber schließlich durfte Ulbricht beginnen. Mit der Organisation beauftragte er seinen Kronprinzen Erich Honecker. Als die Bürger am 13. August 1961, einem Sonntagmorgen, aufwachten, trennte eine Mauer Ost- und Westberlin und die DDR von der BRD. Von 1961 bis 1989 wurden fast 600 Menschen bei Fluchtversuchen aus der DDR an dieser Grenze erschossen.

13. 8. 1961
Mauerbau

Die meisten DDR-Bürger fanden sich ab. Wer sich und seine Angehörigen nicht gefährden wollte, dem blieb auch gar nichts anderes übrig. Viele beschlossen, sich wenigstens dafür einzusetzen, dass es innerhalb des eigenen Staates besser wurde. Ulbricht selbst gab sich nun reformfreudig. Er wollte endlich den sozialistischen Musterstaat aufbauen, die DDR sollte »das Schaufenster des Sozialismus« werden. Und erstaunlich schnell ging es wirtschaftlich bergauf; bald erreichte die DDR den höchsten Lebensstandard im Ostblock. Ulbricht arbeitete erkennbar auf ein ganz neues Selbstbild als Landesvater hin, zeigte sich der Jugend bei Sportspielen, ermutigte Eigeninitiative und regte Künstler zur Arbeit in seinem Sinne an. Leider verstand er sich nicht nur im übertragenen Sinne als Architekt des Sozialismus: Schon 1950 hatte er das halbwegs intakte Stadtschloss der Hohenzollern in Berlin sprengen lassen, 1968 trotz großer Proteste in der Bevölkerung die alte Paulinerkirche in Leipzig und im selben Jahr die Garnisonskirche in Potsdam. Die Städte ließ er zubetonieren mit Plattenbauten.

Nach und nach festigte sich die DDR. Nur Anerkennung fand sie außer von den anderen sozialistischen Staaten kaum. Die Bundesrepublik als alleinige gewählte Vertreterin des deutschen Volkes hatte 1955 damit gedroht, jeden Kontakt zu einem Land außer zur Sowjetunion abzubrechen, das mit der DDR diplomatische Beziehungen aufnahm. Doch als Ägypten diese sogenannte »Hallsteindoktrin« mit einer konsularischen Vertretung der DDR und einer offiziellen Einladung an Walter Ulbricht durchbrach, blieb der bundesdeutsche Botschafter in Kairo. Ende der 60er-Jahre schien die Hallsteindoktrin nicht mehr haltbar. Mit Willy Brandt und seiner neuen Ostpolitik bewegte sich ein Bundeskanzler auf die DDR-Führung zu, der die Lebensumstände der Menschen verbessern wollte und deswegen bereit war, die Isolierung der DDR aufzugeben.

Ulbricht wollte Kontakt zu Brandt, bedeutete das doch für ihn auch Anerkennung seiner Position. Zum ersten Mal in seinem Leben hörte Ulbricht nun nicht auf die Töne aus Moskau. Der dortige neue Generalsekretär hieß Leonid Breschnew. Der befürwortete durchaus einen Dialog mit Willy Brandt und der SPD, aber er wollte ihn selber führen und gedachte Ulbricht dabei nur den Part eines Hardliners zu, von dem er sich positiv abheben konnte. Breschnew

1971
Entmachtung
Ulbrichts

Walter Ulbricht
stirbt am
1. 8. 1973
in Berlin.

1989
Untergang
der DDR

verbündete sich mit Erich Honecker, worauf Ulbricht Honecker kurzerhand für abgesetzt erklärte. Doch der neue Favorit Moskaus war der Stärkere. Ulbricht wurde entmachtet und bekleidete bis zu seinem Tod nur noch das machtlose Amt eines Staatsratsvorsitzenden. Honecker aber konnte sich durch Moskaus Gnaden und mit großer Halsstarrigkeit noch weitere 16 Jahre an der Macht halten. Mit ihm sollte 1989 auch die DDR untergehen, das seltsame Staatskonstrukt, das sich Ulbricht und Stalin ausgedacht hatten.

Was bleibt?

Das kommunistische Gesellschaftsexperiment, das die Sowjetunion so groß angelegt hatte, ist jämmerlich gescheitert. Ulbrichts DDR war ein Teil dieser kommunistischen Welt. Sie existiert nicht mehr. Aber natürlich lebt sie weiter in der Erinnerung derjenigen, deren Lebensgeschichte sich in der DDR abgespielt hat. Zwei verschiedene Lebenswege trennen die Deutschen in der Bundesrepublik noch heute voneinander, und es könnte noch länger dauern, bis diese Trennung ganz überwunden ist.

Bleiben werden Baulücken in vielen mitteldeutschen Städten, wo einmal Schlösser und Kirchen gestanden haben, bleiben werden auch noch einige Zeit die Plattenbausiedlungen der DDR. Und auch die sich von Menschen leerenden Landstriche und die Arbeitslosigkeit in Mitteldeutschland gehören mit zu den Folgen des Kahlschlags, den Ulbrichts DDR hinterlassen hat.

Literatur   Ein höchst spannendes Buch über die Vorbereitungen in Russland und den Anfang der Sowjetzone hat Wolfgang Leonhard geschrieben, der zur »Gruppe Ulbricht« gehörte und mit in dem Flugzeug saß, das Ulbricht am 30. April 45 nach Deutschland brachte: Wolfgang Leonhard, DIE REVOLUTION ENTLÄSST IHRE KINDER. 16. Aufl. Köln 1996. Ein gut lesbares Buch zum Thema Ulbricht ist: Mario Frank, WALTER ULBRICHT. EINE DEUTSCHE BIOGRAFIE. Berlin 2000.

Museen/Erinnerungsorte   Deutsches Historisches Museum in Berlin.   Das Deutsch-Russische Museum in Berlin-Karlshorst erinnert am Ort der Kapitulation vom 8. Mai 1945 an die deutsch-sowjetischen Beziehungen von 1917–1990.   Die Gedenkstätte Berliner Mauer in der Bernauer Straße ist das nationale Denkmal zur Erinnerung an die Teilung der Stadt; das Museum Haus am Checkpoint Charlie zeigt spektakuläre Fluchtobjekte.   Im Notaufnahmelager Marienfelde wurden von 1953–1990 1,35 Millionen Menschen nach ihrer Flucht aus der DDR aufgenommen. Heute erinnert ein Museum an ihre Motive und ihren Neuanfang im Westen.   In Berlin-Hohenschönhausen war zunächst ein sowjetisches Speziallager und Untersuchungsgefängnis, ab 1951 bis 1990 übernahm die Stasi die zentrale Untersuchungshaftanstalt für die Verfolgten der DDR. Ehemalige Häftlinge führen heute ehrenamtlich durch die Zellen.   Das DDR-Museum an der Spree in Berlin gibt einen Einblick in das Alltagsleben in der DDR.

Zeitgenossen

Wladimir Iljitsch Uljanow, genannt Lenin   Russischer Revolutionär und Politiker (1870–1924)

Lenins Vater war als Schulinspektor an der Wolga in den Adel aufgestiegen; er starb bereits 1886, sein Bruder wurde wenig später hingerichtet, weil er an Demonstrationen gegen den Zaren teilgenommen hatte. Lenin nahm 1887 ebenfalls an Studentenprotesten teil, die seinen Ausschluss von der Universität zur Folge hatten. Als externer Hörer gelang ihm 1891 dennoch der Abschluss des Jurastudiums mit Auszeichnung. Lenin unternahm nun viele Reisen und veröffentlichte Schriften über die Lage der Arbeiter in Russland. Diese Publikationen trugen ihm eine dreijährige Verbannung nach Sibirien ein. Um weiterhin schreiben zu können, zog er 1900 nach Genf und München. 1903 spaltete Lenin auf einem Parteitag in London die Sozialdemokratische Arbeiterpartei Russlands und führte den radikalen Flügel (Bolschewiki) der Partei an. Mithilfe der Deutschen Heeresleitung gelangte er 1917 von seinem Schweizer Exil nach Petersburg und löste die Oktoberrevolution aus, die das Zarenreich stürzte. In Russland begann ein Bürgerkrieg, den Lenin mithilfe der Roten Armee gegen zarentreue Truppen gewann. Seine rigorosen Enteignungsaktionen gegen Bauern und Unternehmer stürzten das Land in eine Versorgungskrise und lösten eine Hungerwelle aus. Trotzdem führte Lenin seine Politik weiter im Sinne seiner Vorstellungen von einer klassenlosen kommunistischen Gesellschaft.

Josef Stalin   Russischer Diktator (1878–1953)

Stalin, geboren als Iossif Wissarionowitsch Dschugaschwili, hatte eine harte Kindheit als Sohn eines prügelnden Alkoholikers und armen Schusters. Er konnte das orthodoxe Priesterseminar in Tiflis besuchen, wurde aber 1899 ausgeschlossen, da er sich für die Sozialdemokratische Arbeiterpartei engagierte. Er organisierte Streiks und Demonstrationen, besorgte durch Banküberfälle Geld für die Parteikasse und wurde mehrere Male verhaftet. Nachdem die Partei sich in zwei Flügel aufgespalten hatte, schloss er sich dem radikalen Zweig der Bolschewiki unter der Führung von Lenin an. 1912 flüchtete er nach Wien, um einer neuerlichen Verhaftung zu entgehen, und nahm den Namen Stalin an (»der Stählerne«). 1913 kehrte er nach Russland zurück und wurde Redakteur der »Prawda«

(»Wahrheit«). Bei der Oktoberrevolution 1917 spielte er nur eine Nebenrolle, doch übernahm er 1922 die Position des Generalsekretärs der nun geschaffenen Kommunistischen Partei der Sowjetunion. Als Nachfolger Lenins ließ Stalin in der Zwischenkriegszeit Millionen von Menschen in Straflagern ermorden und machte machte auch vor engen Parteigenossen nicht halt. Aus dem Zweiten Weltkrieg ging die Sowjetunion unter Stalin als Sieger hervor und baute in Mittel- und Osteuropa eine sowjetische Diktatur auf, die durch den Warschauer Pakt militärisch zusammengehalten wurde.

Ernst Thälmann   Deutscher Kommunistenführer (1886–1944)

Ohne Ausbildung trat Thälmann 1903 der SPD bei und ging ein Jahr später zur See. Für die Hafenarbeiter in Hamburg war er gewerkschaftlich aktiv, bis er 1915 an die Westfront einberufen wurde. 1918 desertierte Thälmann und wurde Mitglied der KPD. 1923 leitete er den Hamburger Aufstand, der niedergeschlagen wurde. Zwei Jahre später übernahm er die Leitung des roten Frontkämpferbundes, des militärischen Verbands der Kommunistischen Partei. Im selben Jahr kandidierte er für die Reichspräsidentenwahl, bei der er knapp 2 Millionen Stimmen erhielt. Als überzeugter Stalinist war Thälmann ein Gegner der Weimarer Republik und betrachtete die SPD als Hauptkonkurrenten, mit der man kein Bündnis eingehen konnte. Kurz nach der Machtergreifung der NSDAP wurde Ernst Thälmann verhaftet und 1944 im Konzentrationslager Buchenwald ermordet.

Heinrich Brandler   Kommunistischer Funktionär (1881–1967)

Brandler, in Böhmen geboren, trat als Bauhandwerker 1900 der Gewerkschaft und 1901 der SPD bei. Brandler gehörte zum Kreis um Rosa Luxemburg und Karl Liebknecht und zählte 1918 zu den Gründungsmitgliedern der Kommunistischen Partei Deutschlands. Nach dem gescheiterten kommunistischen Spartakusaufstand von 1919 zu einer Gefängnisstrafe verurteilt, bereitete Brandler 1923 einen neuen kommunistischen Aufstand vor, brach ihn jedoch vorzeitig ab, da er die Aussichtslosigkeit der Lage erkannte. Brandler fiel bei Stalin deshalb in Ungnade und wurde 1928 aus der KPD ausgeschlossen. Er gründete daraufhin eine Oppositionspartei gegen die KPD, musste jedoch bald nach der Machtergreifung Hitlers fliehen.

Lotte Ulbricht, geb. Kühn   Kommunistische Funktionärin (1903–2002)

In Berlin als Arbeiterkind aufgewachsen, arbeitete Lotte Kühn zunächst als Sekretärin und trat 1921 der KPD bei. Als Funktionärin auf verschiedenen Ebenen tätig, emigrierte sie 1931 mit ihrem Mann Erich Wendt nach Moskau und wurde Referentin der Kommunistischen Internationalen. 1936 fiel ihr Mann einer stalinistischen »Säuberung« zum Opfer, sie selbst entging knapp einer Verurteilung. In Moskau lernte Lotte Kühn ihren späteren Mann Walter Ulbricht kennen.

Wilhelm Pieck DDR-Politiker (1876–1960)

Der Sohn eines Kutschers wuchs in Guben an der Neiße auf und wurde Tischler. 1895 trat er der SPD bei und wurde 1905 SPD-Abgeordneter der Bremer Bürgerschaft. Als Funktionär des Bildungsausschusses kam Piek 1910 nach Berlin und gehörte dem linken Flügel der Partei an. Er lehnte die Teilnahme der Arbeiterschaft am Weltkrieg ab und wurde 1917 als Soldat vor das Kriegsgericht gestellt. Pieck floh in den Untergrund und wurde Gründungsmitglied der KPD. Nach dem gescheiterten Spartakusaufstand tauchte er unter und wurde Mitglied der Kommunistischen Internationalen. 1928 wurde er als KP-Abgeordneter in den Reichstag gewählt. Nach der Verhaftung Thälmanns ging Pieck ins Exil und wurde in Brüssel zum KPD-Vorsitzenden gewählt. 1935 verlegte er seinen Aufenthalt nach Moskau und war Mitbegründer des »Nationalkomitees Freies Deutschland«. 1945 kehrte er nach Berlin zurück und förderte die Zwangsvereinigung von SPD und KPD zur SED. Von 1949 bis 1960 war er erster Präsident der DDR, eine Funktion, die danach Walter Ulbricht als Staatsratsvorsitzender ausübte.

Otto Grotewohl DDR-Politiker (1894–1964)

Otto Grotewohl war Buchdrucker und trat 1912 der SPD bei. Nach dem Ersten Weltkrieg wurde er SPD-Abgeordneter im Braunschweiger Landtag und erhielt 1928 das Amt des Präsidenten der Landesversicherungsanstalt. Mit der Machtergreifung Hitlers verlor er seine Ämter. Obwohl er wegen der Beteiligung an einer Widerstandsgruppe des Hochverrats angeklagt wurde, kam er nach sieben Monaten frei. 1945 unterstützte er die Neugründung der SPD, betrieb aber ein Jahr später den Zusammenschluss von SPD und KPD in Ostberlin. 1949–1960 hatte er das in der DDR nicht so repräsentative Amt eines Ministerpräsidenten inne.

Robert Havemann Deutscher Kommunist, Widerstandskämpfer und Regimekritiker (1910–1982)

Als Sohn einer Malerin und eines Lehrers in München geboren, studierte Havemann in Berlin Chemie. Mit der Machtübernahme Hitlers trat er der Widerstandsgruppe »Neu Beginnen« bei. Er nahm an einem Forschungsprojekt des Heereswaffenamtes teil und arbeitete weiterhin im Widerstand. 1943 wurde er verhaftet und vom Volksgerichtshof unter Roland Freisler zum Tode verurteilt. Aufgrund seiner kriegswichtigen Forschungstätigkeit wurde das Urteil nicht vollstreckt und Havemann 1945 aus dem Zuchthaus Brandenburg befreit. Havemann ging in die DDR und arbeitete als Professor in Ostberlin. In dieser Zeit war er Informant für die Staatssicherheit. Nachdem er sich jedoch 1964 regimekritisch äußerte, wurde er aus der Partei ausgeschlossen, seines Professorenamtes enthoben und ab 1976 unter Hausarrest gestellt.

Wolf Biermann Deutscher Liedermacher und Lyriker (1936*)

Wolf Biermanns Vater war ein jüdischer Werftarbeiter, der im kommunistischen Widerstand organisiert war. Nach Sabotageaktionen wurde er verhaftet und im KZ Auschwitz ermordet. Wolf Biermann selbst absolvierte das Gymnasium in Hamburg und trat den Jungen Pionieren bei, der kommunistischen Jugendorganisation. Margot Honecker förderte seinen Umzug in die DDR, wo er an der Humboldt-Universität politische Ökonomie, Philosophie und Mathematik studierte. 1961 gründete er das Ostberliner Arbeiter- und Studententheater. Da er jedoch ein systemkritisches Stück über den Mauerbau inszenieren wollte, wurde sein Theater kurzerhand geschlossen und sein Beitritt zur SED abgelehnt. Biermann machte nun in Westdeutschland Tourneen als Liedermacher, wurde aber mit einem Auftritts- und Publikationsverbot in der DDR belegt. Nach einem Konzertauftritt in Köln wurde Biermann 1976 nicht gestattet, in die DDR zurückzukehren. Nach der Wiedervereinigung wurde er zum Ehrenbürger Berlins ernannt.

Erich Honecker DDR-Politiker (1912–1994)

Da Erich Honeckers Vater kommunistisch aktiv war, kam auch er selbst früh mit der Partei in Kontakt. Mit 17 trat er der KPD bei. Er wurde KP-Funktionär im Saarland und absolvierte eine Kaderausbildung in Moskau. Nach seiner Rückkehr 1934 leistete Honecker Untergrundarbeit, wurde jedoch 1935 verhaftet und zu zehn Jahren Haft verurteilt. 1945 gelang ihm vorzeitig die Flucht aus seinem Brandenburger Gefängnis. Nach Kriegsende schloss er sich der »Gruppe Ulbricht« an und leitete die FDJ (Freie Deutsche Jugend). In der Hierarchie der Partei bald aufgestiegen, organisierte er 1961 den Bau der Berliner Mauer und gewann 1971 das Machtspiel gegen Walter Ulbricht, den er als Generalsekretär ablöste. Nach der Wiedervereinigung Deutschlands musste er sich wegen des Schießbefehls an der Mauer vor Gericht verantworten. Aufgrund seiner Krebserkrankung kam er jedoch frei und starb 1994 in Chile.

Nikita Sergejewitsch Chruschtschow Sowjetischer Staatschef (1894–1964)

Der Sohn westrussischer Bauern trat 1918 in die Kommunistische Partei ein und machte als Stalinanhänger Karriere. So war er für den Bau der Moskauer Metro verantwortlich und während des Krieges für die Verbringung von Industriemaschinen in vor den Deutschen sichere Gebiete. Nach Stalins Tod leitete er eine Phase der Kritik an Stalins Personenkult und Gewaltherrschaft ein, was ihn nicht daran hinderte, den Ungarischen Aufstand 1956 blutig niederschlagen zu lassen. 1962 brachte er mit dem Versuch, Raketen auf Kuba zu stationieren, die Welt an den Rand eines Weltkriegs. 1964 wurde er entmachtet und von Breschnew abgelöst.

Leonid Breschnew *Sowjetischer Staatschef (1906–1982)*

In der Ukraine als Sohn eines Metallarbeiters geboren, studierte Breschnew Metallurgie. 1931 trat er der KP bei und machte rasch Karriere, da der Bedarf an Technikern wuchs und viele Führungspositionen durch die stalinistischen Verhaftungen frei wurden. Während des Zweiten Weltkriegs diente er als Politoffizier und kam mit seiner Einheit bis nach Prag. Nach Kriegsende leitete er einige Wiederaufbauprojekte und stieg 1952 in das Führungsgremium der Partei auf. Zwar wurde er von Chruschtschow unterstützt, beteiligte sich aber an dessen Entmachtung und löste ihn 1964 als Parteiführer ab. 1968 schlug Breschnew den Prager Aufstand nieder, 1979 ließ er russische Truppen in Afghanistan einmarschieren und die Abrüstungsverhandlungen mit den USA scheitern. Obwohl schwer krank, leitete er bis zu seinem Tod die Sowjetunion als Generalsekretär des ZK der KPdSU.

Der Kanzler der Aussöhnung
WILLY BRANDT
1913–1992

WILLY BRANDT

»Nun wächst zusammen, was zusammengehört.« Mit seinem Ausruf auf dem Balkon des Schöneberger Rathauses in Berlin am 10. November 1989 meinte Willy Brandt die DDR und die Bundesrepublik. Die deutsche Einheit war seit der Grenzöffnung in Berlin in der Nacht zuvor plötzlich möglich geworden. Nahezu ein Jahr später war sie vollendet.

Im November 1989 war der bald 76-jährige Brandt schon ein »Ehemaliger«, der protokollarisch nicht mehr in diese Berliner Prominentenloge gehörte: ein ehemaliger politischer Flüchtling aus Hitlerdeutschland, ein früherer Regierender Bürgermeister von Westberlin, ein zurückgetretener Bundeskanzler und ehemaliger Vorsitzender der SPD. Aber er gehörte auf diesen Balkon, denn hier jubelten ihm die Menschen zu, deren Herzen er in den Generationskonflikten der 60er-Jahre gewonnen hatte, und nun hatte die Geschichte den 13. August 1961, also den Mauerbau und die scheinbare dauernde Teilung Deutschlands, wiedergutgemacht. 1961 hatte Willy Brandt noch als Bürgermeister an dieser Stelle zornig und hilflos die Mauer beklagen müssen.

Am 8. Dezember 1913 wurde er in Lübeck als uneheliches Kind der Verkäuferin Martha Frahm geboren; damals hieß er Herbert Frahm. Seinen leiblichen Vater, einen Buchhalter aus Hamburg, hat Brandt nie kennengelernt; erst 1948 hat er durch seine Mutter überhaupt von ihm erfahren. Die von ihm selbst so bezeichneten chaotischen Familienverhältnisse haben ihm seine Gegner später hämisch vorgehalten. Seine Mutter Martha und sein Großvater Ludwig Frahm, der ihn mit erzog, waren Sozialdemokraten. Sie wollten ihm Bildungschancen auf den Weg geben, damit er sich aus ihrem eigenen Milieu herausarbeiten konnte. So besuchte er ein Lübecker Gymnasium und bestand 1932 das Abitur mit einem Deutschaufsatz über August Bebel, der 1913 gestorben war.

Brandt war schon früh politisch aktiv. Bereits mit 16 Jahren trat er der SPD bei. 1931 gründete er die Lübecker Ortsgruppe der noch linkeren »Sozialistischen Arbeiterpartei Deutschlands« (SAPD)

Geburt am
8. 12. 1913
in Lübeck

1932
Abitur

1930
*Eintritt in
die SPD*

und wurde deshalb aus der SPD ausgeschlossen. Damit konnte er

1931
Eintritt in
die SAPD und
Ausschluss
aus der SPD

auch nicht mehr auf ein Stipendium der SPD für ein Universitätsstudium rechnen, und so begann er eine Lehre als Schiffsmakler.
Mit der SAPD hielt Frahm die SPD für feige, weil sie sich nicht
mithilfe der Gewerkschaften durch einen Generalstreik dagegen
gewehrt hatte, dass der damalige deutschnationale Reichskanzler
Franz von Papen die rechtmäßige, von der SPD getragene preußische Regierung im Juli 1932 abgesetzt hatte. Nur kurze Zeit später
waren beide, SAPD und SPD, verbotene Parteien.

Den Namen »Willy Brandt« trug Herbert Frahm zum ersten

1933
Nach Hitlers
Machtübernahme
Annahme
des Decknamens
»Willy Brandt« und
Flucht

Mal als Decknamen, als er nach der Machtübernahme der Nazis im
März 1933 zu einem geheimen Parteitag der SAPD nach Dresden
reiste. Im April 1933 verhalf er einem Parteigenossen zur Flucht. Der
wurde aber von der Gestapo verhaftet. Damit war auch Frahm gefährdet und floh in einem Fischerboot von Travemünde nach Dänemark
und später nach Oslo. Dabei handelte er im Auftrag seiner Partei, der
SAPD, für die er in den folgenden zehn Jahren im Exil unermüdlich
berichtend und politisierend tätig war. Seinen Lebensunterhalt verdiente er sich als Journalist, erhielt aber auch Zuschüsse der SAPD
und der norwegischen sozialdemokratischen Arbeiterpartei.

Ebenso wie schon bei seiner Reise nach Dresden bewies er im
Oktober 1936 Mut. Er reiste für die SAPD quer durch das national-

1936
Geheimer
Aufenthalt in
Deutschland

sozialistische Deutschland nach Berlin, um dort getarnt das Schicksal der verbliebenen Parteigenossen der SAPD und Möglichkeiten
des Widerstandes zu erkunden. Da seine Partei ihr Hauptquartier in
Paris hatte, reiste er viel in Westeuropa, lernte fremde Sprachen und
gewann Weltläufigkeit. 1937 entsandte die SAPD ihn als Beobachter

1937
Aufenthalt in
Barcelona

und linken Journalisten in den Spanischen Bürgerkrieg nach Barcelona. Dort hat er alle Illusionen über den stalinistischen Kommunismus verloren: Denn er erlebte mit, wie die Sowjetkommunisten
ihre linkssozialistische »Konkurrenz«, eine Arbeiterpartei namens
POUM, ausrotteten, obwohl die Faschisten, der gemeinsame Feind
aller Linken, nahezu vor den Toren der Stadt standen.

Die Erfahrungen 1936 in Berlin und 1937 in Barcelona prägten den jungen Mann und lehrten ihn, distanziert und vorsichtig mit Fremden umzugehen. Ohnehin hatte er als Vaterloser schon in seiner Jugend gelernt, in erster Linie sich selbst zu vertrauen. Sein Sohn aus zweiter Ehe, der Schriftsteller Lars Brandt, erzählt, sein Vater sei locker nur vor Menschenmengen und in vertrauten Gruppen aufgetreten; gegenüber dem unvertrauten einzelnen Menschen sei er verschlossen gewesen.

1938
*Ausbürgerung/
Brandt wird
staatenlos.*
1940
*Deutscher
Einmarsch in
Norwegen/
Kriegsgefangenschaft*

1938 entzog das Deutsche Reich mit einem bloßen Erlass im »Reichsanzeiger« dem politischen Flüchtling Frahm wie anderen Emigranten auch die deutsche Staatsbürgerschaft. Nun war er staatenlos. Vor einer drohenden Verhaftung, als die Deutschen im April 1940 in Norwegen einmarschierten, rettete er sich listig und kühn: Er zog sich eine norwegische Uniform an, die ihm ein guter Bekannter besorgt hatte, und begab sich in deutsche Kriegsgefangenschaft. Dort fiel er wegen seiner norwegischen Sprachkenntnisse nicht auf und wurde anstandslos entlassen.

1940
*Flucht nach
Schweden*
1944
*Eintritt in die
Exil-SPD*

Nach seiner Flucht nach Stockholm heiratete er 1940 die Schwedin Carlota Thorkildsen, mit der er die Tochter Ninja hatte. Seinen Beruf als Journalist behielt er bei. Er löste sich von der SAPD, wurde skandinavischer Sozialdemokrat und trat 1944 der deutschen Exil-SPD bei. Damals war er schon norwegischer Staatsbürger. Das verdankte er schwedischen und norwegischen Parteifreunden sowie der norwegischen Exilregierung. Nun war er nicht mehr staatenlos und damit schutzlos, sondern hatte eine zweite Heimat gefunden.

Mai 1945
*Kriegsende/
Rückkehr nach
Norwegen*
1946
*Beobachter
Norwegens bei den
Kriegsverbrecherprozessen
in Nürnberg*

Nach der Niederlage Deutschlands im Mai 1945 kehrte er zunächst nach Norwegen zurück. Dort trennte er sich von Carlota und zog mit der norwegischen Journalistin Rut Bergaust zusammen. Er heiratete sie erst 1948 in Berlin und hatte mit ihr drei Söhne: Peter, Matthias und Lars. Im Auftrag der norwegischen Regierung berichtete er bis zum Oktober 1946 von den Nürnberger Prozessen gegen die deutschen Hauptkriegsverbrecher. 1947 wurde er Presseattaché Norwegens bei deren Militärmission in Berlin; aus protokollarischen Gründen musste er dort norwegische Uniform tragen, was man ihm später vorwarf. Der Presseattaché war bei dem Kontrollrat der vier Besatzungsmächte akkreditiert. Die vier Siegermächte regierten Deutschland damals gemeinsam im Alliierten Kontrollrat, über den Willy Brandt als Presseattaché berichtete.

1947
*Norwegischer
Presseattaché
in Berlin*

Brandt sah das vollkommen zerstörte Berlin und die Not der Bevölkerung gerade in den harten Wintern jener Zeit. So nahm er Anfang 1948 gerne das Angebot des Parteivorstands der SPD an, als ihr Vertreter beim Kontrollrat zu fungieren. Vorher wurde er von seiner Heimatstadt Lübeck im Juli 1948 unter dem Namen Willy Brandt, seinem alten Decknamen, wieder als Deutscher eingebürgert. Auf die norwegische Staatsbürgerschaft verzichtete er. Mit Rut, die jetzt seinen Nachnamen Brandt trug, und dem Sohn Peter zog Brandt in Westberlin in eine bescheidene Wohnung und fing in deutschen Diensten neu an.

1948
*Vertreter der SPD
beim Alliierten
Kontrollrat/
Wiedereinbürgerung
als Willy Brandt*

Schon im Juli 1948 löste sich der Kontrollrat auf, weil die Besatzungsmächte unterschiedliche Vorstellungen von der Zukunft Deutschlands hatten. Die Währungsreform schuf die D-Mark im Westen und die Ostmark im Osten. Berlin spaltete sich in zwei Stadtverwaltungen. Westberlin wurde vom Regierenden Bürgermeister Ernst Reuter regiert. Als die Sowjetunion die Landwege nach Westberlin blockierte, um die Stadt in ihren Besatzungsbereich einzugliedern, bewahrten die USA und Großbritannien mit einer Luftbrücke, über die Proviant, Medikamente und Kohle nach Berlin geschafft wurden, die Stadt vor dem Verhungern. Als Ernst Reuter vor dem Reichstagsgebäude die Völker der freien Welt aufrief, Berlin nicht im Stich zu lassen, stand an seiner Seite Willy Brandt, sein »junger Mann«.

1948/49
*Berlin-Blockade/
Luftbrücke*

Die Blockade endete 1949. In diesem Jahr wurde Deutschland auch staatsrechtlich in die Bundesrepublik und die DDR getrennt; Westberlin wurde ein Land der Bundesrepublik, Ostberlin Hauptstadt der DDR. Brandt lebte vom Gehalt eines »Parteijournalisten« und engagierte sich in Westberlin als Politiker der SPD. Er wurde Mitglied des Deutschen Bundestages in Bonn und ab 1950 auch Mitglied des Westberliner Abgeordnetenhauses.

1949
*Gründung der
Bundesrepublik
Deutschland
und der Deutschen
Demokratischen
Republik/
Brandt wird
Abgeordneter des
Bundestages.*

1950
Mitglied des
Berliner
Abgeordneten-
hauses

1957
Regierender
Bürgermeister
von Berlin

Reuter starb 1953, und Willy Brandt machte in Berlin Karriere: 1954 wurde er Präsident des Berliner Abgeordnetenhauses und
1957 Regierender Bürgermeister. Als 1958 die Sowjetunion forderte, Berlin müsse sich von der Bundesrepublik lösen und eine
»Freie Stadt« werden, verkündete Brandt öffentlich, damit würde
Westberlin vogelfrei. Wegen des Widerstands der Westmächte ließen die Sowjets den Plan fallen. Nun nahm der Strom der Flüchtlinge aus der DDR über Westberlin in die Bundesrepublik ständig
zu. Am 13. August 1961 stopfte die DDR »dieses Loch im Zaun«,
und Walter Ulbricht baute in Berlin die Mauer. Willy Brandt eil-

13. 8. 1961
Mauerbau

te zur westalliierten Kommandantur und erhoffte sich Hilfe, denn
rein völkerrechtlich wurde Berlin immer noch von den vier Mächten gemeinsam verwaltet. Man unternahm trotz seines Drängens
nichts außer symbolischen Gesten. Der amerikanische Präsident
John F. Kennedy bekräftigte mit einem Besuch in Berlin im Sommer

Sommer 1963
Berlin-Besuch
John F. Kennedys

1963 das amerikanische Engagement für den freien Teil Berlins und
beantwortete die Furcht der Berliner vor den Sowjets und der kommunistischen DDR mit den berühmt gewordenen Worten: »Ich bin
ein Berliner.« Es würde die Freiheit der gesamten westlichen Welt
auch weiterhin verteidigen, und ein Symbol dieser Freiheit war
Berlin. Trotzdem erkannte Brandt, dass die Spaltung Deutschlands
zunächst unabänderlich schien. Man konnte nur helfen, sie zu lin-
dern. So schloss Brandt ein Passierscheinabkommen mit Ostberlin.
Zu Weihnachten und Ostern konnten nun Westberliner mit einem
Passierschein der DDR ihre Verwandten in Ostberlin besuchen.

Brandt hatte den Mauerbau mitten im Wahlkampf erlebt,
denn die SPD hatte ihn als Kanzlerkandidaten gewonnen. Er schlug
in dieser schwierigen Lage eine Allparteienregierung vor. Stattdessen wurde er von der regierenden CDU/CSU unter Konrad Adenauer
mit seiner unehelichen Geburt und seinem Namenswechsel verspottet und wegen seiner linken Vergangenheit im Exil verleumdet,
er habe in Spanien und Norwegen gegen Deutsche gekämpft. Diese Kampagne hinterließ tiefe Wunden bei Brandt. Und seine Partei
verlor die Wahl. Das wiederholte sich 1965.

1963/65
Verlorene Wahlen
als Kanzler-
kandidat der SPD

Brandt war zwar seit 1964 Vorsitzender der SPD, doch nach der Wahl von 1965 wollte er resignieren. Da zerbrach 1966 die Koalition von CDU/CSU und FDP in Bonn, und die einzige Alternative war eine Große Koalition aus CDU/CSU und SPD. In dieser Situation musste der Parteivorsitzende ein Regierungsamt für die SPD übernehmen. Brandt wurde Vizekanzler und Außenminister unter

1966
Vizekanzler und
Außenminister der
Großen Koalition

dem Bundeskanzler Kurt-Georg Kiesinger von der CDU. Seine politische Tätigkeit in Berlin war damit beendet.

Die Große Koalition wollte die Rechte der Westalliierten im Falle des Staatsnotstandes beseitigen und verabschiedete die sogenannten Notstandsgesetze, die dem Bundestag und Bundesrat im Krisenfall mehr Rechte übertrugen. Dies hielten die Linken, vor allem versammelt in der »Außerparlamentarischen Opposition«, für eine Gefährdung der Demokratie. 1968 war das Hauptjahr der Proteste gegen den Vietnamkrieg, die Ordinarien-Universität und die Springerzeitungen. Der zum Teil gewaltsame Protest wurde von Jugendlichen getragen, und Brandt war einer der wenigen Politiker, die in diesem Generationskonflikt den richtigen Ton fanden – vielleicht weil zwei seiner Söhne auf den »Demos« mitmarschierten. Er erklärte öffentlich, weder Jugend noch Alter seien Verdienste, die Selbstherrlichkeit der jungen Leute sei ebenso töricht wie die Besserwisserei der Alten. Diese gelassene Haltung hat ihm viel Sympathie bei den Jungen eingebracht.

Die Große Koalition hielt bis zur Bundestagswahl 1969. Am Wahltag erhielten zwar CDU und CSU die meisten Stimmen, aber die zweitstärkste SPD erzielte das beste Ergebnis ihrer bisherigen Geschichte. Brandt erkannte noch in der Wahlnacht, dass es rechnerisch eine knappe Mehrheit für eine Koalition aus SPD und FDP gab, und erklärte entschlossen, er wolle Bundeskanzler werden. Die

1969
Bundeskanzler
der sozialliberalen
Koalition

FDP stimmte zu, zögernd auch die Parteiführung der SPD. Bei der Abstimmung zur Kanzlerwahl betrug die Mehrheit nur 6 Stimmen.

Schwerpunkt und Merkmal der Politik Brandts und seines Koalitionspartners Walter Scheel von der FDP war die Ostpolitik. Sie verzichteten auf Gewalt gegenüber der Sowjetunion (Moskauer

Vertrag), Polen (Warschauer Vertrag), der Tschechoslowakei (Prager Vertrag) und der DDR (Grundlagenvertrag) und erklärten die Grenzen für »unverletzlich«, wenn auch nicht »unabänderlich«. Brandt wollte Politik auch im Osten gestalten können; er wollte die von Adenauer begründete Partnerschaft im Westen um die Verständigung mit dem Osten ergänzen. Besonders schmerzlich vor allem für die von dort Vertriebenen war der Warschauer Vertrag, denn er erkannte die Oder-Neiße-Linie und damit den Verlust von Schlesien, Pommern und Ostpreußen als dauernd an. Dass er mit dieser Politik ein Hoffnungsträger für die Menschen in der DDR geworden war, bewiesen sie bei seinem Besuch in Erfurt, als sie ihn zum Entsetzen der DDR-Oberen ans Fenster seines Hotels riefen, um ihm zuzujubeln. Er war der erste Bundeskanzler, der die DDR besuchte.

Denkwürdig auch Willy Brandts Besuch in Warschau, als er vor dem Denkmal für das jüdische Ghetto auf die Knie sank. Die einen sahen darin ein Symbol für die Reue der Deutschen, die anderen eine anbiedernde Demutshaltung. Zwar erhielt Brandt nicht zuletzt deshalb 1971 den Friedensnobelpreis, aber in seinem Amt war er nicht mehr unumstritten. Bundestagsabgeordnete der FDP und sogar der SPD wandten sich von ihm ab. So wagte es der Fraktionsvorsitzende der CDU/CSU Rainer Barzel im Frühjahr 1972, dem Bundestag die Abwahl Brandts und seine eigene Wahl zum Bundeskanzler vorzuschlagen. Der Antrag scheiterte in geheimer Abstimmung. Heute weiß man: Die »Staatssicherheit«, der Geheimdienst der DDR, hatte zwei Abgeordnete der CDU/CSU bestochen, gegen Barzel zu stimmen.

Im September 1972 kam es zur Neuwahl des Bundestages. Jetzt triumphierte die SPD, wurde stärkste Partei und erreichte das beste Wahlergebnis ihrer Geschichte bis heute. Wieder wurde Brandt Kanzler, doch seine Kanzlerschaft endete schon 1974, als sein Büroleiter Günter Guillaume als Spion der DDR verhaftet wurde. Am 6. Mai 1974 übernahm Brandt die politische Verantwortung und trat zurück, empört und angewidert von den Schnüffeleien der Sicherheitsbehörden nach außerehelichen Abenteuern in seinem Privat-

leben. Rückblickend warf er dem damaligen Fraktionsvorsitzenden
Herbert Wehner vor, seinen Rücktritt betrieben zu haben, weil er in
ihm einen zu starken Konkurrenten gesehen habe. Brandt blieb bis
1987 Parteivorsitzender der SPD. Die Ehe mit Rut wurde 1980 geschieden. 1983 heiratete er mit 70 Jahren Brigitte Seebacher.

1987
Rücktritt vom
Parteivorsitz

1981 tobte in der Bundesrepublik ein innenpolitischer Streit
zwischen der SPD/FDP-Regierung unter Bundeskanzler Helmut
Schmidt und der Friedensbewegung um die Nachrüstung und den
»NATO-Doppelbeschluss«. Die NATO und die Regierung wollten
die Sowjetunion zu Abrüstungsverhandlungen zwingen und im
Fall des Scheiterns gegen die Raketen der UDSSR in der DDR Mittelstreckenraketen in Westdeutschland aufstellen. Brandt stand eher
aufseiten der Friedensbewegung, lehnte jede weitere Aufrüstung
in Deutschland ab und zerstritt sich darüber mit Helmut Schmidt.
Sein Einfluss in der Partei schwand zunehmend.

International aber blieb Brandt weiterhin sehr anerkannt und
wurde zum Präsidenten der Sozialistischen Internationale gewählt.
1980 leitete er eine »Nord-Süd-Kommission«, die – freilich vergebens – sehr weit gehende Vorschläge zur Bekämpfung der Armut in
der Welt unterbreitete. Vom Parteivorsitz trat Brandt zurück, weil
der Vorstand seinen Vorschlag für eine Pressesprecherin verwarf –
das eher kleinliche Ende einer großen politischen Laufbahn. Zwei
Jahre vor seinem Tod aber erlebte er noch die Wiedervereinigung
Deutschlands, zu der er einen so großen Beitrag geleistet hatte.

Willy Brandt
stirbt am
8. 10. 1992.

Was bleibt?

Willy Brandts Lebenslauf ist besonders vielseitig. Damit ragt er in der deutschen Politik hervor. Seine Vergangenheit als politisch und journalistisch tätiger Emigrant vermittelte ihm ungezählte Kontakte im Ausland. Als deutscher Politiker fand er deshalb leicht Zugang zu ausländischen Kollegen, vom US-Präsidenten bis zum sowjetischen Generalsekretär. Er befreite den Bonner Politikbetrieb und seine Partei vom Provinziellen und trat auch gegenüber den Westalliierten so selbstbewusst auf, wie es vorher nur Adenauer gewagt hatte. Sein Warschauer Kniefall und der Friedensnobelpreis verschafften ihm im In- und Ausland den Respekt der meisten Intellektuellen und Meinungsführer. Zugleich versöhnte er das Ausland mit Deutschland. Seine Ostpolitik eröffnete der Bundesrepublik politische Freiräume. Sie gewöhnte die bundesdeutsche Politik an die Verständigung und Versöhnung mit den ehemaligen Kriegsgegnern auch in Osteuropa. Als dann gegen Ende der 80er-Jahre der sowjetische Machtbereich und vor allem die DDR durch Westkredite finanziell von der Bundesrepublik abhängig wurden, brach der Kommunismus zusammen. Brandts Ostpolitik hat ihren Teil dazu beigetragen. Der SPD erschloss Brandt neue Wählerschichten: die kritische Jugend, die ungebundenen Intellektuellen und das liberale Bürgertum.

Literatur   Umfangreich, aber detailgetreu und ausgewogen ist: Peter Merseburger, WILLY BRANDT 1913–1992, VISIONÄR UND REALIST. Stuttgart/München 2002. Dem privaten Willy Brandt nähert man sich am besten durch das Buch seines Sohnes: Lars Brandt, ANDENKEN. München 2006. Der Autor schildert seinen Vater feinsinnig, distanziert, aber liebevoll als einen schwierigen, im Grunde einsamen Menschen.

Museen/Erinnerungsorte   2011 wurde ein Willy-Brandt-Museum in Unkel errichtet, wo er seine letzten Lebensjahre verbrachte. Eine ständige Ausstellung erinnert auch im Willy-Brandt-Haus in seiner Heimatstadt Lübeck an ihn.   Das Haus der Geschichte der Bundesrepublik Deutschland und das Palais Schaumburg in Bonn thematisieren vielfältig die neue Ostpolitik Willy Brandts und seine Rolle bei der Wiedervereinigung.

Zeitgenossen

Martha Frahm   Mutter Willy Brandts (1894–1969)

Martha Frahm war bei der Geburt ihres Sohnes Herbert Ernst Karl Frahm, dem späteren Willy Brandt, 20 Jahre alt. Sie lebte mit ihrem Vater in der Arbeitervorstadt St. Lorenz in Lübeck. Über Herberts Vater John Möller hat sie nie gesprochen. Später schloss sie eine Ehe mit dem Maurer Kuhlmann.

Carlota Frahm, geb. Thorkildsen   Erste Frau Willy Brandts

Die Norwegerin Anna Carlota Thorkildsen hatte in Paris und Oslo studiert und war eine engagierte Sozialistin, die Herbert Frahm etwa seit 1936 kannte und ihn 1941 im gemeinsamen Exil in Stockholm heiratete. Ihr gemeinsames Kind, Ninja Frahm, war 1940 noch in Norwegen geboren worden. Die Ehe zerbrach 1944.

Rut Brandt, geb. Hansen, gesch. Bergaust   Zweite Frau Willy Brandts (1920–2006)

Als sie 1942 in Stockholm ihre erste Ehe schloss, war sie aus dem besetzten Norwegen emigriert wie Willy Brandt, damals noch Herbert Frahm. Ausgerechnet auf Ruts Hochzeit lernten die beiden sich kennen; bald danach trennten sich beide von ihren Ehepartnern. 1948 in Berlin heirateten sie, und Rut wurde die Mutter ihrer gemeinsamen Kinder Peter, Lars und Matthias. Rut war der SPD beigetreten und hat mit ihrem damenhaften Aussehen und Auftreten ihrem Mann in seiner Partei, aber auch in der Öffentlichkeit sehr genutzt. Ihre Ehe hielt die von den Medien nach dem Rücktritt 1974 ausgebreiteten tatsächlichen oder angeblichen Liebesaffären Brandts nicht aus. 1980 wurde sie geschieden. Über ihr Leben hat Rut Brandt ein Buch mit dem Titel FREUNDESLAND geschrieben.

Ernst Reuter   Berliner Oberbürgermeister (1889–1953)

Ernst Reuter, 1889 in Apenrade (damals einer deutschen, heute einer dänischen Stadt) geboren, war seit 1912 Sozialdemokrat. Nach der deutschen Niederlage im Ersten Weltkrieg schloss er sich in der russischen Kriegsgefangenschaft der sowjetischen KPdSU an und war kurze Zeit Volkskommissar der »Wolgadeutschen Republik«, einer Teilrepublik Russlands. Von 1918 bis 1921 war er in Deutschland noch Mitglied der KPD, trat dann aber aus und der SPD bei. 1926 war er für die SPD im Berliner Magistrat Verkehrsdezernent und Schöpfer der heutigen »Berliner Verkehrsbetriebe« (BVG). 1931 bis 1933 war er Oberbürgermeister von Magdeburg, dann wurde er von den Nazis politisch verfolgt. Es gelang ihm aber die Flucht in die Türkei. Er lehrte bis 1945 als Hochschullehrer an der Universität Ankara. In Berlin, in das er nach dem Zweiten Weltkrieg zurückkehrte, wählte ihn 1947 die Stadtverordnetenversammlung zum Oberbürgermeister; die sowjetische Militäradministration verhinderte aber, dass er das Amt antrat. Als nach der Spaltung nur im Westen der Stadt frei gewählt werden konnte, wurde Reuter dort im Dezember 1948

Oberbürgermeister. Berühmt ist er für seinen Ausruf auf dem überfüllten Platz der Republik vor dem Reichstagsgebäude im Juni 1948 *während der Berlin-Blockade: »Ihr Völker der Welt, seht auf diese Stadt!«*

Kurt Georg Kiesinger CDU-Politiker, Bundeskanzler (1904–1988)

Im württembergischen Ebingen geboren, war Kiesinger nach dem Studium bis 1939 Rechtsanwalt am Kammergericht in Berlin und von 1940 bis 1945 stellvertretender Leiter in der Rundfunkabteilung des Auswärtigen Amtes. Seit 1948 Mitglied der CDU, war er von *1949 bis 1958 Mitglied des Bundestages; 1958 bis 1966 amtierte er als Ministerpräsident von Baden-Württemberg. 1966 wählten ihn CDU/CSU und SPD zum Bundeskanzler der Großen Koalition. Nach deren Ende blieb er noch bis 1980 im Bundestag.*

Walter Scheel Deutscher Politiker, Bundespräsident (1919*)

In Solingen geboren, machte er 1938 das Abitur und war von 1939 bis 1945 Soldat. 1946 trat er der FDP bei und gehörte zunächst dem nordrhein-westfälischen Landtag an. Von 1953 bis 1974 war er im Bundestag. Unter den Bundeskanzlern Adenauer und Erhard war er von 1961 bis 1966 Bundesminister für wirtschaftliche Zusammenarbeit. Obgleich die FDP in der Bundestagswahl 1969 deutlich Stimmen verlor und nur auf 5,8 Prozent kam, entschloss sich Scheel, dem Werben von *Brandt nachzugeben und die sozialliberale Koalition zu bilden. In dieser Koalition war Scheel Vizekanzler und Außenminister. 1974 versuchte er vergebens, Brandt vom Rücktritt abzuhalten. Im gleichen Jahr wurde er mit den Stimmen von SPD und FDP zum Bundespräsidenten gewählt; seine Amtszeit endete 1979. Die von ihm mitbegründete Koalition aus SPD und FDP hielt bis 1982. Dann wechselte die FDP in eine Koalition mit der CDU/CSU.*

Helmut Schmidt Deutscher Politiker, Bundeskanzler (1918*)

1918 in Hamburg geboren, nahm er am Zweiten Weltkrieg als Offizier teil. Noch während seines Volkswirtschaft-Studiums stieg er zunächst in der Hamburger SPD auf. Dort wurde er 1962 bekannt, als er als Innensenator unbürokratisch und energisch die Flutkatastrophe meisterte. In die Regierungsarbeit trat er unter Willy Brandt ein, zunächst als Verteidigungsminister, 1972 für wenige Monate auch als Wirtschaftsminister. Nach Brandts Rücktritt, von dem er heftig abgeraten hatte, wurde Helmut Schmidt von SPD und FDP zum Deutschen Bundeskanzler gewählt und blieb es bis 1982. Dann wurde er mit dem konstrukti- *ven Misstrauensvotum abgewählt, weil die FDP zur CDU/CSU wechselte. Einer der Gründe, so hat es Schmidt selbst gesehen, dürfte der öffentliche Eindruck gewesen sein, dass seine Fraktion ihn wegen des NATO-Doppelbeschlusses nur zögerlich unterstützte, was er wiederum dem Parteivorsitzenden Brandt zur Last legte. Nachdem die SPD die Macht verloren hatte, trat sie offen gegen die Nachrüstung mit Raketen ein. Schmidt musste bald die Führungsfunktionen in Partei und Bundestag aufgeben. Heute ist er Mitherausgeber der Wochenzeitung DIE ZEIT.*

Der Kanzler der deutschen Einheit

HELMUT KOHL

*1930

HELMUT KOHL

»Die Pfalz ist meine Heimat, Deutschland ist mein Vaterland, und Europa ist unsere Zukunft.« So selbstverständlich bekennt sich Helmut Kohl zu seinen Wurzeln. Kritische Journalisten haben das gern als spießigen Provinzialismus angesehen; der »Einheitskanzler« wurde lange unterschätzt. Er galt als bieder und unbeholfen, unbeweglich, wenig intellektuell, machtorientiert – das Gegenbild eines weltläufigen Staatsmanns.

Dazu passte, dass er als drittes Kind eines zugezogenen bayerischen Finanzbeamten immer in Ludwigshafen wohnen blieb, zuletzt im durch ihn bekannt gewordenen Ortsteil Oggersheim, und dass sein Werdegang als Berufspolitiker sich zunächst auf die Pfalz konzentrierte. Er war der erste Kanzler, der den Nationalsozialismus nicht aktiv als Erwachsener erlebt hat, was er bei unpassender Gelegenheit einmal die »Gnade der späten Geburt« nannte. Dennoch ist er vom Krieg geprägt. Bei Kriegsende war er Hitlerjunge und musste, 14 Jahre alt, nach den Ludwigshafener Bombennächten

bei der Beseitigung von Trümmern und Leichen helfen. Ähnliches hatte seine erste Frau Hannelore zum Ende des Krieges in Leipzig erlebt. Kohls älterer Bruder fiel im Zweiten Weltkrieg.

In der CDU war Helmut Kohl von Anfang an dabei. Er gründete 1947 die pfälzische Junge Union. Er studierte Geschichte und Staatswissenschaften schon mit dem Ziel der Politik und promovierte dann auch über ein Thema, das er nur zu gut kannte: die Bildung der politischen Parteien in der Pfalz. Er stieg rasch auf innerhalb der pfälzischen CDU, bis er mit 36 Jahren Landesvorsitzender und drei Jahre später sogar Ministerpräsident von Rheinland-Pfalz wurde. Er machte seine Sache gut und wurde darüber auch bundesweit bekannt. Die Mitgliederzahlen der CDU in Rheinland-Pfalz hatten sich verdoppelt. Wirtschaftlich war Rheinland-Pfalz in die Spitzengruppe der Bundesländer aufgestiegen – eine gute Ausgangsposition für den Ministerpräsidenten Kohl, in die Bundespolitik zu wechseln.

1973 übernahm er den Bundesvorsitz in der CDU. Fast zehn Jahre brauchte er nun noch, um Kanzler zu werden. Er gab der CDU eine neue Richtung und holte zu diesem Zweck Kurt Biedenkopf als Generalsekretär an seine Seite, der die Partei nach Jahren der empörten Ablehnung von Brandts Ostpolitik aus der rechten Ecke wieder als große Volkspartei in der Mitte positionierte.

Am 7. Oktober 1976 stellten die Präsidien von CDU und CSU den erst 46-jährigen Kohl zum Kanzlerkandidaten für die Wahl zum

1976
Kanzlerkandidat

Deutschen Bundestag auf. Die CDU erreichte mit dem Kandidaten Kohl das zweitbeste Ergebnis ihrer Geschichte nach Adenauers Triumph 1957. Sie wurde mit 48,6 Prozent stärkste Partei. Trotzdem wurde Kohl nicht Kanzler, weil SPD und FDP eine Regierungskoalition unter Helmut Schmidt bildeten.

Vier Jahre später, 1980, schaffte es Kohls stärkster Rivale Franz Joseph Strauß, sich für die Kandidatur zu profilieren. Doch Strauß verlor die Wahl und bekam sogar 4,1 Prozent weniger Wählerstimmen als Kohl 1976. Die SPD bildete mit der erstarkten FDP erneut die Regierung unter Helmut Schmidt. Franz Josef Strauß spielte seitdem auf Bundesebene keine aktive Rolle mehr.

Kohl nutzte die Zeit in der Opposition dafür, sich einen zuverlässigen Stab von treuen Mitarbeitern und alten Weggefährten zu schaffen. Die meisten Verbindungen stammten sogar noch aus den 60er-Jahren, manche gingen zurück bis in Kohls Studentenzeit; Kohl pflegte sie in wechselseitiger Loyalität. Einige wurden später auch Rivalen, die an Kohls Stuhl sägten, aber zunächst einmal hatte er eine Mannschaft zusammen, die ihn im Falle der Kanzlerschaft stützen würde. 1982 war es endlich so weit:

Die letzte sozialliberale Koalition zerbrach an der Außenpolitik. Helmut Schmidt meinte, die Entspannungspolitik mit der Sowjetunion trotz ihres Einmarsches in Afghanistan noch mit dem NATO-Doppelbeschluss erzwingen zu können. Der sah vor, entweder im Osten und im Westen Raketen abzurüsten, oder aber, wenn sich die Sowjetunion verweigerte, Europa weiter mit amerikanischen Mittelstreckenraketen aufzurüsten. Diese etwas kostspielige und unsichere Art, die Sowjetunion zur Entspannung zu zwingen, erwies sich später als sehr erfolgreich, rief aber starke Demonstrationen der Friedensbewegung hervor und kostete Schmidt die Unterstützung durch die SPD, seine eigene Partei. Als nun die FDP mit einem neuen Wirtschaftsprogramm zur CDU überlief und Hans-Dietrich Genscher und Kohl sich glänzend zu verstehen schienen, gab Schmidt auf.

Am 1. Oktober 1982 wurde Helmut Kohl durch ein konstruktives Misstrauensvotum von den Abgeordneten der CDU/CSU und dem größten Teil der FDP-Fraktion zum Bundeskanzler gewählt. Genscher behielt seine Ämter in Regierung und Partei. Diese »schwarz-gelbe« Regierungskoalition sollte nicht zuletzt wegen des überwiegend spannungsfreien Einvernehmens zwischen Kanzler Kohl und Außenminister Genscher 16 Jahre lang halten.

1. 10. 1982
Kanzler der
»schwarz-gelben«
Koalition

Zu Beginn kündigte die neue Regierung eine große Wende an, geistig, moralisch und vor allem wirtschaftlich. Die Überwindung der Wirtschaftskrise mit Massenarbeitslosigkeit und hoher Staatsverschuldung wurde zur vordringlichsten Aufgabe ernannt – Themen, die die deutsche Innenpolitik nun über Jahrzehnte begleiten würden, denn die fetten Jahre der Bundesrepublik waren vorbei.

Auch wenn die grundlegenden wirtschaftlichen Probleme weiterhin jahrzehntelang ungelöst blieben, kam es in den 80er-Jahren noch einmal zu einem beachtlichen Aufschwung. Die Bundesrepublik wurde für einige Jahre zur stärksten Handelsnation der Welt, was wohl hauptsächlich an der Weltwirtschaft lag, die nach der zweiten Ölkrise langsam wieder florierte. Freilich war es auch nicht die Wirtschaftspolitik, der die christlich-liberale Koalition unter Kanzler Kohl ihre lange Dauer verdankte – im Gegenteil, nach einer Serie von Pech und Pannen war Kohl 1989 kurz davor, gestürzt zu werden. Die eigentliche Wende kam auf einem Gebiet, auf dem sie niemand vermutet hätte: in der Deutschlandpolitik.

Deutschlandpolitik fing in diesen Jahren vor allem bei den Siegermächten aus dem Zweiten Weltkrieg an. Denn weder die DDR noch die Bundesrepublik waren so souverän, allein über ihre Politik und ihren Weg in die Zukunft zu entscheiden. Und niemand glaubte, dass die Russen ihren Teil Deutschlands jemals freiwillig aufgeben würden. Doch nach drei verknöcherten Greisen wurde 1985 ein Mann im Alter von Helmut Kohl Generalsekretär der kommunistischen Partei in der Sowjetunion: Michael Gorbatschow. Und der machte 1987 im März die als Sensation gefeierte Andeutung, dass die deutsche Einheit womöglich nicht erst in 100, sondern vielleicht schon in 50 Jahren vorstellbar sei. Diese Andeutung kam nicht von ungefähr: Gorbatschow machte sie, weil sein Staat finanziell am Ende war. Nach dem jahrzehntelangen Wettrüsten mit den Amerikanern – Kohl hatte inzwischen ganz im Sinne von Schmidt auch noch den Nato-Doppelbeschluss im Bundestag durchgepaukt – waren die Russen inzwischen so weit, dass sie Weizen aus Amerika einführen mussten, um ihre Bevölkerung zu ernähren. Die Sowjetunion war bankrott und schon auf mittlere Sicht nicht mehr in der Lage, ihr Imperium, den Ostblock, zusammenzuhalten.

Die ersten Auflösungserscheinungen waren in Ungarn zu verzeichnen. Am 2. Mai 1989 begann man dort vor laufenden Kameras, die tödlichen Grenzanlagen nach Österreich abzubauen. So erfuhren

2. 5. 1989
Ungarn beginnt,
die Grenzanlagen
zu Österreich
abzubauen.

die DDR-Bürger von der neuen Freiheit in einem Land, das sie offiziell besuchen durften. Als am 19. August für drei Stunden die Grenzen probehalber ganz geöffnet wurden, flohen auf einen Schwung 600 DDR-Bürger. Im September ließen die Ungarn bereits 30 000 deutsche Ausreisewillige hindurch. Ströme von Trabbis machten sich auf Richtung Ungarn, ganze Familien entschieden sich spontan, aus dem Urlaub nicht mehr in die DDR zurückzukehren. Sie belagerten in Budapest, aber auch in Prag und Warschau die bundesdeutschen Botschaftsgebäude, um Ausreisepapiere zu bekommen. Allein im Garten der Prager Botschaft warteten im September wochenlang 3500 Menschen in Zelten, darunter Familien mit kleinen Kindern, darauf, in die Bundesrepublik entlassen zu werden. Es war ungewiss, wie ihre Zukunft aussehen würde; sicher war nur, dass ihnen bei einer Rückkehr in die DDR Gefängnisstrafen drohten.

Jetzt erwies es sich als Glück, dass keine bundesdeutsche Regierung sich je hatte drängen lassen, die DDR als eigenen Staat anzuerkennen, wie es weite Kreise vor allem der SPD in den letzten Jahren immer wieder gefordert hatten. Denn dann hätte Kohl für diese DDR-Bürger kaum etwas tun können. Da sie aber nach bundesdeutschem Recht als Deutsche galten, gelang es Kohl und Genscher, mit der DDR-Führung zu verhandeln. Deren Regierungschef Honecker wollte kurz vor dem 40. Jahrestag der DDR Ruhe haben und ließ deswegen Tausende von Flüchtlingen in geschlossenen Zügen die DDR passieren und in den Westen ausreisen.

So meinte man, am 7. Oktober 1989 vergleichsweise ungestört 40 Jahre DDR-Sozialismus mit den gewohnten Militärparaden feiern zu können. Aus Moskau reiste zu den Feierlichkeiten Gorbatschow an, der allein mit seiner Anwesenheit daran erinnerte, dass die DDR-Führung sich längst überlebt hatte. Es war denn auch ihr letztes Fest. Im Angesicht noch nie da gewesener, mutiger Demonstrationen der Bürger seines Staates, trat Honecker am 18. Oktober von all seinen Ämtern zurück. »Wer zu spät kommt, den bestraft das Leben«, soll Gorbatschow bei seinem Besuch gesagt haben. Wirklich verbürgt ist der viel zitierte Satz nicht, aber er trifft die Sache.

Honeckers Nachfolger war nicht der reformfreudige Dynamiker, den die DDR-Bürger sich erhofft hatten. Trotz vieler Festnahmen demonstrierten darum Hunderttausende weiter gewaltlos, aber beständig monatelang jeden Montagnachmittag in Leipzig und anderen Städten für eine friedliche, demokratische Neuordnung. Michael Gorbatschow hatte schon im Juli 1989 intern eine Intervention von Sowjettruppen gegen mögliche Unruhen in der DDR abgelehnt. So blieben auch die unbehelligt, die sich am 4. November auf dem Berliner Alexanderplatz versammelten – von der Volkspolizei hilflos beäugt. Es bewegte sich etwas, nur wusste keiner, wohin.

Durch einen nebensächlichen Zufall hob sich fünf Tage später, am 9. November 1989, völlig überraschend der bisher so undurchdringlich erschienene »eiserne Vorhang«. Der von endlosen Sitzungen übermüdete Pressesprecher des Politbüros hatte vor laufenden Fernsehkameras eine Meldung verlesen, die gar nicht zur Veröffentlichung bestimmt gewesen war: DDR-Bürger, so lau-

7. 10. 1989
*Feiern zum
40-jährigen Staats-
jubiläum der DDR*

9. 11. 1989
Mauerfall

tete sie, könnten ab sofort in den Westen reisen. Innerhalb weniger Stunden strömten nun Tausende von Menschen zu den Grenzübergängen. Ohne Instruktionen für einen solchen Fall standen die Soldaten verdutzt vor ihnen, und sie schossen nicht, sondern »fluteten«. In Bonn erhoben sich die Abgeordneten spontan von ihren Bänken und sangen die deutsche Nationalhymne.

Helmut Kohl befand sich gerade auf einer Reise in Polen. Er verließ die verärgerten Gastgeber am 10. November in aller Eile, kam abends aber trotzdem zu spät vor das Schöneberger Rathaus, wo Willy Brandt schon die entscheidende Rede gehalten hatte. Als Kohl erschien, wurde er sogar ausgebuht. Zu Unrecht, wie sich zeigen sollte. Denn nun kamen die Monate, in denen Kohl zu ganz großer Form auflief.

Der Patriot Kohl bewies, dass er ein Staatsmann war, der die sich bietende geschichtliche Chance kühn auszunützen verstand. Am 28. November 1989, nur drei Wochen nach dem Mauerfall, entwarf er, von seiner Frau und dem Abteilungsleiter im Bundeskanzleramt Horst Teltschik kundig beraten, einen »Zehn-Punkte-Plan«, der über die Schaffung eines Staatenbundes zwischen der DDR und der Bundesrepublik zu »föderalen« Strukturen Deutschlands, also zu einem vereinigten Bundesstaat, überleiten sollte. Kohl überraschte damit den Koalitionspartner FDP und selbst Genscher. Ehe er den Plan im Deutschen Bundestag vortrug, hatte er sich allerdings der Zustimmung des amerikanischen Präsidenten George Bush sen. und der CDU/CSU-Bundestagsfraktion versichert. Kohls Überraschungscoup gelang vollständig; selbst die SPD stimmte im Wesentlichen zu, die überrumpelte FDP ebenfalls, nur die Grünen lehnten ab.

In der DDR stieß der Plan offensichtlich auf die Zustimmung der Bevölkerung. Auf den wöchentlichen Demonstrationen skandierte man inzwischen nicht mehr »Wir sind das Volk!«, sondern: »Wir sind ein Volk!« Am 13. Dezember 1989 wurde Kohl in Dresden auf dem Flugplatz mit einem Meer von schwarz-rot-goldenen Fahnen empfangen. Zu seinen Begleitern sagte er: »Die Sache ist gelau-

28. 11. 1989
Zehn-Punkte-Plan

fen.« Seine Rede vor der Frauenkirche schloss er einer Eingebung

13. 12. 1989
Rede in Dresden

folgend mit den Worten »Gott segne unser deutsches Vaterland!«; die Menge schwieg ergriffen.

Nun waren es genau die Eigenschaften, wegen derer er so sehr kritisiert und verspottet worden war, die ihm beim Einigungsprozess Deutschlands halfen. Ein großes Deutschland brachte ja nicht nur Ängste bei den Beteiligten auf, sondern wegen der nationalsozialistischen Vergangenheit auch Ängste bei den Nachbarn. Kohls biedere, bürgerliche, etwas provinzielle Ausstrahlung aber signalisierte den Verbündeten Stetigkeit, seine behäbige Statur Ruhe und Sicherheit. Und seine Heimat- und Geschichtsverbundenheit gaben ihm das Gefühl für den geschichtlich einmaligen Moment. Nichts an ihm wirkte mehr ungelenk; er ließ sich tragen von dem patriotischen Gefühl eines großen Augenblicks der deutschen Geschichte. Mit Mut und Tatkraft handelte er.

Kohls Treue zu den Amerikanern beim Nato-Doppelbeschluss und auch sein gutes Verhältnis zu Bush bewährten sich jetzt und sicherten ihm die amerikanische Unterstützung, während Franzosen und Engländer zunächst gegen eine Wiedervereinigung eintraten. Kohl beruhigte sie, indem er versprach, Deutschland noch stärker in die Europäische Union einzubinden. Polen sicherte er zu, dass die Oder-Neiße-Grenze nicht angerührt werde.

Die vier Siegermächte aus dem Zweiten Weltkrieg, die USA, die UDSSR, Großbritannien und Frankreich, betonten natürlich eilig ihr Recht auf Mitsprache. In den sogenannten »2 + 4 Gesprächen«,

Mai–Sept 1990
»2 + 4 Gespräche«

das heißt der zwei deutschen Staaten und der vier Mächte zwischen Mai und September 1990, ging es um die Grenzen und vor allem die Bündniszugehörigkeit des neuen Deutschlands.

Das größte Problem war dabei die Haltung der Sowjetunion. Ihr kam es darauf an, die Zugehörigkeit Gesamtdeutschlands zur NATO, die ja immerhin das Militärbündnis des ehemaligen Klassenfeindes war, zu vermeiden. Aber genau darauf bestanden die USA und auch Kohl selbst. Zur allgemeinen Verblüffung schaffte es Kohl bei einem Treffen mit Gorbatschow im Kaukasus, ihm die Einwilligung dennoch abzuringen. Kohl versprach ihm im Gegenzug erhebliche Zahlungen zur Unterstützung seines in Geldnöten befindlichen Landes. Hätte ein anderer an seiner Stelle diesen kurzen Moment der Handlungsfreiheit für Deutschland ebenso für eine Wiedervereinigung genutzt?

Nicht nur ein Großteil der SPD hatte sich zu dem Zeitpunkt innerlich bereits von der deutschen Einheit verabschiedet. Viele hatten schon den Besuch von Erich Honecker in der Bundesrepublik 1987 als Schritt der Anerkennung der DDR gesehen, während Kohl in seiner auch in die DDR öffentlich übertragenen Tischrede gegenüber Honecker betonte, er sei sicher, das deutsche Volk in Ost und West sehne die Wiedervereinigung herbei. Kohl hatte immer alles vermieden, was einer völkerrechtlichen Anerkennung der DDR als Ausland gleichkam. So lehnte er es auch ab, die Zentralstelle für die Erfassung der Straftaten der DDR-Grenzsoldaten an der innerdeutschen Grenze aufzulösen. SPD-Politiker gaben hingegen zur gleichen Zeit nach jahrelangen Kontakten zu SED-Funktionären ein gemeinsames Thesenpapier heraus, in dem sie versicherten, dass sie die Existenzberechtigung sowie die Friedens- und Reformfähigkeit der DDR anerkannten.

18. 3. 1990
Freie Wahlen
in der DDR

Am 18. März 1990 fand die erste und letzte freie Wahl in der DDR statt, die der CDU und den mit ihr verbündeten Parteien einen großen Wahlerfolg und der SPD eine Niederlage brachte. Dem Anschluss der DDR an die Bundesrepublik war damit der Weg bereitet. Eine Vorstufe war die Wirtschafts- und Währungsunion zwischen beiden deutschen Staaten, das heißt, in der DDR wurde am 1. Juli 1990 die ersehnte Deutsche Mark eingeführt. Wegen des für

1. 7. 1990
Einführung der
D-Mark in der DDR

die DDR-Bürger sehr günstigen Umtauschkurses von 1:1 brachen in der Folge allerdings die engen Wirtschaftsbeziehungen der DDR zu Osteuropa weg. Die DDR-Wirtschaft würde das nicht verkraften. Doch das konnte die Wiedervereinigung am 3. Oktober 1990 nicht

3. 10. 1990
Wiedervereinigung

mehr aufhalten.

Erst mit diesem Datum endete offiziell die Nachkriegszeit. Die letzten Besatzungstruppen zogen im September 1994, fast 50 Jahre nach Kriegsende, ab. Deutschland war nun uneingeschränkt souverän, und die neuen Bundesländer hießen mit alten Namen: Thüringen, Sachsen, Sachsen-Anhalt, Mecklenburg-Vorpommern und Brandenburg. Berlin wurde wieder gesamtdeutsche Hauptstadt. Etwa 15 Milliarden Euro flossen für bald 20 Jahre jährlich in diese neuen Bundesländer.

Die große Aufgabe der nächsten beiden Legislaturperioden, für die Kohl zum Dank für seine Verdienste um die Deutsche Einheit noch wiedergewählt wurde, war die langsame Angleichung der Lebensbedingungen in der ehemaligen DDR an die in den westlichen Bundesländern. Außerdem hatte er sein Versprechen wahrzumachen, den deutschen Einigungsprozess in die europäische Einigung zu integrieren. 1993 trat der Vertrag von Maastricht in Kraft, der es

1993
*Vertrag von
Maastricht*

den EU-Bürgern erleichtert, überall in den Mitgliedstaaten frei zu leben und zu arbeiten. Zehn Jahre später zahlte man fast in ganz Europa nur noch mit einer Währung, dem Euro. Helmut Kohl wurde 1998 abgewählt. Nur zwei Jahre später musste er auch den Ehrenvorsitz der CDU abgeben. Er hatte in seiner Kanzlerzeit schwarze

1998
*Kohl verliert
die Bundestagswahl
und den
Parteivorsitz.*

Spendengelder in Millionenhöhe angenommen und nach Gutdünken für den Wahlkampf verwendet; als die Geschichte aufkam, weigerte er sich, die Spender zu nennen. Sein uneinsichtiges Gebaren vor dem Untersuchungsausschuss des Deutschen Bundestags erlebten auch viele seiner Anhänger als unwürdig.

Der Preis der Wiedervereinigung waren gewaltige wirtschaftliche Probleme. Die Entwicklung Deutschlands und Europas in Kohls 16-jähriger Amtszeit bleibt trotz allem atemberaubend, und der Kanzler der Einheit hat daran entscheidend mitgewirkt.

Was bleibt?

Helmut Kohl ist von seinen Kritikern unter den Journalisten und in oppositionellen Parteien gern als behäbiger Provinzler verspottet worden. Dies war schon vor dem Herbst 1989 ungerecht. Mit seinen altmodischen Tugenden – Heimatliebe, Fleiß, Vaterlandsliebe – lag er freilich nicht im »Trend«. Mit seinem Festhalten an der Idee der Wiedervereinigung hat er ein Beispiel gegeben, dem viele andere deutsche Politiker in den 80er-Jahren nicht folgen mochten. Seine überragende Leistung bleibt der einsame Entschluss, im November 1989 beherzt und geradlinig die deutsche Einheit anzusteuern und gegen Widerstände auch im eigenen Land zu vollenden. Man hat ihm vorgeworfen, er habe mit der Umstellung der Ostwährung auf die D-Mark wirtschaftspolitisch das Falsche getan. Aber Kohl war Realist. Er erkannte, dass die Fluchtwelle von Ost nach West nur zu stoppen war, wenn in der Währungsfrage überall in Deutschland annähernd gleiche Lebensbedingungen herrschten. Das Erkennen und Ausnutzen der Realität für große Ziele zeichnet wohl den Staatsmann aus, dessen Ruhm über den Tag hinausreicht. Dieser Ruhm ist Helmut Kohl gewiss.

Literatur   Kohls eigene Erinnerungen sind sehr ausführlich und natürlich subjektiv, aber dennoch lesenswert: Helmut Kohl, ERINNERUNGEN 1930–1982. München 2004, und: ERINNERUNGEN 1982–1990. München 2005.   Eine umfassende Biografie über Helmut Kohl muss noch geschrieben werden. Einen guten Überblick über die Jahre der Kanzlerschaft gibt: Manfred Görtemaker, GESCHICHTE DER BUNDESREPUBLIK DEUTSCHLAND. VON DER GRÜNDUNG BIS ZUR GEGENWART. Frankfurt 2004.   Alle Bundeskanzler von Adenauer bis Schröder beschreiben sehr anschaulich: Arnulf Baring, Gregor Schöllgen, KANZLER, KRISEN, KOALITIONEN. Berlin 2002.   Ein »Spezial-BROCKHAUS« ist vor allem für die deutsche Zeitgeschichte zu empfehlen. Besondere Persönlichkeiten und Ereignisse werden darin in jeweils eigenen Abschnitten behandelt: BROCKHAUS, DEUTSCHE GESCHICHTE IN SCHLAGLICHTERN. Mannheim 2007.

Museen / Erinnerungsorte   Die Gedenkstätte Berliner Mauer in der Bernauer Straße ist das nationale Denkmal zur Erinnerung an die Teilung der Stadt; hier wird natürlich auch der Moment der Maueröffnung dokumentiert.   Das Haus der Geschichte der Bundesrepublik Deutschland in Bonn thematisiert vielfältig und anschaulich die Wiedervereinigung Deutschlands und dabei auch die Rolle Helmut Kohls.

Zeitgenossen

Hannelore Kohl, geb. Renner   Frau Helmut Kohls (1933–2001)

Sie wurde 1933 als Tochter eines Elektro-ingenieurs und einer Rundfunksprecherin in Berlin geboren; später zog die Familie um nach Leipzig. 1945 traumatische Kriegserleb-nisse beim Einmarsch der Roten Armee und Flucht auf den großväterlichen Bauernhof in die Pfalz. Hannelore Renner lernte Helmut Kohl 1948 kennen, 1960 heirateten sie, 1963 und 1965 kamen die Söhne Walter und Peter zur Welt. In seinen Erinnerungen spricht Helmut Kohl besonders liebevoll von ihr, lobt das menschliche und politische Verständnis seiner Frau. Sie war auf Wahlreisen, bei seiner Wahl zum Bundeskanzler sowie auf Groß-ereignissen wie der Wiedervereinigung an seiner Seite, lebte aber ansonsten wohl teilweise vereinsamt in Ludwigshafen. Als sie wegen einer unheilbaren Krankheit unter unerträg-lichen Schmerzen litt, beging sie Selbstmord.

Franz-Joseph Strauß   CSU- Politiker, Ministerpräsident von Bayer (1915–1988)

In München als Sohn eines Metzgermeisters geboren, studierte der Einser-Schüler nach dem Abitur Latein und Geschichte. Von 1935 bis 1945 war er Soldat, zuletzt Offizier; 1945 bis 1949 Landrat. 1946 gründete er die CSU mit, in der er aufstieg, bis er von 1961 bis zu seinem Tod ihr Landesvorsitzender wurde. Von 1978 bis 1988 war er Ministerpräsident von Bayern. Unter Adenauer war er Minister für Atom-fragen und Verteidigungsminister. Er musste zurücktreten, weil er in der sogenannten »Spiegel«-Affäre, der Verhaftung von Redakteuren des »Spiegels« wegen angeblichen Landesverrats, dem Deutschen Bundestag die Unwahrheit gesagt hatte. 1966–1969 in der Großen Koalition unter Kurt Georg Kiesinger war er Bundesfinanzminister. In der Opposition wurde er dann der schärfste Gegner der Ostpolitik Willy Brandts und zugleich der größte Rivale Kohls. Schon 1976 wäre er wohl gern Kanzlerkandidat von CDU/CSU geworden; als er es 1980 wurde, scheiterte er. Auf die deutsche Politik wirkte er zeitlebens stark polarisierend.

Hans-Dietrich Genscher   FDP-Politiker, Außenminister (1927*)

Er ist der Sohn eines Juristen, der bereits 1937 starb. Bei Kriegsende wurde Genscher noch eingezogen und kam in amerikanische und britische Kriegsgefangenschaft. Er studierte von 1946–1949 Jura in Halle und Leipzig. Von 1945 bis zu seiner Flucht 1952 war er Mitglied der Liberaldemokratischen Partei Deutschlands in der DDR. In der Bundesrepublik arbeitete er ab 1954 als Rechtsanwalt und wurde in der FDP aktiv, in der er aufstieg, bis er von 1974 bis 1984 ihr Bundesvorsitzender wurde. 1969 bis 1974 war er Innenminister in der sozialliberalen Koalition, 1974 bis 1982 Außen-minister und Vizekanzler. Im Oktober 1982 betrieb er mit Helmut Kohl den Sturz Helmut Schmidts als Bundeskanzler und begründete dann mit Kohl die konservativ-liberale »schwarz-gelbe« Koalition, der er als Vizekanz-ler und Außenminister von 1982 bis 1992 angehörte. Mit Kohl zusammen beförderte er den Einigungsprozess Deutschlands.

Michael Gorbatschow Russischer Politiker, Präsident der UdSSR (1931*)

Er war von 1985 bis 1991 der letzte Generalsekretär der KPdSU und Präsident der UdSSR und deren mächtigster Mann. Er begann einen Reformkurs, den er »Perestroika«, Umgestaltung, und »Glasnost«, Offenheit, nannte. Er ließ 1990 die deutsche Wiedervereinigung zu, konnte danach aber nicht den Zerfall erst des Ostblocks und dann der Sowjetunion verhindern, als erst die baltischen Staaten Estland, Lettland und Litauen und später auch die Ukraine, Weißrussland und die nicht-russischen Staaten sich für unabhängig erklärten. Einen gegen ihn gerichteten Putsch schlug sein Nachfolger Boris Jelzin nieder, der nach ihm Präsident wurde.

George Bush, sen. Amerikanischer Präsident (1924*)

Ein Mann des Militärs, Republikaner und Politiker mit internationaler Erfahrung, war er zum Zeitpunkt der Wiedervereinigung Deutschlands Präsident der USA. Deutschland verdankt diese Einheit international vor allem seiner und Gorbatschows Unterstützung. George Bush war von 1989 bis 1993 der 41. Präsident der USA; der 43. Präsident George W. Bush ist sein Sohn.

Gerhard Schröder Deutscher Politiker, Bundeskanzler (1944*)

Sein Vater ist im Krieg gefallen. In einem Dorf in Lippe in ärmlichen Verhältnissen aufgewachsen, machte er auf dem 2. Bildungsweg Abitur, studierte Jura und arbeitete 1978 bis 1990 als Rechtsanwalt. 1963 trat er in die SPD ein, 1978 bis 1980 war Bundesvorsitzender der Jungsozialisten, 1986 wurde er Mitglied des Parteivorstands der SPD, 1999 bis 2004 war er deren Vorsitzender. Schröder wurde 1990 in Niedersachsen Nachfolger des Ministerpräsidenten Ernst Albrecht und 1998 in einer SPD-Grünen-Koalition Bundeskanzler. Auch in der Wahl 2002 gelang ihm der Sieg über die die CDU/CSU und FDP. Zwischen 2002 und 2005 leitete er mit der sogenannten »Agenda 2010« sozial- und arbeitsmarktpolitische Reformen ein, was die Wähler ihm aber nicht honorierten. Seine Nachfolgerin wurde, als Kanzlerin nunmehr einer Großen Koalition, Angela Merkel.

Die erste Bundeskanzlerin

ANGELA MERKEL

*1954

DIE ERSTE BUNDESKANZLERIN
ANGELA MERKEL Mit einem Rückblick auf
die Geschichte der Frauen in Deutschland

Am 18. September 2005 wählten die Deutschen Angela Merkel zur Bundeskanzlerin. Noch an ihrem dreißigsten Geburtstag 1984 war das vollkommen unvorstellbar. Damals lebte sie als politikferne Physikerin in Ostberlin, der Hauptstadt der DDR. Geboren ist sie in Hamburg. Sie war ein Säugling, als ihre Eltern sich im Sommer 1954 entschlossen, in ein winziges Dorf in der Prignitz zu ziehen, wo Vater Horst Kasner seine erste Pastorenstelle antrat. Hamburg lag in der Bundesrepublik, die Prignitz in der DDR. Gehörige Abenteuerlust, eine Affinität zum Sozialismus oder zumindest eine starke Überzeugung der eigenen Berufung müssen ihn zu diesem Schritt in einem Jahr bewogen haben, in dem 180 000 Menschen den umgekehrten Weg gingen und aus der DDR in den Westen flohen.

Erst ein gutes Jahr war es her, dass sowjetische Panzer in der DDR auf Demonstranten geschossen hatten, die für die Freiheit auf die Straße gegangen waren. Die SED hatte allen Grund, nun um die Gunst ihrer Bürger zu werben. So ließ sie, angewiesen von der Sowjetunion, im Juli 1954 den ersten und einzigen gesamtdeutschen Kirchentag in Leipzig stattfinden, den sie nutzte, um sich vor den 10 000 Gläubigen aus dem Westen und den eigenen Bürgern als den friedlicheren, den gerechteren Staat darzustellen. Der soziale Gedanke sollte das Verbindende sein zwischen Christentum und Sozialismus, und Pfarrer Kasner scheint daran geglaubt zu haben. Bereits vor dem Mauerbau wurde er im sogenannten Weißenseer Kreis tätig, der auf eine Trennung der DDR-Kirche vom Westen hinarbeitete, die sich 1969 auch vollzog.

1957 übernahm Horst Kasner die Leitung des Pastoralkollegs in Templin. Von nun an durchliefen viele junge Pfarrer, die in der DDR ausgebildet wurden, seine Schulungen im Templiner Waldhof. Er musste als Leiter des Pastoralkollegs vorsichtig handeln. Er konnte sich nicht in Opposition zur SED stellen, damit hätte er sich und seine Familie gefährdet. Ohne dass er mit der Staatssicherheit zusammenarbeitete, gelang ihm 30 Jahre lang der sicher nicht einfache Spagat zwischen dem staatlichen Anpassungsdruck und seiner Tätigkeit als Ausbilder der Geistlichen.

Seine Frau durfte ihren Beruf als Latein- und Englischlehrerin nicht ausüben und widmete ihren drei Kindern viel Zeit. Pfarrersfamilien wurden von der SED misstrauisch beäugt; sie galten als Hort der Bürgerlichkeit, die man überwinden wollte. Im Waldhof konnte dennoch verhältnismäßig offen diskutiert werden; es gab gelegentlich Referenten aus dem Westen und Zugang zu westlicher Literatur. Angela Kasner wuchs in der versteckten Waldidylle weltoffen auf, die Eltern gehörten zu den wenigen DDR-Bürgern, die Westreisen unternahmen. Die Mutter besuchte sogar die USA. Familie Kasner lebte anders als andere.

Angela Kasner glich ihr Anderssein mit ihren Leistungen und ihrer Freundlichkeit aus. Sie war immer Klassenbeste und gehörte zu den 10 Prozent der Schüler, die die Hochschulreife erwerben durften. Sie wählte das Studium der Physik, eine ideologiefreie Nische. Sie studierte, machte ihr Diplom und kämpfte sich für ihre Promotion an einer völlig veralteten Rechenmaschine ab. Durch den Vater kannte sie natürlich viele DDR-Oppositionelle aus dem christlichen Milieu, aber sie schloss sich keiner Gruppe an, bis die Mauer fiel. Dann wurde sie für den Demokratischen Aufbruch aktiv, das war ein Zusammenschluss eher konservativer Bürgerrechtsbewegungen, die gemeinsam zur ersten freien Wahl in der DDR im März 1990 antraten.

Angela Merkel, wie sie nach ihrer ersten Heirat hieß, übernahm die Pressearbeit. Das tat sie besonders gut. Sie wurde stellvertretende Regierungssprecherin für die letzte DDR-Regierung, deren eigentliche Aufgabe es war, innerhalb eines guten halben Jahres die Wiedervereinigung vorzubereiten. So nahm Angela Merkel an allen Einheitsverhandlungen teil. Sie war dabei, als am 18. Mai 1990

in Bonn der Staatsvertrag über die Währungs-, Wirtschafts- und So-
zialunion in Anwesenheit von Kohl und de Maizière unterzeichnet
wurde. Sie war dabei, als Staatssekretär Krause und Bundesinnen-
minister Schäuble am 1. September 1990 den Einigungsvertrag unterschrieben. Und sie war beim Abschluss der »2 + 4 Gespräche« am
12. September 1990 in Moskau dabei, wo sie durch ihre Russisch-
kenntnisse beeindruckte.

Als sich der Demokratische Aufbruch auflöste, entschied sich
Angela Merkel im Herbst 1990 für einen Eintritt in die CDU. Im
Wahlkreis Stralsund-Rügen-Grimmen konnte sie sich gegen zwei
westdeutsche Kandidaten durchsetzen und wurde im Dezember
1990 Mitglied des Bundestages.

Helmut Kohl musste in seine neue gesamtdeutsche Bun-
desregierung auch Politiker aus der ehemaligen DDR aufnehmen.
Die junge und selbstbewusste ostdeutsche Wissenschaftlerin kam
ihm wie gerufen. Sie hatte den Einheitsprozess hautnah miterlebt,
konnte öffentlich auftreten, hatte immer genug Abstand zum Regime der DDR gehalten und war auch noch Christin aus einem bürgerlichen Elternhaus. Am 18. Januar 1991 wurde Angela Merkel als
jüngste Ministerin der Bundesrepublik vereidigt.

Nun lernte sie, wie der Westen tickt. Von der Benutzung
einer Bankkarte bis zu Stilfragen war ihr alles fremd. Das war ihr
Nachteil und ihr Vorteil zugleich. Als ernst zu nehmende Rivalin,
als ein Mensch, der nach Macht strebt, wurde sie zunächst völlig
unterschätzt. Sie hatte nicht die Ochsentour durch die Jugend-
organisationen der Parteien durchlaufen wie ihre gleichaltrigen
Kollegen aus dem Westen, konnte also nicht auf gewachsene Verbindungen bauen wie etwa Kohl oder Schröder – und dennoch gelang
es ihr, ihre Konkurrenten nach und nach aus dem Feld zu schlagen.

In beiden Kabinetten der Kohlregierungen von 1990 und 1994
wurde Angela Merkel Ministerin, erst für Frauen und Jugend, dann
für Umwelt- und Naturschutz und Reaktorsicherheit. Da Helmut
Kohl durch eine Spendenaffäre schon bald diskreditiert war und in
der Folge auch Wolfgang Schäuble sein Amt als Parteivorsitzender

räumen musste, gelangte Angela Merkel, die sich von Kohl öffentlich distanzierte, in Schlüsselpositionen. Währenddessen regierte in Berlin mit Gerhard Schröder und Joschka Fischer an der Spitze die rot-grüne Koalition. Beide Männer traten betont viril auf und boten Angela Merkel Gelegenheit, sich als nüchterne, bescheidene, inhaltlich argumentierende Frau der Opposition besonders zu profilieren. Sie konnte sich als CDU-Vorsitzende so geschickt durchsetzen, dass sie im Mai 2005 Kanzlerkandidatin wurde. Und am Abend des 18. September 2005 konnte Gerhard Schröder es nicht glauben, dass Angela Merkel ihn ablösen würde.

Die Tatsache, dass die Deutschen im Jahr 2005 eine Frau zu ihrer Regierungschefin wählten, hätte auch unseren Vorfahren den Atem verschlagen. Eine Frau als eigenständiges Staatsoberhaupt hatte es seit Maria Theresia nicht mehr gegeben, und das war bald 250 Jahre her.

Auch wenn Angela Merkel immer Distanz zur Frauenbewegung gezeigt hat und sich sicher nicht als Feministin versteht, muss an dieser Stelle daran erinnert werden, dass noch 100 Jahre vor der Wahl einer Bundeskanzlerin Frauen noch nicht einmal Parteimitglieder sein durften, geschweige denn gewählt werden. Sie durften in Preußen nicht studieren, und die ersten sechs Mädchen, die 1896 Abitur machten, hatten sich darauf alleine vorbereiten müssen, denn Gymnasien für Mädchen gab es nicht. Um 1900 wurden wissenschaftliche Untersuchungen verfasst, die Frauen jede Denkfähigkeit absprachen. Ihr »physiologischer Schwachsinn« befähige sie zu keinem anderen Beruf als dem der Mutter, hieß es.

Das Bürgerliche Gesetzbuch des Deutschen Reichs aus dem Jahr 1900 erinnerte in seiner Ehegesetzgebung fatal an einen anderen Gesetzeskodex, der fast 4000 Jahre zuvor entstanden war: an die Sammlung zivil- und strafrechtlicher Regeln, die dem babylonischen König Hammurapi (1792–1750 v. Chr.) zugeschrieben wird. Ein Drittel der Gesetzesartikel befasste sich mit Ehe-, Familien- und Erbrecht. Vor allem in diesem Teil wurde die patriarchalische Herrschaft von Vätern und Ehemännern festgeschrieben, deren »Schutz«

Frauen als Töchter und Ehefrauen unterstellt waren. Weitgehendere geschäftliche Rechte hatten nur Frauen, die sich zu Kinderlosigkeit und moralischem Lebenswandel verpflichtet hatten, nämlich Witwen und Priesterinnen. In der Bibel spiegelte sich diese Gesellschaftsordnung wider und verhinderte über zwei Jahrtausende die Eigenständigkeit und Freiheit gebärfähiger Frauen. »… sie sollen sich unterordnen, wie auch das Gesetz sagt«, schrieb Paulus in einem Brief an die Korinther. Und an anderer Stelle: »Eine Frau lerne in der Stille mit aller Unterordnung. Einer Frau gestatte ich nicht, dass sie lehre, auch nicht, dass sie sich über den Mann erhebe, sondern sie sei stille. Denn Adam ist als Erster gemacht, danach Eva.«

Das Bürgerliche Gesetzbuch setzte 1900 die Diskriminierung von Frauen fort: Mit der Eheschließung hatte die Frau nicht nur den Nachnamen des Mannes zu führen, sondern er bestimmte auch ihren Wohnort. Sobald eine Frau heiratete, verlor sie die Verfügung über ihr eigenes Vermögen. War sie erwerbstätig, blieb ihr Lohn zwar ihr Eigentum, aber der Ehemann konnte jederzeit ohne ihre Zustimmung, sogar ohne ihr Wissen, ihr Arbeitsverhältnis kündigen.

Zu diesem Zeitpunkt war der erste Ruf der Frauen nach einer »ächt weiblichen Emancipation« immerhin bereits 50 Jahre her. Die Schriftstellerin Louise Otto hatte in den Tagen der Revolution 1848 mit ihrer ersten politischen »Frauenzeitung« in Sachsen dazu aufgerufen. Ihre Arbeit wurde verboten. 1865 nahm Louise Otto-Peters einen neuen Anlauf und gründete den Allgemeinen Deutschen Frauenverein. Mit ihm organisierte sich die Frauenbewegung nun ganz offiziell. Die Frauen traten allerdings sehr bescheiden auf. Sie sprachen davon, dass es ein weibliches und ein männliches Prinzip gäbe und dass sie das weibliche Prinzip stärken wollten, indem sie den Frauen eine Ausbildung als Erzieherin oder Krankenschwester ermöglichten, »dem Naturberuf der Frau«.

Erst im zweiten Schwung erreichten die Frauen bis zum Ersten Weltkrieg überall in Deutschland das Recht zu studieren und nach dem Krieg das Recht, zu wählen und gewählt zu werden. Die Weimarer Verfassung schrieb erstmals gleiche Rechte und Pflichten

für Männer und Frauen fest. Bei der Wahl zur Weimarer Nationalversammlung waren tatsächlich unter den 423 gewählten Abgeordneten 41 Frauen, also 9,6 Prozent. Weder die folgenden Reichs- noch
die deutschen Bundestage bis in die 80er-Jahre haben einen so hohen Prozentsatz an Frauen erreicht!

Die Nationalsozialisten entzogen allen Frauen sofort wieder
das aktive Wahlrecht. Weibliche Abgeordnete gab es im Nationalsozialismus nicht. Goebbels sagte dazu: »... dass Dinge, die dem
Mann gehören, dem Mann auch verbleiben müssen, und dazu gehört
die Politik und die Wehrhaftigkeit des Volkes«. Die Emanzipation erklärten die Nationalsozialisten zum Merkmal des »Volksverfalls«,
im völkischen Staat sollte die alte »natürliche« Arbeitsteilung zwischen den Geschlechtern wiederhergestellt werden – eine politische
Wende, die auch von Frauen durchaus kräftig bejubelt und unterstützt wurde. 1936 wurde durch eine Verfügung Adolf Hitlers das
Justizwesen weitgehend von Frauen »gesäubert«. Die Verordnung
kam einem Berufsverbot für Juristinnen gleich. Frauen durften weder Richterin noch Anwältin werden. Ärztinnen wurden bei ihrer
Berufsausübung behindert. Für Mädchen wurde keine intellektuelle Bildung mehr angestrebt. Sie sollten sich auf ihre Aufgaben im
Haushalt vorbereiten. Hitler ließ sich auf Plakaten abbilden mit
dem Spruch: »In meinem Staat ist die Mutter wichtigste Staats-
bürgerin.« Am Muttertag erhielten Frauen mit »überdurchschnitt-
lichen Gebärleistungen« das Ehrenkreuz der deutschen Mutter.
Für vier Kinder gab es Bronze, ab sechs Kinder Silber und für acht
und mehr Gold. Frauen wurden im Nationalsozialismus durch die
Mütterpolitik in doppelter Hinsicht diskreditiert: in der Unterdrückung ihrer geistigen Entwicklung und in dem Missbrauch der
Mütter als Produzentinnen deutscher Soldaten.

Das sollte nach dem Zweiten Weltkrieg anders werden. Hatten die Kommunisten vor dem Nationalsozialismus schon verkündet, in ihrem Staat werde es keine Diskriminierung von Frauen
mehr geben, so war die DDR natürlich im Zugzwang. Von Anfang
an gehörte in der sowjetischen Besatzungszone und später in der

DDR die Gleichstellung der Frau zu den offiziellen Zielen der sozialistischen Gesellschaftspolitik. 1949 wurde in die erste Verfassung der DDR das Prinzip der Gleichberechtigung von Mann und Frau aufgenommen. Alle Bestimmungen, die diesem Prinzip widersprachen, wurden sofort aufgehoben. Abtreibungen waren ohne weitere Beratung bis zum dritten Monat erlaubt. Damit hatte die DDR auf einen Schlag durchgesetzt, wofür die Frauenbewegung in der Bundesrepublik noch 20 Jahre kämpfte.

Doch wie die Frauen in der Bundesrepublik, so erreichten auch die Frauen in der DDR meist nur die unteren Positionen in der Berufshierarchie. Während der Frauenanteil in den Bezirkstagen relativ hoch war, saß im Ministerrat, der Spitze des Staatsapparates, nur eine einzige Frau: Margot Honecker, Ministerin für Volksbildung. Der Ministerrat hatte aber 42 Mitglieder. Das Problem für die Frauen in der DDR war wohl ihre zwei- und dreifache Belastung: Die von oben verordnete Emanzipation hatte nicht zu einem Bewusstseinswandel geführt. Frauen hatten volle Arbeitszeiten zu leisten, die Versorgungsmängel auszugleichen, überwiegend die Haushalte zu führen, und wenn sie Karriere machen wollten, wurde von ihnen auch noch ein politisches Engagement in der SED erwartet. Außerdem nutzte der Staat unter dem Deckmantel der Emanzipation den Einfluss auf die Kinder für eine frühe sozialistische Indoktrination, was der Beschäftigungsfreiheit der Eltern einen wenig reizvollen Beigeschmack verlieh.

Im Westen bestanden die Alliierten nach dem Krieg darauf, dass in allen Gemeinderäten nun auch Frauen vertreten waren. Als sich in Bonn der Parlamentarische Rat der drei Westzonen mit dem Auftrag bildete, ein Grundgesetz für einen zukünftigen westdeutschen Staat zu erarbeiten, waren immerhin vier Mitglieder des 65-köpfigen Gremiums Frauen. Sie bestanden darauf, dass es nicht mehr wie in der Weimarer Verfassung hieß: »Männer und Frauen haben die gleichen staatsbürgerlichen Rechte und Pflichten«, denn dieser Grundsatz sparte das Familienleben aus. Jetzt hieß es viel weiterführender: »Alle Menschen sind vor dem Gesetz gleich. Männer und Frauen sind gleichberechtigt.« Dass die Frauen auf dieser Veränderung beharrten, löste einen Sturm der Empörung aus. Unterstützung bekamen sie nach einigem Zögern von der SPD, während die konservativen Regierungsparteien noch über Jahre den Prozess der Gleichstellung blockierten, indem sie an den patriarchalischen Bestimmungen im Familienrecht festhielten. Mit dem Argument, Frau und Mann seien von Natur aus verschieden, beharrte die CDU-Fraktion unter anderem auf dem männlichen Entscheidungsrecht in allen Fragen, die das gemeinsame Leben der Eheleute, vor allem auch die Erziehung der Kinder, betrafen.

1953 wurde die Gleichberechtigung von Mann und Frau endlich gültig; aber erst fünf Jahre später bekamen Frauen das Recht, ihr in die Ehe eingebrachtes Vermögen selbst zu verwalten. Und erst 1977 trat ein neues Eherecht in Kraft, das die Hausfrauenehe abschaffte. Bis dahin war die Ehefrau zur »Haushaltsführung verpflichtet«. Berufstätig durfte sie nur sein, wenn sie dadurch »ihre familiären Verpflichtungen nicht vernachlässigte« und ihr Ehemann es gestattete. Auch das Scheidungsrecht wurde reformiert. Das Schuldprinzip, das zu gegenseitigen Unterstellungen führte und Scheidungen für alle Beteiligten zu einer einzigen Katastrophe machte, entfiel. Bis dahin hatten schuldig Geschiedene keinen Anspruch auf Unterhalt. Die väterlichen Vorrechte in der Kindererziehung wurden vollständig allerdings erst 1979 beseitigt.

Diese Widerstände lösten die dritte große Welle, die »neue Frauenbewegung« aus, die in die Zeit größter Veränderungen fiel, da es seit 1962 die Pille zur Geburtenregelung gab. Zum ersten Mal in der Existenz der Menschheit konnten junge Frauen Einfluss auf den Zeitpunkt ihrer Mutterschaft nehmen. Das veränderte zwar nicht unmittelbar, aber doch im Lauf von etwa 20 Jahren die weiblichen Lebensläufe von Grund auf. Mitte der 70er-Jahre bemächtigte sich die Frauenbewegung aller gesellschaftlichen Bereiche. Ab 1977 schossen die Frauenprojekte nur so aus dem Boden: Frauenhäuser, -zeitschriften, -bands, -kabaretts, -theater und -filmgruppen, Frauencafés und -kneipen, Frauentherapiezentren und vieles mehr. In der kritischen Distanz zu »männlichen« Werten entstand hier das eigentlich Neue an der neuen Frauenbewegung.

1980 verabschiedete der Bundestag das Gesetz über die Gleichbehandlung von Männern und Frauen am Arbeitsplatz. Und eine neue Partei trat an, auch mit dem Ziel, Frauen in der Politik zu fördern: die Grünen. Als sie im März 1983 in den Bundestag gewählt wurden, brachten sie die 50-Prozent-Quote mit, die besagte, dass immer die Hälfte aller Gremien mit Frauen zu besetzen sei. Die Grünen setzten damit auch die anderen Parteien unter Zugzwang, und sie bewegten sich 1985 in diese Richtung weiter mit der Vorlage des Antidiskriminierungsgesetzes. Noch in den 70er-Jahren hatte die SPD Quotenregelungen zur innerparteilichen Gleichstellung von Frauen abgelehnt. Bis dahin konnten sich in allen Parteien nur wenige Ausnahmefrauen durchsetzen. Seitdem die Grünen Quoten und Frauenlisten eingeführt hatten, wurde auch in anderen Parteien darüber nachgedacht, wie man Frauen stärker in die Politik bringen könne. Im Juni 1986 wurde unter Helmut Kohl das erste Bundesfrauenministerium eingerichtet; in jeder Stadt gab es von da an eine Gleichstellungsstelle und an jeder Hochschule nun Frauenbeauftragte.

Seit den 90er-Jahren gab es viele »erste« Frauen. Die Synode der evangelisch-lutherischen Kirche wählte im April 1992 die erste Bischöfin der Welt. 2009 gab es die erste Ratsvorsitzende der evangelischen Kirche in Deutschland, 1993 die erste Ministerpräsidentin, 1994 die erste Präsidentin des Bundesverfassungsgerichts.

Damit also Angela Merkel im September 2005 als erste Frau zur Bundeskanzlerin gewählt werden konnte, mussten zwei Revolutionen stattfinden: der Umsturz der DDR im Herbst 1989 und die langwierige Emanzipation der Frauen von 1848 bis heute. Ganz unabhängig davon, wie sich ihre politische Laufbahn weiterentwickeln wird, gibt ihr diese Tatsache ein einmaliges Gewicht in der deutschen Geschichte.

Auch in diesem Buch ist von rund 300 Männern die Rede gewesen und von nur wenigen Frauen. Das liegt daran, dass Frauen –

mit Ausnahme der bereits erwähnten Maria Theresia und einiger
Fürstinnen unscheinbarer kleiner deutscher Staaten – so gut wie
keinen messbaren Einfluss auf die Gestaltung der deutschen Geschichte im Großen hatten. Ihr Einfluss ist deswegen nicht messbar, weil sie, außer vielleicht die Äbtissinnen der Klöster, keine
öffentlichen Ämter bekleideten. Ihr Einfluss kann auch deswegen
nur schwer nachvollzogen werden, weil der männlich orientierte
Blick auf die Geschichte seit Jahrhunderten häufig dazu geführt
hat, dass die schriftlichen Äußerungen von Frauen vernichtet wurden. Das dürfte sich mit der letzten Jahrtausendwende grundlegend
geändert haben.

LITERATUR

Im Folgenden ist empfehlenswerte Literatur zur deutschen Geschichte als Ganzes wie zu größeren Abschnitten aufgeführt. Bücher zu einzelnen »Lebensbildern« finden sich bei den jeweiligen Kapiteln. Wo ein Buch aktuell nicht lieferbar ist, empfiehlt sich ein Blick ins Internet; vergleichsweise populäre Bücher wie die nachfolgenden werden fast ausnahmslos auch gebraucht angeboten.

Gesamtdarstellungen

Brockhaus, DEUTSCHE GESCHICHTE IN SCHLAGLICHTERN. Mannheim 2007.

Manfred Mai, DEUTSCHE GESCHICHTE. Weinheim 2009.

Hagen Schulze, KLEINE DEUTSCHE GESCHICHTE. München 2007.

Römer und Germanen

Siegfried Fischer-Fabian, DIE ERSTEN DEUTSCHEN. ÜBER DAS RÄTSELHAFTE VOLK DER GERMANEN. Köln 2011.

Felix und Therese Dahn, GERMANISCHE GÖTTER- UND HELDENSAGEN. Wiesbaden 2004.

Mittelalter

Hartmut Boockmann, DAS MITTELALTER. EIN LESEBUCH AUS TEXTEN UND ZEUGNISSEN DES 6. BIS 16. JAHRHUNDERTS. München 1997.

Georges Duby, DIE RITTER. München 2001.

Siegfried Fischer-Fabian, DIE DEUTSCHEN KAISER: TRIUMPH UND UND TRAGÖDIE DER HERRSCHER DES MITTELALTERS. Köln 2009.

Gerhard Hartmann, Karl Schnith (Hrsg.), DIE KAISER. 1200 JAHRE DEUTSCHE GESCHICHTE. Wiesbaden 2006.

Jacques LeGoff, DAS MITTELALTER FÜR KINDER. München 2007.

Barbara Tuchmann, DER FERNE SPIEGEL. DAS DRAMATISCHE 14. JAHRHUNDERT. München 2010.

Preußen, Reichsgründung

Christopher Clark, PREUSSEN. AUFSTEIG UND NIEDERGANG.
    1600–1947. München 2008.

20. Jahrhundert

Arnulf Baring, Gregor Schöllgen, KANZLER, KRISEN,
    KOALITIONEN. Berlin 2002.
Ingke Brodersen, Carola Stern, EINE ERDBEERE FÜR HITLER.
    DEUTSCHLAND UNTERM HAKENKREUZ. Frankfurt 2006.
Susanne Fritsche, DIE MAUER IST GEFALLEN.
    EINE KLEINE GESCHICHTE DER DDR.
    Aktualisierte Neuausgabe München 2009.
Golo Mann, DEUTSCHE GESCHICHTE
    DES 19. UND 20. JAHRHUNDERTS. Frankfurt 2009.
Barbara Tuchmann, AUGUST 1914. Frankfurt 2011.
Peter Zolling, DEUTSCHE GESCHICHTE VON 1871
    BIS ZUR GEGENWART – WIE DEUTSCHLAND WURDE,
    WAS ES IST. Aktualisierte Neuausgabe München 2009.

Geschichte der Frauen

Siegfried Fischer-Fabian, SIE VERWANDELTEN DIE WELT.
    LEBENSBILDER BERÜHMTER FRAUEN. Köln 2007.
Rosemarie Naves-Hertz, DIE GESCHICHTE
    DER FRAUENBEWEGUNG IN DEUTSCHLAND.
    Hannover 1997.

DANK SAGEN

möchte ich all denen, die mir in Zeiten geholfen haben, als ich familiär stark eingespannt war: Der gewissenhafte und belesene Gerald Ull hat viel Material über die »Zeitgenossen« zusammengetragen, Hiltrun von Grünberg hat die Kapitel über Maria Theresia, die beiden Stauferkaiser und Heinrich IV. verfasst, Nikolaus von Grünberg die Kapitel über August Bebel, Willy Brandt und Helmut Kohl, Hans-Wilhelm von Grünberg die Kapitel über Karl V., Wallenstein und Friedrich II. von Preußen. Die Hilfe meiner Verwandten war von unschätzbarem Wert und hat mich davor bewahrt, in große zeitliche Bedrängnis zu geraten.

Schon vor etlichen Jahren hat Friedbert Stohner vom Hanser Kinderbuch mich zu diesem Buch angestiftet, und am Ende hat er es persönlich redigiert. Auch dafür bin ich dankbar.

Dass dieses Buch auch weiterhin bei allen, die mit ihm in Berührung kommen, eine leidenschaftliche Beschäftigung mit unserer Geschichte auslöst, kann ich nur hoffen.

JULIA VON GRÜNBERG,

geboren 1968 in Berlin, studierte Geschichte und Politologie an der Freien Universität Berlin. Sie schrieb 2001 bereits ein Buch für junge Leser: CARITAS PIRCKHEIMER UND DAS ZEITALTER DER REFORMATION. Nach Jahren in England, Süddeutschland und Österreich lebt sie mit ihrem Mann und ihren fünf Kindern zurzeit im Münsterland.

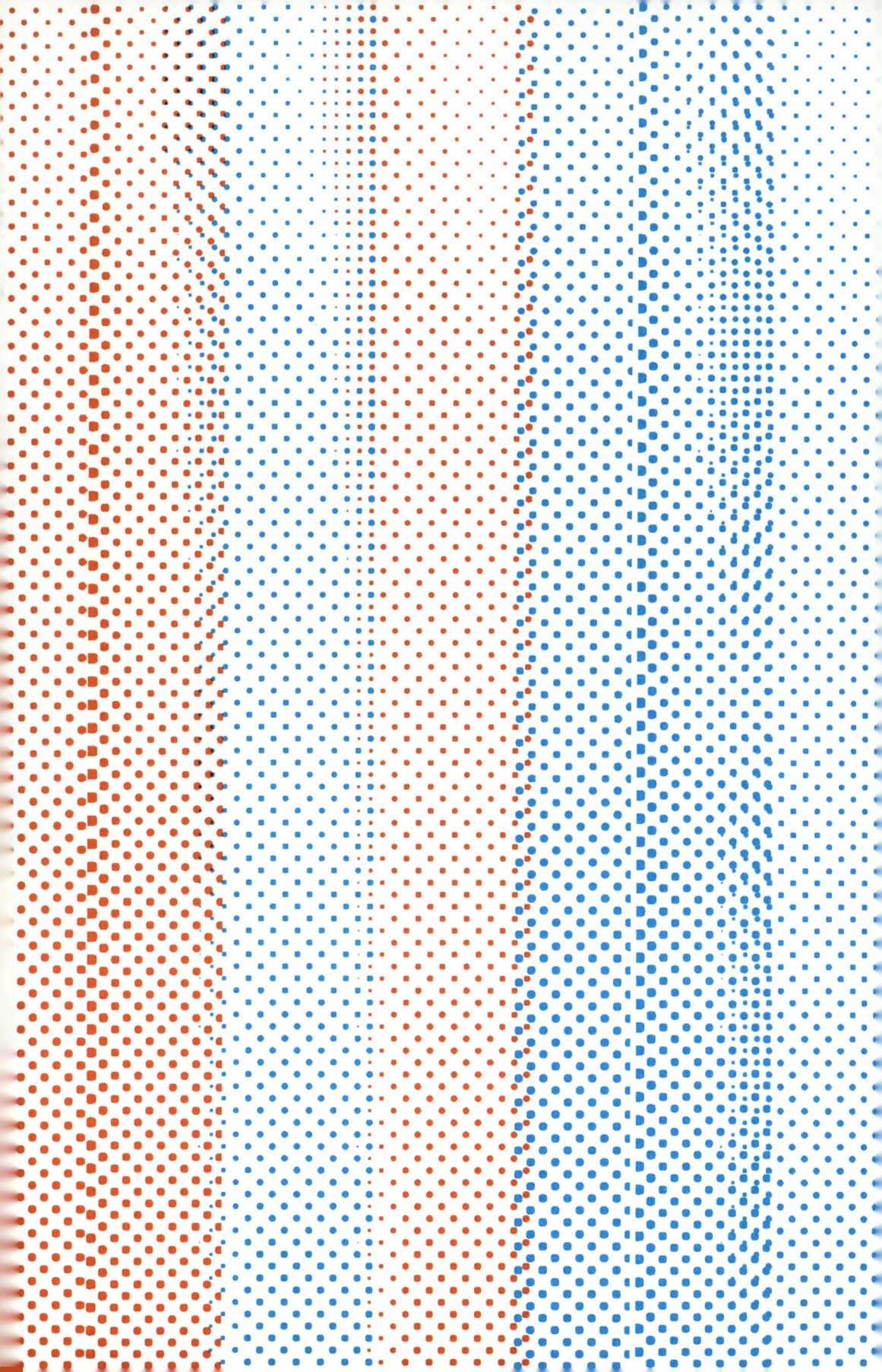